LES

COMPAGNONS DE JÉHU

II

PARIS. — IMPRIMERIE DES ARTS ET MANUFACTURES, 12, RUE PAUL-LELONG.

LES
COMPAGNONS DE JÉHU

PAR

ALEXANDRE DUMAS

ÉDITION ILLUSTRÉE PAR A. DE NEUVILLE ET LIX

II

PARIS
CALMANN LÉVY, ÉDITEUR
ANCIENNE MAISON MICHEL LÉVY FRÈRES
3, RUE AUBER, 3
—
1889
Droits de reproduction et de traduction réservés.

LES COMPAGNONS DE JÉHU

PAR

ALEXANDRE DUMAS

II

XLIII

LA RÉPONSE DE LORD GRENVILLE

Pendant que les événements que nous venons de raconter s'accomplissaient et occupaient les esprits et les gazettes de la province, d'autres événements, bien autrement graves, se préparaient à Paris qui allaient occuper les esprits et les gazettes du monde tout entier.

Lord Tanlay était revenu avec la réponse de son oncle lord Grenville.

Cette réponse consistait en une lettre adressée à M. de Talleyrand, et dans une note écrite pour le premier consul.

La lettre était conçue en ces termes :

« Downing-street, le 14 février 1800.

» Monsieur,

» J'ai reçu et mis sous les yeux du roi la lettre que vous m'avez transmise par l'intermédiaire de mon neveu lord Tanlay. Sa Majesté, ne voyant aucune raison de se départir des formes qui ont été longtemps établies en Europe pour traiter d'affaires avec les États étrangers, m'a ordonné de vous faire passer en son nom la réponse officielle que je vous envoie ci-incluse.

» J'ai l'honneur d'être avec une haute considération, monsieur, votre très-humble et très-obéissant serviteur,

» GRENVILLE. »

La réponse était sèche, la note précise.

De plus, une lettre avait été écrite *autographe* par le premier consul au roi Georges, et le roi Georges, *ne se départant point des formes établies en Europe pour traiter avec les États étrangers*, répondait par une simple note de l'écriture du premier secrétaire venu.

Il est vrai que la note était signée Grenville.

Ce n'était qu'une longue récrimination contre la France, contre l'esprit de désordre qui l'agitait, contre les craintes que cet esprit de désordre inspirait à toute l'Europe, et sur la nécessité imposée, par le soin de leur propre conservation, à tous les souverains régnants de la réprimer. En somme, c'était la continuation de la guerre.

A la lecture d'un pareil factum les yeux de Bonaparte brillèrent de cette flamme qui précédait chez lui les grandes décisions, comme l'éclair précède la foudre.

— Ainsi, monsieur, dit-il en se retournant vers lord Tanlay, voilà tout ce que vous avez pu obtenir?

— Oui, citoyen premier consul.

— Vous n'avez donc point répété verbalement à votre oncle tout ce que je vous avais chargé de lui dire?

— Je n'en ai point oublié une syllabe.

— Vous ne lui avez donc pas dit que vous habitiez la France depuis deux ou trois ans, que vous l'aviez vue, que vous l'aviez étudiée, qu'elle était forte, puissante, heureuse, désireuse de la paix, mais préparée à la guerre?

— Je lui ai dit tout cela.

— Vous n'avez donc pas ajouté que c'est une guerre insensée que nous font les Anglais; que cet esprit de désordre dont ils parlent, et qui n'est, à tout prendre, que les écarts de la liberté trop longtemps comprimée, il fallait l'enfermer dans la France même par une paix universelle; que cette paix était le seul cordon sanitaire qui pût l'empêcher de franchir nos frontières; qu'en allumant en France le volcan de la guerre, la France, comme une lave, va se répandre sur l'étranger?... L'Italie est délivrée, dit le roi d'Angleterre; mais délivrée de qui? De ses libérateurs! L'Italie est délivrée, mais pourquoi? Parce que je conquérais l'Égypte, du Delta à la troisième cataracte; l'Italie est délivrée, parce que je n'étais pas en Italie... Mais me voilà : dans un mois, je puis y être, en Italie, et, pour la reconquérir des Alpes à l'Adriatique, que me faut-il? Une bataille. Que croyez-vous que fasse Masséna en défendant Gênes? Il m'attend... Ah! les souverains de l'Europe ont besoin de la guerre pour assurer leur couronne! eh bien, milord, c'est moi qui vous le dis, je secouerai si bien l'Europe, que la couronne leur en tremblera au front. Ils ont besoin de la guerre? Attendez... Bourrienne! Bourrienne!

La porte de communication du cabinet du premier consul avec le cabinet du premier secrétaire s'ouvrit précipitamment, et Bourrienne parut, le visage aussi effaré que s'il eût cru que Bonaparte appelait au secours.

Il vit celui-ci fort animé, froissant la note diplomatique d'une main et frappant de l'autre sur le bureau, et lord Tanlay calme, debout et muet à trois pas de lui.

Il comprit tout de suite que c'était la réponse de l'Angleterre qui irritait le premier consul.

— Vous m'avez appelé, général, dit-il.

— Oui, fit le premier consul; mettez-vous là et écrivez.

Et, d'une voix brève et saccadée, sans chercher les mots, mais, au contraire, comme si les mots se pressaient aux portes de son esprit, il dicta la proclamation suivante :

« Soldats!

» En promettant la paix au peuple français, j'ai été votre organe; je connais votre valeur.

» Vous êtes les mêmes hommes qui conquirent le Rhin, la Hollande, l'Italie, et qui donnèrent la paix sous les murs de Vienne étonnée.

» Soldats! ce ne sont plus vos frontières qu'il faut défendre, ce sont les États ennemis qu'il faut envahir.

» Soldats! lorsqu'il en sera temps, je serai au milieu de vous, et l'Europe étonnée se souviendra que vous êtes de la race des braves! »

Bourrienne leva la tête, attendant, après ces derniers mots écrits.

— Eh bien, c'est tout, dit Bonaparte.

— Ajouterai-je les mots sacramentels : « Vive la République? »

— Pourquoi demandez-vous cela?

— C'est que nous n'avons pas fait de proclamation depuis quatre mois, et que quelque chose pourrait être changé aux formules ordinaires.

— La proclamation est bien telle qu'elle est, dit Bonaparte; n'y ajoutez rien.

Et, prenant une plume, il écrasa plutôt qu'il n'écrivit sa signature au bas de la proclamation.

Puis, la rendant à Bourrienne :

— Que cela paraisse demain dans le *Moniteur*, dit-il.

Bourrienne sortit, emportant la proclamation.

Bonaparte, resté avec lord Tanlay, se promena un instant de long en large, comme s'il eût oublié sa présence; mais, tout à coup, s'arrêtant devant lui :

— Milord, dit-il, croyez-vous avoir obtenu de votre oncle tout ce qu'un autre à votre place eût pu obtenir?

— Davantage, citoyen premier consul.

— Davantage! davantage!... qu'avez-vous donc obtenu?

— Je crois que le citoyen premier consul n'a pas lu la note royale avec toute l'attention qu'elle mérite.

— Bon! fit Bonaparte, je la sais par cœur.

— Alors le citoyen premier consul n'a pas pesé l'esprit de certain paragraphe, n'en a pas pesé les mots.

— Vous croyez!

— J'en suis sûr... et, si le citoyen premier consul me permettait de lui lire le paragraphe auquel je fais allusion...

Bonaparte desserra la main dans laquelle était la note froissée, la déplia et la remit à lord Tanlay, en lui disant

— Lisez.

Sir John jeta les yeux sur la note, qui lui paraissait familière, s'arrêta au dixième paragraphe et lut :

— « Le meilleur et le plus sûr gage de la réalité de la paix, ainsi que de sa durée, serait la restauration de cette lignée de princes qui, pendant tant de siècles, ont conservé à la nation française la prospérité au dedans, la considération et le respect au dehors. Un tel événement aurait écarté, et dans tous les temps écartera les obstacles qui se trouvent sur la voie des négociations et de la paix; il confirmerait à la France la jouissance tranquille de son ancien territoire, et procurerait à toutes les autres nations de l'Europe, par la tranquillité et la paix, cette sécurité qu'elles sont obligées maintenant de chercher par d'autres moyens. »

— Eh bien, fit Bonaparte impatient, j'avais très-bien lu, et parfaitement compris. Soyez Monk, ayez travaillé pour un autre, et l'on vous pardonnera vos victoires, votre renommée, votre génie; abaissez-vous, et l'on vous permettra de rester grand!

— Citoyen premier consul, dit lord Tanlay, personne ne sait mieux que moi la différence qu'il y a de vous à Monk, et combien vous le dépassez en génie et en renommée.

— Alors, que me lisez-vous donc?

— Je ne vous lis ce paragraphe, répliqua sir John, que pour vous prier de donner à celui qui suit sa véritable valeur.

— Voyons celui qui suit, dit Bonaparte avec une impatience contenue.

Sir John continua :

— « Mais, quelque désirable que puisse être un pareil événement pour la France et pour le monde, ce n'est point à ce mode exclusivement que Sa Majesté limite la possibilité d'une pacification solide et sûre... »

Sir John appuya sur ces derniers mots.

— Ah! ah! fit Bonaparte.

Et il se rapprocha vivement de sir John.

L'Anglais continua :

— « Sa Majesté n'a pas la prétention de prescrire à la France quelle sera la forme de son gouvernement ni dans quelles mains sera placée l'autorité nécessaire pour conduire les affaires d'une grande et puissante nation. »

— Relisez, monsieur, dit vivement Bonaparte.

— Relisez vous-même, répondit sir John.

Et il lui tendit la note.

Bonaparte relut.

— C'est vous, monsieur, dit-il, qui avez fait ajouter ce paragraphe?

— J'ai du moins insisté pour qu'il fût mis.

Bonaparte réfléchit.

— Vous avez raison, dit-il, il y a un grand pas de fait; le retour des Bourbons n'est plus une condition *sine quâ non*. Je suis accepté non-seulement comme puissance militaire, mais aussi comme pouvoir politique.

Puis, tendant la main à sir John :

— Avez-vous quelque chose à me demander, monsieur?

— La seule chose que j'ambitionne vous a été demandée par mon ami Roland.

— Et je lui ai déjà répondu, monsieur, que je vous verrais avec plaisir devenir l'époux de sa sœur... Si j'étais plus riche, ou si vous l'étiez moins, je vous offrirais de la doter...

Sir John fit un mouvement.

— Mais je sais que votre fortune peut suffire à deux, et même, ajouta Bonaparte en souriant, peut suffire à davantage. Je vous laisse donc la joie de donner non-seulement le bonheur mais encore la richesse à la femme que vous aimez.

Puis, appelant :

— Bourrienne !

Bourrienne parut.

— C'est parti, général, dit-il.

— Bien, fit le premier consul ; mais ce n'est pas pour cela que je vous appelle.

— J'attends vos ordres.

— A quelque heure du jour ou de la nuit que se présente lord Tanlay, je serai heureux de le recevoir, et de le recevoir sans qu'il attende ; vous entendez, mon cher Bourrienne ? Vous entendez, milord ?

Lord Tanlay s'inclina en signe de remercîment.

— Et maintenant, dit Bonaparte, je présume que vous êtes pressé de partir pour le château des Noires-Fontaines ; je ne vous retiens pas, je n'y mets qu'une condition.

— Laquelle, général ?

— C'est que, si j'ai besoin de vous pour une nouvelle ambassade...

— Ce n'est point une condition, citoyen premier consul, c'est une faveur.

Lord Tanlay s'inclina et sortit.

Bourrienne s'apprêtait à le suivre.

Mais Bonaparte rappelant son secrétaire :

— Avons-nous une voiture attelée ? demanda-t-il.

Bourrienne regarda dans la cour.

— Oui, général.

— Eh bien, apprêtez-vous ; nous sortons ensemble.

— Je suis prêt, général ; je n'ai que mon chapeau et ma redingote à prendre, et ils sont dans mon cabinet.

— Alors, partons, dit Bonaparte.

Et lui-même prit son chapeau et son pardessus, et, marchant le premier, descendit par le petit escalier, et fit signe à la voiture d'approcher.

Quelque hâte que Bourrienne eût mise à le suivre, il n'arriva que derrière lui.

Le laquais ouvrit la portière ; Bonaparte sauta dans la voiture.

— Où allons-nous, général ? dit Bourrienne.

— Aux Tuileries, répondit Bonaparte.

Bourrienne, tout étonné, répéta l'ordre et se retourna vers le premier consul comme pour lui en demander l'explication ; mais celui-ci paraissait plongé dans des réflexions, dont le secrétaire, qui à cette époque était encore l'ami, ne jugea pas à propos de le tirer.

La voiture partit au galop des chevaux, — c'était toujours ainsi que marchait Bonaparte, — et se dirigea vers les Tuileries.

Les Tuileries, habitées par Louis XVI après les journées des 5 et 6 octobre, occupées successivement par la Convention et le conseil des Cinq-Cents, étaient vides et dévastées depuis le 18 brumaire.

Depuis le 18 brumaire, Bonaparte avait plus d'une fois jeté les yeux sur cet ancien palais de la royauté, mais il était important de ne pas laisser soupçonner qu'un roi futur pût habiter le palais des rois abolis.

Bonaparte avait rapporté d'Italie un magnifique buste de Junius Brutus ; il n'avait point sa place au Luxembourg, et, vers la fin de novembre, le premier consul avait fait venir le républicain David et l'avait chargé de placer ce buste dans la galerie des Tuileries.

Comment croire que David, l'ami de Marat, préparait la demeure d'un empereur futur en plaçant dans la galerie des Tuileries le buste du meurtrier de César ?

Aussi, personne non-seulement ne l'avait cru, mais même ne s'en était douté.

En allant voir si le buste faisait bien dans la galerie, Bonaparte s'aperçut des dévastations commises dans le palais de

Catherine de Médicis; les Tuileries n'étaient plus la demeure des rois, c'est vrai, mais elles étaient un palais national, et la nation ne pouvait laisser un de ses palais dans le délabrement.

Bonaparte fit venir le citoyen Lecomte, architecte du palais, et lui ordonna de *nettoyer* les Tuileries.

Le mot pouvait se prendre à la fois dans son acception physique et dans son acception morale.

Un devis fut demandé à l'architecte pour savoir ce que coûterait le *nettoyage*.

Le devis montait à cinq cent mille francs.

Bonaparte demanda si, moyennant ce nettoyage, les Tuileries pouvaient devenir le *palais du gouvernement*.

L'architecte répondit que cette somme suffirait, non-seulement pour les remettre dans leur ancien état, mais encore pour les rendre habitables.

C'était tout ce que voulait Bonaparte, un palais habitable. Avait-il besoin, lui, républicain, du luxe de la royauté?... Pour le *palais du gouvernement*, il fallait des ornements graves et sévères, des marbres, des statues; seulement, quelles seraient ces statues? C'était au premier consul de les désigner.

Bonaparte les choisit dans trois grands siècles et dans trois grandes nations : chez les Grecs, chez les Romains, chez nous et chez nos rivaux.

Chez les Grecs, il choisit Alexandre et Démosthènes, le génie des conquêtes et le génie de l'éloquence.

Chez les Romains, il choisit Scipion, Cicéron, Caton, Brutus et César, plaçant la grande victime près du meurtrier, presque aussi grand qu'elle.

Dans le monde moderne, il choisit Gustave-Adolphe, Turenne, le grand Condé, Dugay-Trouin, Marlborough, le prince Eugène et le maréchal de Saxe; enfin, le grand Frédéric et Washington, c'est-à-dire la fausse philosophie sur le trône et la vraie sagesse fondant un État libre.

Puis il ajouta à ces illustrations guerrières, Dampierre, Dugommier et Joubert, pour prouver que, de même que le souvenir d'un Bourbon ne l'effrayait pas dans la personne du grand Condé, il n'était point envieux de la gloire de trois frères d'armes victimes d'une cause qui d'ailleurs n'était déjà plus la sienne.

Les choses en étaient là à l'époque où nous sommes arrivés, c'est-à-dire à la fin de février 1800; les Tuileries était nettoyées, les bustes étaient sur leurs socles, les statues sur leurs piédestaux ; on n'attendait qu'une occasion favorable.

Cette occasion était arrivée : on venait de recevoir la nouvelle de la mort de Washington.

Le fondateur de la liberté des États-Unis avait cessé de vivre le 14 décembre 1799.

C'était à quoi songeait Bonaparte, lorsque Bourrienne avait reconnu à sa physionomie qu'il fallait le laisser tout entier aux réflexions qui l'absorbaient.

La voiture s'arrêta devant les Tuileries; Bonaparte en sortit avec la même vivacité qu'il y était entré, monta rapidement les escaliers, parcourut les appartements, examina plus particulièrement ceux qu'avaient habités Louis XVI et Marie-Antoinette.

Puis, s'arrêtant au cabinet de Louis XVI :

— Nous logerons ici, Bourrienne, dit-il tout à coup comme si celui-ci avait pu le suivre dans le labyrinthe où il s'égarait avec ce fil d'Ariane qu'on appelle la pensée; oui, nous logerons ici; le troisième consul logera au pavillon de Flore; Cambacérès restera à la Chancellerie.

— Cela fait, dit Bourrienne, que, le jour venu, vous n'en aurez qu'un à renvoyer.

Bonaparte prit Bourrienne par l'oreille.

— Allons, dit-il, pas mal !

— Et quand emménageons-nous, général? demanda Bourrienne.

— Oh ! pas demain encore; car il nous faut au moins huit jours pour préparer les Parisiens à me voir quitter le Luxembourg et venir aux Tuileries.

— Huit jours, fit Bourrienne; on peut attendre.

— Surtout en s'y prenant tout de suite. Allons, Bourrienne, au Luxembourg.

Et, avec la rapidité qui présidait à tous ses mouvements, quand il s'agissait d'intérêts graves, il repassa par la file d'appartements qu'il avait déjà visités, descendit l'escalier et sauta dans la voiture en criant :

— Au Luxembourg !

— Eh bien, eh bien, dit Bourrienne encore sous le vestibule, vous ne m'attendez pas, général ?

— Traînard ! fit Bonaparte.

Et la voiture partit comme elle était venue, c'est-à-dire au galop.

En rentrant dans son cabinet, Bonaparte trouva le ministre de la police qui l'attendait.

— Bon ! dit-il, qu'y a-t-il donc, citoyen Fouché ? vous avez le visage tout bouleversé ! M'aurait-on assassiné par hasard ?

— Citoyen premier consul, dit le ministre, vous avez paru attacher une grande importance à la destruction des bandes qui s'intitulent les compagnies de Jéhu.

— Oui, puisque j'ai envoyé Roland lui-même à leur poursuite. A-t-on de leurs nouvelles ?

— On en a.

— Par qui ?

— Par leur chef lui-même.

— Comment, par leur chef ?

— Il a eu l'audace de me rendre compte de sa dernière expédition.

— Contre qui ?

— Contre les cinquante mille francs que vous avez envoyés aux pères du Saint-Bernard.

— Et que sont-ils devenus ?

— Les cinquante mille francs ?

— Oui.

— Ils sont entre les mains des bandits, et leur chef m'annonce qu'ils seront bientôt entre celles de Cadoudal.

— Alors, Roland est tué ?

— Non.

— Comment, non ?

— Mon agent est tué, le chef de brigade Saint-Maurice est tué, mais votre aide de camp est sain et sauf.

— Alors, il se pendra, dit Bonaparte.

— Pour quoi faire ? la corde casserait ; vous connaissez son bonheur.

— Ou son malheur, oui... Où est ce rapport ?

— Vous voulez dire cette lettre ?

— Cette lettre, ce rapport, la chose, enfin, quelle qu'elle soit, qui vous donne les nouvelles que vous m'apportez.

Le ministre de la police présenta au premier consul un petit papier plié élégamment dans une enveloppe parfumée.

— Qu'est cela ?

— La chose que vous demandez.

Bonaparte lut : « Au citoyen Fouché, ministre de la police, en son hôtel, à Paris. »

Il ouvrit la lettre ; elle contenait ce qui suit :

« Citoyen ministre, j'ai l'honneur de vous annoncer que les cinquante mille francs destinés aux pères du Saint-Bernard sont passés entre nos mains pendant la soirée du 25 février 1800 (vieux style), et que, d'ici à huit jours, ils seront entre celles du citoyen Cadoudal.

» La chose s'est opérée à merveille, sauf la mort de votre agent et celle du chef de brigade de Saint-Maurice ; quant à M. Roland de Montrevel, j'ai la satisfaction de vous apprendre qu'il ne lui est rien arrivé de fâcheux. Je n'avais point oublié que c'était lui qui m'avait introduit au Luxembourg.

» Je vous écris, citoyen ministre, parce que je présume qu'à cette heure M. Roland de Montrevel est trop occupé de notre poursuite pour vous écrire lui-même.

» Mais, au premier instant de repos qu'il prendra, je suis sûr que vous recevrez de lui un rapport où il consignera tous les détails dans lesquels je ne puis entrer, faute de temps et de facilité pour vous écrire.

» En échange du service que je vous rends, citoyen ministre, je vous prierai de m'en rendre un autre : c'est de rassurer sans retard madame de Montrevel sur la vie de son fils.

» MORGAN.

» De la Maison-Blanche, route de Mâcon à Lyon, le samedi, à neuf heures du soir. »

— Ah! pardieu, dit Bonaparte, voilà un hardi drôle!

Puis, avec un soupir :

— Quels capitaines et quels colonels tous ces hommes-là me feraient! ajouta-t-il.

— Qu'ordonne le premier consul? demanda le ministre de la police.

— Rien; cela regarde Roland : son honneur y est engagé; et, puisqu'il n'est pas mort, il prendra sa revanche.

— Alors, le premier consul ne s'occupe plus de cette affaire.

— Pas dans ce moment, du moins.

Puis, se retournant du côté de son secrétaire :

— Nous avons bien d'autres chats à fouetter, dit-il; n'est-ce pas, Bourrienne?

Bourrienne fit de la tête un signe affirmatif.

— Quand le premier consul désire-t-il me revoir? demanda le ministre.

— Ce soir, à dix heures, soyez ici. Nous déménagerons dans huit jours.

— Où allez-vous?

— Aux Tuileries.

Fouché fit un mouvement de stupéfaction.

— C'est contre vos opinions, je le sais, dit le premier consul; mais je vous mâcherai la besogne et vous n'aurez qu'à obéir.

Fouché salua et s'apprêta à sortir.

— A propos! fit Bonaparte.

Fouché se retourna.

— N'oubliez pas de prévenir madame de Montrevel que son fils est sain et sauf; c'est le moins que vous fassiez pour le citoyen Morgan, après le service qu'il vous a rendu.

Et il tourna le dos au ministre de la police, qui se retira en se mordant les lèvres jusqu'au sang.

XLIV

DÉMÉNAGEMENT

Le même jour, le premier consul, resté avec Bourrienne, lui avait dicté l'ordre suivant, adressé à la garde des consuls et à l'armée :

« Washington est mort! Ce grand homme s'est battu contre la tyrannie; il a consolidé la liberté de l'Amérique; sa mémoire sera toujours chère au peuple français comme à tous les hommes libres des deux mondes, et spécialement aux soldats français qui, comme lui et les soldats américains, se battirent pour la liberté et l'égalité; en conséquence, le premier consul ordonne que, pendant dix jours, des crêpes noirs seront suspendus à tous les drapeaux et à tous les guidons de la République. »

Mais le premier consul ne comptait point se borner à cet ordre du jour.

Parmi les moyens destinés à faciliter son passage du Luxembourg aux Tuileries, figurait une de ces fêtes par lesquelles il savait si bien, non-seulement amuser les yeux, mais encore pénétrer les esprits; cette fête devait avoir lieu aux Invalides, ou plutôt, comme on disait alors, au *temple de Mars* : il s'agissait tout à la fois d'inaugurer le buste de Washington, et de recevoir des mains du général Lannes les drapeaux d'Aboukir.

C'était là une de ces combinaisons comme Bonaparte les comprenait, un éclair tiré du choc de deux contrastes.

Ainsi il prenait un grand homme au monde nouveau, une victoire au vieux monde, et il ombrageait la jeune Amérique avec les palmes de Thèbes et de Memphis!

Au jour fixé pour la cérémonie, six mille hommes de cavalerie étaient échelonnés du Luxembourg aux Invalides.

A huit heures, Bonaparte monta à cheval dans la grande cour du palais consulaire, et, par la rue de Tournon, se dirigea vers les quais, accompagné d'un état-major de généraux dont le plus vieux n'avait pas trente-cinq ans.

Lannes marchait en tête; derrière lui, soixante guides portaient les soixante drapeaux conquis; puis venait Bonaparte, de deux longueurs de cheval en avant de son état-major.

Le ministre de la guerre, Berthier, attendait le cortége sous le dôme du temple ; il était appuyé à une statue de Mars au repos ; tous les ministres et conseillers d'État se groupaient autour de lui. Aux colonnes soutenant la voûte étaient suspendus déjà les drapeaux de Denain et de Fontenoy et ceux de la première campagne d'Italie ; deux invalides centenaires, qui avaient combattu aux côtés du maréchal de Saxe, se tenaient, l'un à la gauche, l'autre à la droite de Berthier, comme ces cariatides des anciens jours regardant par-dessus la cime des siècles ; enfin, à droite sur une estrade, était posé le buste de Washington que l'on devait ombrager avec les drapeaux d'Aboukir. — Sur une autre estrade, en face de celle-là, était le fauteuil de Bonaparte.

Le long des bas-côtés du temple s'élevaient des amphithéâtres où toute la société élégante de Paris, — celle du moins qui se ralliait à l'ordre d'idées que l'on fêtait dans ce grand jour, — était venue prendre place.

A l'apparition des drapeaux, des fanfares militaires firent éclater leurs notes cuivrées sous les voûtes du temple.

Lannes entra le premier, et fit un signe aux guides, qui, montant deux à deux les degrés de l'estrade, passèrent les hampes des drapeaux dans les tenons préparés d'avance.

Pendant ce temps, Bonaparte avait, au milieu des applaudissements, pris place dans son fauteuil.

Alors, Lannes s'avança vers le ministre de la guerre, et, de cette voix puissante qui savait si bien crier : « En avant ! » sur les champs de bataille :

— Citoyen ministre, dit-il, voici tous les drapeaux de l'armée ottomane, détruite sous vos yeux à Aboukir. L'armée d'Égypte, après avoir traversé des déserts brûlants, triomphé de la faim et de la soif, se trouve devant un ennemi fier de son nombre et de ses succès, et qui croit voir une proie facile dans nos troupes exténuées par la fatigue et par des combats sans cesse renaissants ; il ignore que le soldat français est plus grand parce qu'il sait souffrir que parce qu'il sait vaincre, et que son courage s'irrite et s'accroît avec le danger. Trois mille Français, vous le savez, fondent alors sur dix-huit mille barbares, les enfoncent, les renversent, les serrent entre leurs rangs et la mer, et la terreur que nos baïonnettes inspirent est telle, que les musulmans, forcés à choisir leur mort, se précipitent dans les abîmes de la Méditerranée.

» Dans cette journée mémorable furent pesés les destins de l'Égypte, de la France et de l'Europe, sauvés par votre courage.

» Puissances coalisées, si vous osiez violer le territoire de la France et que le général qui nous fut rendu par la victoire d'Aboukir fît un appel à la nation, puissances coalisées, vos succès vous seraient plus funestes que vos revers ! Quel Français ne voudrait encore vaincre sous les drapeaux du premier consul, ou faire sous lui l'apprentissage de la gloire ? »

Puis, s'adressant aux invalides, auxquels la tribune du fond avait été réservée tout entière :

« Et vous, continua-t-il d'une voix plus forte, vous braves vétérans, honorables victimes du sort des combats, vous ne seriez pas les derniers à voler sous les ordres de celui qui console vos malheurs et votre gloire, et qui place au milieu de vous et sous votre garde ces trophées conquis par votre valeur ! Ah ! je le sais, braves vétérans, vous brûlez de sacrifier la moitié de la vie qui vous reste pour votre patrie et votre liberté ! »

Cet échantillon de l'éloquence militaire du vainqueur de Montebello fut criblé d'applaudissements ; trois fois le ministre de la guerre essaya de lui répondre, trois fois les bravos reconnaissants lui coupèrent la parole : enfin le silence se fit et Berthier s'exprima en ces termes :

« Élever aux bords de la Seine des trophées conquis sur les rives du Nil ; suspendre aux voûtes de nos temples, à côté des drapeaux de Vienne, de Pétersbourg et de Londres, les drapeaux bénits dans les mosquées de Byzance et du Caire ; les voir

Le postillon lui glissa cinq louis dans la main. — Page 252, tome Ier.

ici présentés à la patrie par les mêmes guerriers, jeunes d'années, vieux de gloire, que la victoire a si souvent couronnés, c'est ce qui n'appartient qu'à la France républicaine.

» Ce n'est là, d'ailleurs, qu'une partie de ce qu'a fait, à la fleur de son âge, ce héros qui, couvert des lauriers d'Europe, se montra vainqueur devant ces pyramides du haut desquelles quarante siècles le contemplaient, affranchissant par la victoire la terre natale des arts, et venant y reporter, entouré de savants et de guerriers, les lumières de la civilisation.

» Soldats, déposez dans ce temple des vertus guerrières ces enseignes du croissant, enlevées sur les rochers de Canope par trois mille Français à dix-huit mille guerriers aussi braves que barbares; qu'elles y conservent le souvenir de cette expédition célèbre dont le but et le succès semblent absoudre la guerre des maux qu'elle cause; qu'elles y attestent, non la bravoure du soldat français, l'univers entier en retentit, mais son inaltérable constance, mais son dévouement sublime; que la vue de ces drapeaux vous réjouisse et vous console, vous, guerriers, dont les corps, glorieusement mutilés dans les champs de l'honneur, ne permettent plus à votre courage que des vœux et des souvenirs ; que, du haut de ces voûtes, ces enseignes proclament aux ennemis du peuple français l'influence du génie, la valeur des héros qui les conquirent, et leur présagent aussi tous les malheurs de la guerre s'ils restent sourds à la voix qui leur offre la paix ; oui, s'ils veulent la guerre, nous la ferons, et nous la ferons terrible!

» La patrie, satisfaite, contemple l'armée d'Orient avec un sentiment d'orgueil.

» Cette invincible armée apprendra avec joie que les braves qui vainquirent avec elle aient été son organe ; elle est certaine que le premier consul veille sur les enfants de la gloire ; elle saura qu'elle est l'objet des plus vives sollicitudes de la République ; elle saura que nous l'avons honorée dans nos temples, en attendant que nous imitions, s'il le faut, dans les champs de l'Europe, tant de vertus guerrières que nous avons vu déployer dans les déserts brûlants de l'Afrique et de l'Asie.

» Venez en son nom, intrépide général ! venez, au nom de tous ces héros au milieu desquels vous vous montrez, recevoir dans cet embrassement le gage de la reconnaissance nationale.

» Mais, au moment de ressaisir les armes protectrices de notre indépendance, si l'aveugle fureur des rois refuse au monde la paix que nous lui offrons, jetons, mes camarades, un rameau de laurier sur les cendres de Washington, de ce héros qui affranchit l'Amérique du joug des ennemis les plus implacables de notre liberté, et que son ombre illustre nous montre au delà du tombeau la gloire qui accompagne la mémoire des libérateurs de la patrie ! »

Bonaparte descendit de son estrade, et, au nom de la France, fut embrassé par Berthier.

M. de Fontanes, chargé de prononcer l'éloge de Washington, laissa courtoisement s'écouler jusqu'à la dernière goutte le torrent d'applaudissements qui semblait tomber par cascades de l'immense amphithéâtre.

Au milieu de ces glorieuses individualités, M. de Fontanes était une curiosité moitié politique, moitié littéraire.

Après le 18 fructidor, il avait été proscrit avec Suard et Laharpe ; mais, parfaitement caché chez un de ses amis, ne sortant que le soir, il avait trouvé moyen de ne pas quitter Paris.

Un accident impossible à prévoir l'avait dénoncé.

Renversé sur la place du Carrousel par un cabriolet dont le cheval s'était emporté, il fut reconnu par un agent de police qui était accouru à son aide. Cependant Fouché, prévenu non-seulement de sa présence à Paris, mais encore de la retraite qu'il habitait, fit semblant de ne rien savoir.

Quelques jours après le 18 brumaire, Maret, qui fut depuis duc de Bassano, Laplace, qui resta tout simplement un homme de science, et Regnault de Saint-Jean-d'Angély, qui mourut fou, parlèrent au premier consul de M. de Fontanes et de sa présence à Paris.

— Présentez-le-moi, répondit simplement le premier consul.

M. de Fontanes fut présenté à Bonaparte, qui, connaissant ce caractère souple et cette éloquence adroitement louangeuse, l'avait choisi pour faire l'éloge de Washington et peut-être bien un peu le sien en même temps.

Le discours de M. de Fontanes fut trop long pour que nous le rapportions ici ; mais ce que nous pouvons dire, c'est qu'il fut tel que le désirait Bonaparte.

Le soir, il y eut grande réception au Luxembourg. Pendant la cérémonie, le bruit avait couru d'une installation probable du premier consul aux Tuileries ; les plus hardis ou les plus curieux en hasardèrent quelques mots à Joséphine ; mais la pauvre femme, qui avait encore sous les yeux la charrette et l'échafaud de Marie-Antoinette, répugnait instinctivement à tout ce qui la pouvait rapprocher de la royauté ; elle hésitait donc à répondre, renvoyant les questionneurs à son mari.

Puis, il y avait une autre nouvelle qui commençait à circuler et qui faisait contre-poids à la première.

Murat avait demandé en mariage mademoiselle Caroline Bonaparte.

Or, ce mariage, s'il devait se faire, ne se faisait pas tout seul.

Bonaparte avait eu un moment de brouille, nous devrions dire une année de brouille, avec celui qui aspirait à l'honneur de devenir son beau-frère.

Le motif de cette brouille va paraître un peu bien étrange à nos lecteurs.

Murat, le lion de l'armée, Murat, dont le courage est devenu proverbial, Murat, que l'on donnerait à un sculpteur comme le modèle à prendre pour la statue du dieu de la guerre, Murat, un jour qu'il avait mal dormi ou mal déjeuné, avait eu une défaillance.

C'était devant Mantoue, dans laquelle Wurmser, après la bataille de Rivoli, avait été forcé de s'enfermer avec vingt-huit mille hommes. Le général Miollis, avec quatre mille seulement, devait maintenir le blocus de la place ; or, pendant une sortie que tentaient les Autrichiens, Murat, à la tête de cinq cents hommes, reçut l'ordre d'en charger trois mille.

Murat chargea, mais mollement.

Bonaparte, dont il était l'aide de camp, en fut tellement irrité, qu'il l'éloigna de sa personne.

Ce fut pour Murat un désespoir d'autant plus grand, que, dès cette époque, il avait le désir, sinon l'espoir, de devenir le beau-frère de son général : il était amoureux de Caroline Bonaparte.

Comment cet amour lui était-il venu?

Nous le dirons en deux mots :

Peut-être ceux qui lisent chacun de nos livres isolément s'étonnent-ils que nous appuyions parfois sur certains détails qui semblent un peu étendus pour le livre même dans lequel ils se trouvent.

C'est que nous ne faisons pas un livre isolé ; mais, comme nous l'avons dit déjà, nous remplissons ou nous essayons de remplir un cadre immense.

Pour nous, la présence de nos personnages n'est point limitée à l'apparition qu'ils font dans un livre ; celui que vous voyez aide de camp dans cet ouvrage, vous le retrouverez roi dans un second, proscrit et fusillé dans un troisième.

Balzac a fait une grande et belle œuvre à cent faces, intitulée *la Comédie humaine*.

Notre œuvre, à nous, commencée en même temps que la sienne, mais que nous ne qualifions pas, bien entendu, peut s'intituler *le Drame de la France*.

Revenons à Murat.

Disons comment cet amour, qui influa d'une façon si glorieuse et peut-être si fatale sur sa destinée, lui était venu.

Murat, en 1796, avait été envoyé à Paris et chargé de présenter au Directoire les drapeaux pris par l'armée française aux combats de Dego et de Mondovi ; pendant ce voyage, il fit la connaissance de madame Bonaparte et de madame Tallien.

Chez madame Bonaparte, il retrouva mademoiselle Caroline Bonaparte.

Nous disons *retrouva*, car ce n'était point la première fois qu'il rencontrait celle avec laquelle il devait partager la couronne de Naples : il l'avait déjà vue à Rome chez son frère Joseph, et là, malgré la rivalité d'un jeune et beau prince romain, il avait été remarqué par elle.

Les trois femmes se réunirent et obtinrent du Directoire le grade de général de brigade pour Murat.

Murat retourna à l'armée d'Italie, plus amoureux que jamais de mademoiselle Bonaparte, et, malgré son grade de général de brigade, sollicita et obtint la faveur immense pour lui de rester aide de camp du général en chef.

Par malheur arriva cette fatale sortie de Mantoue, à la suite de laquelle il tomba dans la disgrâce de Bonaparte.

Cette disgrâce eut un instant tous les caractères d'une véritable inimitié.

Bonaparte le remercia de ses services comme aide de camp et le plaça dans la division de Neille, puis dans celle de Baraguey-d'Hilliers.

Il en résulta que, quand Bonaparte revint à Paris après le traité de Tolentino, Murat ne fut pas du voyage.

Ce n'était point l'affaire du triumféminat qui avait pris sous sa protection le jeune général de brigade.

Les trois belles solliciteuses se mirent en campagne, et, comme il était question de l'expédition d'Égypte, elles obtinrent du ministère de la guerre que Murat fît partie de l'expédition.

Il s'embarqua sur le même bâtiment que Bonaparte, c'est-à-dire à bord de *l'Orient*, mais pas une seule fois pendant la traversée Bonaparte ne lui adressa la parole.

Débarqué à Alexandrie, Murat ne put d'abord rompre la barrière de glace qui le séparait de son général, lequel, pour l'éloigner de lui plutôt encore que pour lui donner l'occasion de se signaler, l'opposa à Mourad-Bey.

Mais, dans cette campagne, Murat fit de tels prodiges de valeur; il effaça, par de telles témérités, le souvenir d'un moment de mollesse; il chargea si intrépidement, si follement à Aboukir, que Bonaparte n'eut pas le courage de lui garder plus longtemps rancune.

En conséquence, Murat était revenu en France avec Bonaparte; Murat avait puissamment coopéré au 18 et surtout au 19 brumaire ; Murat était donc rentré en pleine faveur, et, comme preuve de cette faveur, avait reçu le commandement de la garde des consuls.

Il avait cru que c'était le moment de faire l'aveu de son amour pour mademoiselle Bonaparte, amour parfaitement connu de Joséphine, qui l'avait favorisé.

Joséphine avait eu deux raisons pour cela.

D'abord, elle était femme dans toute la charmante acception du mot, c'est-à-dire que toutes les douces passions de la femme lui étaient sympathiques; Joachim aimait Caroline, Caroline aimait Murat, c'était déjà chose suffisante pour qu'elle protégeât cet amour.

Puis Joséphine était détestée des frères de Bonaparte; elle avait des ennemis acharnés dans Joseph et Lucien ; elle n'était pas fâchée de se faire deux amis dévoués dans Murat et Caroline.

Elle encouragea donc Murat à s'ouvrir à Bonaparte.

Trois jours avant la cérémonie que nous avons racontée plus haut, Murat était donc entré dans le cabinet de Bonaparte, et, après de longues hésitations et des détours sans fin, il en était arrivé à lui exposer sa demande.

Selon toute probabilité, cet amour des deux jeunes gens l'un pour l'autre n'était point une nouvelle pour le premier consul.

Celui-ci accueillit l'ouverture avec une gravité sévère et se contenta de répondre qu'il y songerait.

La chose méritait que l'on y songeât, en effet : Bonaparte était issu d'une famille noble, Murat était le fils d'un aubergiste. Cette alliance, dans un pareil moment, avait une grande signification.

Le premier consul, malgré la noblesse de sa famille, malgré le rang élevé qu'il avait conquis, était-il, non-seulement assez républicain, mais encore assez démocrate pour mêler son sang à un sang roturier?

Il ne réfléchit pas longtemps : son sens si profondément droit, son esprit si parfaitement logique lui dirent qu'il avait tout intérêt à le faire, et, le jour même, il donna son consentement au mariage de Murat et de Caroline.

Les deux nouvelles de ce mariage et du déménagement pour les Tuileries furent donc lancées en même temps dans le public ; l'une devait servir de contre-poids à l'autre.

Le premier consul allait occuper la résidence des anciens rois, coucher dans le lit des Bourbons, comme on disait à cette époque ; mais il donnait sa sœur au fils d'un aubergiste.

Maintenant, quelle dot apportait au héros d'Aboukir la future reine de Naples?

Trente mille francs en argent et un collier de diamants que le premier consul prenait à sa femme, étant trop pauvre pour en acheter un. — Cela faisait un peu grimacer

Joséphine, qui tenait fort à son collier de diamants ; mais cela répondait victorieusement à ceux qui disaient que Bonaparte avait fait sa fortune en Italie ; et puis pourquoi Joséphine avait-elle pris si fort à cœur les intérêts des futurs époux ! Elle avait voulu le mariage, elle devait contribuer à la dot.

Il résulta de cette habile combinaison que, le jour où *les consuls* quittèrent le Luxembourg (30 pluviôse an VIII) pour se rendre au *palais du gouvernement,* escortés par *le fils d'un aubergiste* devenu beau-frère de Bonaparte, ceux qui virent passer le cortége ne songèrent qu'à l'admirer et à l'applaudir.

Et, en effet, c'étaient des cortéges admirables et dignes d'applaudissements que ceux qui avaient à leur tête un homme comme Bonaparte et dans leurs rangs des hommes comme Murat, comme Moreau, comme Brune, comme Lannes, comme Junot, comme Duroc, comme Augereau, et comme Masséna.

Une grande revue était commandée pour ce jour-là, dans la cour du Carrousel ; madame Bonaparte devait y assister, non pas du balcon de l'horloge, le balcon de l'horloge était trop royal, mais des appartements occupés par Lebrun, c'est-à-dire du pavillon de Flore.

Bonaparte partit à une heure précise du palais du Luxembourg, escorté de trois mille hommes d'élite, au nombre desquels le superbe régiment des guides, créé depuis trois ans, à propos d'un danger couru par Bonaparte dans ses campagnes d'Italie : après le passage du Mincio, il se reposait, harassé de fatigue, dans un petit château, et se disposait à y prendre un bain, quand un détachement autrichien, en fuite et se trompant de direction, envahit le château, gardé par les sentinelles seulement ; Bonaparte n'avait eu que le temps de s'enfuir en chemise !

Un embarras qui mérite la peine d'être rapporté s'était présenté le matin de cette journée du 30 pluviôse.

Les généraux avaient bien leurs chevaux, les ministres leurs voitures ; mais les autres fonctionnaires n'avaient point encore jugé opportun de faire une pareille dépense.

Les voitures manquaient donc.

On y suppléa en louant des fiacres dont on couvrit les numéros avec du papier de la même couleur que la caisse.

La voiture seule du premier consul était attelée de six chevaux blancs ; mais, comme les trois consuls étaient dans la même voiture, Bonaparte et Cambacérès au fond, Lebrun sur le devant, ce n'était, à tout prendre, que deux chevaux par consul.

D'ailleurs, ces six chevaux blancs, donnés par l'empereur François au général en chef Bonaparte après le traité de Campo-Formio, n'étaient-ils pas eux-mêmes un trophée ?

La voiture traversa une partie de Paris en suivant la rue de Thionville, le quai Voltaire et le pont Royal.

A partir du guichet du Carrousel jusqu'à la grande porte des Tuileries, la garde des consuls formait la haie.

En passant sous la porte du guichet, Bonaparte leva la tête et lut l'inscription qui s'y trouvait.

Cette inscription était conçue en ces termes :

10 AOUT 1792
LA ROYAUTÉ EST ABOLIE EN FRANCE
ET NE SE RELÈVERA JAMAIS

Un imperceptible sourire contracta les lèvres du premier consul.

A la porte des Tuileries, Bonaparte descendit de voiture et sauta en selle pour passer la troupe en revue.

Lorsqu'on le vit sur son cheval de bataille, les applaudissements éclatèrent de tous les côtés.

La revue terminée, il vint se placer en avant du pavillon de l'horloge, ayant Murat à sa droite, Lannes à sa gauche, et derrière lui tout le glorieux état-major de l'armée d'Italie.

Alors le défilé commença.

Là, il trouva une de ces inspirations qui

se gravaient profondément dans le cœur du soldat.

Quand passèrent devant lui les drapeaux de la 96ᵉ, de la 30ᵉ et de la 33ᵉ demi-brigade, voyant ces drapeaux qui ne présentaient plus qu'un bâton surmonté de quelques lambeaux criblés de balles et noircis par la poudre, il ôta son chapeau et s'inclina.

Puis, le défilé achevé, il descendit de cheval et monta d'un pied hardi l'escalier des Valois et des Bourbons.

Le soir, quand il se retrouva seul avec Bourrienne :

— Eh bien, général, lui demanda celui-ci, êtes-vous content?

— Oui, répondit vaguement Bonaparte; tout s'est bien passé, n'est-ce pas?

— A merveille!

— Je vous ai vu près de madame Bonaparte à la fenêtre du rez-de-chaussée du pavillon de Flore.

— Moi aussi, je vous ai vu, général : vous lisiez l'inscription du guichet du Carrousel.

— Oui, dit Bonaparte : 10 *août* 1792. *La royauté est abolie en France, et ne se relèvera jamais.*

— Faut-il la faire enlever, général? demanda Bourrienne.

— Inutile, répondit le premier consul, elle tombera bien toute seule.

Puis, avec un soupir :

— Savez-vous, Bourrienne, l'homme qui m'a manqué aujourd'hui? demanda-t-il.

— Non général.

— Roland... Que diable peut-il faire, qu'il ne nous donne pas de ses nouvelles ?

Ce que faisait Roland, nous allons le savoir.

XLV

LE CHERCHEUR DE PISTE

Le lecteur n'a pas oublié dans quelle situation l'escorte du 7ᵉ chasseurs avait retrouvé la malle-poste de Chambéry.

La première chose dont on s'occupa fut de chercher l'obstacle qui s'opposait à la sortie de Roland; on reconnut la présence d'un cadenas, on brisa la portière.

Roland bondit hors de la voiture comme un tigre hors de sa cage.

Nous avons dit que la terre était couverte de neige.

Roland, chasseur et soldat, n'avait qu'une idée : c'était de suivre à la piste les compagnons de Jéhu.

Il les avait vus s'enfoncer dans la direction de Thoissey ; mais il avait pensé qu'ils n'avaient pu suivre cette direction, puisque entre cette petite ville et eux coulait la Saône, et qu'il n'y avait de ponts pour traverser la rivière qu'à Belleville et à Mâcon.

Il donna l'ordre à l'escorte et au conducteur de l'attendre sur la grande route, et, à pied, s'enfonça seul, sans songer même à recharger ses pistolets, sur les traces de Morgan et de ses compagnons.

Il ne s'était pas trompé : à un quart de lieue de la route, les fugitifs avaient trouvé la Saône; là, ils s'étaient arrêtés, avaient délibéré un instant, — on le voyait au piétinement des chevaux; puis ils s'étaient séparés en deux troupes : l'une avait remonté la rivière du côté de Mâcon, l'autre l'avait descendue du côté de Belleville.

Cette division avait eu pour but évident de jeter dans le doute ceux qui les poursuivraient s'ils étaient poursuivis.

Roland avait entendu le cri de ralliement du chef : « Demain soir où vous savez. »

Il ne doutait donc pas que quelle que fût la piste qu'il suivît, soit celle qui remontait soit celle qui descendait la Saône, elle ne le conduisît, — si la neige ne fondait pas trop vite, — au lieu du rendez-vous, puisque, soit réunis, soit séparément, les compagnons de Jéhu devaient aboutir au même but.

Il revint, suivant ses propres traces, ordonna au conducteur de passer les bottes abandonnées sur la grande route par le faux postillon, de monter à cheval et de conduire la malle jusqu'au prochain relais, c'est-à-dire jusqu'à Belleville; le maréchal des logis des chasseurs et quatre chasseurs sachant écrire devaient accompagner le conducteur pour signer avec lui au procès-verbal.

Défense absolue de faire mention de lui, Roland, ni de ce qu'il était devenu, rien ne devant mettre les détrousseurs de diligences en éveil sur ses projets futurs.

Le reste de l'escorte ramènerait le corps du chef de brigade à Mâcon, et ferait, de son côté, un procès-verbal qui concorderait avec celui du conducteur, et dans lequel il ne serait pas plus question de Roland que dans l'autre.

Ces ordres donnés, le jeune homme démonta un chasseur, choisissant dans toute l'escorte le cheval qui lui paraissait le plus solide; puis il rechargea ses pistolets qu'il mit dans les fontes de sa selle à la place des pistolets d'arçon du chasseur démonté.

Après quoi, promettant au conducteur et aux soldats une prompte vengeance, subordonnée cependant à la façon dont ils lui garderaient le secret, il monta à cheval et disparut dans la même direction qu'il avait déjà suivie.

Arrivé au point où les deux troupes s'étaient séparées, il lui fallut faire un choix entre les deux pistes.

Il choisit celle qui descendait la Saône et se dirigeait vers Belleville. Il avait, pour faire ce choix, qui peut-être l'éloignait de deux ou trois lieues, une excellente raison.

D'abord, il était plus près de Belleville que de Mâcon.

Puis il avait fait un séjour de vingt-quatre heures à Mâcon, et pouvait être reconnu, tandis qu'il n'avait jamais stationné à Belleville que le temps de changer de chevaux, lorsque par hasard il y avait passé en poste.

Tous les événements que nous venons de raconter avaient pris une heure à peine; huit heures du soir sonnaient donc à l'horloge de Thoissey lorsque Roland se lança à la poursuite des fugitifs.

La route était toute tracée; cinq ou six chevaux avaient laissé leurs empreintes sur la neige; un de ces chevaux marchait l'amble.

Roland franchit les deux ou trois ruisseaux qui coupent la prairie qu'il traversait pour arriver à Belleville.

A cent pas de Belleville, il s'arrêta: là avait eu lieu une nouvelle division: deux des six cavaliers avaient pris à droite, c'est-à-dire s'étaient éloignés de la Saône, quatre avaient pris à gauche, c'est-à-dire avaient continué leur chemin vers Belleville.

Aux premières maisons de Belleville, une troisième scission s'était opérée: trois cavaliers avaient tourné la ville; un seul avait suivi la rue.

Roland s'attacha à celui qui avait suivi la rue, bien certain de retrouver la trace des autres.

Celui qui avait suivi la rue s'était lui-même arrêté à une jolie maison entre cour et jardin, portant le n° 67. Il avait sonné; quelqu'un était venu lui ouvrir. On voyait à travers la grille les pas de la personne qui était venue lui ouvrir, puis, à côté de ces pas, une autre trace: celle du cheval, que l'on menait à l'écurie.

Il était évident qu'un des compagnons de Jéhu s'était arrêté là.

Roland, en se rendant chez le maire, en exhibant ses pouvoirs, en requérant la gendarmerie, pouvait le faire arrêter à l'instant même.

Mais ce n'était point là son but, ce n'était point un individu isolé qu'il voulait arrêter: c'était toute la troupe qu'il tenait à prendre d'un coup de filet.

Il grava dans son souvenir le n° 67 et continua son chemin.

Il traversa toute la ville, fit une centaine de pas au delà de la dernière maison sans revoir aucune trace.

Il allait retourner sur ses pas; mais il songea que ces traces, si elles devaient reparaître, reparaîtraient à la tête du pont seulement.

En effet, à la tête du pont, il reconnut la piste de ses trois chevaux. C'étaient bien les mêmes : un des chevaux marchait l'amble.

Roland galopa sur la voie même de ceux qu'il poursuivait. En arrivant à Monceaux, même précaution ; les trois cavaliers avaient tourné le village ; mais Roland était trop bon limier pour s'inquiéter de cela ; il suivit son chemin, et, à l'autre bout de Monceaux il retrouva les traces des fugitifs.

Un peu avant Châtillon, un des trois chevaux quittait la route, prenait à droite, et se dirigeait vers un petit château situé sur une colline, à quelques de la route de Châtillon à Trévoux.

Cette fois, les cavaliers restants, croyant avoir assez fait pour dépister ceux qui auraient eu envie de les suivre, avaient tranquillement traversé Châtillon et pris la route de Neuville.

La direction suivie par les fugitifs réjouissait fort Roland ; ils se rendaient évidemment à Bourg : s'ils ne s'y fussent pas rendus, ils eussent pris la route de Marlieux.

Or, Bourg était le quartier général qu'avait choisi lui-même Roland pour en faire le centre de ses opérations ; Bourg, c'était sa ville à lui, et, avec cette sûreté des souvenirs de l'enfance, il connaissait jusqu'au moindre buisson, jusqu'à la moindre masure, jusqu'à la moindre grotte des environs.

A Neuville, les fugitifs avaient tourné le village.

Roland ne s'inquiéta pas de cette ruse déjà connue et éventée : seulement, de l'autre côté de Neuville, il ne retrouva plus que la trace d'un seul cheval.

Mais il n'y avait pas à s'y tromper : c'était celui qui marchait l'amble.

Sûr de retrouver la trace qu'il abandonnait pour un instant, Roland remonta la piste.

Les deux amis s'étaient séparés à la route de Vannas ; l'un l'avait suivie, l'autre avait contourné le village, et, comme nous l'avons dit, était revenu prendre la route de Bourg.

C'était celui-là qu'il fallait suivre ; d'ailleurs, l'allure de son cheval donnait une facilité de plus à celui qui le poursuivait, puisque son pas ne pouvait se confondre avec un autre pas.

Puis il prenait la route de Bourg, et, de Neuville à Bourg, il n'y avait d'autre village que Saint-Denis.

Au reste, il n'était pas probable que le dernier des fugitifs allât plus loin que Bourg.

Roland se remit sur la voie avec d'autant plus d'acharnement, qu'il approchait visiblement du but. En effet, le cavalier n'avait pas tourné Bourg, il s'était bravement engagé dans la ville.

Là, il parut à Roland que le cavalier avait hésité sur le chemin qu'il devait suivre, à moins que l'hésitation ne fût une ruse pour faire perdre sa trace.

Mais, au bout de dix minutes employées à suivre ces tours et ces détours, Roland fut sûr de son fait ; ce n'était point une ruse, c'était de l'hésitation.

Les pas d'un homme à pied venaient par une rue transversale ; le cavalier et l'homme à pied avaient conféré un instant ; puis le cavalier avait obtenu du piéton qu'il lui servît de guide. On voyait, à partir de ce moment, des pas d'homme côtoyant les pas de l'animal.

Les uns et les autres aboutissaient à l'auberge de la *Belle-Alliance*.

Roland se rappela que c'était à cette auberge qu'on avait ramené le cheval blessé après l'attaque des Caronnières.

Il y avait, selon toute probabilité, connivence entre l'aubergiste et les compagnons de Jéhu.

Au reste, selon toute probabilité encore. le voyageur de la *Belle-Alliance* y resterait jusqu'au lendemain soir. Roland sentait à sa propre fatigue que celui-ci devait avoir besoin de se reposer.

Et Roland, pour ne point forcer son cheval et aussi pour reconnaître la route suivie, avait mis six heures à faire les douze lieues.

Trois heures sonnaient au clocher tronqué de Notre-Dame.

Qu'allait faire Roland ? S'arrêter dans

Silence, braconniers! dit l'officier. — Page 13.

quelque auberge de la ville? Impossible; il était trop connu à Bourg; d'ailleurs son cheval, équipé d'une chabraque de chasseur, donnerait des soupçons.

Une des conditions de son succès était que sa présence à Bourg fût complétement ignorée.

Il pouvait se cacher au château des Noires-Fontaines, et là, se tenir en observation; mais serait-il sûr de la discrétion des domestiques?

Michel et Jacques se tairaient, Roland était sûr d'eux; Amélie se tairait; mais Charlotte, la fille du geôlier, ne bavarderait-elle point?

Il était trois heures du matin, tout le monde dormait; le plus sûr pour le jeune homme était de se mettre en communication avec Michel.

Michel trouverait bien moyen de le cacher.

Au grand regret de sa monture, qui avait sans doute flairé une auberge, Roland lui fit tourner bride et prit la route de Pont-d'Ain.

En passant devant l'église de Brou, il jeta un regard sur la caserne des gendarmes. Selon toute probabilité, les gendarmes et leur capitaine dormaient du sommeil des justes.

Roland traversa la petite aile de forêt qui enjambait par-dessus la route. La neige amortissait le bruit des pas de son cheval.

En débouchant de l'autre côté, il vit deux hommes qui longeaient le fossé en portant un chevreuil suspendu à un petit arbre par ses quatre pattes liées.

Il lui sembla reconnaître la tournure de ces hommes.

Il piqua son cheval pour les rejoindre.

Les deux hommes avaient l'oreille au guet; ils se retournèrent, virent un cavalier qui semblait en vouloir à eux; ils jetèrent l'animal dans le fossé, et s'enfuirent à travers champs, pour regagner la forêt de Seillon.

— Hé! Michel! cria Roland de plus en plus convaincu qu'il avait affaire à son jardinier.

Michel s'arrêta court; l'autre homme continua de gagner aux champs.

— Hé! Jacques! cria Roland.

L'autre homme s'arrêta.

S'ils étaient reconnus, inutile de fuir; d'ailleurs, l'appel n'avait rien d'hostile: la voix était plutôt amie que menaçante.

— Tiens! fit Jacques, on dirait M. Roland.

— Et que c'est lui tout de même, dit Michel.

Et les deux hommes, au lieu de continuer à fuir vers le bois, revinrent vers la grande route.

Roland n'avait point entendu ce qu'avaient dit les deux braconniers, mais il l'avait deviné.

— Eh! pardieu, oui, c'est moi! cria-t-il.

Au bout d'un instant, Michel et Jacques étaient près de lui.

Les interrogations du père et du fils se croisèrent, et il faut convenir qu'elles étaient motivées.

Roland en bourgeois, monté sur un cheval de chasseur, à trois heures du matin, sur la route de Bourg aux Noires-Fontaines.

Le jeune officier coupa court aux questions.

— Silence, braconniers! dit-il; que l'on mette ce chevreuil en croupe derrière moi et que l'on s'achemine vers la maison; tout le monde doit ignorer ma présence aux Noires-Fontaines, même ma sœur.

Roland parlait avec la fermeté d'un militaire, et chacun savait que, lorsqu'une fois il avait donné un ordre, il n'y avait point à répliquer.

On ramassa le chevreuil, on le mit en croupe derrière Roland, et les deux hommes, prenant le grand trot, suivirent le petit trot du cheval.

Il restait à peine un quart de lieue à faire.

Il se fit en dix minutes.

A cent pas du château, Roland s'arrêta.

Les deux hommes furent envoyés en éclaireurs, pour s'assurer que tout était calme.

L'exploration achevée, ils firent signe à Roland de venir.

Roland vint, descendit de cheval, trouva la porte du pavillon ouverte et entra.

Michel conduisit le cheval à l'écurie et porta le chevreuil à l'office; car Michel appartenait à cette honorable classe de braconniers qui tuent le gibier pour le plaisir de le tuer, et non pour l'intérêt de le vendre.

Il ne fallait s'inquiéter ni du cheval ni du chevreuil; Amélie ne se préoccupait pas plus de ce qui se passait à l'écurie que de ce qu'on lui servait à table.

Pendant ce temps, Jacques allumait du feu.

En revenant, Michel apporta un reste de gigot et une demi-douzaine d'œufs destinés à faire une omelette; Jacques prépara un lit dans un cabinet.

Roland se réchauffa et soupa sans prononcer une parole.

Les deux hommes le regardaient avec un étonnement qui n'était point exempt d'une certaine inquiétude.

Le bruit de l'expédition de Seillon s'était répandu, et l'on disait tout bas que c'était Roland qui l'avait dirigée.

Il était évident qu'il revenait pour quelque expédition du même genre.

Lorsque Roland eut soupé, il releva la tête et appela Michel.

— Ah! tu étais là? fit Roland.

— J'attendais les ordres de monsieur.

— Voici mes ordres; écoute-moi bien.

— Je suis tout oreilles.

— Il s'agit de vie et de mort; il s'agit de plus encore : il s'agit de mon honneur.

— Parlez, monsieur Roland.

Roland tira sa montre.

— Il est cinq heures. A l'ouverture de l'auberge de la *Belle-Alliance*, tu seras là comme si tu passais, tu t'arrêteras à causer avec celui qui t'ouvrira.

— Ce sera probablement Pierre.

— Pierre ou un autre, tu sauras de lui quel est le voyageur qui est arrivé chez son maître sur un cheval marchant l'amble; tu sais ce que c'est, l'amble?

— Parbleu! c'est un cheval qui marche comme les ours, les deux jambes du même côté à la fois.

— Bravo... Tu pourras bien savoir aussi, n'est-ce pas, si le voyageur est disposé à partir ce matin, ou s'il paraît devoir passer la journée à l'hôtel?

— Pour sûr je le saurai.

— Eh bien, quand tu sauras tout cela, tu viendras me le dire; mais le plus grand silence sur mon séjour ici. Si l'on te demande de mes nouvelles, on a reçu une lettre de moi hier; je suis à Paris, près du premier consul.

— C'est convenu.

Michel partit. Roland se coucha et s'endormit, laissant à Jacques la garde du pavillon.

Lorsque Roland se réveilla, Michel était de retour.

Il savait tout ce que son maître lui avait recommandé de savoir.

Le cavalier arrivé dans la nuit devait repartir dans la soirée, et, sur le registre des voyageurs que chaque aubergiste était forcé de tenir régulièrement à cette époque, on avait écrit :

« Samedi, 30 pluviôse, *dix heures du soir:* le citoyen Valensolle, arrivant de Lyon, allant à Genève. »

Ainsi l'alibi était préparé, puisque le registre faisait foi que le citoyen Valensolle était arrivé à dix heures du soir et qu'il était impossible qu'il eût arrêté, à huit heures et demie, la malle à la Maison-Blanche, et qu'il fût entré à dix heures à l'hôtel de la *Belle-Alliance*.

Mais ce qui préoccupa le plus Roland, c'est que celui qu'il avait suivi une partie de la nuit, et dont il venait de découvrir la retraite et le nom, n'était autre que le témoin d'Alfred de Barjols, tué par lui en duel à la fontaine de Vaucluse, témoin qui, selon toute probabilité, avait joué le rôle du fantôme dans la chartreuse du Seillon.

Les compagnons de Jéhu n'étaient donc pas des voleurs ordinaires, mais, au contraire, comme le bruit en courait, des gentilshommes de bonne famille, qui, tandis que les nobles bretons risquaient leur vie dans l'Ouest pour la cause royaliste, affrontaient, de leur côté, l'échafaud pour faire passer aux combattants l'argent recueilli à l'autre bout de la France dans leurs hasardeuses expéditions.

XLVI

UNE INSPIRATION

Nous avons vu que, dans la poursuite qu'il avait faite la nuit précédente, Roland eût pu faire arrêter un ou deux de ceux qu'il poursuivait.

Il pouvait en faire autant de M. de Valensolle, qui, probablement, faisait ce qu'avait fait Roland, c'est-à-dire prenait un jour de repos après une nuit de fatigue.

Il lui suffisait, pour cela, d'écrire un petit mot au capitaine de gendarmerie, ou au chef de brigade de dragons qui avait fait avec lui l'expédition de Seillon; leur honneur était engagé dans l'affaire, on cernait M. de Valensolle dans son lit, on en était quitte pour deux coups de pistolet, c'est-à-dire pour deux hommes tués ou blessés, et M. de Valensolle était pris.

Mais l'arrestation de M. de Valensolle donnait l'éveil au reste de la troupe, qui se mettait à l'instant même en sûreté en traversant la frontière.

Il valait donc mieux s'en tenir à la première idée de Roland, c'est-à-dire temporiser, suivre les différentes pistes qui devaient converger à un même centre, et, au risque d'un véritable combat, jeter le filet sur toute la compagnie.

Pour cela, il ne fallait point arrêter M. de Valensolle ; il fallait continuer de le suivre dans son prétendu voyage à Genève, qui n'était, vraisemblablement, qu'un prétexte pour dérouter les investigations.

Il fut convenu cette fois que Roland, qui, si bien déguisé qu'il fût, pouvait être reconnu, resterait au pavillon, et que ce seraient Michel et Jacques qui, pour cette nuit, détourneraient le gibier.

Selon toute probabilité, M. de Valensolle ne se mettrait en voyage qu'à la nuit close.

Roland se fit renseigner sur la vie que menait sa sœur depuis le départ de sa mère.

Depuis le départ de sa mère, Amélie n'avait pas une seule fois quitté le château des Noires-Fontaines. Ses habitudes étaient les mêmes, moins les sorties habituelles qu'elle faisait avec madame de Montrevel.

Elle se levait à sept ou huit heures du matin, dessinait ou faisait de la musique jusqu'au déjeuner ; après le déjeuner, elle lisait ou s'occupait de quelque ouvrage de tapisserie, ou bien encore profitait d'un rayon de soleil pour descendre jusqu'à la rivière avec Charlotte ; parfois elle appelait Michel, faisait détacher la petite barque, et, bien enveloppée dans ses fourrures, remontait la Reyssouse jusqu'à Montagnac ou la descendait jusqu'à Saint-Just, puis rentrait sans jamais avoir parlé à personne ; dînait ; après son dîner, montait dans sa chambre avec Charlotte, et, à partir de ce moment, ne paraissait plus.

A six heures et demie, Michel et Jacques pouvaient donc décamper sans que personne au monde s'inquiétât de ce qu'ils étaient devenus.

A six heures, Michel et Jacques priren

leurs blouses, leurs carniers, leurs fusils, et partirent.

Ils avaient reçu leurs instructions.

Suivre le cheval marchant l'amble jusqu'à ce qu'on sût où il menait son cavalier, ou jusqu'à ce que l'on perdît sa trace.

Michel devait aller s'embusquer en face de la ferme de la Belle-Alliance ; Jacques, se placer à la patte-d'oie que forment, en sortant de Bourg, les trois routes de Saint-Amour, de Saint-Claude et de Nantua.

Cette dernière est en même temps celle de Genève.

Il était évident qu'à moins de revenir sur ses pas, ce qui n'était pas probable, M. de Valensolle prendrait une de ces trois routes.

Le père partit d'un côté, le fils de l'autre.

Michel remonta vers la ville par la route de Pont-d'Ain, en passant devant l'église de Brou.

Jacques traversa la Reyssouse, suivit la rive droite de la petite rivière, et se trouva, en appuyant d'une centaine de pas hors du faubourg, à l'angle aigu que faisaient les trois routes en aboutissant à la ville.

Au même moment, à peu près, où le fils prenait son poste, le père devait être arrivé au sien.

En ce moment encore, c'est-à-dire vers sept heures du soir, interrompant la solitude et le silence accoutumés du château des Noires-Fontaines, une voiture de poste s'arrêtait devant la grille, et un domestique en livrée tirait la chaîne de fer de la sonnette.

C'eût été l'office de Michel d'ouvrir, mais Michel était où vous savez.

Amélie et Charlotte comptaient probablement sur lui, car le tintement de la cloche se renouvela trois fois sans que personne vînt ouvrir.

Enfin, la femme de chambre parut au haut de l'escalier. Elle s'approcha timidement, appelant Michel.

Michel ne répondit point.

Enfin, protégée par la grille, Charlotte se hasarda à s'approcher.

Malgré l'obscurité, elle reconnut le domestique.

— Ah! c'est vous, monsieur James? s'écria-t-elle un peu rassurée.

James était le domestique de confiance de sir John.

— Oh! oui, dit le domestique, ce était moâ, mademoiselle Charlotte, ou plutôt ce était milord.

En ce moment, la portière s'ouvrit et l'on entendit la voix de sir John qui disait :

— Mademoiselle Charlotte, veuillez dire à votre maîtresse que j'arrive de Paris et que je viens m'inscrire chez elle, non pas pour être reçu ce soir, mais pour lui demander la permission de me présenter demain, si elle veut bien m'accorder cette faveur ; demandez-lui l'heure à laquelle je serai le moins indiscret.

Mademoiselle Charlotte avait une grande considération pour milord ; aussi s'empressa-t-elle de s'acquitter de la commission.

Cinq minutes après, elle revenait annoncer à milord qu'il serait reçu le lendemain, de midi à une heure.

Roland savait ce que venait faire milord ; dans son esprit, le mariage était décidé, et sir John était son beau-frère.

Il hésita un instant pour savoir s'il se ferait reconnaître à lui et s'il le mettrait de moitié dans ses projets ; mais il réfléchit que lord Tanlay n'était pas homme à le laisser opérer seul. Il avait une revanche à prendre avec les compagnons de Jéhu ; il voudrait accompagner Roland dans l'expédition, quelle qu'elle fût. L'expédition, quelle qu'elle fût, serait dangereuse, et il pourrait lui arriver malheur.

La chance qui accompagnait Roland — et Roland l'avait éprouvé — ne s'étendait point à ses amis ; sir John, grièvement blessé, en était revenu à grand'peine ; le chef de brigade des chasseurs avait été tué roide.

Il laissa donc sir John s'éloigner sans donner signe d'existence.

Quant à Charlotte, elle ne parut nullement étonnée que Michel n'eût point été là pour ouvrir ; on était évidemment habitué à ses absences, et ces absences ne préoccupaient ni la femme de chambre ni sa maîtresse.

Au reste, Roland s'expliqua cette espèce d'insouciance ; Amélie, faible devant une douleur morale, inconnue à Roland, qui attribuait à de simples crises nerveuses les variations de caractère de sa sœur, Amélie eût été grande et forte devant un danger réel.

De là sans doute venait le peu de crainte que les deux jeunes filles avaient à rester seules dans un château isolé, et sans autres gardiens que deux hommes qui passaient leurs nuits à braconner.

Quant à nous, nous savons comment Michel et son fils, en s'éloignant, servaient les désirs d'Amélie bien mieux qu'en restant au château ; leur absence faisait le chemin libre à Morgan, et c'était tout ce que demandait Amélie.

La soirée et une partie de la nuit s'écoulèrent sans que Roland eût aucune nouvelle.

Il essaya de dormir, mais dormit mal ; il croyait, à chaque instant, entendre rouvrir la porte.

Le jour commençait en réalité de percer à travers les volets lorsque la porte s'ouvrit.

C'étaient Michel et Jacques qui rentraient.

Voici ce qui s'était passé.

Chacun s'était rendu à son poste : Michel à la porte de l'auberge, Jacques à la patte-d'oie.

A vingt pas de l'auberge, Michel avait trouvé Pierre ; en trois mots, il s'était assuré que M. de Valensolle était toujours à l'auberge ; celui-ci avait annoncé qu'ayant une longue route à faire, il laisserait reposer son cheval et ne partirait que dans la nuit.

Pierre ne doutait point que le voyageur ne partît pour Genève, comme il l'avait dit.

Michel proposa à Pierre de boire un verre de vin ; s'il manquait l'affût du soir, il lui resterait l'affût du matin.

Pierre accepta. Dès lors Michel était bien sûr d'être prévenu ; Pierre était garçon d'écurie : rien ne pouvait se faire, dans le département dont il était chargé, sans qu'il en eût avis.

Cet avis, un gamin attaché à l'hôtel promit de le lui donner, et reçut en récompense, de Michel, trois charges de poudre pour faire des fusées.

A minuit, le voyageur n'était pas encore parti ; on avait bu quatre bouteilles de vin, mais Michel s'était ménagé : sur ces quatre bouteilles, il avait trouvé moyen d'en vider trois dans le verre de Pierre, où, bien entendu, elles n'étaient pas restées.

A minuit, Pierre rentra pour s'informer ; mais alors qu'allait faire Michel? le cabaret fermait, et Michel avait encore quatre heures à attendre jusqu'à l'affût du matin.

Pierre offrit à Michel un lit de paille dans l'écurie ; il aurait chaud et serait doucement couché.

Michel accepta.

Les deux amis entrèrent par la grande porte, bras dessus, bras dessous ; Pierre trébuchait, Michel faisait semblant de trébucher.

A trois heures du matin, le domestique de l'hôtel appela Pierre.

Le voyageur voulait partir.

Michel prétexta que l'heure de l'affût était arrivée, et se leva.

Sa toilette n'était pas longue à faire : il s'agissait de secouer la paille qui pouvait s'être attachée à sa blouse, à son carnier ou à ses cheveux.

Après quoi, Michel prit congé de son ami Pierre et alla s'embusquer au coin d'une rue.

Un quart d'heure après, la porte s'ouvrit, un cavalier sortit de l'hôtel : le cheval de ce cavalier marchait l'amble.

C'était bien M. de Valensolle.

Il prenait les rues qui conduisaient à la route de Genève.

Michel le suivait sans affectation, en sifflant un air de chasse.

Seulement, Michel ne pouvait courir, il eût été remarqué ; il résulta de cette difficulté qu'en un instant il eut perdu de vue M. de Valensolle.

Restait Jacques, qui devait attendre le jeune homme à la patte-d'oie.

Mais Jacques était à la patte-d'oie depuis plus de six heures, par une nuit d'hiver, avec un froid de cinq ou six degrés !

Jacques avait-il eu le courage de rester six heures les pieds dans la neige, à battre la semelle contre les arbres de la route ?

Michel prit au galop par les rues et ruelles, raccourcissant le chemin ; mais cheval et cavalier, quelque hâte qu'il y eût mise, avaient été plus vite que lui.

Il arriva à la patte-d'oie.

La route était solitaire.

La neige, foulée pendant toute la journée de la veille, qui était un dimanche, ne permettait pas de suivre la trace du cheval, perdue dans la boue du chemin.

Aussi Michel ne s'inquiéta-t-il point de la trace du cheval ; c'était chose inutile, c'était du temps perdu.

Il s'occupa de savoir ce qu'avait fait Jacques.

Son coup d'œil de braconnier le mit bientôt sur la voie.

Jacques avait stationné au pied d'un arbre ; combien de temps ? Cela était difficile à dire, assez longtemps, en tout cas, pour avoir froid : la neige était battue par ses gros souliers de chasse.

Il avait essayé de se réchauffer en marchant de long en large.

Puis, tout à coup, il s'était souvenu qu'il y avait, de l'autre côté de la route, une de ces petites huttes bâties avec de la terre, où les cantonniers vont chercher un abri contre la pluie.

Il avait descendu le fossé, avait traversé le chemin ; on pouvait suivre sur les bas côtés la trace perdue un instant sur le milieu de la route.

Cette trace formait une diagonale allant droit à la hutte.

Il était évident que c'était dans cette hutte que Jacques avait passé la nuit.

Maintenant, depuis quand en était-il sorti ? et pourquoi en était-il sorti ?

Depuis quand il en était sorti ? La chose n'était guère appréciable, tandis qu'au contraire le piqueur le plus malhabile eût reconnu pourquoi il en était sorti.

Il en était sorti pour suivre M. de Valensolle.

Le même pas qui avait abouti à la hutte

en sortait et s'éloignait dans la direction de Ceyzeriat.

Le cavalier avait donc bien réellement pris la route de Genève : le pas de Jacques le disait clairement.

Ce pas était allongé comme celui d'un homme qui court, et il suivait, en dehors du fossé, du côté des champs, la ligne d'arbres qui pouvait le dérober à la vue du voyageur.

En face d'une auberge borgne, d'une de ces auberges au-dessus de la porte cochère desquelles sont écrits ces mots : *Ici on donne à boire et à manger, loge à pied et à cheval*, les pas s'arrêtaient.

Il était évident que le voyageur avait fait halte dans cette auberge, puisque à vingt pas de là Jacques avait fait lui-même halte derrière un arbre.

Seulement, au bout d'un instant, probablement quand la porte s'était refermée sur le cavalier et le cheval, Jacques avait quitté son arbre, avait traversé la route, cette fois avec hésitation, et à petits pas, et s'était dirigé non point vers la porte, mais vers la fenêtre.

Michel emboîta son pas dans celui de son fils, et arriva à la fenêtre ; à travers le volet mal joint, on pouvait, quand l'intérieur était éclairé, voir dans l'intérieur ; mais alors l'intérieur était sombre, et l'on ne voyait rien.

C'était pour voir dans l'intérieur que Jacques s'était approché de la fenêtre ; sans doute l'intérieur avait été éclairé un instant, et Jacques avait vu.

Où était-il allé en quittant la fenêtre ?

Il avait tourné autour de la maison en longeant le mur; on pouvait aisément le suivre dans cette excursion : la neige était vierge.

Quant à son but en contournant la maison, il n'était pas difficile à deviner. Jacques, en garçon de sens, avait bien pensé que le cavalier n'était point parti à trois heures du matin, en disant qu'il allait à Genève, pour s'arrêter à un quart de lieue du bourg dans une pareille auberge.

Il avait dû sortir par quelque porte de derrière.

Jacques contournait donc la muraille dans l'espérance de retrouver de l'autre côté de la maison, la trace du cheval ou tout au moins celle du cavalier.

En effet, à partir d'une petite porte de derrière donnant sur la forêt qui s'étend de Cotrez à Ceyzeriat, on pouvait suivre une trace de pas s'avançant en ligne directe vers la lisière du bois.

Ces pas étaient ceux d'un homme élégamment chaussé, et chaussé en cavalier.

Ses éperons avaient laissé trace sur la neige.

Jacques n'avait pas hésité, il avait suivi les pas.

On voyait la trace de son gros soulier près de celle de la fine botte, du large pied du paysan près du pied élégant du citadin.

Il était cinq heures du matin, le jour allait venir; Michel résolut de ne pas aller plus loin.

Du moment où Jacques était sur la piste, le jeune braconnier valait le vieux. Michel fit un grand tour par la plaine, comme s'il revenait de Ceyzeriat, et résolut d'entrer dans l'auberge et d'y attendre Jacques.

Jacques comprendrait que son père avait dû le suivre et qu'il s'était arrêté à la maison isolée.

Michel frappa au contrevent, se fit ouvrir ; il connaissait l'hôte, habitué à le voir dans ses exercices nocturnes, lui demanda une bouteille de vin, se plaignit d'avoir fait buisson creux, et demanda, tout en buvant, la permission d'attendre son fils, qui était à l'affût de son côté, et qui peut-être aurait été plus heureux que lui.

Il va sans dire que la permission fut facile à obtenir.

Michel avait eu soin de faire ouvrir les volets pour voir sur la route.

Au bout d'un instant, on frappa aux carreaux.

C'était Jacques.

Son père l'appela.

Jacques avait été aussi malheureux que son père : il n'avait rien tué.

Jacques était gelé.

Une brassée de bois fut jetée sur le feu, un second verre apporté. Jacques se réchauffa et but.

Puis, comme il fallait rentrer au château des Noires-Fontaines avec le jour, pour qu'on ne s'aperçût point de l'absence des deux braconniers, Michel paya la bouteille de vin et la flambée, et tous deux partirent.

Ni l'un ni l'autre n'avaient dit devant l'hôte un mot de ce qui les préoccupait; il ne fallait point que l'on soupçonnât qu'ils fussent en quête d'autre chose que du gibier.

Mais, une fois de l'autre côté du seuil, Michel se rapprocha vivement de son fils.

Alors, Jacques lui raconta qu'il avait suivi les traces assez avant dans la forêt, mais qu'arrivé à un carrefour, il avait vu tout à coup se lever devant lui un homme armé d'un fusil; et que cet homme lui avait demandé ce qu'il venait faire à cette heure dans le bois.

Jacques avait répondu qu'il cherchait un affût.

— Alors, allez plus loin, avait répondu l'homme; car, vous le voyez, cette place est prise.

Jacques avait reconnu la justesse de la réclamation et avait, en effet, été cent pas plus loin.

Mais, au moment où il obliquait à gauche pour rentrer dans l'enceinte dont il avait été écarté, un autre homme, armé comme le premier, s'était tout aussi inopinément levé devant lui, lui adressant la même question.

Jacques n'avait pas d'autre réponse à faire que la réponse déjà faite :

— Je cherche un affût.

L'homme alors lui avait montré du doigt la lisière de la forêt, et, d'un ton presque menaçant, lui avait dit :

— Si j'ai un conseil à vous donner, mon jeune ami, c'est d'aller là-bas; je crois qu'il fait meilleur là-bas qu'ici.

Jacques avait suivi le conseil, ou du moins avait fait semblant de le suivre; car, arrivé à l'endroit indiqué, il s'était glissé le long du fossé, et, convaincu de l'impossibilité de retrouver, en ce moment du moins, la piste de M. de Valensolle, il avait gagné au large, avait rejoint la grande route à travers champs et était revenu vers le cabaret, où il espérait retrouver son père et où il l'avait retrouvé en effet.

Ils étaient arrivés tous deux au château des Noires-Fontaines, on le sait déjà, au moment où les premiers rayons du jour pénétraient à travers les volets.

Tout ce que nous venons de dire fut raconté à Roland avec une foule de détails que nous omettons, et qui n'eurent pour résultat que de convaincre le jeune officier que les deux hommes armés de fusils qui s'étaient levés à l'approche de Jacques, n'étaient autres, tout braconniers qu'ils semblaient être, que des compagnons de Jéhu.

Mais quel pouvait être ce repaire? Il n'y avait de ce côté-là ni couvent abandonné, ni ruines.

Tout à coup, Roland se frappa la tête.

— Oh! bélître que je suis! comment n'avais-je point songé à cela?

Un sourire de triomphe passa sur ses lèvres, et, s'adressant aux deux hommes, désespérés de ne point lui apporter de nouvelles plus précises :

— Mes enfants, dit-il, je sais tout ce que je voulais savoir. Couchez-vous et dormez tranquilles; vous l'avez, pardieu, bien mérité.

Et, de son côté, donnant l'exemple, Roland dormit en homme qui vient de résoudre un problème de la plus haute importance, qu'il a longtemps creusé inutilement.

L'idée lui était venue que les compagnons de Jéhu avaient abandonné la chartreuse de Seillon pour les grottes de Ceyzeriat et en même temps il s'était rappelé la communication souterraine qui existait entre cette grotte et l'église de Brou.

XLVII

UNE RECONNAISSANCE

Le même jour, usant de la permission qui lui avait été accordée la veille, sir John se présenta entre midi et une heure chez mademoiselle de Montrevel.

Tout se passa, comme l'avait désiré Morgan. Sir John fut reçu comme un ami de la famille, lord Tanlay fut reçu comme un prétendant dont la recherche honorait.

Amélie n'opposa aux désirs de son frère et de sa mère, aux ordres du premier consul, que l'état de sa santé; c'était demander du temps. Lord Tanlay s'inclina; il obtenait autant qu'il avait espéré obtenir, il était agréé.

Cependant il comprit que sa présence trop prolongée à Bourg serait inconvenante, Amélie se trouvant éloignée, toujours par ce prétexte de santé, de sa mère et de son frère.

En conséquence, il annonça à Amélie une seconde visite pour le lendemain et son départ pour la même soirée.

Il attendrait, pour la revoir, ou qu'Amélie vînt à Paris, ou que madame de Montrevel revînt à Bourg. Cette seconde circonstance était la plus probable, Amélie disant qu'elle avait besoin du printemps et de l'air natal pour aider au retour de sa santé.

Grâce à la délicatesse parfaite de sir John, les désirs d'Amélie et de Morgan étaient accomplis, les deux amants avaient devant eux du temps et de la solitude.

Michel sut ces détails de Charlotte, et Roland les sut de Michel.

Roland résolut de laisser partir sir John avant de rien tenter.

Mais cela ne l'empêcha point de lever un dernier doute.

La nuit venue, il prit un costume de chasseur, jeta sur ce costume la blouse de Michel, abrita son visage sous un large chapeau, passa une paire de pistolets dans le ceinturon de son couteau de chasse, caché comme ses pistolets sous sa blouse, et se hasarda sur la route des Noires-Fontaines à Bourg.

Il s'arrêta à la caserne de gendarmerie et demanda à parler au capitaine.

Le capitaine était dans sa chambre; Roland monta et se fit reconnaître; puis, comme il n'était que huit heures du soir et qu'il pouvait être reconnu par quelque passant, il éteignit la lampe.

Les deux hommes restèrent dans l'obscurité.

Le capitaine savait déjà ce qui s'était passé, trois jours auparavant, sur la route de Lyon, et, certain que Roland n'avait pas été tué, il s'attendait à sa visite.

A son grand étonnement, Roland ne venait lui demander qu'une seule chose, ou plutôt que deux choses : la clef de l'église de Bourg et une pince.

Le capitaine lui remit les deux objets demandés et offrit à Roland de l'accompagner dans son excursion; mais Roland refusa : il était évident qu'il avait été trahi par quelqu'un lors de son expédition de la Maison-Blanche; il ne voulait pas s'exposer à un second échec.

Aussi recommanda-t-il au capitaine de ne parler à personne de sa présence et d'attendre son retour, quand même ce retour tarderait d'une heure ou deux.

Le capitaine s'y engagea.

Roland, sa clef à la main droite, sa pince à la main gauche, gagna sans bruit la porte latérale de l'église, l'ouvrit, la referma et se trouva en face de la muraille de fourrage.

Il écouta : le plus profond silence régnait dans l'église solitaire.

Il rappela ses souvenirs de jeunesse, s'orienta, mit la clef dans sa poche, et escalada la muraille de foin, qui avait une quinzaine de pieds de haut, et formait une espèce de plate-forme; puis, comme on descend d'un rempart au moyen d'un talus, par une espèce de talus il se laissa glisser jusqu'au sol, tout pavé de dalles mortuaires.

Le chœur était vide, grâce au jubé qui le protégeait d'un côté, et grâce aux murailles qui l'enceignaient à droite et à gauche.

La porte du jubé était ouverte : Roland pénétra donc sans difficulté dans le chœur.

Il se trouva en face du monument de Philibert le Beau.

A la tête du prince se trouvait une grande dalle carrée : c'était celle par laquelle on descendait dans les caveaux souterrains.

Roland connaissait ce passage ; car, arrivé près de la dalle, il s'agenouilla, cherchant avec sa main la jointure de la pierre.

Il la trouva, se releva, introduisit la pince dans la rainure et souleva la dalle.

D'une main, il la soutint au-dessus de sa tête, tandis qu'il descendait dans le caveau.

Puis lentement il la laissa retomber.

On eût dit que, volontairement, le visiteur nocturne se séparait du monde des vivants et descendait dans le monde des morts.

Et ce qui devait paraître étrange à celui qui voit dans le jour et dans les ténèbres, sur la terre comme dessous, c'était l'impassibilité de cet homme qui côtoyait les morts pour découvrir les vivants, et qui, malgré l'obscurité, la solitude, le silence, ne frissonnait même pas au contact des marbres funèbres.

Il alla tâtonnant au milieu des tombes, jusqu'à ce qu'il eût reconnu la grille qui donnait dans le souterrain.

Il explora la serrure ; elle était fermée au pêne seulement. Il introduisit l'extrémité de sa pince entre le pêne et la gâche, et poussa légèrement.

La grille s'ouvrit.

Il tira la porte, mais sans la fermer, afin de pouvoir revenir sur ses pas, et dressa la pince dans son angle.

Puis, l'oreille tendue, la pupille dilatée, tous les sens surexcités par le désir d'entendre, le besoin de respirer, l'impossibilité de voir, il s'avança lentement, un pistolet tout armé d'une main, et s'appuyant, de l'autre, à la paroi de la muraille.

Il marcha ainsi un quart d'heure.

Quelques gouttes d'eau glacée, en filtrant à travers la voûte du souterrain et en tombant sur ses mains et sur ses épaules, lui avaient appris qu'il passait au-dessous de la Reyssouse.

Au bout de ce quart d'heure de marche, il trouva la porte qui communiquait du souterrain dans la carrière. Il fit halte un instant ; il respirait plus librement, en outre, il lui semblait entendre des bruits lointains, et voir voltiger sur les piliers de pierre qui soutenaient la voûte comme des lueurs de feux follets.

On eût pu croire, en ne distinguant que la forme de ce sombre écouteur, que c'était de l'hésitation, mais, si l'on eût pu voir sa physionomie, on eût compris que c'était de l'espérance.

Il se remit en chemin, se dirigeant vers les lueurs qu'il avait cru apercevoir, vers ce bruit qu'il avait cru entendre.

A mesure qu'il approchait, le bruit arrivait à lui plus distinct, la lumière lui apparaissait plus vive.

Il était évident que la carrière était habitée ; par qui ? il n'en savait rien encore ; mais il allait le savoir.

Il n'était plus qu'à dix pas du carrefour de granit que nous avons signalé à notre première descente dans la grotte de Ceyzeriat. Il se colla contre la muraille, s'avançant imperceptiblement ; on eût dit, au milieu de l'obscurité, un bas-relief mobile.

Enfin, sa tête arriva à dépasser un angle, et son regard plongea sur ce que l'on pouvait appeler le camp des compagnons de Jéhu.

Ils étaient douze ou quinze occupés à souper.

Il prit à Roland une folle envie : c'était de se précipiter au milieu de tous ces hommes, de les attaquer seul, et de combattre jusqu'à la mort.

Mais il comprima ce désir insensé, releva sa tête avec la même lenteur qu'il l'avait avancée, et, les yeux pleins de lumière, le cœur plein de joie, sans avoir été entendu, sans avoir été soupçonné, il revint sur ses pas, reprenant le chemin qu'il venait de faire.

Ainsi, tout lui était expliqué : l'abandon de la chartreuse de Seillon, la disparition de M. de Valensolle, les faux braconniers placés aux environs de l'ouverture de la grotte de Ceyzeriat.

Cette fois, il allait donc prendre sa vengeance, et la prendre terrible, la prendre mortelle.

Mortelle, car, de même qu'il soupçonnait qu'on l'avait épargné, il allait ordonner d'épargner les autres ; seulement, lui, on l'avait épargné pour la vie ; les autres, on allait les épargner pour la mort.

A la moitié du retour à peu près, il lui sembla entendre du bruit derrière lui ; il se retourna et crut voir le rayonnement d'une lumière.

Il doubla le pas ; une fois la porte dépassée, il n'y avait plus à s'égarer : ce n'était plus une carrière aux mille détours, c'était une voûte étroite, rigide, aboutissant à une grille funéraire.

Au bout de dix minutes, il passait de nouveau sous la rivière ; une ou deux minutes après, il touchait la grille du bout de sa main étendue.

Il prit sa pince où il l'avait laissée, entra dans le caveau, tira la grille après lui, la referma doucement et sans bruit, guidé par les tombeaux retrouva l'escalier, poussa la dalle avec sa tête et se retrouva sur le sol des vivants.

Là, relativement, il faisait jour.

Il sortit du chœur, repoussa la porte du jubé afin de la remettre dans le même état où il l'avait trouvée, escalada le talus, traversa la plate-forme et redescendit de l'autre côté.

Il avait conservé la clef ; il ouvrit la porte et se trouva dehors.

Le capitaine de gendarmerie l'attendait ; il conféra quelques instants avec lui, puis tous deux sortirent ensemble.

Tous deux rentrèrent à Bourg par le chemin de ronde pour ne pas être vus, prirent la porte des halles, la rue de la Révolution, la rue de la Liberté, la rue d'Espagne, devenue la rue Simonneau. Puis Roland s'enfonça dans un des angles de la rue du Greffe et attendit.

Le capitaine de gendarmerie continua seul son chemin.

Il allait rue des Ursules, devenue depuis sept ans la rue des Casernes ; c'était là que le chef de brigade des dragons avait son logement, et il venait de se mettre au lit au moment où le capitaine entra dans sa chambre ; celui-ci lui dit deux mots tout bas, et en hâte le chef de brigade s'habilla et sortit.

Au moment où le chef de brigade des dragons et le capitaine de gendarmerie apparaissaient sur la place, une ombre se détachait de la muraille et s'approchait d'eux.

Cette ombre, c'était Roland.

Les trois hommes restèrent en conférence dix minutes, Roland donnant des ordres, les deux autres l'écoutant et l'approuvant.

Puis ils se séparèrent.

Le chef de brigade rentra chez lui ; Roland et le capitaine de gendarmerie, par la rue de l'Étoile, les degrés des Jacobins et la rue du Bourgneuf, regagnèrent le chemin de ronde, puis, en diagonale, ils allèrent rejoindre la route de Pont-d'Ain.

Roland laissa, en passant, le capitaine de gendarmerie à la caserne et continua son chemin.

Vingt minutes après, pour ne pas réveiller Amélie, au lieu de sonner à la grille, il frappait au volet de Michel ; Michel ouvrit le volet, et, d'un seul bond, Roland — dévoré de cette fièvre qui s'emparait de lui lorsqu'il courait ou même rêvait tout simplement quelque danger — sautait dans le pavillon.

Il n'eût point réveillé Amélie, eût-il sonné à la porte, car Amélie ne dormait point.

Charlotte, qui, elle aussi, de son côté, arrivait de la ville sous prétexte d'aller voir son père, mais, en réalité, pour faire parvenir une lettre à Morgan, avait trouvé Morgan et rapportait la réponse à sa maîtresse.

Amélie lisait cette réponse ; elle était conçue en ces termes

« Amour à moi !

» Oui, tout va bien de ton côté, car tu es l'ange, mais j'ai bien peur que tout n'aille mal du mien, moi qui suis le démon.

» Il faut absolument que je te voie, que je te presse dans mes bras, que je te serre contre mon cœur ; je ne sais quel pressentiment plane au-dessus de moi, je suis triste à mourir.

» Envoie demain Charlotte s'assurer que sir John est bien parti ; puis, lorsque tu auras acquis la certitude de ce départ, fais le signal accoutumé.

» Ne t'effraye point, ne me parle point de la neige, ne me dis pas que l'on verra mes pas.

» Ce n'est pas moi, cette fois, qui irai à toi, c'est toi qui viendras à moi ; comprends-tu bien ? tu peux te promener dans le parc, personne n'ira suivre la trace de tes pas.

» Tu te couvriras de ton châle le plus chaud, de tes fourrures les plus épaisses ; puis, dans la barque amarrée sous les saules, nous passerons une heure en changeant de rôle. D'habitude, je te dis mes espérances et tu me dis tes craintes ; demain, mon adorée Amélie, c'est toi qui me diras tes espérances et moi qui te dirai mes craintes.

» Seulement, aussitôt le signal fait, descends ; je t'attendrai à Montagnac, et, de Montagnac à la Reyssouse, il n'y a pas, pour moi qui t'aime, cinq minutes de chemin.

» Au revoir, ma pauvre Amélie ! si tu ne m'eusses pas rencontré, tu eusses été heureuse entre les heureuses.

» La fatalité m'a mis sur ton chemin, et j'ai, j'en ai bien peur, fait de toi une martyre.

» ton CHARLES.

» A demain, n'est-ce pas ? à moins d'obstacle surhumain. »

XLVIII

OU LES PRESSENTIMENTS DE MORGAN SE RÉALISENT

Rien de plus calme et de plus serein souvent que les heures qui précèdent une grande tempête.

La journée fut belle et sereine, une de ces belles journées de février où, malgré le froid piquant de l'atmosphère, où, malgré le blanc linceul qui couvre la terre, le soleil sourit aux hommes et leur promet le printemps.

Sir John vint sur le midi faire à Amélie sa visite d'adieu. Sir John avait ou croyait avoir la parole d'Amélie ; cette parole lui suffisait. Son impatience était personnelle ; mais Amélie, en accueillant sa recherche, quoiqu'elle eût laissé l'époque de leur union dans le vague de l'avenir, avait comblé toutes ses espérances.

Il s'en rapportait pour le reste au désir du premier consul et à l'amitié de Roland.

Il retournait donc à Paris pour faire sa cour à madame de Montrevel, ne pouvant rester pour la faire à Amélie.

Un quart d'heure après la sortie de sir John du château des Noires-Fontaines, Charlotte à son tour prenait le chemin de Bourg.

Vers les quatre heures, elle venait rapporter à Amélie qu'elle avait vu de ses yeux sir John monter en voiture à la porte de l'hôtel de France et partir par la route de Mâcon.

Amélie pouvait donc être parfaitement tranquille de ce côté. Elle respira.

Amélie avait tenté d'inspirer à Morgan une tranquillité qu'elle n'avait point elle-même ; depuis le jour où Charlotte lui avait révélé la présence de Roland à Bourg, elle avait pressenti comme Morgan que l'on approchait d'un dénoûment terrible. Elle connaissait tous les détails des événements arrivés à la chartreuse de Seillon ; elle voyait la lutte engagée entre son frère et son amant, et, rassurée sur le sort de son frère, grâce à la recommandation faite par le chef des compagnons de Jéhu, elle tremblait pour la vie de son amant.

De plus, elle avait appris l'arrestation de la malle de Chambéry et la mort du chef de brigade des chasseurs de Mâcon; elle avait su que son frère était sauvé, mais qu'il avait disparu.

Elle n'avait reçu aucune lettre de lui.

Cette disparition et ce silence, pour elle qui connaissait Roland, c'était quelque chose de pis qu'une guerre ouverte et déclarée.

Quant à Morgan, elle ne l'avait pas revu depuis la scène que nous avons racontée, et dans laquelle elle avait pris l'engagement de lui faire parvenir des armes partout où il serait, si jamais il était condamné à mort.

Cette entrevue demandée par Morgan, Amélie l'attendait donc avec autant d'impatience que celui qui la demandait.

Aussi, dès qu'elle put croire que Michel et son fils étaient couchés, alluma-t-elle aux quatre fenêtres les bougies qui devaient servir de signal à Morgan.

Puis, comme le lui avait recommandé son amant, elle s'enveloppa d'un cachemire rapporté par son frère du champ de bataille des Pyramides, et qu'il avait lui-même déroulé de la tête d'un bey tué par lui : elle jeta par-dessus son cachemire une mante de fourrures, laissa Charlotte pour lui donner avis de ce qui pouvait arriver, et espérant qu'il n'arriverait rien, elle ouvrit la porte du parc et s'achemina vers la rivière.

Dans la journée, elle avait été deux ou trois fois jusqu'à la Reyssouse, et en était revenue, afin de tracer un réseau de pas dans lesquels les pas nocturnes ne fussent point reconnus.

Elle descendit donc, sinon tranquillement, du moins hardiment, la pente qui conduisait jusqu'à la Reyssousse; arrivée au bord de la rivière, elle chercha des yeux la barque amarrée sous les saules.

Un homme l'y attendait. C'était Morgan.

En deux coups de rame, il arriva jusqu'à un endroit praticable à la descente; Amélie s'élança, il la reçut dans ses bras.

La première chose que vit la jeune fille, ce fut le rayonnement joyeux qui illuminait, pour ainsi dire, le visage de son amant.

— Oh! s'écria-t-elle, tu as quelque chose d'heureux à m'annoncer.

— Pourquoi cela, chère amie? demanda Morgan avec son plus doux sourire.

— Il y a sur ton visage, ô mon bien-aimé Charles, quelque chose de plus que le bonheur de me revoir.

— Tu as raison, dit Morgan enroulant la chaîne de la barque au tronc d'un saule, et laissant les avirons battre les flancs du canot.

Puis, prenant Amélie dans ses bras :

— Tu as raison, mon Amélie, lui dit-il, et mes pressentiments me trompaient. Oh! faibles et aveugles que nous sommes, c'est au moment où il va toucher le bonheur de la main que l'homme désespère et doute.

— Oh! parle, parle! dit Amélie; qu'est-il donc arrivé?

— Te rappelles-tu, mon Amélie, ce que, dans notre dernière entrevue, tu me répondis quand je te parlais de fuir et que je craignais tes répugnances?

— Oh! oui, je m'en souviens : Charles, je te répondis que j'étais à toi, et que, si j'avais des répugnances, je les surmonterais.

— Et moi, je te répondis que j'avais des engagements qui m'empêchaient de fuir; que, de même qu'ils étaient liés à moi, j'étais lié à eux; qu'il y avait un homme dont nous relevions, et à qui nous devions obéissance absolue, et que cet homme, c'était le futur roi de France, Louis XVIII.

— Oui, tu m'as dit tout cela.

— Eh bien, nous sommes relevés de notre vœu d'obéissance, Amélie, non-seulement par le roi Louis XVIII, mais encore par notre général Georges Cadoudal.

— Oh! mon ami, tu vas donc redevenir

un homme comme tous les autres, au-dessus de tous les autres!

— Je vais redevenir un simple proscrit, Amélie. Il n'y a pas à espérer pour nous l'amnistie vendéenne ou bretonne.

— Et pourquoi cela?

— Nous ne sommes pas des soldats, nous, mon enfant bien-aimée; nous ne sommes pas même des rebelles : nous sommes des *compagnons de Jéhu.*

Amélie poussa un soupir.

— Nous sommes des bandits, des brigands, des dévaliseurs de malles-postes, appuya Morgan avec une intention visible.

— Silence! fit Amélie en appuyant sa main sur la bouche de son amant; silence! ne parlons point de cela, dis-moi comment votre roi vous relève de vos engagements, comment votre général vous donne congé.

— Le premier consul a voulu voir Cadoudal. D'abord, il lui a envoyé ton frère pour lui faire des propositions; Cadoudal a refusé d'entrer en arrangements; mais, comme nous, Cadoudal a reçu de Louis XVIII l'ordre de cesser les hostilités. Coïncidant avec cet ordre, est arrivé un nouveau message du premier consul; ce message, c'était un sauf-conduit pour le général vendéen, une invitation de venir à Paris; un traité enfin de puissance à puissance. Cadoudal a accepté, et doit être à cette heure sur la route de Paris. Il y a donc sinon paix, du moins trêve.

— Oh! quelle joie, mon Charles!

— Ne te réjouis pas trop, mon amour.

— Et pourquoi cela?

— Parce que cet ordre de cesser les hostilités est venu, sais-tu pourquoi?

— Non.

— Eh bien, c'est un homme très-fort que M. Fouché; il a compris que, ne pouvant nous vaincre, il fallait nous déshonorer. Il a organisé de faux compagnons de Jéhu qu'il a lâchés dans le Maine et dans l'Anjou, et qui ne se contentent pas, eux, de prendre l'argent du gouvernement, mais qui pillent et détroussent les voyageurs, qui entrent la nuit dans les châteaux et dans les fermes, qui mettent les propriétaires de ces fermes et de ces châteaux les pieds sur des charbons ardents, et qui leur arrachent par des tortures le secret de l'endroit où est caché leur argent. Eh bien, ces hommes, ces misérables, ces bandits, ces chauffeurs, ils prennent le même nom que nous, et sont censés combattre pour le même principe; si bien que la police de M. Fouché nous met non-seulement hors la loi, mais aussi hors l'honneur.

— Oh!

— Voilà ce que j'avais à te dire, mon Amélie, avant de te proposer une seconde fois de fuir ensemble. Aux yeux de la France, aux yeux de l'étranger, aux yeux du prince même que nous avons servi et pour qui nous avons risqué l'échafaud, nous serons dans l'avenir, nous sommes probablement déjà des misérables dignes de l'échafaud.

— Oui... mais, pour moi, mon bien-aimé Charles, tu es l'homme dévoué, l'homme de conviction, le royaliste obstiné qui a continué de combattre quand tout le monde avait mis bas les armes; pour moi, tu es le loyal baron de Sainte-Hermine; pour moi, si tu l'aimes mieux, tu es le noble, le courageux, et l'invincible Morgan.

— Ah! voilà tout ce que je voulais savoir, ma bien-aimée; tu n'hésiteras donc pas un instant, malgré le nuage infâme que l'on essaye d'élever entre nous et l'honneur, tu n'hésiteras donc pas, je ne dirai point à te donner à moi, tu t'es donnée, mais à être ma femme?

— Que dis-tu là? Pas un instant, pas une seconde; mais ce serait la joie de mon âme, le bonheur de ma vie! Ta femme! je suis ta femme devant Dieu; Dieu comblera tous mes désirs le jour où il permettra que je sois ta femme devant les hommes.

Morgan tomba à genoux.

— Eh bien, dit-il, à tes pieds, Amélie, les mains jointes, avec la voix la plus suppliante de mon cœur, je viens te dire : Amélie, veux-tu fuir? Amélie, veux-tu quitter la France? Amélie, veux-tu être ma femme?

Amélie se dressa tout debout, prit son front entre ses deux mains, comme si la violence du sang qui affluait à son cerveau allait le faire éclater.

Morgan lui saisit les deux mains, et, la regardant avec inquiétude :

— Hésites-tu? lui demanda-t-il d'une voix sourde, tremblante, presque brisée.

— Non! oh! non! pas une seconde, s'écria résolûment Amélie ; je suis à toi, dans le passé et dans l'avenir, en tout et partout. Seulement, le coup est d'autant plus violent qu'il était inattendu.

— Réfléchis bien, Amélie ; ce que je te propose, c'est l'abandon de la patrie et de la famille, c'est-à-dire de tout ce qui est cher, de tout ce qui est sacré : en me suivant, tu quittes le château où tu es née, la mère qui t'y a enfantée et nourrie, le frère qui t'aime, et qui, lorsqu'il saura que tu es la femme d'un brigand, te haïra peut-être, te méprisera certainement.

Et, en parlant ainsi, Morgan interrogeait avec anxiété le visage d'Amélie.

Ce visage s'éclaira graduellement d'un doux sourire, et, comme il s'abaissait du ciel sur la terre, s'inclinant sur le jeune homme toujours à genoux.

— Oh! Charles! dit la jeune fille d'une voix douce comme le murmure de la rivière qui s'écoulait claire et limpide sous ses pieds, il faut que ce soit une chose bien puissante que l'amour qui émane directement de Dieu! puisque, malgré les paroles terribles que tu viens de prononcer, sans crainte, sans hésitation, presque sans regrets, je te dis : Charles, me voilà ; Charles, je suis à toi ; Charles, quand partons-nous?

— Amélie, nos destinées ne sont point de celles avec lesquelles on transige et on discute ; si nous partons, si tu me suis, c'est à l'instant même ; demain, il faut que nous soyons de l'autre côté de la frontière.

— Et nos moyens de fuite?

— J'ai, à Montagnac, deux chevaux tout sellés, un pour toi, Amélie, un pour moi ; j'ai pour deux cent mille francs de lettres de crédit sur Londres ou sur Vienne. Là où tu voudras aller, nous irons.

— Où tu seras, Charles, je serai ; que m'importe le pays! que m'importe la ville!

— Alors, viens!

— Cinq minutes, Charles, est-ce trop?

— Où vas-tu?

— J'ai à dire adieu à bien des choses, j'ai à emporter tes lettres chéries, j'ai à prendre le chapelet d'ivoire de ma première communion, j'ai quelques souvenirs chéris, pieux, sacrés, des souvenirs d'enfance qui seront là-bas tout ce qui me restera de ma mère, de ma famille, de la France ; je vais les prendre et je reviens.

— Amélie!

— Quoi?

— Je voudrais bien ne pas te quitter ; il me semble qu'au moment d'être réunis, te quitter un instant, c'est te perdre pour toujours ; Amélie, veux-tu que je te suive?

— Oh! viens ; qu'importe qu'on voie tes pas maintenant! nous serons loin demain au jour ; viens!

Le jeune homme sauta hors de la barque et donna la main à Amélie, puis il l'enveloppa de son bras, et tous deux prirent le chemin de la maison.

Sur le perron, Charles s'arrêta.

— Va, lui dit-il, la religion des souvenirs a sa pudeur ; quoique je la comprenne, je te gênerais. Je t'attends ici, d'ici je te garde ; du moment où je n'ai qu'à étendre la main pour te prendre, je suis bien sûr que tu ne m'échapperas point. Va, mon Amélie, mais reviens vite.

Amélie répondit en tendant ses lèvres au jeune homme ; puis elle monta rapidement l'escalier, rentra dans sa chambre, prit un petit coffret de chêne sculpté, cerclé de fer, où était son trésor, les lettres de Charles, depuis la première jusqu'à la dernière, détacha de la glace de la cheminée le blanc et virginal chapelet d'ivoire qui y était suspendu, mit à sa ceinture une montre que son père lui avait donnée ; puis elle passa dans la chambre de sa mère, s'inclina au chevet de son lit, baisa l'oreiller que la tête de madame de Montrevel avait touché, s'agenouilla devant le Christ veillant au pied de son lit, commença une action de grâces qu'elle n'osa continuer, l'interrompit par un acte de foi, puis tout à coup s'arrêta. Il lui avait semblé que Charles l'appelait.

Elle prêta l'oreille, et entendit une seconde fois son nom prononcé avec un accent d'angoisse dont elle ne pouvait se rendre compte.

Elle tressaillit, se redressa et descendit rapidement l'escalier.

Charles était toujours à la même place ; mais, penché en avant, l'oreille tendue, il semblait écouter avec anxiété un bruit lointain.

— Qu'y a-t-il? demanda Amélie en saisissant la main du jeune homme.

— Écoute, écoute, dit celui-ci.

Amélie prêta l'oreille à son tour.

Il lui sembla entendre des détonations successives comme un petillement de mousqueterie.

Cela venait du côté de Ceyzeriat.

— Oh! s'écria Morgan, j'avais bien raison de douter de mon bonheur jusqu'au dernier moment! Mes amis sont attaqués! Amélie, adieu, adieu!

— Comment! adieu? s'écria Amélie pâlissante ; tu me quittes?

Le bruit de la fusillade devint plus distinct.

— N'entends-tu pas? Ils se battent, et je ne suis pas là pour me battre avec eux!

Fille et sœur de soldat, Amélie comprit tout, et n'essaya point de résister.

— Va, dit-elle en laissant tomber ses bras ; tu avais raison, nous sommes perdus.

Le jeune homme poussa un cri de rage, saisit une seconde fois la jeune fille, la serra sur sa poitrine, comme s'il voulait l'étouffer ; puis, bondissant du haut en bas du perron, et s'élançant dans la direction de la fusillade avec la rapidité du daim poursuivi par les chasseurs :

— Me voilà, amis! cria-t-il, me voilà!

Et il disparut comme une ombre sous les grands arbres du parc.

Amélie tomba à genoux, les bras étendus vers lui, mais sans avoir la force de le rappeler ; ou, si elle le rappela, ce fut d'une voix si faible, que Morgan ne lui répondit point, et ne ralentit point sa course pour lui répondre.

XLIX

LA REVANCHE DE ROLAND

On devine ce qui s'était passé.

Roland n'avait point perdu son temps avec le capitaine de gendarmerie et le colonel de dragons.

Ceux-ci, de leur côté, n'avaient pas oublié qu'ils avaient une revanche à prendre.

Roland avait découvert au capitaine de gendarmerie le passage souterrain qui communiquait de l'église de Brou à la grotte de Ceyzeriat.

A neuf heures du soir, le capitaine et les dix-huit hommes qu'il avait sous ses ordres devaient entrer dans l'église, descendre dans le caveau des ducs de Savoie, et fermer de leurs baïonnettes la communication des carrières avec le souterrain.

Roland, à la tête de vingt dragons, devait envelopper le bois, le battre en resserrant le demi-cercle, afin que les deux ailes de ce demi-cercle vinssent aboutir à la grotte de Ceyzeriat.

A neuf heures, le premier mouvement devait être fait de ce côté, se combinant avec celui du capitaine de gendarmerie.

On a vu, par les paroles échangées entre Amélie et Morgan, quelles étaient pendant ce temps les dispositions des compagnons de Jéhu.

Les nouvelles arrivées à la fois de Mittau et de Bretagne avaient mis tout le monde à l'aise ; chacun se sentait libre et, comprenant que l'on faisait une guerre désespérée, était joyeux de sa liberté.

Il y avait donc réunion complète dans la grotte de Ceyzeriat, presque une fête ; à

Son regard plongea sur le camp des compagnons de Jéhu. — Page 23.

minuit, tous se séparaient, et chacun, selon les facilités qu'il pouvait avoir de traverser la frontière, se mettait en route pour quitter la France.

On a vu à quoi leur chef occupait ses derniers instants.

Les autres, qui n'avaient point les mêmes liens de cœur, faisaient ensemble dans le carrefour, splendidement éclairé, un repas de séparation et d'adieu : car, une fois hors de la France, la Vendée et la Bretagne pacifiées, l'armée de Condé détruite, où se retrouveraient-ils sur la terre étrangère? Dieu le savait!

Tout à coup, le retentissement d'un coup de fusil arriva jusqu'à eux.

Comme par un choc électrique, chacun fut debout.

Un second coup de fusil se fit entendre.

Puis, dans les profondeurs de la carrière, ces deux mots pénétrèrent, frissonnant comme les ailes d'un oiseau funèbre :

— Aux armes!

Pour les compagnons de Jéhu, soumis à toutes les vicissitudes d'une vie de bandits, le repos d'un instant n'était jamais la paix.

Poignards, pistolets et carabines étaient toujours à la portée de la main.

Au cri poussé, selon toute probabilité, par la sentinelle, chacun sauta sur ses armes et resta le cou tendu, la poitrine haletante, l'oreille ouverte.

Au milieu du silence, on entendit le bruit d'un pas aussi rapide que pouvait le permettre l'obscurité dans laquelle le pas s'enfonçait.

Puis, dans le rayon de lumière projeté par les torches et par les bougies, un homme apparut.

— Aux armes! cria-t-il une seconde fois, nous sommes attaqués!

Les deux coups que l'on avait entendus étaient la double détonation du fusil de chasse de la sentinelle.

C'était elle qui accourait, son fusil encore fumant à la main.

— Où est Morgan? crièrent vingt voix.

— Absent, répondit Montbar, et, par conséquent, à moi le commandement! Éteignez tout, et en retraite sur l'église; un combat est inutile maintenant, et le sang versé serait du sang perdu.

On obéit avec cette promptitude qui indique que chacun apprécie le danger.

Puis on se serra dans l'obscurité.

Montbar, à qui les détours du souterrain étaient aussi bien connus qu'à Morgan, se chargea de diriger la troupe, et s'enfonça, suivi de ses compagnons, dans les profondeurs de la carrière.

Tout à coup, il lui sembla entendre à cinquante pas devant lui un commandement prononcé à voix basse, puis le claquement d'un certain nombre de fusils que l'on arme.

Il étendit les deux bras en murmurant à son tour le mot « Halte! »

Au même instant, on entendit distinctement le commandement « Feu! »

Ce commandement n'était pas prononcé, que le souterrain s'éclaira avec une détonation terrible.

Dix carabines venaient de faire feu à la fois.

A la lueur de cet éclair, Montbar et ses compagnons purent apercevoir et reconnaître l'uniforme des gendarmes.

— Feu! cria à son tour Montbar.

Sept ou huit coups de fusil retentirent à ce commandement.

La voûte obscure s'éclaira de nouveau.

Deux compagnons de Jéhu gisaient sur le sol, l'un tué roide, l'autre blessé mortellement.

— La retraite est coupée, dit Montbar; volte-face, mes amis; si nous avons une chance, c'est du côté de la forêt.

Le mouvement se fit avec la régularité d'une manœuvre militaire.

Montbar se retrouva à la tête de ses compagnons, et revint sur ses pas.

En ce moment, les gendarmes firent feu une seconde fois.

Personne ne riposta: ceux qui avaient déchargé leurs armes les rechargèrent; ceux qui n'avaient pas tiré se tenaient prêts pour la véritable lutte, qui allait avoir lieu à l'entrée de la grotte.

Un ou deux soupirs indiquèrent seuls que cette riposte de la gendarmerie n'était point sans résultat.

Au bout de cinq minutes, Montbar s'arrêta.

On était revenu à la hauteur du carrefour, à peu près.

— Tous les fusils et tous les pistolets sont-ils chargés? demanda-t-il.

— Tous, répondirent une douzaine de voix.

— Vous vous rappelez le mot d'ordre pour ceux de nous qui tomberont entre les mains de la justice: nous appartenons aux bandes de M. Teyssonnet; nous sommes venus pour recruter des hommes à la cause royaliste; nous ne savons pas ce que l'on veut dire quand on nous parle des malles-postes et des diligences arrêtées.

— C'est convenu.

— Dans l'un ou l'autre cas, c'est la mort, nous le savons bien; mais c'est la mort du soldat au lieu de la mort des voleurs, la fusillade au lieu de la guillotine.

— Et la fusillade, dit une voix railleuse, nous savons ce que c'est. Vive la fusillade!

— En avant, mes amis, dit Montbar, et vendons-leur notre vie ce qu'elle vaut, c'est-à-dire le plus cher possible.

— En avant! répétèrent les compagnons.

Et aussi rapidement qu'il était possible de le faire dans les ténèbres, la petite troupe se remit en marche, toujours conduite par Montbar.

A mesure qu'ils avançaient, Montbar respirait une odeur de fumée qui l'inquiétait.

En même temps, se reflétaient, sur les parois des murailles et aux angles des piliers, certaines lueurs qui indiquaient qu'il se passait quelque chose d'insolite vers l'ouverture de la grotte.

— Je crois que ces gredins-là nous enfument, dit Montbar.

— J'en ai peur, répondit Adler.

— Ils croient avoir affaire à des renards.

— Oh! répondit la même voix, ils verront bien à nos griffes que nous sommes des lions.

La fumée devenait de plus en plus épaisse, la lueur de plus en plus vive.

On arriva au dernier angle.

Un amas de bois sec avait été allumé dans l'intérieur de la carrière, à une cinquantaine de pas de son ouverture, non pas pour enfumer, mais pour éclairer.

A la lumière répandue par le foyer incandescent, on voyait reluire à l'entrée de la grotte les armes des dragons.

A dix pas en avant d'eux, un officier attendait, appuyé sur sa carabine, non-seulement exposé à tous les coups, mais semblant les provoquer.

C'était Roland.

Il était facile à reconnaître : il avait jeté loin de lui son chapeau, sa tête était nue, et la réverbération de la flamme se jouait sur son visage.

Mais ce qui eût dû le perdre le sauvait.

Montbar le reconnut et fit un pas en arrière.

— Roland de Montrevel! dit-il ; rappelez-vous la recommandation de Morgan.

— C'est bien, répondirent les compagnons d'une voix sourde.

— Et maintenant, cria Montbar, mourons, mais tuons !

Et il s'élança le premier dans l'espace éclairé par la flamme du foyer, déchargea un des canons de son fusil à deux coups sur les dragons qui répondirent par une décharge générale.

Il serait impossible de raconter ce qui se passa alors : la grotte s'emplit d'une fumée au sein de laquelle chaque coup de feu brillait comme un éclair ; les deux troupes se joignirent et s'attaquèrent corps à corps : ce fut le tour des pistolets et des poignards. Au bruit de la lutte, la gendarmerie accourut ; mais il lui fut impossible de faire feu, tant étaient confondus amis et ennemis.

Seulement, quelques démons de plus semblèrent se mêler à cette lutte de démons.

On voyait des groupes confus luttant au milieu de cette atmosphère rouge et fumeuse, s'abaissant, se relevant, s'affaissant encore ; on entendait un hurlement de rage ou un cri d'agonie : c'était le dernier soupir d'un homme.

Le survivant cherchait un nouvel adversaire, commençait une nouvelle lutte.

Cet égorgement dura un quart d'heure, vingt minutes peut-être.

Au bout de ces vingt minutes, on pouvait compter dans la grotte de Ceyzeriat vingt-deux cadavres.

Treize appartenaient aux dragons et aux gendarmes, neuf aux compagnons de Jéhu.

Cinq de ces derniers survivaient ; écrasés par le nombre, criblés de blessures, ils avaient été pris vivants.

Les gendarmes et les dragons, au nombre de vingt-cinq, les entouraient.

Le capitaine de gendarmerie avait eu le bras gauche cassé, le chef de brigade des dragons avait eu la cuisse traversée par une balle.

Seul, Roland, couvert de sang mais d'un sang qui n'était pas le sien, n'avait pas reçu une égratignure.

Deux des prisonniers étaient si grièvement blessés, qu'on renonça à les faire marcher ; il fallut les transporter sur des brancards.

On alluma des torches préparées à cet effet, et on prit le chemin de la ville.

Au moment où l'on passait de la forêt sur la grande route, on entendit le galop d'un cheval.

Ce galop se rapprochait rapidement

— Continuez votre chemin, dit Roland; je reste en arrière pour savoir ce que c'est.

C'était un cavalier qui, comme nous l'avons dit, accourait à toute bride.

— Qui vive? cria Roland, lorsque le cavalier ne fut plus qu'à vingt pas de lui.

Et il apprêta sa carabine.

— Un prisonnier de plus, monsieur de Montrevel, répondit le cavalier; je n'ai pas pu me trouver au combat, je veux du moins me trouver à l'échafaud. Où sont mes amis?

— Là, monsieur, répondit Roland, qui avait reconnu, non pas la figure, mais la voix du jeune homme, voix qu'il entendait pour la troisième fois.

Et il indiqua de la main le groupe formant le centre de la petite troupe qui suivait la route de Ceyzeriat à Bourg.

— Je vois avec bonheur qu'il ne vous est rien arrivé, monsieur de Montrevel, dit le jeune homme avec une courtoisie parfaite, et ce m'est une grande joie, je vous le jure.

Et, piquant son cheval, il fut en quelques élans près des dragons et des gendarmes.

— Pardon, messieurs, dit-il en mettant pied à terre, mais je réclame une place au milieu de mes trois amis, le vicomte de Jahiat, le comte de Valensolle et le marquis de Ribier.

Les trois prisonniers jetèrent un cri d'admiration et tendirent les mains à leur ami.

Les deux blessés se soulevèrent sur leur brancard et murmurèrent :

— Bien, Sainte-Hermine... bien!

— Je crois, Dieu me pardonne! s'écria Roland, que le beau côté de l'affaire restera jusqu'au bout à ces bandits!

L

CADOUDAL AUX TUILERIES

Le surlendemain du jour, ou plutôt de la nuit, où s'étaient passés les événements que nous venons de raconter, deux hommes marchaient côte à côte dans le grand salon des Tuileries donnant sur le jardin.

Ils parlaient vivement; des deux côtés, les paroles étaient accompagnées de gestes rapides et animés.

Ces deux hommes, c'étaient le premier consul Bonaparte et Georges Cadoudal.

Georges Cadoudal, touché des malheurs que pouvait entraîner pour la Bretagne une plus longue résistance, venait de signer la paix avec Brune.

C'était après la signature de cette paix qu'il avait délié de leur serment les compagnons de Jéhu.

Par malheur, le congé qu'il leur donnait était arrivé, comme nous l'avons vu, vingt-quatre heures trop tard.

En traitant avec Brune, Georges Cadoudal n'avait rien stipulé pour lui-même, que la liberté de passer immédiatement en Angleterre.

Mais Brune avait tant insisté, que le chef vendéen avait consenti à une entrevue avec le premier consul.

Il était, en conséquence, parti pour Paris.

Le matin même de son arrivée, il s'était présenté aux Tuileries, s'était nommé et avait été reçu.

C'était Rapp qui, en l'absence de Roland, l'avait introduit.

En se retirant, l'aide de camp avait laissé les deux portes ouvertes, afin de tout voir du cabinet de Bourrienne, et de porter secours au premier consul, s'il était besoin.

Mais Bonaparte, qui avait compris l'intention de Rapp, avait été fermer la porte.

Puis, revenant vivement vers Cadoudal :

— Ah! c'est vous, enfin! lui avait-il dit; je suis bien aise de vous voir; un de vos ennemis, mon aide de camp, Roland de Montrevel, m'a dit le plus grand bien de vous.

— Cela ne m'étonne point, avait répondu Cadoudal; pendant le peu de temps que j'ai vu M. de Montrevel, j'ai cru reconnaître en lui les sentiments les plus chevaleresques.

— Oui, et cela vous a touché? répondit le premier consul.

Puis, fixant sur le chef royaliste son œil de faucon :

— Écoutez, Georges, reprit-il, j'ai besoin d'hommes énergiques pour accomplir l'œuvre que j'entreprends. Voulez-vous être des miens? Je vous ai fait offrir le grade de colonel; vous valez mieux que cela : je vous offre le grade de général de division.

— Je vous remercie du plus profond de mon cœur, citoyen premier consul, répondit Georges; mais vous me mépriseriez si j'acceptais.

— Pourquoi cela? demanda vivement Bonaparte.

— Parce que j'ai prêté serment à la maison de Bourbon, et que je lui resterai fidèle, quand même.

— Voyons, reprit le premier consul, n'y a-t-il aucun moyen de vous rallier à moi?

— Général, répondit l'officier royaliste, m'est-il permis de vous répéter ce que l'on m'a dit?

— Et pourquoi pas?

— C'est que cela touche aux plus profonds arcanes de la politique.

— Bon! quelque niaiserie, fit le premier consul avec un sourire inquiet.

Cadoudal s'arrêta et regarda fixement son interlocuteur.

— On dit qu'il y a eu un accord fait à Alexandrie, entre vous et le commodore Sidney Smith; que cet accord avait pour objet de vous laisser le retour libre en France, à la condition, acceptée par vous, de relever le trône de nos anciens rois.

Bonaparte éclata de rire.

— Que vous êtes étonnants, vous autres plébéiens, dit-il, avec votre amour pour vos anciens rois! Supposez que je rétablisse ce trône, — chose dont je n'ai nulle envie, je vous le déclare, — que vous en reviendra-t-il, à vous qui avez versé votre sang pour le rétablissement de ce trône? Pas même la confirmation du grade que vous avez conquis, colonel! Et où avez-vous vu dans les armées royales un colonel qui ne fût pas noble? Avez-vous jamais entendu dire que, près de ces gens-là, un homme se soit élevé par son propre mérite? Tandis qu'auprès de moi, Georges, vous pouvez atteindre à tout, puisque plus je m'élèverai, plus j'élèverai avec moi ceux qui m'entoureront. Quant à me voir jouer le rôle de Monk, n'y comptez pas; Monk vivait dans un siècle où les préjugés que nous avons combattus et renversés en 1789 avaient toute leur vigueur; Monk eût voulu se faire roi, qu'il ne l'eût pas pu; dictateur, pas davantage! Il fallait être Cromwell pour cela. Richard n'y a pas pu tenir; il est vrai que c'était un véritable fils de grand homme, c'est-à-dire un sot. Si j'eusse voulu me faire roi, rien ne m'en eût empêché, et, si l'envie m'en prend jamais, rien ne m'en empêchera. Voyons, vous avez quelque chose à répondre! Répondez.

— Vous dites, citoyen premier consul, que la situation n'est point la même en France en 1800 qu'en Angleterre en 1660; je n'y vois moi aucune différence. Charles Ier avait été décapité en 1649, Louis XVI l'a été en 1793; onze ans se sont écoulés en Angleterre entre la mort du père et la restauration du fils; sept ans se sont déjà écoulés en France depuis la mort de Louis XVI... Peut-être me direz-vous que la révolution anglaise fut une révolution religieuse, tandis que la révolution française est une révolution politique; eh bien, je répondrai qu'une charte est aussi facile à faire qu'une abjuration.

Bonaparte sourit.

— Non, reprit-il, je ne vous dirai pas cela; je vous dirai simplement : Cromwell avait cinquante ans quand Charles Ier a été exécuté; moi, j'en avais vingt-quatre, à la mort de Louis XVI. Cromwell est mort en 1658, c'est-à-dire à cinquante-neuf ans; en dix ans de pouvoir, il a eu le temps d'entreprendre beaucoup, mais d'accomplir peu; et, d'ailleurs, lui, c'était une réforme complète qu'il entreprenait, réforme politique par la substitution du gouvernement républicain au gouvernement monarchique. Eh bien, accordez-moi de vivre les années de Cromwell, cinquante-neuf ans, ce n'est pas beaucoup. J'ai encore vingt ans à vivre, juste le double de Cromwell, et, remarquez-le, je ne change rien, je poursuis; je ne renverse pas, j'élève. Supposez qu'à trente ans, César, au lieu de n'être encore que le premier débauché de Rome, en ait été le premier citoyen; supposez que sa campagne des Gaules ait été faite, sa campagne d'Égypte achevée, sa campagne d'Espagne menée à bonne fin; supposez qu'il ait eu trente ans au lieu d'en avoir cinquante, croyez-vous qu'il n'eût pas été à la fois César et Auguste?

— Oui, s'il n'eût pas trouvé sur son chemin Brutus, Cassius et Casca.

— Ainsi, dit Bonaparte avec mélancolie, c'est sur un assassinat que mes ennemis comptent! en ce cas, la chose leur sera facile et à vous tout le premier, qui êtes mon ennemi; car qui vous empêche en ce moment, si vous avez la conviction de Brutus, de me frapper comme il a frappé César? Je suis seul avec vous; les portes sont fermées; vous auriez le temps d'être à moi avant qu'on fût à vous.

Cadoudal fit un pas en arrière.

— Non, dit-il, nous ne comptons point sur l'assassinat, et je crois qu'il faudrait une extrémité bien grave pour que l'un de nous se déterminât à se faire assassin; mais les chances de la guerre sont là. Un seul revers peut vous faire perdre votre prestige; une défaite introduit l'ennemi au cœur de la France: des frontières de la Provence, on peut voir le feu des bivacs autrichiens; un boulet peut vous enlever la tête, comme au maréchal de Berwick; alors, que devient la France? Vous n'avez point d'enfants, et vos frères...

— Oh! sous ce point de vue, vous avez raison; mais, si vous ne croyez pas à la Providence, j'y crois, moi; je crois qu'elle ne fait rien au hasard; je crois que, lorsqu'elle a permis que, le 15 août 1769, — un an, jour pour jour, après que Louis XV eut rendu l'édit qui réunissait la Corse à la France, — naquît à Ajaccio un enfant qui ferait le 13 vendémiaire et le 18 brumaire, elle avait sur cet enfant de grandes vues, de suprêmes projets. Cet enfant, c'est moi; si j'ai une mission, je ne crains rien, ma mission me sert de bouclier; si je n'en ai pas, si je me trompe, si, au lieu de vivre les vingt-cinq ou trente ans qui me sont nécessaires pour achever mon œuvre, je suis frappé d'un coup de couteau comme César, ou atteint d'un boulet comme Berwick, c'est que la Providence aura sa raison d'agir ainsi, et ce sera à elle de pourvoir à ce qui convient à la France... Nous parlions de César tout à l'heure: quand Rome suivait en deuil les funérailles du dictateur et brûlait les maisons de ses assassins; quand, aux quatre points cardinaux du monde, la ville éternelle regardait d'où lui viendrait le génie qui mettrait fin à ses guerres civiles, quand elle tremblait à la vue de l'ivrogne Antoine ou de l'hypocrite Lépide, elle était loin de songer à l'écolier d'Apollonie, au neveu de César, au jeune Octave. Qui pensait à ce fils du banquier de Velletri, tout blanchi par la farine de ses aïeux? Qui le devina lorsqu'on le vit arriver boitant et clignotant des yeux pour passer en revue les vieilles bandes de César? Pas même le prévoyant Cicéron: *Ornandum et tollendum,* disait-il. Eh bien, l'enfant joua toutes les barbes grises du sénat, et régna presque aussi longtemps que Louis XIV! Georges, Georges, ne luttez pas contre la Providence, qui me suscite; car la Providence vous brisera.

— J'aurai été brisé en suivant la voie et la religion de mes pères, répondit Cadoudal en s'inclinant, et j'espère que Dieu me pardonnera mon erreur qui sera celle d'un chrétien fervent et d'un fils pieux.

Bonaparte posa la main sur l'épaule du jeune chef:

— Soit, lui dit-il; mais, au moins, restez neutre; laissez les événements s'accomplir, regardez les trônes s'ébranler, regardez tomber les couronnes; ordinairement, ce sont les spectateurs qui payent: moi, je vous payerai pour regarder faire.

— Et combien me donnerez-vous pour cela, citoyen premier consul? demanda en riant Cadoudal.

— Cent mille francs par an, monsieur, répondit Bonaparte.

— Si vous donnez cent mille francs par an à un simple chef de rebelles, dit Cadoudal, combien offrirez-vous au prince pour lequel il a combattu?

— Rien, monsieur ; ce que je paye en vous, c'est le courage et non pas le principe qui vous a fait agir ; je vous prouve que pour moi, homme de mes œuvres, les hommes n'existent que par leurs œuvres. Acceptez, Georges, je vous en prie.

— Et si je refuse ?

— Vous aurez tort.

— Serai-je toujours libre de me retirer où il me conviendra?

Bonaparte alla à la porte et l'ouvrit.

— L'aide de camp de service ! demanda-t-il.

Il s'attendait à voir paraître Rapp.

Il vit paraître Roland.

— Ah! dit-il, c'est toi?

Puis, se retournant vers Cadoudal :

— Je n'ai pas besoin, colonel, de vous présenter mon aide de camp Roland de Montrevel : c'est une de vos connaissances.

— Roland, dis au colonel qu'il est aussi libre à Paris que tu l'étais dans son camp de Muzillac, et que, s'il désire un passe-port pour quelque pays du monde que ce soit, Fouché a l'ordre de le lui donner.

— Votre parole me suffit, citoyen premier consul, répondit en s'inclinant Cadoudal ; ce soir, je pars.

— Et peut-on vous demander où vous allez?

— A Londres, général.

— Tant mieux.

— Pourquoi tant mieux ?

— Parce que, là, vous verrez de près les hommes pour lesquels vous vous êtes battu.

— Après?

— Et que, quand vous les aurez vus...

— Eh bien?

— Vous les comparerez à ceux contre lesquels vous vous êtes battu... Seulement, une fois sorti de France, colonel...

Bonaparte s'arrêta.

— J'attends, fit Cadoudal.

— Eh bien, n'y rentrez qu'en me prévenant, ou sinon, ne vous étonnez pas d'être traité en ennemi.

— Ce sera un honneur pour moi, général, puisque vous me prouverez, en me traitant ainsi, que je suis un homme à craindre.

Et Georges salua le premier consul et se retira.

— Eh bien, général, demanda Roland, après que la porte fut refermée sur Cadoudal, est-ce bien l'homme que je vous avais dit?

— Oui, répondit Bonaparte pensif; seulement, il voit mal l'état des choses ; mais l'exagération de ses principes prend sa source dans de nobles sentiments, qui doivent lui donner une grande influence parmi les siens.

Alors, à voix basse :

— Il faudra pourtant en finir ! ajouta-t-il.

Puis, s'adressant à Roland :

— Et toi? demanda-t-il.

— Moi, répondit Roland, j'en ai fini.

— Ah! ah! de sorte que les compagnons de Jéhu...?

— Ont cessé d'exister, général ; les trois quarts sont morts, le reste est prisonnier.

— Et toi sain et sauf?

— Ne m'en parlez pas, général ; je commence à croire que, sans m'en douter, j'ai fait un pacte avec le diable.

Le même soir, comme il l'avait dit au premier consul, Cadoudal partit pour l'Angleterre.

A la nouvelle que le chef breton était heureusement arrivé à Londres, Louis XVIII lui écrivait :

« J'ai appris avec la plus vive satisfaction, général, que vous êtes enfin *échappé* aux mains du tyran, qui vous a méconnu au point de vous proposer de le servir; j'ai gémi des malheureuses circonstances qui vous ont forcé de traiter avec lui; mais je n'ai jamais conçu la plus légère inquiétude : le cœur de mes fidèles Bretons et le vôtre en particulier me sont trop bien connus. Aujourd'hui, vous êtes libre, vous êtes auprès de mon frère : tout mon espoir renaît : je n'ai pas besoin d'en dire davantage à un Français tel que vous.

» LOUIS. »

A cette lettre étaient joints le brevet de lieutenant-général et le grand cordon de Saint-Louis.

LI

L'ARMÉE DE RÉSERVE

Le premier consul en était arrivé au point qu'il désirait : les compagnons de Jéhu étaient détruits, la Vendée était pacifiée.

Tout en demandant la paix à l'Angleterre, il avait espéré la guerre ; il comprenait très-bien que, né de la guerre, il ne pouvait grandir que par la guerre ; il semblait deviner qu'un jour un poëte l'appellerait *le géant des batailles*.

Mais cette guerre, comment la ferait-il ?

Un article de la constitution de l'an VIII s'opposait à ce que le premier consul commandât les armées en personne et quittât la France.

Il y a toujours dans les constitutions un article absurde ; — bien heureuses les constitutions où il n'y en a qu'un !

Le premier consul trouva un moyen.

Il établit un camp à Dijon ; l'armée qui devait occuper ce camp prendrait le nom d'armée de réserve.

Le noyau de cette armée fut formé par ce que l'on put tirer de la Vendée et de la Bretagne, trente mille hommes à peu près. Vingt mille conscrits y furent incorporés. Le général Berthier en fut nommé commandant en chef.

Le plan qu'avait, un jour, dans son cabinet du Luxembourg, expliqué Bonaparte à Roland, était resté le même dans son esprit.

Il comptait reconquérir l'Italie par une seule bataille ; cette bataille devait être une grande victoire.

Moreau, en récompense de sa coopération au 18 brumaire, avait obtenu ce commandement militaire qu'il désirait : il était général en chef de l'armée du Rhin, et avait quatre-vingt mille hommes sous ses ordres.

Augereau commandait l'armée gallo-batave, forte de vingt-cinq mille hommes.

Enfin, Masséna commandait l'armée d'Italie, réfugiée dans le pays de Gênes, et soutenait avec acharnement le siége de la capitale de ce pays, bloquée du côté de la terre par le général autrichien Ott, et du côté de la mer par l'amiral Keith.

Pendant que ces mouvements s'opéraient en Italie, Moreau avait pris l'offensive sur le Rhin et battu l'ennemi à Stockach et à Mœskirch. Une seule victoire devait être, pour l'armée de réserve, le signal d'entrer à son tour en ligne ; deux victoires ne laissaient aucun doute sur l'opportunité de ses opérations.

Seulement, comment cette armée descendrait-elle en Italie ?

La première pensée de Bonaparte avait été de remonter le Valais et de déboucher par le Simplon : on tournait ainsi le Piémont et l'on entrait à Milan ; mais l'opération était longue et se manifestait au grand jour.

Bonaparte y renonça ; il entrait dans son plan de surprendre les Autrichiens, et d'être avec toute son armée dans les plaines du Piémont avant que l'on pût se douter qu'il eût passé les Alpes.

Il s'était donc décidé à opérer son passage par le grand Saint-Bernard.

C'était alors qu'il avait envoyé aux pères desservant le monastère qui couronne cette montagne les cinquante mille francs dont s'étaient emparés les compagnons de Jéhu.

Cinquante mille autres avaient été expédiés, qui étaient parvenus heureusement à leur destination.

Grâce à ces cinquante mille francs, les moines devaient être abondamment pourvus de rafraîchissements nécessaires à

Amélie répondit en tendant ses lèvres au jeune homme. — Page 31.

une armée de cinquante mille hommes faisant une halte d'un jour.

En conséquence, vers la fin d'avril, toute l'artillerie fut dirigée sur Lauzanne, Villeneuve, Martigny et Saint-Pierre.

Le général Marmont, commandant l'artillerie, avait été envoyé en avant pour veiller au transport des pièces.

Ce transport des pièces était une chose à peu près impraticable. Il fallait cependant qu'il eût lieu.

Il n'y avait point d'antécédent sur lequel on pût s'appuyer; Annibal avec ses éléphants, ses Numides et ses Gaulois; Charlemagne avec ses Francs, n'avaient rien eu de semblable à surmonter.

Lors de la première campagne d'Italie, en 1796, on n'avait pas franchi les Alpes, on les avait tournées; on était descendu de Nice à Chérasco par la route de la Corniche.

Cette fois, on allait entreprendre une œuvre véritablement gigantesque.

Il fallait d'abord s'assurer que la montagne n'était point occupée; la montagne sans Autrichiens était déjà un ennemi assez difficile à vaincre!

Lannes fut lancé en enfant perdu avec toute une division ; il passa le col du Saint-Bernard, sans artillerie, sans bagages, et s'empara de Châtillon.

Les Autrichiens n'avaient rien laissé dans le Piémont, que de la cavalerie des dépôts et quelques postes d'observation ; il n'y avait donc plus d'autres obstacles à vaincre que ceux de la nature. On commença les opérations.

On avait fait construire des traîneaux pour transporter les canons ; mais, si étroite que fût leur voie, on reconnut qu'elle serait toujours trop large.

Il fallut aviser à un autre moyen.

On creusa des troncs de sapins, on y emboîta les pièces ; à l'extrémité supérieure, on fixa un câble pour tirer ; à l'extrémité inférieure, un levier pour diriger.

Vingt grenadiers s'attelaient au câble, ving autres portaient, avec leur bagage, le bagage de ceux qui traînaient les pièces. Un artilleur commandait chaque détachement, et avait sur lui pouvoir absolu, au besoin droit de vie et de mort.

Le bronze, en pareille circonstance, était bien autrement précieux que la chair !

Avant de partir, on donna à chaque homme une paire de souliers neufs et vingt biscuits.

Chacun chaussa les souliers, et se pendit les biscuits au cou.

Le premier consul, installé au bas de la montagne, donnait à chaque prolonge le signal du départ.

Il faut avoir traversé les mêmes chemins en simple touriste, à pied ou à mulet, avoir sondé de l'œil les mêmes précipices pour se faire une idée de ce qu'était ce voyage : toujours gravir par des pentes escarpées, par des sentiers étroits, sur des cailloux qui coupaient les souliers d'abord, les pieds ensuite !

De temps en temps, on s'arrêtait, on reprenait haleine et l'on se remettait en route sans une plainte.

On arriva aux glaces : avant de s'y engager, les hommes reçurent d'autres souliers : ceux du matin étaient en lambeaux ; on cassa un morceau de biscuit, on but une goutte d'eau-de-vie à la gourde, et l'on se remit en chemin.

On ne savait où l'on montait ; quelques-uns demandaient pour combien de jours on en avait encore ; d'autres, s'il serait permis de s'arrêter un instant à la lune.

Enfin, l'on atteignit les neiges éternelles.

Là, le travail devenait plus facile ; les sapins glissaient sur la neige, et l'on allait plus vite.

Un fait donnera la mesure du pouvoir concédé à l'artilleur conduisant chaque prolonge.

Le général Chamberlhac passait ; il trouva que l'on n'allait pas assez vite, et, voulant faire hâter le pas, il s'approcha du canonnier et prit avec lui un ton de maître.

— Ce n'est pas vous qui commandez ici, répondit l'artilleur ; c'est moi ! c'est moi qui suis responsable de la pièce, c'est moi qui la dirige ; passez votre chemin !

Le général s'avança vers le canonnier comme pour lui mettre la main au collet.

Mais celui-ci, faisant un pas en arrière :

— Général, dit-il, ne me touchez pas, ou je vous assomme d'un coup de levier et je vous jette dans le précipice.

Après des fatigues inouïes, on atteignit le pied de la montée au sommet de laquelle s'élève le couvent.

Le général se retira.

Là, on trouva la trace du passage de la division Lannes : comme la pente est très-rapide, les soldats avaient pratiqué une espèce d'escalier gigantesque.

On l'escalada.

Les pères du Saint-Bernard attendaient sur la plate-forme. Ils conduisirent successivement à l'hospice chaque peloton formant les prolonges. Des tables étaient dressées dans de longs corridors, et, sur ces tables, il y avait du pain, du fromage de Gruyère et du vin.

En quittant le couvent, les soldats serraient les mains des moines et embrassaient leurs chiens.

La descente, au premier abord, semblait plus commode que l'ascension ; aussi les officiers déclarèrent-ils que c'était à leur tour de traîner les pièces. Mais, cette fois, les pièces entraînaient l'attelage et quelques-unes descendaient beaucoup plus vite qu'ils n'eussent voulu.

Le général Lannes, avec sa division, marchait toujours à l'avant-garde. Il était descendu avant le reste de l'armée dans la vallée ; il était entré à Aoste et avait reçu l'ordre de se porter sur Ivrée, à l'entrée des plaines du Piémont.

Mais, là, il rencontra un obstacle que nul n'avait prévu : c'était le fort de Bard.

Le village de Bard est situé à huit lieues d'Aoste ; en descendant le chemin d'Ivrée, un peu en arrière du village, un monticule ferme presque hermétiquement la vallée ; la Doire coule entre ce monticule et la montagne de droite.

La rivière ou plutôt le torrent remplit tout l'intervalle.

La montagne de gauche présente à peu près le même aspect ; seulement, au lieu de la rivière, c'est la route qui y passe.

C'est de ce côté qu'est bâti le fort de Bard ; il occupe le sommet du monticule et descend jusqu'à la moitié de son élévation.

Comment personne n'avait-il songé à cet obstacle, qui était tout simplement insurmontable ?

Il n'y avait pas moyen de le battre en brèche du bas de la vallée, et il était impossible de gravir les rocs qui le dominaient.

Cependant, à force de chercher, on trouva un sentier que l'on aplanit et par lequel l'infanterie et la cavalerie pouvaient passer ; mais on essaya vainement de le faire gravir à l'artillerie, même en la démontant comme au Saint-Bernard.

Bonaparte fit braquer deux pièces de canon sur la route et ouvrir le feu contre la forteresse ; mais on s'aperçut bientôt que ces pièces étaient sans effet ; d'ailleurs, un boulet du fort s'engouffra dans une des deux pièces qui fut brisée et perdue.

Le premier consul ordonna un assaut par escalade ; des colonnes formées dans le village et munies d'échelles s'élancèrent au pas de course et se présentèrent sur plusieurs points. Il fallait, pour réussir, non-seulement de la célérité, mais encore du silence : c'était une affaire de surprise. Au lieu de cela, le colonel Dufour, qui commandait une des colonnes, fit battre la charge et marcha bravement à l'assaut.

La colonne fut repoussée, et le commandant reçut une balle au travers du corps.

Alors, on fit choix des meilleurs tireurs ; on les approvisionna de vivres et de cartouches ; ils se glissèrent entre les rochers et parvinrent à une plate-forme d'où ils dominaient le fort.

Du haut de cette plate-forme, on en découvrait une autre moins élevée et qui cependant plongeait également sur le fort ; à grand'peine on y hissa deux pièces de canon que l'on mit en batterie.

Ces deux pièces d'un côté, et les tirailleurs, de l'autre, commencèrent à inquiéter l'ennemi.

Pendant ce temps, le général Marmont proposait au premier consul un plan tellement hardi, qu'il n'était pas possible que l'ennemi s'en défiât.

C'était de faire tout simplement passer l'artillerie, la nuit, sur la grande route, malgré la proximité du fort.

On fit répandre sur cette route du fumier et la laine de tous les matelas que l'on put trouver dans le village, puis on enveloppa les roues, les chaînes et toutes les parties sonnantes des voitures avec du foin tordu.

Enfin, on dételà les canons et les caissons, et l'on remplaça, pour chaque pièce, les chevaux par cinquante hommes placés en galère.

Cet attelage offrait deux avantages considérables : d'abord, les chevaux pouvaient hennir, tandis que les hommes avaient tout intérêt à garder le plus profond silence; ensuite un cheval tué arrêtait tout le convoi, tandis qu'un homme tué ne tenait point à la voiture, était poussé de côté, remplacé par un autre, et n'arrêtait rien.

On mit à la tête de chaque voiture un officier et un sous-officier d'artillerie, et l'on promit six cents francs pour le transport de chaque voiture hors de la vue du fort.

Le général Marmont, qui avait donné ce conseil, présidait lui-même à la première opération.

Par bonheur, un orage avait rendu la nuit fort obscure.

Les six premières pièces d'artillerie et les six premiers caissons arrivèrent à leur destination sans qu'un seul coup de fusil eût été tiré du fort.

On revint par le même chemin sur la pointe du pied, à la queue les uns des autres; mais, cette fois, l'ennemi entendit quelque bruit, et, voulant en connaître la cause, il lança des grenades.

Les grenades, par bonheur, tombaient de l'autre côté du chemin.

Pourquoi ces hommes, une fois passés, revenaient-ils sur leurs pas?

Pour chercher leurs fusils et leurs bagages; on eût pu leur épargner cette peine et ce danger, en plaçant bagages et fusils sur les caissons; mais on ne pense pas à tout; et la preuve, c'est que l'on n'avait pas pensé non plus au fort de Bard.

Une fois la possibilité du passage démontrée, le transport de l'artillerie fut un service comme un autre; seulement, l'ennemi prévenu, il devenait plus dangereux. Le fort semblait un volcan, tant il vomissait de flammes et de fumée; mais, vu la façon verticale dont il était obligé de tirer, il faisait plus de bruit que de mal.

On perdit cinq ou six hommes par voiture, c'est-à-dire un dixième sur cinquante; mais l'artillerie passa, le sort de la campagne était là!

Plus tard, on s'aperçut que le col du petit Saint-Bernard était praticable et que l'on eût pu y faire passer toute l'artillerie sans démonter une seule pièce.

Il est vrai que le passage eût été moins beau, étant moins difficile.

Enfin, on se trouva dans les magnifiques plaines du Piémont.

Sur le Tessin, on rencontra un corps de douze mille hommes détaché de l'armée du Rhin par Moreau, qui, après les deux victoires remportées par lui, pouvait prêter à l'armée d'Italie ce supplément de soldats; il avait débouché par le Saint-Gothard, et, renforcé de ces douze mille hommes, le premier consul entra dans Milan sans coup férir.

A propos, comment avait fait le premier consul, qui, d'après un article de la constitution de l'an VIII, ne pouvait sortir de France et se mettre à la tête des armées?

Nous allons vous le dire.

La veille du jour où il devait quitter Paris, c'est-à-dire le 5 mai, ou, selon le calendrier du temps, le 15 floréal, il avait fait venir chez lui les deux autres consuls et les ministres, et avait dit à Lucien :

— Préparez pour demain une circulaire aux préfets.

Puis, à Fouché :

— Vous ferez publier cette circulaire dans les journaux; elle dira que je suis parti pour Dijon, où je vais inspecter l'armée de réserve; vous ajouterez, mais sans rien affirmer, que j'irai peut-être jusqu'à Genève; en tous cas, faites bien remarquer que je ne serai pas absent plus de quinze jours. S'il se passait quelque chose d'insolite, je reviendrais comme la foudre. Je vous recommande à tous les grands intérêts de la France; j'espère que bientôt on parlera de moi, à Vienne et à Londres.

Et, le 6, il était parti.

Dès lors, son intention était bien de descendre dans les plaines du Piémont et d'y livrer une grande bataille; puis, comme il ne doutait pas de la victoire, il répondrait, de même que Scipion accusé, à ceux qui lui reprocheraient de violer la constitution : « A pareil jour et à pareille heure, je battais les Carthaginois; montons au Capitole et rendons grâce aux dieux! »

Parti de Paris le 6 mai, le 26 du même mois, le général en chef campait avec son armée entre Turin et Casal. Il avait plu toute la journée; vers le soir, l'orage se calma, et le ciel, comme il arrive en Italie, passa en quelques instants de la teinte la plus sombre au plus bel azur, et les étoiles s'y montrèrent scintillantes.

Le premier consul fit signe à Roland de le suivre; tous deux sortirent de la petite ville de Chivasso et suivirent les bords du fleuve. A cent pas au delà des dernières maisons, un arbre abattu par la tempête offrait un banc aux premeneurs. Bonaparte s'y assit et fit signe à Roland de prendre place près de lui.

Le général en chef avait évidemment quelque confidence intime à faire à son aide de camp.

Tous deux gardèrent un instant le silence.

Bonaparte l'interrompit le premier.

— Te rappelles-tu, Roland, lui dit-il, une conversation que nous eûmes ensemble au Luxembourg?

— Général, dit Roland en riant, nous avons eu beaucoup de conversations au Luxembourg, une entre autres où vous m'avez annoncé que nous descendrions en Italie au printemps, et que nous battrions le général Mélas à Torre di Garofolo ou San-Giuliano; cela tient-il toujours?

— Oui; mais ce n'est pas de cette conversation que je voulais parler

— Voulez-vous me remettre sur la voie, général?

— Il était question de mariage.

— Ah! oui, du mariage de ma sœur. Ce doit être fini à présent, général.

— Non pas du mariage de ta sœur, Roland, mais du tien.

— Ah! bon! dit Roland avec son sourire amer, je croyais cette question-là coulée à fond entre nous, général.

Et il fit un mouvement pour se lever.

Bonaparte le retint par le bras.

— Lorsque je te parlai de cela, Roland, continua-t-il avec un sérieux qui prouvait son désir d'être écouté, sais-tu qui je te destinais?

— Non, général.

— Eh bien, je te destinais ma sœur Caroline.

— Votre sœur?

— Oui; cela t'étonne?

— Je ne croyais pas que jamais vous eussiez pensé à me faire un tel honneur.

— Tu es un ingrat, Roland, ou tu ne me dis pas ce que tu penses; tu sais que je t'aime.

— Oh! mon général! s'écria Roland.

Et il prit les deux mains du premier consul, qu'il serra avec une profonde reconnaissance.

— Eh bien, j'aurais voulu t'avoir pour beau-frère.

— Votre sœur et Murat s'aimaient, général, dit Roland : mieux vaut donc que votre projet ne se soit point réalisé. D'ailleurs, ajouta-t-il d'une voix sourde, je croyais vous avoir déjà dit, général, que je ne me marierais jamais.

Bonaparte sourit.

— Que ne dis-tu tout de suite que tu te feras trappiste.

— Ma foi, général, rétablissez les couvents et enlevez-moi les occasions de me faire tuer, qui, Dieu merci, ne vont point nous manquer, je l'espère, et vous pourriez bien avoir deviné la façon dont je finirai.

— Quelque chagrin de cœur? quelque infidélité de femme?

— Ah! bon! fit Roland, vous me croyez amoureux! il ne me manquait plus que cela pour être dignement classé dans votre esprit.

— Plains-toi de la place que tu y occupes, toi à qui je voulais donner ma sœur.

— Oui; mais, par malheur, voilà la chose devenue impossible! vos trois sœurs sont mariées, général; la plus jeune a épousé le général Leclerc, la seconde a épousé le prince Bacciocchi, l'aînée a épousé Murat.

— De sorte, dit Bonaparte en riant, que te voilà tranquille et heureux; tu te crois débarrassé de mon alliance.

— Oh! général!... fit Roland.

— Tu n'es pas ambitieux, à ce qu'il paraît?

— Général, laissez-moi vous aimer pour le bien que vous m'avez fait, et non pour celui que vous voulez me faire.

— Et si c'était par égoïsme que je désirasse t'attacher à moi, non-seulement par les liens de l'amitié, mais encore par ceux de la parenté ; si je te disais : Dans mes projets d'avenir, je compte peu sur mes frères, tandis que je ne douterais pas un instant de toi ?

— Sous le rapport du cœur, vous auriez bien raison.

— Sous tous les rapports ! Que veux-tu que je fasse de Leclerc ? c'est un homme médiocre ; de Bacciocchi, qui n'est pas Français ? de Murat, cœur de lion, mais tête folle ? Il faudra pourtant bien qu'un jour j'en fasse des princes, puisqu'ils seront les maris de mes sœurs. Pendant ce temps, que ferais-je de toi ?

— Vous ferez de moi un maréchal de France.

— Et puis après ?

— Comment, après ? Je trouve que c'est fort joli déjà.

— Et alors tu seras un douzième au lieu d'être une unité.

— Laissez-moi être tout simplement votre ami ; laissez-moi vous dire éternellement la vérité, et, je vous en réponds, vous m'aurez tiré de la foule.

— C'est peut-être assez pour toi, Roland, ce n'est point assez pour moi, insista Bonaparte.

Puis, comme Roland gardait le silence :

— Je n'ai plus de sœurs, dit-il, c'est vrai ; mais j'ai rêvé pour toi quelque chose de mieux encore que d'être mon frère.

Roland continua de se taire.

— Il existe de par le monde, Roland, une charmante enfant que j'aime comme ma fille, elle vient d'avoir dix-sept ans ; tu en as vingt-six, tu es général de brigade de fait ; avant la fin de la campagne, tu seras général de division ; eh bien, Roland, à la fin de la campagne, nous reviendrons à Paris, et tu épouseras...

— Général, interrompit Roland, voici, je crois, Bourrienne qui vous cherche.

En effet, le secrétaire du premier consul était à dix pas à peine des deux causeurs.

— C'est toi, Bourrienne ? demanda Bonaparte avec quelque impatience.

— Oui, général... Un courrier de France.

— Ah !

— Et une lettre de madame Bonaparte.

— Bon ! dit le premier consul se levant vivement ; donne.

Et il lui arracha presque la lettre des mains.

— Et pour moi, demanda Roland, rien ?

— Rien.

— C'est étrange ! fit le jeune homme tout pensif.

La lune s'était levée, et, à la lueur de cette belle lune d'Italie, Bonaparte pouvait lire et lisait.

Pendant les deux premières pages, son visage indiqua la sérénité la plus parfaite ; Bonaparte adorait sa femme : les lettres publiées par la reine Hortense font foi de cet amour. Roland suivait sur le visage du général les impressions de son âme.

Mais, vers la fin de la lettre, son visage se rembrunit, son sourcil se fronça, il jeta à la dérobée un regard sur Roland.

— Ah ! fit le jeune homme, il paraît qu'il est question de moi dans cette lettre.

Bonaparte ne répondit point et acheva sa lecture.

La lecture achevée, il plia la lettre et la mit dans la poche de côté de son habit ; puis, se tournant vers Bourrienne :

— C'est bien, dit-il, nous allons rentrer ; probablement expédierai-je un courrier. Allez m'attendre en me taillant des plumes.

Bourrienne salua et reprit le chemin de Chivasso.

Bonaparte alors s'approcha de Roland, et, lui posant la main sur l'épaule :

— Je n'ai pas de bonheur avec les mariages que je désire, dit-il.

— Pourquoi cela ? demanda Roland.

— Le mariage de ta sœur est manqué.

— Elle a refusé ?

— Non, pas elle.

— Comment ! pas elle ? Serait-ce lord Tanlay, par hasard ?

— Oui.

— Il a refusé ma sœur après l'avoir demandée à moi, à ma mère, à vous, à elle-même?

— Voyons, ne commence point par t'emporter, et tâche de comprendre qu'il y a quelque mystère là-dessous.

— Je ne vois pas de mystère, je vois une insulte.

— Ah! voilà bien mon homme! cela m'explique pourquoi ni ta mère ni ta sœur n'ont voulu t'écrire; mais Joséphine a pensé que, l'affaire étant grave, tu devais en être instruit. Elle m'annonce donc cette nouvelle en m'invitant à te la transmettre si je le crois convenable. Tu vois que je n'ai pas hésité.

— Je vous remercie sincèrement, général... Et lord Tanlay donne-t-il une raison à ce refus!

— Une raison qui n'en est pas une.

— Laquelle?

— Cela ne peut pas être la véritable cause.

— Mais encore?

— Il ne faut que voir l'homme et causer cinq minutes avec lui pour le juger sous ce rapport.

— Mais, enfin, général, que dit-il pour dégager sa parole?

— Que ta sœur est moins riche qu'il ne le croyait.

Roland éclata de ce rire nerveux qui décelait chez lui la plus violente agitation.

— Ah! fit-il, justement, c'est la première chose que je lui ai dite.

— Laquelle?

— Que ma sœur n'avait pas le sou. Est-ce que nous sommes riches, nous autres enfants de généraux républicains?

— Et que t'a-t-il répondu?

— Qu'il était assez riche pour deux.

— Tu vois donc que ce ne peut être là le motif de son refus.

— Et vous êtes d'avis qu'un de vos aides de camp ne peut pas recevoir une insulte dans la personne de sa sœur, sans en demander raison?

— Dans ces sortes de situations, mon cher Roland, c'est à la personne qui se croit offensée à peser elle-même le pour et le contre.

— Général, dans combien de jours croyez-vous que nous ayons une affaire décisive?

Bonaparte calcula.

— Pas avant quinze jours ou trois semaines, répondit-il.

— Général, je vous demande un congé de quinze jours.

— A une condition.

— Laquelle?

— C'est que tu passeras par Bourg et que tu interrogeras ta sœur pour savoir d'elle de quel côté vient le refus.

— C'était bien mon intention.

— En ce cas, il n'y a pas un instant à perdre.

— Vous voyez bien que je ne perds pas un instant, dit le jeune homme en faisant quelques pas pour rentrer dans le village.

— Une minute encore : tu te chargeras de mes dépêches pour Paris, n'est-ce pas?

— Je comprends : je suis le courrier dont vous parliez tout à l'heure à Bourrienne.

— Justement.

— Alors, venez.

— Attends encore. Les jeunes gens que tu as arrêtés...

— Les compagnons de Jéhu?

— Oui... Eh bien, il paraît que tout cela appartient à des familles nobles; ce sont des fanatiques plutôt que des coupables. Il paraît que ta mère, victime de je ne sais quelle surprise judiciaire, a témoigné dans leur procès et a été cause de leur condamnation.

— C'est possible. Ma mère, comme vous le savez, avait été arrêtée par eux et avait vu la figure de leur chef.

— Eh bien, ta mère me supplie, par l'intermédiaire de Joséphine, de faire grâce à ces pauvres fous : c'est le terme dont elle se sert. Ils se sont pourvus en cassation. Tu arriveras avant que le pourvoi soit rejeté, et, si tu juges la chose convenable, tu diras de ma part au ministre de la justice de surseoir. A ton retour, nous verrons ce qu'il y aura à faire définitivement.

— Merci, général. N'avez-vous rien autre chose à me dire?
— Non, si ce n'est de penser à la conversation que nous venons d'avoir.
— A propos?
— A propos de mariage.

LII

LE JUGEMENT

— Eh bien, je vous dirai comme vous disiez vous-même tout à l'heure : nous parlerons de cela à mon retour, si je reviens.
— Oh! pardieu! fit Bonaparte, tu tueras encore celui-là comme tu as tué les autres, je suis bien tranquille; cependant, je te l'avoue, si tu le tues, je le regretterai.
— Si vous devez le regretter tant que cela, général, il est bien facile que ce soit moi qui sois tué à sa place.
— Ne vas pas faire une bêtise comme celle-là, niais! fit vivement le premier consul; je te regretterais encore bien davantage.
— En vérité, mon général, fit Roland avec son rire saccadé, vous êtes l'homme le plus difficile à contenter que je connaisse.

Et, cette fois, il reprit le chemin de Chivasso sans que le général le retînt.

Une demi-heure après Roland galopait sur la route d'Ivrée dans une voiture de poste; il devait voyager ainsi jusqu'à Aoste; à Aoste prendre un mulet, traverser le Saint-Bernard, descendre à Martigny, et, par Genève, gagner Bourg, et, de Bourg, Paris.

Pendant que Roland galope, voyons ce qui s'était passé en France, et éclaircissons les points qui peuvent être restés obscurs pour nos lecteurs dans la conversation que nous venons de rapporter entre Bonaparte et son aide de camp.

Les prisonniers faits par Roland dans la grotte de Ceyzeriat n'avaient passé qu'une nuit seulement dans la prison de Bourg, et avaient été immédiatement transférés dans celle de Besançon, où ils devaient comparaître devant un conseil de guerre.

On se rappelle que deux de ces prisonniers avaient été si grièvement blessés, qu'on avait été obligé de les transporter sur des brancards; l'un était mort le même soir, l'autre trois jours après son arrivée à Besançon.

Le nombre des prisonniers était donc réduit à quatre : Morgan, qui s'était rendu volontairement et qui était sain et sauf, et Montbar, Adler et d'Assas, qui avaient été plus ou moins blessés pendant le combat, mais dont aucun n'avait reçu de blessures dangereuses.

Ces quatre pseudonymes cachaient, on se le rappellera, les noms du baron de Sainte-Hermine, du comte de Jahiat, du vicomte de Valensolle et du marquis de Ribier.

Pendant que l'on instruisait, devant la commission militaire de Besançon, le procès des quatre prisonniers, arriva l'expiration de la loi qui soumettait aux tribunaux militaires les délits d'arrestation de diligences sur les grands chemins.

Les prisonniers se trouvaient dès lors passibles des tribunaux civils.

C'était une grande différence pour eux, non point relativement à la peine, mais quant au mode d'exécution de la peine.

Condamnés par les tribunaux militaires, ils étaient fusillés; condamnés par les tribunaux civils, ils étaient guillotinés.

La fusillade n'était point infamante, la guillotine l'était.

Du moment où ils devaient être jugés par un jury, leur procès relevait du jury de Bourg.

Vers la fin de mars, les accusés avaient donc été transférés des prisons de Besançon dans celle de Bourg, et l'instruction avait commencé.

Mais les quatre accusés avaient adopté un système qui ne laissait pas que d'embarrasser le juge d'instruction.

Ils déclarèrent s'appeler le baron de Sainte-Hermine, le comte de Jahiat, le vicomte de Valensolle et le marquis de Ribier, mais n'avoir jamais eu aucune relation avec les détrousseurs de diligences qui s'étaient fait appeler Morgan, Montbar, Adler et d'Assas.

Ils avouaient bien avoir fait partie d'un rassemblement à main armée; mais ce rassemblement appartenait aux bandes de M. de Teyssonnet, et était une ramification de l'armée de Bretagne destinée à opérer dans le Midi ou dans l'Est, tandis que l'armée de Bretagne, qui venait de signer la paix, était destinée à opérer dans l'Ouest.

Ils n'attendaient eux-mêmes que la soumission de Cadoudal pour faire la leur, et l'avis de leur chef allait sans doute leur arriver, quand ils avaient été attaqués et pris.

La preuve contraire était difficile à fournir; la spoliation des diligences avait toujours été faite par des hommes masqués, et, à part madame de Montrevel et sir John, personne n'avait vu le visage d'un de nos aventuriers.

On se rappelle dans quelles circonstances : sir John, dans la nuit où il avait été jugé, condamné, frappé par eux; madame de Montrevel, lors de l'arrestation de la diligence, et quand, en se débattant contre une crise nerveuse, elle avait fait tomber le masque de Morgan.

Tous deux avaient été appelés devant le juge d'instruction, tous deux avaient été confrontés avec les quatre accusés; mais sir John et madame de Montrevel avaient déclaré ne reconnaître aucun de ces derniers.

D'où venait cette réserve?

De la part de madame de Montrevel, elle était compréhensible : madame de Montrevel avait gardé une double reconnaissance à l'homme qui avait sauvegardé son fils Édouard, et qui lui avait porté des secours à elle.

De la part de sir John, le silence était plus difficile à expliquer; car, bien certainement, parmi les quatre prisonniers, sir John reconnaissait au moins deux de ses assassins.

Eux l'avaient reconnu, et un certain frissonnement avait passé dans leurs veines à sa vue, mais ils n'en avaient pas moins résolûment fixé leurs regards sur lui, lorsque, à leur grand étonnement, sir John, malgré l'insistance du juge, avait obstinément répondu :

— *Je n'ai pas l'honneur de reconnaître ces messieurs.*

Amélie, — nous n'avons point parlé d'elle : il y a des douleurs que la plume ne doit pas même essayer de peindre, — Amélie, pâle, fiévreuse, mourante depuis la nuit fatale où Morgan avait été arrêté, Amélie attendait avec anxiété le retour de sa mère et de lord Tanlay de chez le juge d'instruction.

Ce fut lord Tanlay qui rentra le premier; madame de Montrevel était restée un peu en arrière pour donner des ordres à Michel.

Dès qu'elle aperçut sir John, Amélie s'élança vers lui en s'écriant :

— Eh bien?

Sir John regarda autour de lui pour s'assurer que madame de Montrevel ne pouvait ni le voir ni l'entendre.

— Ni votre mère ni moi n'avons reconnu personne, répondit-il.

— Ah! que vous êtes noble! que vous êtes généreux! que vous êtes bon, milord! s'écria la jeune fille en essayant de baiser la main de sir John.

Mais lui, retirant sa main :

— Je n'ai fait que tenir ce que je vous avais promis, dit-il; mais silence! voici votre mère.

Amélie fit un pas en arrière.

— Ainsi, madame, dit-elle, vous n'avez pas contribué à compromettre ces malheureux?

— Comment, répondit madame de Montrevel, voulais-tu que j'envoyasse à l'échafaud un homme qui m'avait porté secours, et qui, au lieu de frapper Édouard, l'avait embrassé?

— Et cependant, madame, demanda Amélie toute tremblante, vous l'aviez reconnu?

— Parfaitement, répondit madame de Montrevel; c'est le blond avec des sourcils et des yeux noirs, celui qui se fait appeler Charles de Sainte-Hermine.

Amélie jeta un cri étouffé ; puis, faisant un effort sur elle-même :

— Alors, dit-elle, tout est fini pour vous et pour milord, et vous ne serez plus appelés ?

— Il est probable que non, répondit madame de Montrevel.

— En tout cas, répondit sir John, je crois que, comme moi qui n'ai effectivement reconnu personne, madame de Montrevel persisterait dans sa déposition.

— Oh ! bien certainement, fit madame de Montrevel ; Dieu me garde de causer la mort de ce malheureux jeune homme, je ne me le pardonnerais jamais ; c'est bien assez que lui et ses compagnons aient été arrêtés par Roland.

Amélie poussa un soupir ; cependant, un peu de calme se répandit sur son visage.

Elle jeta un regard de reconnaissance à sir John et remonta dans son appartement, où l'attendait Charlotte.

Charlotte était devenue pour Amélie plus qu'une femme de chambre, elle était devenue presque une amie.

Tous les jours, depuis que les accusés avaient été ramenés à la prison de Bourg, Charlotte allait passer une heure près de son père.

Pendant cette heure, il n'était question que des prisonniers, que le digne geôlier, en sa qualité de royaliste, plaignait de tout son cœur.

Charlotte se faisait renseigner sur les moindres paroles, et, chaque jour, elle rapportait à Amélie des nouvelles des accusés.

C'était sur ces entrefaites qu'étaient arrivés aux Noires-Fontaines madame de Montrevel et sir John.

Avant de quitter Paris, le premier consul avait fait dire par Roland, et redire par Joséphine, à madame de Montrevel qu'il désirait que le mariage eût lieu en son absence et le plus promptement possible.

Sir John, en partant avec madame de Montrevel pour les Noires-Fontaines, avait déclaré que ses désirs les plus ardents seraient accomplis par cette union, et qu'il n'attendait que les ordres d'Amélie pour devenir le plus heureux des hommes.

Les choses étant arrivées à ce point, madame de Montrevel — le matin même du jour où sir John et elle devaient déposer comme témoins — avait autorisé un tête-à-tête entre sir John et sa fille.

L'entrevue avait duré plus d'une heure, et sir John n'avait quitté Amélie que pour monter en voiture avec madame de Montrevel et aller faire sa déposition.

Nous avons vu que cette déposition avait été toute à la décharge des accusés ; nous avons vu encore comment, à son retour, sir John avait été reçu par Amélie.

Le soir, madame de Montrevel avait eu à son tour une conférence avec sa fille.

Aux instances pressantes de sa mère, Amélie s'était contentée de répondre que son état de souffrance lui faisait désirer l'ajournement de son mariage, mais qu'elle s'en rapportait sur ce point à la délicatesse de lord Tanlay.

Le lendemain, madame de Montrevel avait été forcée de quitter Bourg pour revenir à Paris, sa position auprès de madame Bonaparte ne lui permettant pas une longue absence.

Le matin du départ, elle avait fortement insisté pour qu'Amélie l'accompagnât à Paris ; mais Amélie s'était, sur ce point encore, appuyée de la faiblesse de sa santé. On allait entrer dans les mois doux et vivifiants de l'année, dans les mois d'avril et de mai ; elle demandait à passer ces deux mois à la campagne, certaine, disait-elle, que ces deux mois lui feraient du bien.

Madame de Montrevel ne savait rien refuser à Amélie, surtout lorsqu'il s'agissait de sa santé.

Ce nouveau délai fut accordé à la malade.

Comme, pour venir à Bourg, madame de Montrevel avait voyagé avec lord Tanlay, pour retourner à Paris, elle voyagea avec lui ; à son grand étonnement, pendant les deux jours que dura le voyage, sir John ne lui avait pas dit un mot de son mariage avec Amélie.

Mais madame Bonaparte, en revoyant son amie, lui avait fait sa question accoutumée :

— Eh bien, quand marions-nous Amélie avec sir John ? Vous savez que ce mariage est un des désirs du premier consul !

Ce à quoi madame de Montrevel avait répondu :

— La chose dépend entièrement de lord Tanlay.

Cette réponse avait longuement fait réfléchir madame Bonaparte. Comment après avoir paru d'abord si empressé, lord Tanlay était-il devenu si froid ?

Le temps seul pouvait expliquer un pareil mystère.

Le temps s'écoulait et le procès des prisonniers s'instruisait.

On les avait confrontés avec tous les voyageurs qui avaient signé les différents procès-verbaux que nous avons vus entre les mains du ministre de la police ; mais aucun des voyageurs n'avait pu les reconnaître, aucun ne les ayant vus à visage découvert.

Les voyageurs avaient, en outre, attesté qu'aucun objet leur appartenant, argent ou bijoux, ne leur avait été pris.

Jean Picot avait attesté qu'on lui avait rapporté les deux cents louis qui lui avaient été enlevés par mégarde.

L'instruction avait pris deux mois, et, au bout de ces deux mois, les accusés, dont nul n'avait pu constater l'identité, restaient sous le seul poids de leurs propres aveux : c'est-à-dire qu'affiliés à la révolte bretonne et vendéenne, ils faisaient simplement partie des bandes armées qui parcouraient le Jura sous les ordres de M. de Teyssonnet.

Les juges avaient, autant que possible, retardé l'ouverture des débats, espérant toujours que quelque témoin à charge se produirait ; leur espérance avait été trompée.

Personne, en réalité, n'avait souffert des faits imputés aux quatre jeunes gens, à l'exception du Trésor, dont le malheur n'intéressait personne.

Il fallait bien ouvrir les débats.

De leur côté, les accusés avaient mis le temps à profit.

On a vu qu'au moyen d'un habile échange de passeports, Morgan voyageait sous le nom de Ribier, Ribier sous celui de Sainte-Hermine, et ainsi des autres ; il en était résulté dans les témoignages des aubergistes une confusion que leurs livres étaient encore venus augmenter.

L'arrivée des voyageurs, consignée sur les registres une heure plus tôt ou une heure plus tard, appuyait des alibi irrécusables.

Il y avait conviction morale chez les juges ; seulement, cette conviction était impuissante devant les témoignages.

Puis, il faut le dire, d'un autre côté, il y avait pour les accusés sympathie complète dans le public.

Les débats s'ouvrirent.

La prison de Bourg est attenante au prétoire ; par les corridors intérieurs, on pouvait conduire les prisonniers à la salle d'audience.

Si grande que fût cette salle d'audience, elle fut encombrée le jour de l'ouverture des débats ; toute la ville de Bourg se pressait aux portes du tribunal, et l'on était venu de Mâcon, de Lons-le-Saulnier, de Besançon et de Nantua, tant les arrestations de diligences avaient fait de bruit, tant les exploits des compagnons de Jéhu étaient devenus populaires.

L'entrée des quatre accusés fut saluée d'un murmure qui n'avait rien de répulsif : on y démêlait en partie presque égale la curiosité et la sympathie.

Et leur présence était bien faite, il faut le dire, pour éveiller ces deux sentiments. Parfaitement beaux, mis à la dernière mode de l'époque, assurés sans impudence, souriants vis-à-vis de l'auditoire, courtois envers leurs juges, quoique railleurs parfois, leur meilleure défense était dans leur propre aspect.

Le plus âgé des quatre avait à peine trente ans.

Interrogés sur leurs noms, prénoms, âge et lieu de naissance, ils répondirent se nommer :

Charles de Sainte-Hermine, né à Tours, département d'Indre-et-Loire, âgé de vingt-quatre ans ;

Louis-André de Jahiat, né à Bagé-le-Château, département de l'Ain, âgé de vingt-neuf ans ;

Raoul-Frédéric-Auguste de Valensolle, né à Sainte-Colombe, département du Rhône, âgé de vingt-sept ans ;

Pierre-Hector de Ribier, né à Bollène, département de Vaucluse, âgé de vingt-six ans.

Interrogés sur leur condition et leur état, tous quatre déclarèrent être gentilshommes et royalistes.

Ces quatre beaux jeunes gens qui se défendaient contre la guillotine, mais non contre la fusillade, qui demandaient la mort, qui déclaraient l'avoir méritée, mais qui voulaient la mort des soldats, formaient un groupe admirable de jeunesse, de courage et de générosité.

Aussi les juges comprenaient que, sous la simple accusation de rébellion à main armée, la Vendée étant soumise, la Bretagne pacifiée, ils seraient acquittés.

Et ce n'était point cela que voulait le ministre de la police ; la mort prononcée par un conseil de guerre ne lui suffisait même pas, il lui fallait la mort déshonorante, la mort des malfaiteurs, la mort des infâmes.

Les débats étaient ouverts depuis trois jours et n'avaient pas fait un seul pas dans le sens du ministère public. Charlotte, qui par la prison pouvait pénétrer la première dans la salle d'audience, assistait chaque jour aux débats, et chaque soir venait rapporter à Amélie une parole d'espérance.

Le quatrième jour, Amélie n'y put tenir ; elle avait fait faire un costume exactement pareil à celui de Charlotte ; seulement, la dentelle noire qui enveloppait le chapeau était plus longue et plus épaisse qu'aux chapeaux ordinaires.

Il formait un voile et empêchait que l'on ne pût voir le visage.

Charlotte présenta Amélie à son père, comme une de ses jeunes amies curieuse d'assister aux débats ; le bonhomme Courtois ne reconnut point mademoiselle de Montrevel, et, pour qu'elles vissent bien les accusés, il les plaça dans le corridor où ceux-ci devaient passer et qui conduisait de la chambre du concierge du présidial à la salle d'audience.

Le corridor était si étroit au moment où l'on passait de la chambre du concierge à l'endroit que l'on désignait sous le nom de bûcher, que, des quatre gendarmes qui accompagnaient les prisonniers, deux passaient d'abord, puis venaient les prisonniers un à un, puis les deux derniers gendarmes.

Ce fut dans le rentrant de la porte du bûcher que se rangèrent Charlotte et Amélie.

Lorsqu'elle entendit ouvrir les portes, Amélie fut obligée de s'appuyer sur l'épaule de Charlotte ; il lui semblait que la terre manquait sous ses pieds et la muraille derrière elle.

Elle entendit le bruit des pas, les sabres retentissants des gendarmes ; enfin, la porte de communication s'ouvrit.

Un gendarme passa.

Puis un second.

Sainte-Hermine marchait le premier, comme s'il se fût encore appelé Morgan.

Au moment où il passait :

— Charles ! murmura Amélie.

Le prisonnier reconnut la voix adorée, poussa un faible cri et sentit qu'on lui glissait un billet dans la main.

Il serra cette chère main, murmura le nom d'Amélie et passa.

Les autres vinrent ensuite et ne remarquèrent point ou firent semblant de ne point remarquer les deux jeunes filles.

Quant aux gendarmes, ils n'avaient rien vu ni entendu.

Dès qu'il fut dans un endroit éclairé, Morgan déplia le billet.

Il ne contenait que ces mots :

« Sois tranquille, mon Charles, je suis et serai ta fidèle Amélie dans la vie comme dans la mort. J'ai tout avoué à lord Tanlay ; c'est l'homme le plus généreux de la terre : j'ai sa parole qu'il rompra le mariage et prendra sur lui la responsabilité de cette rupture. Je t'aime ! »

Morgan baisa le billet et le posa sur son cœur; puis il jeta un regard du côté du corridor; les deux jeunes Bressanes étaient appuyées contre la porte.

Amélie avait tout risqué pour le voir une fois encore.

Il est vrai que l'on espérait que cette séance serait suprême s'il ne se présentait point de nouveaux témoins à charge : il était impossible de condamner les accusés, vu l'absence de preuves.

Les premiers avocats du département, ceux de Lyon, ceux de Besançon avaient été appelés par les accusés pour les défendre.

Ils avaient parlé, chacun à son tour, détruisant pièce à pièce l'acte d'accusation, comme, dans un tournoi du moyen âge, un champion adroit et fort faisait tomber pièce à pièce l'armure de son adversaire.

De flatteuses interruptions avaient, malgré les avertissements des huissiers et les admonestations du président, accueilli les parties les plus remarquables de ces plaidoyers.

Amélie, les mains jointes, remerciait Dieu, qui se manifestait si visiblement en faveur des accusés ; un poids affreux s'écartait de sa poitrine brisée ; elle respirait avec délices, et elle regardait, à travers des larmes de reconnaissance, le Christ placé au-dessus de la tête du président.

Les débats allaient être fermés.

Tout à coup, un huissier entra, s'approcha du président et lui dit quelques mots à l'oreille.

— Messieurs, dit le président, la séance est suspendue ; que l'on fasse sortir les accusés.

Il y eut un mouvement d'inquiétude fébrile dans l'auditoire.

Qu'était-il arrivé de nouveau? qu'allait-il se passer d'inattendu ?

Chacun regarda son voisin avec anxiété. Un pressentiment serra le cœur d'Amélie; elle porta la main à sa poitrine, elle avait senti quelque chose de pareil à un fer glacé, pénétrant jusqu'aux sources de sa vie.

Les gendarmes se levèrent, les accusés les suivirent et reprirent le chemin de leur cachot.

Ils repassèrent les uns après les autres devant Amélie.

Les mains des deux jeunes gens se touchèrent, la main d'Amélie était froide comme celle d'une morte.

— Quoi qu'il arrive, merci, **dit** Charles en passant.

Amélie voulut lui répondre; les paroles expirèrent sur ses lèvres.

Pendant ce temps, le président s'était levé et avait passé dans la chambre du conseil.

Il y avait trouvé une femme voilée qui venait de descendre de voiture à la porte même du tribunal, et qu'on avait amenée où elle était sans qu'elle eût échangé une seule parole avec qui que ce fût.

— Madame, lui dit-il, je vous présente toutes mes excuses pour la façon un peu brutale dont, en vertu de mon pouvoir discrétionnaire, je vous ai fait prendre à Paris et conduire ici : mais il y va de la vie d'un homme, et, devant cette considération, toutes les autres ont dû se taire.

— Vous n'avez pas besoin de vous excuser, monsieur, répondit la dame voilée : je sais quelles sont les prérogatives de la justice, et me voici à ses ordres.

— Madame, reprit le président, le tribunal et moi apprécions le sentiment d'exquise délicatesse qui vous a poussée, au moment de votre confrontation avec les accusés, à ne pas vouloir reconnaître celui qui vous avait porté des secours ; alors, les accusés niaient leur identité avec les spoliateurs de diligences; depuis, ils ont tout avoué : seulement, nous avons besoin de connaître celui qui vous a donné cette marque de courtoisie de vous secourir, afin de le recommander à la clémence du premier consul.

— Comment! s'écria la dame voilée, ils ont avoué?

— Oui, madame, mais ils s'obstinent à taire celui d'entre eux qui vous a secourue; sans doute craignent-ils de vous mettre en contradiction avec votre témoignage, et ne veulent-ils pas que l'un d'eux achète sa grâce à ce prix.

— Et que demandez-vous de moi, monsieur?

— Que vous sauviez votre sauveur.

— Oh! bien volontiers, dit la dame en se levant; qu'aurai-je à faire?

— A répondre à la question qui vous sera adressée par moi.

— Je me tiens prête, monsieur.

— Attendez un instant ici; vous serez introduite dans quelques secondes.

Le président rentra.

Un gendarme placé à chaque porte empêchait que personne ne communiquât avec la dame voilée.

Le président reprit sa place.

— Messieurs, dit-il, la séance est rouverte.

Il se fit un grand murmure; les huissiers crièrent silence.

Le silence se rétablit.

— Introduisez le témoin, dit le président.

Un huissier ouvrit la porte du conseil; la dame voilée fut introduite.

Tous les regards se portèrent sur elle.

Quelle était cette dame voilée? que venait-elle faire? à quelle fin était-elle appelée?

Avant ceux de personne, les yeux d'Amélie s'étaient fixés sur elle.

— Oh! mon Dieu, murmura-t-elle, j'espère que je me trompe.

— Madame, dit le président, les accusés vont rentrer dans cette salle; désignez à la justice celui d'entre eux qui, lors de l'arrestation de la diligence de Genève, vous a prodigué des soins si touchants.

Un frissonnement courut dans l'assemblée; on comprit qu'il y avait quelque piège sinistre tendu sous les pas des accusés.

Dix voix allaient s'écrier: « Ne parlez pas! » lorsque, sur un signe du président, l'huissier d'une voix impérative cria:

— Silence!

Un froid mortel enveloppa le cœur d'Amélie, une sueur glacée perla son front, ses genoux plièrent et tremblèrent sous elle.

— Faites entrer les accusés, dit le président en imposant silence du regard comme l'huissier l'avait fait de la voix, et vous, madame, avancez et levez votre voile.

La dame voilée obéit à ces deux invitations.

— Ma mère! s'écria Amélie, mais d'une voix assez sourde pour que ceux qui l'entouraient l'entendissent seuls.

— Madame de Montrevel! murmura l'auditoire.

En ce moment, le premier gendarme parut à la porte, puis le second; après lui venaient les accusés, mais dans un autre ordre: Morgan s'était placé le troisième, afin que, séparé qu'il était des gendarmes par Montbar et Adler, qui marchaient devant lui, et par d'Assas, qui marchait derrière, il pût serrer plus facilement la main d'Amélie.

Montbar entra donc d'abord.

Madame de Montrevel secoua la tête.

Puis vint Adler.

Madame de Montrevel fit le même signe de dénégation.

En ce moment, Morgan passait devant Amélie.

— Oh! nous sommes perdus! dit-elle.

Il la regarda avec étonnement; une main convulsive serrait la sienne.

Il entra.

— C'est monsieur, dit madame de Montrevel en apercevant Morgan, ou, si vous le voulez, le baron Charles de Sainte-Hermine, qui ne faisait plus qu'un seul et même homme du moment où madame de Montrevel venait de donner cette preuve d'identité.

Ce fut dans tout l'auditoire un long cri de douleur.

Montbar éclata de rire.

— Oh! par ma foi, dit-il, cela t'apprendra, cher ami, à faire le galant auprès des femmes qui se trouvent mal.

Puis, se retournant vers madame de Montrevel:

— Madame, lui dit-il, avec deux mots

vous venez de faire tomber quatre têtes.

Il se fit un silence terrible, au milieu duquel un sourd gémissement se fit entendre.

— Huissier, dit le président, n'avez-vous pas prévenu le public que toute marque d'approbation ou d'improbation était défendue?

L'huissier s'informa pour savoir qui avait manqué à la justice en poussant ce gémissement.

C'était une femme portant le costume de Bressane, et que l'on venait d'emporter chez le concierge de la prison.

Dès lors, les accusés n'essayèrent même plus de nier; seulement, de même que Morgan s'était réuni à eux, ils se réunirent à lui.

Leurs quatre têtes devaient être sauvées ou tomber ensemble.

Le même jour, à dix heures du soir, le jury déclara les accusés coupables, et la cour prononça la peine de mort.

Trois jours après, à force de prières, les avocats obtinrent que les accusés se pourvussent en cassation.

Mais ils ne purent obtenir qu'ils se pourvussent en grâce.

LIII

OU AMÉLIE TIENT SA PAROLE

Le verdict rendu par le jury de la ville de Bourg avait produit un effet terrible, non-seulement dans l'audience, mais encore dans toute la ville.

Il y avait parmi les quatre accusés un tel accord de fraternité chevaleresque, une telle élégance de manières, une telle conviction dans la foi qu'ils professaient, que leurs ennemis eux-mêmes admiraient cet étrange dévouement qui avait fait des voleurs de grand chemin de gentilshommes de naissance et de nom.

Madame de Montrevel, désespérée de la part qu'elle venait de prendre au procès et du rôle qu'elle avait bien involontairement joué dans ce drame au dénoûment mortel, n'avait vu qu'un moyen de réparer le mal qu'elle avait fait : c'était de repartir à l'instant même pour Paris, de se jeter aux pieds du premier consul et de lui demander la grâce des quatre condamnés.

Elle ne prit pas même le temps d'aller embrasser Amélie au château des Noires-Fontaines; elle savait que le départ de Bonaparte était fixé aux premiers jours de mai, et l'on était au 6.

Lorsqu'elle avait quitté Paris, tous les apprêts du départ étaient faits.

Elle écrivit un mot à sa fille, lui expliqua par quelle fatale suggestion elle venait, en essayant de sauver un des quatre accusés, de les faire condamner tous les quatre.

Puis, comme si elle eût eu honte d'avoir manqué à la promesse qu'elle avait faite à Amélie, et surtout qu'elle s'était faite à elle-même, elle envoya chercher des chevaux frais à la poste, remonta en voiture et repartit pour Paris.

Elle y arriva le 8 mai au matin.

Bonaparte en était parti le 6 au soir.

Il avait dit, en partant, qu'il n'allait qu'à Dijon, peut-être à Genève, mais qu'en tout cas il ne serait pas plus de trois semaines absent.

Le pourvoi des condamnés, fût-il rejeté, devait prendre au moins cinq ou six semaines.

Tout espoir n'était donc pas perdu.

Mais il le fut, lorsqu'on apprit que la revue de Dijon n'était qu'un prétexte, que le voyage à Genève n'avait jamais été sérieux, et que Bonaparte, au lieu d'aller en Suisse, allait en Italie.

Alors, madame de Montrevel, ne voulant pas s'adresser à son fils, quand elle savait le serment qu'il avait fait au moment où lord Tanlay avait été assassiné, et la part qu'il avait prise à l'arrestation des compagnons de Jéhu ; alors, disons-nous, madame de Montrevel s'adressa à Joséphine : Joséphine promit d'écrire à Bonaparte.

Le même soir, elle tint parole.

Mais le procès avait fait grand bruit; il n'en était point de ces accusés-là comme d'accusés ordinaires, la justice fit diligence, et, le trente-cinquième jour après le jugement, le pourvoi en cassation fut rejeté.

Le rejet fut expédié immédiatement à Bourg, avec ordre d'exécuter les condamnés dans les vingt-quatre heures.

Mais quelque diligence qu'eût faite le ministère de la justice, l'autorité judiciaire ne fut point prévenue la première.

Tandis que les prisonniers se promenaient dans la cour intérieure, une pierre passa par-dessus les murs et vint tomber à leurs pieds.

Une lettre était attachée à cette pierre.

Morgan, qui avait, à l'endroit de ses compagnons, conservé, même en prison, la supériorité d'un chef, ramassa la pierre, ouvrit la lettre et la lut.

Puis, se retournant vers ses compagnons :

— Messieurs, dit-il, notre pourvoi est rejeté, comme nous devions nous y attendre, et, selon toute probabilité, la cérémonie aura lieu demain.

Valensolle et Ribier, qui jouaient au petit palet avec des écus de six livres et des louis, avaient quitté leur jeu pour écouter la nouvelle.

La nouvelle entendue, ils reprirent leur partie sans faire de réflexion.

Jahiat, qui lisait *la Nouvelle Héloïse*, reprit sa lecture en disant :

— Je crois que je n'aurai pas le temps de finir le chef-d'œuvre de M. Jean-Jacques Rousseau; mais, sur l'honneur, je ne le regrette pas : c'est le livre le plus faux et le plus ennuyeux que j'aie lu de ma vie.

Sainte-Hermine passa la main sur son front en murmurant :

— Pauvre Amélie!

Puis, apercevant Charlotte, qui se tenait à la fenêtre de la geôle donnant dans la cour des prisonniers, il alla à elle :

— Dites à Amélie que c'est cette nuit qu'elle doit tenir la promesse qu'elle m'a faite.

La fille du geôlier referma la fenêtre et embrassa son père, en lui annonçant qu'il la reverrait selon toute probabilité dans la soirée.

Puis elle prit le chemin des Noires-Fontaines, chemin que depuis deux mois elle faisait tous les jours deux fois : une fois vers le milieu du jour pour aller à la prison, une fois le soir pour revenir au château.

Chaque soir, en rentrant, elle trouvait Amélie à la même place, c'est-à-dire assise à cette fenêtre qui, dans des jours plus heureux, s'ouvrait pour donner passage à son bien-aimé Charles.

Depuis le jour de son évanouissement, à la suite du verdict du jury, Amélie n'avait pas versé une larme, et nous pourrions presque ajouter n'avait pas prononcé une parole.

Au lieu d'être le marbre de l'antiquité s'animant pour devenir femme, on eût pu croire que c'était l'être animé qui peu à peu se pétrifiait.

Chaque jour, il semblait qu'elle fût devenue un peu plus pâle, un peu plus glacée.

Charlotte la regardait avec étonnement: les esprits vulgaires, très-impressionnables aux bruyantes démonstrations, c'est-à-dire aux cris et aux pleurs, ne comprennent rien aux douleurs muettes.

Il semble que, pour eux, le mutisme, c'est l'indifférence.

Elle fut donc étonnée du calme avec lequel Amélie reçut le message qu'elle était chargée de transmettre.

Elle ne vit pas que son visage, plongé dans la demi-teinte du crépuscule, passait de la pâleur à la lividité; elle ne sentit point l'étreinte mortelle qui, comme une tenaille de fer, lui broya le cœur; elle ne comprit point, lorsqu'elle s'achemina vers la porte, qu'une roideur plus automatique encore que de coutume accompagnait ses mouvements.

Seulement, elle s'apprêta à la suivre.

Mais, arrivée à la porte, Amélie étendit la main.

— Attends-moi là, dit-elle.

Un officier attendait appuyé sur sa carabine. — Page 23.

Charlotte obéit.

Amélie referma la porte derrière elle et monta à la chambre de Roland.

La chambre de Roland était une véritable chambre de soldat et de chasseur, dont le principal ornement étaient des panoplies et des trophées.

Il y avait là des armes de toute espèce, indigènes et étrangères, depuis les pistolets aux canons azurés de Versailles jusqu'aux pistolets à pommeau d'argent du Caire, depuis le couteau catalan jusqu'au cangiar turc.

Elle détacha des trophées quatre poignards aux lames tranchantes et aiguës ; elle enleva aux panoplies huit pistolets de différentes formes.

Elle prit des balles dans un sac, de la poudre dans une corne.

Puis elle descendit rejoindre Charlotte.

Dix minutes après, aidée de sa femme de chambre, elle avait revêtu son costume de Bressane.

On attendit la nuit ; la nuit vient tard au mois de juin.

Amélie resta debout, immobile, muette, appuyée à sa cheminée éteinte, regardant par la fenêtre ouverte le village de Ceyzeriat, qui disparaissait peu à peu dans les ombres crépusculaires.

Lorsque Amélie ne vit plus rien que les lumières s'allumant de place en place :

— Allons, dit-elle, il est temps.

Les deux jeunes filles sortirent ; Michel ne fit point attention à Amélie qu'il prit pour une amie de Charlotte qui était venue voir celle-ci et que celle-ci allait reconduire.

Dix heures sonnaient, comme les jeunes filles passaient devant l'église de Brou.

Il était dix heures un quart à peu près lorsque Charlotte frappa à la porte de la prison.

Le père Courtois vint ouvrir.

Nous avons dit quelles étaient les opinions politiques du digne geôlier.

Le père Courtois était royaliste.

Il avait donc été pris d'une profonde sympathie pour les quatre condamnés, il espérait, comme tout le monde, que madame de Montrevel, dont on connaissait le désespoir, obtiendrait leur grâce du premier consul, et, autant qu'il avait pu le faire sans manquer à ses devoirs, il avait adouci la captivité de ses prisonniers en écartant d'eux toute rigueur inutile.

Il est vrai que, d'un autre côté, malgré cette sympathie, il avait refusé soixante mille francs en or — somme qui, à cette époque, valait le triple de ce qu'elle vaut aujourd'hui — pour les sauver.

Mais, nous l'avons vu, mis dans la confidence par sa fille Charlotte, il avait autorisé Amélie, déguisée en Bressane, à assister au jugement.

On se rappelle les soins et les égards que le digne homme avait eus pour Amélie, lorsque elle-même avait été prisonnière avec madame de Montrevel.

Cette fois encore, et comme il ignorait le rejet du pourvoi, il se laissa facilement attendrir.

Charlotte lui dit que sa jeune maîtresse allait dans la nuit même partir pour Paris, afin de hâter la grâce, et qu'avant de partir elle venait prendre congé du baron de Sainte-Hermine et lui demander ses instructions pour agir.

Il y avait cinq portes à forcer pour gagner celle de la rue : un corps de garde dans la cour, une sentinelle intérieure et une extérieure ; par conséquent, le père Courtois n'avait point à craindre que les prisonniers s'évadassent.

Il permit donc qu'Amélie vît Morgan.

Qu'on nous excuse de dire tantôt Morgan, tantôt Charles, tantôt le baron de Sainte-Hermine ; nos lecteurs savent bien que, par cette triple appellation, nous désignons le même homme.

Le père Courtois prit une lumière et marcha devant Amélie.

La jeune fille, comme si, sortant de la prison, elle devait partir par la malle-poste, tenait à la main un sac de nuit.

Charlotte suivait sa maîtresse.

— Vous reconnaîtrez le cachot, mademoiselle de Montrevel ; c'est celui où vous avez été enfermée avec madame votre mère. Le chef de ces malheureux jeunes gens, le baron Charles de Sainte-Hermine, m'a demandé comme une faveur la cage nº 1. Vous savez que c'est le nom que nous donnons à nos cellules. Je n'ai pas cru devoir lui refuser cette consolation, sachant que le pauvre garçon vous aimait. Oh ! soyez tranquille, mademoiselle Amélie : ce secret ne sortira jamais de ma bouche. Puis il m'a fait des questions, m'a demandé où était le lit de votre mère, où était le vôtre ; je le lui ai dit. Alors, il a désiré que sa couchette fût placée juste au même endroit où la vôtre se trouvait ; ce n'était pas difficile : non-seulement elle était au même endroit, mais encore c'était la même. De sorte que, depuis le jour de son entrée dans votre prison, le pauvre jeune homme est resté presque constamment couché.

Amélie poussa un soupir qui ressemblait à un gémissement ; elle sentit, chose qu'elle n'avait pas éprouvée depuis longtemps, une larme prête à mouiller sa paupière.

Elle était donc aimée comme elle aimait, et c'était une bouche étrangère et désintéressée qui lui en donnait la preuve.

Au moment d'une séparation éternelle, cette conviction était le plus beau diamant qu'elle pût trouver dans l'écrin de la douleur.

Les portes s'ouvrirent les unes après les autres devant le père Courtois.

Arrivée à la dernière, Amélie mit la main sur l'épaule du geôlier.

Il lui semblait entendre quelque chose comme un chant.

Elle écouta avec plus d'attention : une voix disait des vers.

Mais cette voix n'était point celle de Morgan ; cette voix lui était inconnue.

C'était à la fois quelque chose de triste comme une élégie, de religieux comme un psaume.

La voix disait :

J'ai révélé mon cœur au Dieu de l'innocence;
  Il a vu mes pleurs pénitents ;
Il guérit mes remords, il m'arme de constance :
  Les malheureux sont ses enfants,

Mes ennemis, riant, ont dit dans leur colère :
  « Qu'il meure, et sa gloire avec lui ! »
Mais à mon cœur calmé le Seigneur dit en père :
  « Leur haine sera ton appui.

» A tes plus chers amis ils ont prêté leur rage;
  Tout trompe ta simplicité :
Celui que tu nourris court vendre ton image,
  Noir de sa méchanceté.

» Mais Dieu t'entend gémir; Dieu, vers qui te ramène
  Un vrai remords né de douleurs;
Dieu qui pardonne enfin à la nature humaine
  D'être faible dans les malheurs.

» J'éveillerai pour toi la pitié, la justice
  De l'incorruptible avenir :
Eux-même épureront, par leur long artifice,
  Ton honneur qu'ils pensent ternir. »

Soyez béni, mon Dieu, vous qui daignez me rendre
  L'innocence et son noble orgueil;
Vous qui, pour protéger le repos de ma cendre,
  Veillerez près de mon cercueil !

Au banquet de la vie, infortuné convive,
  J'apparus un jour, et je meurs ;
Je meurs, et sur ma tombe, où lentement j'arrive,
  Nul ne viendra verser des pleurs.

Salut, champs que j'aimais, et vous, douce verdure,
  Et vous, riant exil des bois!
Ciel, pavillon de l'homme, admirable nature,
  Salut pour la dernière fois !

Ah ! puissent voir longtemps votre beauté sacrée
  Tant d'amis sourds à mes adieux !
Qu'ils meurent pleins de jour ! que leur mort soit pleu-
  Qu'un ami leur ferme les yeux !   [rée !]

La voix se tut ; sans doute, la dernière strophe était dite.

Amélie, qui n'avait pas voulu interrompre la méditation suprême des condamnés et qui avait reconnu la belle ode de Gilbert, écrite par lui sur le grabat d'un hôpital, la veille de sa mort, fit signe au geôlier qu'il pouvait ouvrir.

Le père Courtois qui, tout geôlier qu'il était, semblait partager l'émotion de la jeune fille, fit le plus doucement possible qu'il put tourner la clef dans la serrure : la porte s'ouvrit.

Amélie embrassa d'un coup d'œil l'ensemble du cachot et des personnages qui l'habitaient.

Valensolle, debout, appuyé à la muraille, tenait encore à la main le livre où il venait de lire les vers qu'Amélie avait entendus ; Jahiat était assis près d'une table, la tête appuyée sur sa main ; Ribier était assis sur la table même ; près de lui, au fond, Sainte-Hermine, les yeux fermés, et comme s'il eût été plongé dans le plus profond sommeil, était couché sur le lit.

A la vue de la jeune fille qu'ils reconnurent pour Amélie, Jahiat et Ribier se levèrent.

Morgan resta immobile ; il n'avait rien entendu.

Amélie alla droit à lui, et comme si le sentiment qu'elle éprouvait pour son amant était sanctifié par l'approche de la mort, sans s'inquiéter de la présence de ses trois amis, elle s'approcha de Morgan, et, tout en appuyant ses lèvres sur les lèvres du prisonnier, elle murmura :

— Réveille-toi, mon Charles ; c'est ton Amélie qui vient tenir sa parole.

Morgan jeta un cri joyeux et enveloppa la jeune fille de ses deux bras.

— Monsieur Courtois, dit Montbar, vous êtes un brave homme ; laissez ces deux pauvres jeunes gens ensemble : ce serait une impiété que de troubler par notre présence les quelques minutes qu'ils ont encore à rester ensemble sur cette terre.

Le père Courtois, sans rien dire, ouvrit la porte du cachot voisin. Valensolle, Jahiat et de Ribier y entrèrent : il ferma la porte sur eux.

Puis, faisant signe à Charlotte de le suivre, il sortit à son tour.

Les deux amants se trouvèrent seuls.

Il y a des scènes qu'il ne faut pas tenter de peindre, des paroles qu'il ne faut pas essayer de répéter ; Dieu, qui les écoute de son trône immortel, pourrait seul dire ce qu'elles contiennent de sombres joies et de voluptés amères.

Au bout d'une heure, les deux jeunes gens entendirent la clef tourner de nouveau dans la serrure. Ils étaient tristes, mais calmes, et la conviction que leur séparation ne serait pas longue leur donnait cette douce sérénité.

Le digne geôlier avait l'air plus sombre et plus embarrassé encore à cette seconde apparition qu'à la première. Morgan et Amélie le remercièrent en souriant.

Il alla à la porte du cachot où étaient enfermés les trois amis et ouvrit cette porte en murmurant :

— Par ma foi, c'est bien le moins qu'ils passent cette nuit ensemble, puisque c'est leur dernière nuit.

Valensolle, Jahiat et Ribier rentrèrent.

Amélie, en tenant Morgan enveloppé dans son bras gauche, leur tendit la main à tous les trois.

Tous les trois baisèrent, l'un après l'autre, sa main froide et humide, puis Morgan la conduisit jusqu'à la porte.

— Au revoir ! dit Morgan.
— A bientôt ! dit Amélie.

Et ce rendez-vous pris dans la tombe fut scellé d'un long baiser, après lequel ils se séparèrent avec un gémissement si douloureux, qu'on eût dit que leurs deux cœurs venaient de se briser en même temps.

La porte se referma derrière Amélie, les verrous et les clefs grincèrent.

— Eh bien ? demandèrent ensemble Valensolle, Jahiat et Ribier.

— Voici, répondit Morgan en vidant sur la table le sac de nuit.

Les trois jeunes gens poussèrent un cri de joie en voyant ces pistolets brillants et ces lames aiguës.

C'était ce qu'ils pouvaient désirer de plus après la liberté ; c'était la joie douloureuse et suprême de se sentir maîtres de leur vie, et, à la rigueur, de celle des autres.

Pendant ce temps, le geôlier reconduisait Amélie jusqu'à la porte de la rue.

Arrivé là, il hésita un instant ; puis, enfin, l'arrêtant par le bras :

— Mademoiselle de Montrevel, lui dit-il, pardonnez-moi de vous causer une telle douleur, mais il est inutile que vous alliez à Paris...

— Parce que le pourvoi est rejeté et que l'exécution a lieu demain, n'est-ce pas ? répondit Amélie.

Le geôlier, dans son étonnement, fit un pas en arrière.

— Je le savais, mon ami, continua Amélie.

Puis, se tournant vers sa femme de chambre :

— Conduis-moi jusqu'à la prochaine église, Charlotte, dit-elle ; tu viendras m'y reprendre demain lorsque tout sera fini.

La prochaine église n'était pas bien éloignée : c'était Sainte-Claire.

Depuis trois mois à peu près, sous les ordres du premier consul, elle venait d'être rendue au culte.

Comme il était tout près de minuit, l'église était fermée ; mais Charlotte connaissait la demeure du sacristain et elle se chargea de l'aller éveiller.

Amélie attendit debout, appuyée contre la muraille, aussi immobile que les figures de pierre qui ornent la façade.

Au bout d'une demi-heure, le sacristain arriva.

Pendant cette demi-heure, Amélie avait vu passer une chose qui lui avait paru lugubre.

C'étaient trois hommes vêtus de noir, conduisant une charrette, qu'à la lueur de la lune elle avait reconnue être peinte en rouge.

Cette charrette portait des objets informes : planches démesurées, échelles étranges peintes de la même couleur ; elle se dirigeait du côté du bastion Montrevel, c'est-à-dire vers la place des exécutions.

Amélie devina ce que c'était ; elle tomba à genoux et poussa un cri.

A ce cri, les hommes vêtus de noir se retournèrent; il leur sembla qu'une des sculptures du porche s'était détachée de sa niche et s'était agenouillée.

Celui qui paraissait être le chef des hommes noirs fit quelques pas vers Amélie.

— Ne m'approchez pas, monsieur! cria celle-ci; ne m'approchez pas!

L'homme reprit humblement sa place et continua son chemin.

La charrette disparut au coin de la rue des Prisons; mais le bruit de ses roues retentit encore longtemps sur le pavé, et dans le cœur d'Amélie.

Lorsque le sacristain et Charlotte revinrent, ils trouvèrent la jeune fille à genoux.

Le sacristain fit quelques difficultés pour ouvrir l'église à une pareille heure; mais une pièce d'or et le nom de mademoiselle de Montrevel levèrent ses scrupules.

Une seconde pièce d'or le détermina à illuminer une petite chapelle.

C'était celle où, tout enfant, Amélie avait fait sa première communion.

Cette chapelle illuminée, Amélie s'agenouilla au pied de l'autel et demanda qu'on la laissât seule.

Vers trois heures du matin, elle vit s'éclairer la fenêtre aux vitraux de couleurs qui surmontait l'autel de la Vierge. Cette fenêtre s'ouvrait par hasard à l'orient, de sorte que le premier rayon du soleil vint droit à la jeune fille comme un messager de Dieu.

Peu à peu, la ville s'éveilla : Amélie remarqua qu'elle était plus bruyante que d'habitude; bientôt même les voûtes de l'église tremblèrent au bruit des pas d'une troupe de cavaliers; cette troupe se rendait du côté de la prison.

Un peu avant neuf heures, la jeune fille entendit une grande rumeur, et il lui sembla que chacun se précipitait du même côté.

Elle essaya de s'enfoncer plus avant encore dans la prière pour ne plus entendre ces différents bruits, qui parlaient à son cœur une langue inconnue, et dont cependant les angoisses qu'elle éprouvait lui disaient tout bas qu'elle comprenait chaque mot.

C'est que, en effet, il se passait à la prison une chose terrible, et qui méritait bien que tout le monde courût la voir.

Lorsque, vers neuf heures du matin, le père Courtois était entré dans leur cachot, pour annoncer aux condamnés tout à la fois que leur pourvoi était rejeté et qu'ils devaient se préparer à la mort, il les avait trouvés tous les quatre armés jusqu'aux dents.

Le geôlier, pris à l'improviste, fut attiré dans le cachot; la porte fut fermée derrière lui; puis, sans qu'il essayât même de se défendre, tant sa surprise était inouïe, les jeunes gens lui arrachèrent son trousseau de clefs, et, ouvrant puis refermant la porte située en face de celle par laquelle le geôlier était entré, ils le laissèrent enfermé à leur place, et se trouvèrent, eux, dans le cachot voisin, où, la veille, Valensolle, Jahiat et Ribier avaient attendu que l'entrevue entre Morgan et Amélie fût terminée.

Une des clefs du trousseau ouvrait la seconde porte de cet autre cachot; cette porte donnait sur la cour des prisonniers.

La cour des prisonniers était, elle, fermée par trois portes massives qui, toutes trois, donnaient dans une espèce de couloir donnant lui-même dans la loge du concierge du présidial.

De cette loge du concierge du présidial, on descendait par quinze marches dans le préau du parquet, vaste cour fermée par une grille.

D'habitude, cette grille n'était fermée que la nuit.

Si, par hasard, les circonstances ne l'avaient pas fait fermer le jour, il était possible que cette ouverture présentât une issue à leur fuite.

Morgan trouva la clef de la cour des prisonniers, l'ouvrit, se précipita, avec ses compagnons, de cette cour dans la loge du concierge du présidial, et s'élança sur le perron donnant dans le préau du tribunal.

Du haut de cette espèce de plate-forme, les quatre jeunes gens virent que tout espoir était perdu.

La grille du préau était fermée, et quatre-vingts hommes à peu près, tant gendarmes que dragons, étaient rangés devant cette grille.

A la vue des quatre condamnés libres et bondissant de la loge du concierge sur le perron, un grand cri, cri d'étonnement et de terreur tout à la fois, s'éleva de la foule.

En effet, leur aspect était formidable.

Pour conserver toute la liberté de leurs mouvements, et peut-être aussi pour dissimuler l'épanchement du sang qui se manifeste si vite sur une toile blanche, ils étaient nus jusqu'à la ceinture.

Un mouchoir, noué autour de leur taille, était hérissé d'armes.

Il ne leur fallut qu'un regard pour comprendre qu'ils étaient maîtres de leur vie, mais qu'ils ne l'étaient pas de leur liberté.

Au milieu des clameurs qui s'élevaient de la foule et du cliquetis des sabres qui sortaient des fourreaux, ils conférèrent un instant.

Puis, après leur avoir serré la main, Montbar se détacha de ses compagnons, descendit les quinze marches et s'avança vers la grille.

Arrivé à quatre pas de cette grille, il jeta un dernier regard et un dernier sourire à ses compagnons, salua gracieusement la foule redevenue muette, et, s'adressant aux soldats :

— Très-bien, messieurs les gendarmes ! très-bien, messieurs les dragons ! dit-il.

Et, introduisant dans sa bouche l'extrémité du canon d'un de ses pistolets, il se fit sauter la cervelle.

Des cris confus et presque insensés suivirent l'explosion, mais cessèrent presque aussitôt ; Valensolle descendit à son tour : lui tenait simplement à la main un poignard à lame droite, aiguë, tranchante.

Ses pistolets, dont il ne paraissait pas disposé à faire usage, étaient restés à sa ceinture.

Il s'avança vers une espèce de petit hangar supporté par trois colonnes, s'arrêta à la première colonne, y appuya le pommeau du poignard, dirigea la pointe vers son cœur, prit la colonne entre ses bras, salua une dernière fois ses amis, et serra la colonne jusqu'à ce que la lame tout entière eût disparu dans sa poitrine.

Il resta un instant encore debout ; mais une pâleur mortelle s'étendit sur son visage, puis ses bras se détachèrent, et il tomba mort au pied de la colonne.

Cette fois la foule resta muette.

Elle était glacée d'effroi.

C'était le tour de Ribier : lui tenait à la main ses deux pistolets.

Il s'avança jusqu'à la grille ; puis, arrivé là, il dirigea les canons de ses pistolets sur les gendarmes.

Il ne tira pas, mais les gendarmes tirèrent.

Trois ou quatre coups de feu se firent entendre, et Ribier tomba percé de deux balles.

Une sorte d'admiration venait de faire, parmi les assistants, place aux sentiments divers qui, à la vue de ces trois catastrophes successives, s'étaient succédé dans son cœur.

Elle comprenait que ces jeunes gens voulaient bien mourir, mais qu'ils tenaient à mourir comme ils l'entendraient, et surtout, comme des gladiateurs antiques, à mourir avec grâce.

Elle fit donc silence lorsque Morgan, resté seul, descendit, en souriant, les marches du perron, et fit signe qu'il voulait parler.

D'ailleurs, que lui manquait-il, à cette foule avide de sang ? On lui donnait plus qu'on ne lui avait promis.

On lui avait promis quatre morts, mais quatre morts uniformes, quatre têtes tranchées ; et on lui donnait quatre morts différentes, pittoresques, inattendues ; il était donc bien naturel qu'elle fît silence lorsqu'elle vit s'avancer Morgan.

Morgan ne tenait à la main ni pistolets, ni poignard ; poignard et pistolets reposaient à sa ceinture.

Il passa près du cadavre de Valensolle et vint se placer entre ceux de Jahiat et de Ribier.

— Messieurs, dit-il, transigeons.

Il se fit un silence comme si la respiration de tous les assistants était suspendue.

— Vous avez eu un homme qui s'est brûlé la cervelle (il désigna Jahiat); un autre qui s'est poignardé (il désigna Valensolle); un troisième qui a été fusillé (il désigna Ribier); vous voudriez voir guillotiner le quatrième, je comprends cela.

Il passa un frissonnement terrible dans la foule.

— Eh bien, continua Morgan, je ne demande pas mieux que de vous donner cette satisfaction. Je suis prêt à me laisser faire, mais je désire aller à l'échafaud de mon plein gré et sans que personne me touche; celui qui m'approche, *je le brûle*, — si ce n'est monsieur, continua Morgan en montrant le bourreau. C'est une affaire que nous avons ensemble et qui, de part et d'autre, ne demande que des procédés.

Cette demande, sans doute, ne parut pas exorbitante à la foule, car de toute part on entendit crier :

— Oui ! oui ! oui !

L'officier de gendarmerie vit que ce qu'il y avait de plus court était de passer par où voulait Morgan.

— Promettez-vous, dit-il, si l'on vous laisse les pieds et les mains libres, de ne point chercher à vous échapper ?

— J'en donne ma parole d'honneur, reprit Morgan.

— Eh bien, dit l'officier de gendarmerie, éloignez-vous et laissez-nous enlever les cadavres de vos camarades.

— C'est trop juste, dit Morgan.

Et il alla, à dix pas d'où il était, s'appuyer contre la muraille.

La grille s'ouvrit.

Les trois hommes vêtus de noir entrèrent dans la cour, ramassèrent l'un après l'autre les trois corps.

Ribier n'était point tout à fait mort; il rouvrit les yeux et parut chercher Morgan.

— Me voilà, dit celui-ci, sois tranquille, cher ami, *j'en suis*.

Ribier referma les yeux sans faire entendre une parole.

Quand les trois corps furent emportés :

— Monsieur, demanda l'officier de gendarmerie à Morgan, êtes-vous prêt ?

— Oui, monsieur, répondit Morgan en saluant avec une exquise politesse.

— Alors, venez.

— Me voici, dit Morgan.

Et il alla prendre place entre le peloton de gendarmerie et le détachement de dragons.

— Désirez-vous monter dans la charrette ou aller à pied, monsieur ? demanda le capitaine.

— A pied, à pied, monsieur : je tiens beaucoup à ce que l'on sache que c'est une fantaisie que je me passe en me laissant guillotiner; mais je n'ai pas peur.

Le cortège sinistre traversa la place des Lices, et longea les murs du jardin de l'hôtel Montbazon.

La charrette traînant les trois cadavres marchait la première; puis venaient les dragons; puis Morgan, marchant seul dans un intervalle libre d'une dizaine de pas; puis les gendarmes, précédés de leur capitaine.

A l'extrémité du mur, le cortége tourna à gauche.

Tout à coup, par l'ouverture qui se trouvait alors entre le jardin et la grande halle, Morgan aperçut l'échafaud, qui dressait vers le ciel ses deux poteaux, rouges comme deux bras sanglants.

— Pouah ! dit-il, je n'avais jamais vu de guillotine, et je ne savais point que ce fût aussi laid que cela.

Et, sans autre explication, tirant son poignard de sa ceinture, il se le plongea jusqu'au manche dans la poitrine.

Le capitaine de gendarmerie vit le mouvement sans pouvoir le prévenir et lança son cheval vers Morgan, resté debout, au grand étonnement de tout le monde et de lui-même.

Mais Morgan, tirant un de ses pistolets de sa ceinture et l'armant :

— Halte-là ! dit-il; il est convenu que personne ne me touchera; je mourrai seul ou nous mourrons trois; c'est à choisir.

Le capitaine fit faire à son cheval un pas à reculons.

— Marchons, dit Morgan.

Et, en effet, il se remit en marche.

Arrivé au pied de la guillotine, Morgan tira le poignard de sa blessure et s'en frappa une seconde fois aussi profondément que la première.

Un cri de rage plutôt que de douleur lui échappa.

— Il faut, en vérité, que j'aie l'âme chevillée dans le corps, dit-il.

Puis, comme les aides voulaient l'aider à monter l'escalier au haut duquel l'attendait le bourreau :

— Oh! dit-il, encore une fois, que l'on ne me touche pas!

Et il monta les six degrés sans chanceler.

Arrivé sur la plate-forme, il tira le poignard de sa blessure et s'en donna un troisième coup.

Alors un effroyable éclat de rire sortit de sa bouche, et jetant aux pieds du bourreau le poignard qu'il venait d'arracher de sa troisième blessure, aussi inutile que les deux premières :

— Par ma foi! dit-il, j'en ai assez; à ton tour, et tire-toi de là comme tu pourras.

Une minute après, la tête de l'intrépide jeune homme tombait sur l'échafaud, et, par un phénomène de cette implacable vitalité qui s'était révélée en lui, bondissait et roulait hors de l'appareil du supplice.

Allez à Bourg comme j'y ai été, et l'on vous dira qu'en bondissant, cette tête avait prononcé le nom d'Amélie.

Les morts furent exécutés après le vivant ; de sorte que les spectateurs, au lieu de perdre quelque chose aux événements que nous venons de raconter, eurent double spectacle.

LIV

LA CONFESSION

Trois jours après les événements dont on vient de lire le récit, vers les sept heures du soir, une voiture couverte de poussière et attelée de deux chevaux de poste blancs d'écume, s'arrêtait à la grille du château des Noires-Fontaines.

Au grand étonnement de celui qui paraissait si pressé d'arriver, la grille était toute grande ouverte, des pauvres encombraient la cour, et le perron était couvert d'hommes et de femmes agenouillés.

Puis, le sens de l'ouïe s'éveillant au fur et à mesure que l'étonnement donnait plus d'acuité à celui de la vue, le voyageur crut entendre le tintement d'une sonnette.

Il ouvrit vivement la portière, sauta à bas de la chaise, traversa la cour d'un pas rapide, monta le perron et vit l'escalier qui menait au premier étage couvert de monde.

Il franchit cet escalier comme il avait franchi le perron, et entendit un murmure religieux qui lui parut venir de la chambre d'Amélie.

Il s'avança vers cette chambre; elle était ouverte.

Au chevet étaient agenouillés madame de Montrevel et le petit Édouard, un peu plus loin Charlotte, Michel et son fils.

Le curé de Sainte-Claire administrait les derniers sacrements à Amélie ; cette scène lugubre n'était éclairée que par la lueur des cierges.

On avait reconnu Roland dans le voyageur dont la voiture venait de s'arrêter devant la grille; on s'écarta sur son passage, il entra la tête découverte, et alla s'agenouiller près de sa mère.

La mourante, couchée sur le dos, les mains jointes, la tête soulevée par son oreiller, les yeux fixés au ciel dans une

On arriva aux glaces. — Page 42.

espèce d'extase, ne parut point s'apercevoir de l'arrivée de Roland.

On eût dit que le corps était encore de ce monde, mais que l'âme était déjà flottante entre la terre et le ciel.

La main de madame de Montrevel chercha celle de Roland, et la pauvre mère, l'ayant trouvée, laissa tomber en sanglotant sa tête sur l'épaule de son fils.

Ces sanglots maternels ne furent sans doute pas plus entendus d'Amélie que la présence de Roland n'en avait été remarquée; car la jeune fille garda l'immobilité la plus complète. Seulement, lorsque le viatique lui eut été administré, lorsque la béatitude éternelle lui eut été promise par la bouche consolatrice du prêtre, ses lèvres de marbre parurent s'animer, et elle murmura d'une voix faible, mais intelligible :

— Ainsi soit-il.

Alors, la sonnette tinta de nouveau ; l'enfant de chœur qui la portait sortit le premier, puis les deux clercs qui portaient les cierges, puis celui qui portait la croix ; — puis enfin le prêtre, qui portait Dieu.

Tous les étrangers suivirent le cortége; les personnes de la maison et les membres de la famille restèrent seuls.

La maison, un instant auparavant pleine de bruit et de monde, resta silencieuse et presque déserte.

La mourante n'avait pas bougé : ses lèvres s'étaient refermées, ses mains étaient restées jointes, ses yeux levés au ciel.

Au bout de quelques minutes, Roland se pencha à l'oreille de madame de Montrevel, et lui dit à voix basse :

— Venez, ma mère, j'ai à vous parler.

Madame de Montrevel se leva; elle poussa le petit Édouard vers le lit de sa sœur; l'enfant se dressa sur la pointe des pieds, et baisa Amélie au front.

Puis madame de Montrevel vint après lui, s'inclina sur sa fille, et, tout en sanglotant, déposa un baiser à la même place.

Roland vint à son tour, le cœur brisé, mais les yeux secs; il eût donné bien des choses pour verser les larmes qui noyaient son cœur.

Il embrassa Amélie comme avaient fait son frère et sa mère.

Amélie parut aussi insensible à ce baiser qu'elle l'avait été aux deux précédents.

L'enfant marchant le premier, madame de Montrevel et Roland, suivant Édouard, s'avancèrent donc vers la porte.

Au moment d'en franchir le seuil, tous trois s'arrêtèrent en tressaillant.

Ils avaient entendu le nom de Roland distinctement prononcé.

Roland se retourna.

Amélie une seconde fois prononça le nom de son frère.

— M'appelles-tu, Amélie? demanda Roland.

— Oui, répondit la voix de la mourante.

— Seul, ou avec ma mère?

— Seul.

Cette voix, sans accentuation, mais cependant parfaitement intelligible, avait quelque chose de glacé; elle semblait un écho d'un autre monde.

— Allez, ma mère, dit Roland; vous voyez que c'est à moi seul que veut parler Amélie.

— Oh! mon Dieu! murmura madame de Montrevel, resterait-il un dernier espoir !

Si bas que ces mots eussent été prononcés, la mourante les entendit.

— Non, ma mère, dit-elle; Dieu a permis que je revisse mon frère; mais, cette nuit, je serai près de Dieu.

Madame de Montrevel poussa un gémissement profond.

— Roland! Roland! fit-elle, ne dirait-on point qu'elle y est déjà?

Roland lui fit signe de le laisser seul; madame de Montrevel s'éloigna avec le petit Édouard.

Roland rentra, referma la porte, et, avec une indicible émotion, revint au chevet du lit d'Amélie.

Tout le corps était déjà en proie à ce qu'on appelle la roideur cadavérique, le souffle eût à peine terni une glace, tant il était faible; les yeux seuls, démesurément ouverts, étaient fixes et brillants, comme si tout ce qui restait d'existence dans ce corps condamné avant l'âge s'était concentré en eux.

Roland avait entendu parler de cet état étrange que l'on nomme l'extase, et qui n'est rien autre chose que la catalepsie.

Il comprit qu'Amélie était en proie à cette mort anticipée.

— Me voilà, ma sœur, dit-il; que me veux-tu?

— Je savais que tu allais arriver, répondit la jeune fille toujours immobile, et j'attendais.

— Comment savais-tu que j'allais arriver? demanda Roland.

— Je te voyais venir.

Roland frissonna.

— Et, demanda-t-il, savais-tu pourquoi je venais?

— Oui; aussi j'ai tant prié Dieu du fond de mon cœur, qu'il a permis que je me levasse et que j'écrivisse.

— Quand cela?

— La nuit dernière.

— Et la lettre?

— Elle est sous mon oreiller, prends-la et lis.

Roland hésita un instant ; sa sœur n'était-elle point en proie au délire ?

— Pauvre Amélie ! murmura Roland.

— Il ne faut pas me plaindre, dit la jeune fille, je vais le rejoindre.

— Qui cela ? demanda Roland.

— Celui que j'aimais et que tu as tué.

Roland poussa un cri : c'était bien du délire, de qui sa sœur voulait-elle parler ?

— Amélie, dit-il, j'étais venu pour t'interroger.

— Sur lord Tanlay, je le sais, répondit la jeune fille.

— Tu le sais ! et comment cela ?

— Ne t'ai-je pas dit que je t'avais vu venir et que je savais pourquoi tu venais ?

— Alors, réponds-moi.

— Ne me détourne pas de Dieu et de lui, Roland ; je t'ai écrit, lis ma lettre.

Roland passa sa main sous l'oreiller, convaincu que sa sœur était en délire.

A son grand étonnement, il sentit un papier qu'il tira à lui.

C'était une lettre sous enveloppe ; sur l'enveloppe étaient écrits ces quelques mots :

« Pour Roland, qui arrive demain. »

Il s'approcha de la veilleuse, afin de lire plus facilement.

La lettre était datée de la veille à onze heures du soir.

Roland lut :

« Mon frère, nous avons chacun une chose terrible à nous pardonner... »

Roland regarda sa sœur, elle était toujours immobile.

Il continua :

« J'aimais Charles de Sainte-Hermine ; je faisais plus que de l'aimer : il était mon amant... »

— Oh ! murmura le jeune homme entre ses dents, il mourra !

— Il est mort, dit Amélie.

Roland jeta un cri d'étonnement ; il avait dit si bas les paroles auxquelles répondait Amélie, qu'à peine les avait-il entendues lui-même.

Ses yeux se reportèrent sur la lettre.

« Il n'y avait aucune union possible entre la sœur de Roland de Montrevel et le chef des compagnons de Jéhu ; là était le secret terrible que je ne pouvais pas dire et qui me dévorait.

» Une seule personne devait le savoir et l'a su ; cette personne, c'est sir John Tanlay.

» Dieu bénisse l'homme au cœur loyal qui m'avait promis de rompre un mariage impossible et qui a tenu parole.

» Que la vie de lord Tanlay te soit sacrée, ô Roland ! c'est le seul ami que j'aie eu dans ma douleur, le seul homme dont les larmes se soient mêlées aux miennes.

» J'aimais Charles de Sainte-Hermine, j'étais la maîtresse de Charles : voilà la chose terrible que tu as à me pardonner.

» Mais en échange, c'est toi qui es cause de sa mort : voilà la chose terrible que je te pardonne.

» Et maintenant arrive vite, ô Roland, puisque je ne dois mourir que quand tu seras arrivé.

» Mourir, c'est le revoir ; mourir, c'est le rejoindre pour ne le quitter jamais ; je suis heureuse de mourir. »

Tout était clair et précis, il était évident qu'il n'y avait pas dans cette lettre trace de délire.

Roland la relut deux fois et resta un instant immobile, muet, haletant, plein d'anxiété ; mais, enfin, la pitié l'emporta sur la colère.

Il s'approcha d'Amélie, étendit la main sur elle, et d'une voix douce :

— Ma sœur, dit-il, je te pardonne.

Un léger tressaillement agita le corps de la mourante.

— Et maintenant, dit-elle, appelle notre mère ; c'est dans ses bras que je dois mourir.

Roland alla à la porte et appela madame de Montrevel.

Sa chambre était ouverte ; elle attendait évidemment, et accourut.

— Qu'y a-t-il de nouveau ? s'informat-elle vivement.

— Rien, répondit Roland, sinon qu'Amélie demande à mourir dans vos bras.

Madame de Montrevel entra et alla tomber à genoux devant le lit de sa fille.

Elle, alors, comme si un bras invisible avait détaché les liens qui semblaient la retenir sur sa couche d'agonie, se souleva lentement, détachant les mains de dessus sa poitrine et laissant glisser une de ses mains dans celle de sa mère :

— Ma mère, dit-elle, vous m'avez donné la vie, vous me l'avez ôtée, soyez bénie ; c'était ce que vous pouviez faire de plus maternel pour moi, puisqu'il n'y avait plus pour votre fille de bonheur possible en ce monde.

Puis, comme Roland était allé s'agenouiller de l'autre côté du lit, laissant, comme elle avait fait pour sa mère, tomber sa seconde main dans la sienne :

— Nous nous sommes pardonné tous deux, frère, dit-elle.

— Oui, pauvre Amélie, répondit Roland, et, je l'espère, du plus profond de notre cœur.

— Je n'ai plus qu'une dernière recommandation à te faire.

— Laquelle ?

— N'oublie pas que lord Tanlay a été mon meilleur ami.

— Sois tranquille, dit Roland, la vie de lord Tanlay m'est sacrée.

Amélie respira.

Puis, d'une voix dans laquelle il était impossible de reconnaître une autre altération qu'une faiblesse croissante :

— Adieu, Roland ! dit-elle, adieu, ma mère ! vous embrasserez Édouard pour moi.

Puis, avec un cri sorti du cœur et dans lequel il y avait plus de joie que de tristesse :

— Me voilà, Charles, dit-elle, me voilà.

Et elle retomba sur son lit, retirant à elle, dans le mouvement qu'elle faisait, ses deux mains, qui allèrent se rejoindre sur sa poitrine.

Roland et madame de Montrevel se relevèrent et s'inclinèrent sur elle chacun de son côté.

Elle avait repris sa position première ; seulement, ses paupières s'étaient refermées, et le faible souffle qui sortait de sa poitrine s'était éteint.

Le martyre était consommé, Amélie était morte.

LV

L'INVULNÉRABLE

Amélie était morte dans la nuit du lundi au mardi, c'est-à-dire du 2 au 3 juin 1800.

Dans la soirée du jeudi, c'est-à-dire du 5, il y avait foule au grand Opéra, où l'on donnait la seconde représentation d'*Ossian, ou les Bardes*.

On savait l'admiration profonde que le premier consul professait pour les chants recueillis par Macpherson, et par flatterie autant que par choix littéraire, l'Académie nationale de musique avait commandé un opéra qui, malgré les diligences faites, était arrivé un mois environ après que le général Bonaparte avait quitté Paris pour aller rejoindre l'armée de réserve.

Au balcon de gauche, un amateur de musique se faisait remarquer par la profonde attention qu'il prêtait au spectacle, lorsque, dans l'intervalle du premier au second acte, l'ouvreuse, se glissant entre les deux rangs de fauteuils, s'approcha de lui et demanda à demi-voix :

— Pardon, monsieur, n'êtes-vous point lord Tanlay ?

— Oui, répondit l'amateur de musique.

— En ce cas, milord, un jeune homme qui aurait, dit-il, une communication de la plus haute importance à vous faire, vous prie d'être assez bon pour venir le joindre dans le corridor.

— Oh ! oh ! fit sir John ; un officier ?

— Il est en bourgeois, milord ; mais, en effet, sa tournure indique un militaire.

— Bon! dit sir John, je sais ce que c'est.

Il se leva et suivit l'ouvreuse.

A l'entrée du corridor attendait Roland.

Lord Tanlay ne parut aucunement étonné de le voir ; seulement la figure sévère du jeune homme réprima en lui ce premier élan de l'amitié profonde qui l'eût porté à se jeter au cou de celui qui le faisait demander.

— Me voici, monsieur, dit sir John.

Roland s'inclina.

— Je viens de votre hôtel, milord, dit Roland, vous avez, à ce qu'il paraît, pris depuis quelque temps la précaution de dire au concierge où vous allez, afin que les personnes qui pourraient avoir affaire à vous sachent où vous rencontrer.

— C'est vrai, monsieur.

— La précaution est bonne, surtout pour les gens qui, venant de loin et étant pressés, n'ont, comme moi, pas le loisir de perdre leur temps.

— Alors, demanda sir John, c'est pour me revoir que vous avez quitté l'armée, et que vous êtes venu à Paris ?

— Uniquement pour avoir cet honneur, milord ; et j'espère que vous devinerez la cause de mon empressement, et m'épargnerez toute explication.

— Monsieur, dit sir John, à partir de ce moment, je me tiens à votre disposition.

— A quelle heure deux de mes amis pourront-ils se présenter chez vous demain, milord ?

— Mais depuis sept heures du matin jusqu'à minuit, monsieur ; à moins que vous n'aimiez mieux que ce soit tout de suite ?

— Non, milord ; j'arrive à l'instant même, et il me faut le temps de trouver ces deux amis et de leur donner mes instructions. Ils ne vous dérangeront donc, selon toute probabilité, que demain de onze heures à midi ; seulement, je vous serais bien obligé si l'affaire que nous avons à régler par leur intermédiaire pouvait se régler dans la même journée.

— Je crois la chose possible, monsieur, et, du moment où il s'agit de satisfaire votre désir, le retard ne viendra pas de mon côté.

— Voilà tout ce que je désirais savoir, milord ; je serais donc désolé de vous déranger plus longtemps.

Et Roland salua.

Sir John lui rendit son salut ; et, tandis que le jeune homme s'éloignait, il rentra au balcon et alla reprendre sa place.

Toutes les paroles échangées l'avaient été, de part et d'autre, d'une voix si contenue et avec un visage si impassible, que les personnes les plus proches ne pouvaient pas même se douter qu'il y eût eu la moindre discussion entre deux interlocuteurs qui venaient de se saluer si courtoisement.

C'était le jour de réception du ministre de la guerre ; Roland rentra à son hôtel, fit disparaître jusqu'à la dernière trace du voyage qu'il venait de faire, monta en voiture, et, à dix heures moins quelques minutes, put encore se faire annoncer chez le citoyen Carnot.

Deux motifs l'y conduisaient : le premier était une communication verbale qu'il avait à faire au ministre de la guerre de la part du premier consul ; le second, l'espoir de trouver dans son salon les deux témoins dont il avait besoin pour régler sa rencontre avec sir John.

Tout se passa comme Roland l'avait espéré ; le ministre de la guerre eut par lui les détails les plus précis sur le passage du Saint-Bernard et la situation de l'armée, et il trouva dans les salons ministériels les deux amis qu'il y venait chercher.

Quelques mots suffirent pour les mettre au courant ; les militaires, d'ailleurs, sont coulants sur ces sortes de confidences.

Roland parla d'une insulte grave qui demeurerait secrète, même pour ceux qui devaient assister à son expiation. Il déclara être l'offensé et réclama pour lui, dans le choix des armes et le mode de combat, tous les avantages réservés aux offensés.

Les deux jeunes gens avaient mission de se présenter le lendemain, à neuf heures du matin, à l'hôtel Mirabeau, rue de Richelieu, et de s'entendre avec les deux témoins de lord Tanlay; après quoi, ils viendraient rejoindre Roland, hôtel de Paris, même rue.

Roland rentra chez lui à onze heures, écrivit pendant une heure à peu près, se coucha et s'endormit.

A neuf heures et demie, ses deux amis se présentèrent chez lui.

Ils quittaient sir John.

Sir John avait reconnu tous les droits de Roland, leur avait déclaré qu'il ne discuterait aucune des conditions du combat, et que, du moment où Roland se prétendait l'offensé, c'était à lui de dicter les conditions.

Sur l'observation faite par eux, qu'ils avaient cru avoir affaire à deux de ses amis et non à lui-même, lord Tanlay avait répondu qu'il ne connaissait aucune personne assez intimement à Paris pour la mettre dans la confidence d'une pareille affaire, qu'il espérait donc qu'arrivé sur le terrain un des deux amis de Roland passerait de son côté et l'assisterait. Enfin, sur tous les points, ils avaient trouvé lord Tanlay un parfait gentleman.

Roland déclara que la demande de son adversaire, à l'endroit d'un de ses témoins, était non-seulement juste, mais convenable, et autorisa l'un des deux jeunes gens à assister sir John et à prendre ses intérêts.

Restait, de la part de Roland, à dicter les conditions du combat.

On se battrait au pistolet.

Les deux pistolets chargés, les adversaires se placeraient à cinq pas. Au troisième coup frappé dans les mains des témoins, ils feraient feu.

C'était, comme on le voit, un duel à mort, où celui qui ne tuerait pas ferait évidemment grâce à son adversaire.

Aussi, les deux jeunes gens multiplièrent-ils les observations; mais Roland insista, déclarant que, seul juge de la gravité de l'offense qui lui avait été faite, il la jugeait assez grave pour que la réparation eût lieu ainsi et pas autrement.

Il fallut céder devant cette obstination.

Celui des deux amis de Roland qui devait assister sir John fit toutes ses réserves, déclarant qu'il ne s'engageait nullement pour son client, et qu'à moins d'ordre absolu de sa part, il ne permettrait jamais un pareil égorgement.

— Ne vous échauffez pas, cher ami, lui dit Roland; je connais sir John, et je crois qu'il sera plus coulant que vous.

Les deux jeunes gens sortirent et se présentèrent de nouveau chez sir John.

Ils le trouvèrent déjeunant à l'anglaise, c'est-à-dire avec un bifteck, des pommes de terre et du thé.

Celui-ci, à leur aspect, se leva, leur offrit de partager son repas, et, sur leur refus, se mit à leur disposition.

Les deux amis de Roland commencèrent par annoncer à lord Tanlay qu'il pouvait compter sur l'un d'eux pour l'assister.

Puis celui qui restait dans les intérêts de Roland établit les conditions de la rencontre.

A chaque exigence de Roland, sir John inclinait la tête en signe d'assentiment, et se contentait de répondre :

— Très-bien.

Celui des deux jeunes gens qui était chargé de prendre ses intérêts voulut faire quelques observations sur un mode de combat qui devait, à moins d'un hasard impossible, amener à la fois la mort des deux combattants; mais lord Tanlay le pria de ne pas insister.

— M. de Montrevel est galant homme, dit-il; je désire ne le contrarier en rien; ce qu'il fera sera bien fait.

Restait l'heure à laquelle on se rencontrerait.

Sur ce point comme sur les autres, lord Tanlay se mettait entièrement à la disposition de Roland.

Les deux témoins quittèrent sir John encore plus enchantés de lui à cette seconde entrevue qu'à la première.

Roland les attendait; ils lui racontèrent tout.

— Que vous avais-je dit? fit Roland.

Ils lui demandèrent l'heure et le lieu : Roland fixa sept heures du soir et l'allée de la Muette; c'était l'heure où le bois était à peu près désert et le jour serait encore assez clair — on se rappelle que l'on était au mois de juin — pour que deux adversaires pussent se battre à quelque arme que ce fût.

Personne n'avait parlé des pistolets : les deux jeunes gens offrirent à Roland d'en prendre chez un armurier.

— Non, dit Roland; lord Tanlay a une paire d'excellents pistolets dont je me suis déjà servi; s'il n'a pas de répugnance à se battre avec ses pistolets, je les préfère à tous les autres.

Celui des deux jeunes gens qui devait servir de témoin à sir John alla retrouver son client et lui posa les trois dernières questions, à savoir : si l'heure et le lieu de la rencontre lui convenaient, et s'il voulait que ses pistolets servissent au combat.

Lord Tanlay répondit en réglant sa montre sur celle de son témoin et en lui remettant la boîte de pistolets.

— Viendrai-je vous prendre, milord ? demanda le jeune homme.

Sir John sourit avec mélancolie.

— Inutile, dit-il ; vous êtes l'ami de M. de Montrevel, la route vous sera plus agréable avec lui qu'avec moi, allez donc avec lui ; j'irai à cheval avec mon domestique, et vous me trouverez au rendez-vous.

Le jeune officier rapporta cette réponse à Roland.

— Que vous avais-je dit? fit celui-ci.

Il était midi ; on avait sept heures devant soi ; Roland donna à ses deux amis congé d'aller à leurs plaisirs ou à leurs affaires.

A six heures et demie précises, ils devaient être à la porte de Roland avec trois chevaux et deux domestiques.

Il importait, pour ne point être dérangé, de donner à tous les apprêts du duel les apparences d'une promenade.

A six heures et demie sonnantes, le garçon de l'hôtel prévenait Roland qu'il était attendu à la porte de la rue.

C'étaient les deux témoins et les deux domestiques ; un de ces derniers tenait en bride un cheval de main.

Roland fit un signe affectueux aux deux officiers et sauta en selle.

Puis, par les boulevards, on gagna la place Louis XV et les Champs-Élysées.

Pendant la route, cet étrange phénomène qui avait tant étonné sir John lors du duel de Roland avec M. de Barjols se reproduisit.

Roland fut d'une gaieté que l'on eût pu croire exagérée, si, évidemment, elle n'eût été si franche.

Les deux jeunes gens qui se connaissaient en courage, restaient étourdis devant une pareille insouciance. Ils l'eussent comprise dans un duel ordinaire, où le sang-froid et l'adresse donnent l'espoir, à l'homme qui les possède, de l'emporter sur son adversaire ; mais, dans un combat comme celui au-devant duquel on allait, il n'y avait ni adresse ni sang-froid qui pussent sauver les combattants, sinon de la mort, du moins de quelque effroyable blessure.

En outre, Roland poussait son cheval en homme qui a hâte d'arriver, de sorte que, cinq minutes avant l'heure fixée, il était à l'une des extrémités de l'allée de la Muette.

Un homme se promenait dans cette allée.

Roland reconnut sir John.

Les deux jeunes gens examinèrent d'un même mouvement la physionomie de Roland à la vue de son adversaire.

A leur grand étonnement, la seule expression qui se manifesta sur le visage du jeune homme fut celle d'une bienveillance presque tendre.

Un temps de galop suffit pour que les quatre principaux acteurs de la scène qui allait se passer se joignissent et se saluassent.

Sir John était parfaitement calme, mais son visage avait une teinte profonde de mélancolie.

Il était évident que cette rencontre lui était aussi douloureuse qu'elle paraissait agréable à Roland.

On mit pied à terre; un des deux témoins prit la boîte aux pistolets des mains d'un des domestiques, auxquels il ordonna de continuer de suivre l'allée comme s'ils promenaient les chevaux de leurs maîtres. Ils ne devaient se rapprocher qu'au bruit des coups de pistolet. Le groom de sir John devait se joindre à eux et faire ainsi qu'eux.

Les deux adversaires et les deux témoins entrèrent dans le bois, s'enfonçant au plus épais du taillis, pour trouver une place convenable.

Au reste, comme l'avait prévu Roland, le bois était désert; l'heure du dîner avait ramené chez eux les promeneurs.

On trouva une espèce de clairière qui semblait faite exprès pour la circonstance.

Les témoins regardèrent Roland et sir John.

Ceux-ci firent de la tête un signe d'assentiment.

— Rien n'est changé? demanda un des témoins s'adressant à lord Tanlay.

— Demandez à M. de Montrevel, dit lord Tanlay; je suis ici sous son entière dépendance.

— Rien, fit Roland.

On tira les pistolets de la boîte, et on commença à les charger.

Sir John se tenait à l'écart, fouillant les hautes herbes du bout de sa cravache.

Roland le regarda, sembla hésiter un instant; puis, prenant sa résolution, marcha à lui. Sir John releva la tête et attendit avec une espérance visible.

— Milord, lui dit Roland, je puis avoir à me plaindre de vous sous certains rapports, mais je ne vous en crois pas moins homme de parole.

— Et vous avez raison, monsieur, répondit sir John.

— Êtes-vous homme, si vous me survivez, à me tenir ici la promesse que vous m'aviez faite à Avignon?

— Il n'y a pas de probabilité que je vous survive, monsieur, répondit lord Tanlay; mais vous pouvez disposer de moi tant qu'il me restera un souffle de vie.

— Il s'agit des dernières dispositions à prendre à l'endroit de mon corps.

— Seraient-elles les mêmes ici qu'à Avignon?

— Elles seraient les mêmes, milord.

— Bien... Vous pouvez être parfaitement tranquille.

Roland salua sir John et revint à ses deux amis.

— Avez-vous, en cas de malheur, quelque recommandation particulière à nous faire? demanda l'un d'eux.

— Une seule.

— Faites.

— Vous ne vous opposerez en rien à ce que milord Tanlay décidera de mon corps et de mes funérailles. Au reste, voici dans ma main gauche un billet qui lui est destiné au cas où je serais tué sans avoir le temps de prononcer quelques paroles; vous ouvririez ma main et lui remettriez le billet.

— Est-ce tout?

— C'est tout.

— Les pistolets sont chargés.

— Eh bien, prévenez-en lord Tanlay.

Un des jeunes gens se détacha et marcha vers sir John.

L'autre mesura cinq pas.

Roland vit que la distance était plus grande qu'il ne croyait.

— Pardon, fit-il, j'ai dit trois pas.

— Cinq, répondit l'officier qui mesurait la distance.

— Du tout, cher ami, vous êtes dans l'erreur.

Il se retourna vers sir John et son témoin en les interrogeant du regard.

— Trois pas vont très-bien, répondit sir John en s'inclinant.

Il n'y avait rien à dire puisque les deux adversaires étaient du même avis.

On réduisit les cinq pas à trois.

Puis on coucha à terre deux sabres pour servir de limite.

Sir John et Roland s'approchèrent chacun de son côté, jusqu'à ce qu'ils eussent la pointe de leur botte sur la lame du sabre.

Alors, on leur mit à chacun un pistolet tout chargé dans la main.

Ils se saluèrent pour dire qu'ils étaient prêts.

Les témoins s'éloignèrent; ils devaient frapper trois coups dans les mains.

Au premier coup, les adversaires armaient leurs pistolets; au second, ils ajustaient; au troisième, ils lâchaient le coup.

Les trois battements de mains retentirent à une distance égale au milieu du plus profond silence; on eût dit que le vent lui-même se taisait, que les feuilles elles-mêmes étaient muettes.

Les adversaires étaient calmes; mais une angoisse visible se peignait sur le visage des deux témoins.

Au troisième coup, les deux détonations retentirent avec une telle simultanéité, qu'elles n'en firent qu'une.

Mais, au grand étonnement des témoins, les deux combattants restèrent debout.

Au moment de tirer, Roland avait détourné son pistolet en l'abaissant vers la terre.

Lord Tanlay avait levé le sien et coupé une branche derrière Roland, à trois pieds au-dessus de sa tête.

Chacun des combattants était évidemment étonné d'une chose: c'était d'être encore vivant, ayant épargné son adversaire.

Roland fut le premier qui reprit la parole:

— Milord! s'écria-t-il, ma sœur me l'avait bien dit que vous étiez l'homme le plus généreux de la terre.

Et, jetant son pistolet loin de lui, il tendit les bras à sir John.

Sir John s'y précipita.

— Ah! je comprends, dit-il: cette fois encore, vous vouliez mourir; mais, par bonheur, Dieu n'a pas permis que je fusse votre meurtrier!

Les deux témoins s'approchèrent.

— Qu'y a-t-il donc? demandèrent-ils.

— Rien, fit Roland, sinon que, décidé à mourir, je voulais du moins mourir de la main de l'homme que j'aime le mieux au monde; par malheur, vous l'avez vu, il préférait mourir lui-même plutôt que de me tuer. Allons, ajouta Roland d'une voix sourde, je vois bien que c'est une besogne qu'il faut réserver aux Autrichiens.

Puis, se jetant encore une fois dans les bras de lord Tanlay, et serrant la main de ses deux amis:

— Excusez-moi, messieurs, dit-il; mais le premier consul va livrer une grande bataille en Italie, et je n'ai pas de temps à perdre si je veux en être.

Et, laissant sir John donner aux officiers les explications que ceux-ci jugeaient convenable de lui demander, Roland regagna l'allée, sauta sur son cheval et retourna vers Paris au galop.

Toujours possédé de cette fatale manie de la mort, nous avons dit quel était son dernier espoir.

LVI

CONCLUSION

Cependant l'armée française avait continué sa marche, et, le 2 juin, elle était entrée à Milan.

Il y avait eu peu de résistance: le fort de Milan avait été bloqué. Murat, envoyé à Plaisance, s'en était emparé sans coup férir. Enfin, Lannes avait battu le général Ott à Montebello.

Ainsi placé, on se trouvait sur les derrières de l'armée autrichienne, sans que celle-ci s'en doutât.

Dans la nuit du 8 juin était arrivé un courrier de Murat, qui, ainsi que nous venons de le dire, occupait Plaisance; Murat avait intercepté une dépêche du général Mélas et l'envoyait au premier consul.

Cette dépêche annonçait la capitulation de Gênes: Masséna, après avoir mangé les chevaux, les chiens, les chats, les rats, avait été forcé de se rendre.

Mélas, au reste, traitait l'armée de réserve avec le plus profond dédain; il parlait de la présence de Bonaparte en Italie comme d'une fable, et savait de source certaine que le premier consul était toujours à Paris.

C'étaient là des nouvelles qu'il fallait communiquer sans retard à Bonaparte, la reddition de Gênes les rangeant dans la catégorie des mauvaises.

En conséquence, Bourrienne réveilla le général à trois heures du matin et lui traduisit la dépêche.

Le premier mot de Bonaparte fut :

— Bourrienne, vous ne savez pas l'allemand!

Mais Bourrienne recommença la traduction mot à mot.

Après cette seconde lecture, le général se leva, fit réveiller tout le monde, donna ses ordres, puis se recoucha et se rendormit.

Le même jour, il quitta Milan, établit son quartier général à la Stradella, y resta jusqu'au 12 juin, en partit le 13, et marchant sur la Scrivia, traversa Montebello, où il vit le champ de bataille tout saignant et tout déchiré encore de la victoire de Lannes. La trace de la mort était partout ; l'église regorgeait de morts et de blessés.

— Diable! fit le premier consul en s'adressant au vainqueur, il paraît qu'il a fait chaud, ici !

— Si chaud, général, que les os craquaient dans ma division comme la grêle qui tombe sur les vitrages.

Le 11 juin, pendant que le général était à la Stradella, Desaix l'y avait rejoint.

Libre en vertu de la capitulation d'Él-Arich, il était arrivé à Toulon le 6 mai, c'est-à-dire le jour même où Bonaparte était parti de Paris.

Au pied du Saint-Bernard, le premier consul avait reçu une lettre de Desaix, lui demandant s'il devait partir pour Paris ou rejoindre l'armée.

— Ah bien oui, partir pour Paris ! avait répondu Bonaparte ; écrivez-lui de nous rejoindre en Italie partout où nous serons, au quartier général.

Bourrienne avait écrit, et, comme nous l'avons dit, Desaix était arrivé le 12 juin à la Stradella.

Le premier consul l'avait reçu avec une double joie : d'abord, il retrouvait un homme sans ambition, un officier intelligent, un ami dévoué ; ensuite, Desaix arrivait juste pour remplacer dans le commandement de sa division, Boudet, qui venait d'être tué.

Sur un faux rapport du général Gardanne, le premier consul avait cru que l'ennemi refusait la bataille et se retirait sur Gênes ; il envoya Desaix et sa division sur la route de Novi pour lui couper la retraite.

La nuit du 13 au 14 s'était passée le plus tranquillement du monde. Il y avait eu, la veille, malgé un orage terrible, un engagement dans lequel les Autrichiens avaient été battus. On eût dit que la nature et les hommes étaient fatigués et se reposaient.

Bonaparte était tranquille ; un seul pont existait sur la Bormida, et on lui avait affirmé que ce pont était coupé.

Des avant-postes avaient été placés aussi loin que possible du côté de la Bormida, et ils étaient éclairés eux-mêmes par des groupes de quatre hommes.

Toute la nuit fut occupée par l'ennemi à passer la rivière.

A deux heures du matin, deux des groupes de quatre hommes furent surpris ; sept hommes furent égorgés ; le huitième s'échappa et vint, en criant : « Aux armes ! » donner dans l'un des avant-postes.

A l'instant même un courrier fut expédié au premier consul, qui avait couché à Torre-di-Garofolo.

Mais, en attendant les ordres qui allaient arriver, la générale battit sur toute la ligne.

Il faut avoir assisté à une pareille scène pour se faire une idée de l'effet que produit sur une armée endormie, le tambour appelant le soldat aux armes, à trois heures du matin.

C'est le frisson pour les plus braves.

Les soldats s'étaient couchés tout habillés ; chacun se leva, courut aux faisceaux, sauta sur son arme.

Les lignes se formèrent dans la vaste plaine de Marengo ; le bruit du tambour s'étendait comme une longue traînée de poudre, et, dans la demi-obscurité, on voyait courir et s'agiter l'avant-garde.

Quand le jour se leva, nos troupes occupaient les positions suivantes :

La division Gardanne et la division Chamberlhac, formant l'extrême avant-garde, étaient campées à la cassine de Petra-Bona, c'est-à-dire dans l'angle que fait, avec la route de Marengo à Tortone, la Bormida traversant cette route pour aller se jeter dans le Tanaro.

Le corps du général Lannes était en avant du village de San-Giuliano, le même que le premier consul avait montré, trois mois auparavant, sur la carte, à Roland, en lui disant que là se déciderait le sort de la prochaine campagne.

La garde des consuls était placée en arrière des troupes du général Lannes, à une distance de cinq cents toises environ.

La brigade de cavalerie aux ordres du général Kellermann et quelques escadrons de hussards et de chasseurs formaient la gauche et remplissaient sur la première ligne les intervalles des divisions Gardanne et Chamberlhac.

Une seconde brigade de cavalerie, commandée par le général Champeaux, formait la droite et remplissait, sur la seconde ligne, les intervalles de la cavalerie du général Lannes.

Enfin, le 12ᵉ régiment de hussards et le 21ᵉ régiment de chasseurs, détachés par Murat sous les ordres du général Rivaud, occupaient le débouché de Salo situé à l'extrême droite de la position générale.

Tout cela pouvait former vingt-cinq ou vingt-six mille hommes sans compter les divisions Monnier et Boudet, dix mille hommes à peu près, commandées par Desaix et détachées de l'armée pour aller couper la retraite à l'ennemi sur la route de Gênes.

Seulement, au lieu de battre en retraite, l'ennemi attaquait.

En effet, le 13, dans la journée, le général Mélas, général en chef de l'armée autrichienne, avait achevé de réunir les troupes des généraux Haddick, Kaim et Ott, avait passé le Tanaro, et était venu camper en avant d'Alexandrie avec trente-six mille hommes d'infanterie, sept mille de cavalerie et une artillerie nombreuse, bien servie et bien attelée.

A quatre heures du matin, la fusillade s'engageait sur la droite, et le général Victor assignait à chacun sa ligne de bataille.

A cinq heures, Bonaparte fut réveillé par le bruit du canon.

Au moment où il s'habillait à la hâte, un aide de camp de Victor accourut lui annoncer que l'ennemi avait passé la Bormida et que l'on se battait sur toute la ligne.

Le premier consul se fit amener son cheval, sauta dessus, s'élança au galop vers l'endroit où la bataille était engagée.

Du sommet d'un monticule, il vit la position des deux armées.

L'ennemi était formé sur trois colonnes ; celle de gauche, composée de toute la cavalerie et de l'infanterie légère, se dirigeait vers Castel-Ceriolo par le chemin de Salo, en même temps que les colonnes du centre et de la droite, appuyées l'une à l'autre, et comprenant les corps d'infanterie des généraux Haddick, Kaim et O'Reilly et la réserve des grenadiers aux ordres du général Ott, s'avançaient par la route de Tortone en remontant la Bormida.

A leurs premiers pas au delà de la rivière, ces deux dernières colonnes étaient venues se heurter aux troupes du général Gardanne, postées, comme nous l'avons dit, à la ferme et sur le ravin de Petra-Bona ; c'était le bruit de l'artillerie marchant devant elles qui attirait Bonaparte sur le champ de bataille.

Il arriva juste au moment où la division Gardanne, écrasée par le feu de cette artillerie, commençait à se replier, et où le général Victor faisait avancer à son secours la division Chamberlhac.

Soutenues par ce mouvement, les troupes de Gardanne opéraient leur retraite en bon ordre et couvraient le village de Marengo.

La situation était grave ; toutes les combinaisons du général en chef étaient renversées. Au lieu d'attaquer, selon son habitude, avec des forces savamment massées, il se voyait attaqué lui-même avant d'avoir pu concentrer ses troupes.

Profitant du terrain qui s'élargissait devant eux, les Autrichiens cessaient de marcher en colonnes et se déployaient en lignes parallèles à celles des généraux Gardanne et Chamberlhac ; seulement, ils étaient deux contre un.

La première des lignes ennemies était commandée par le général Haddick ; la seconde, par le général Mélas ; la troisième, par le général Ott.

A une très-petite distance en avant de la Bormida, il existe un ruisseau appelé le Fontanone ; ce ruisseau coule dans un ravin profond, qui forme un demi-cercle autour du village de Marengo et le défend.

Le général Victor avait déjà vu le parti que l'on pouvait tirer de ce retranchement naturel, et s'en était servi pour rallier les divisions Gardanne et Chamberlhac.

Bonaparte approuvant les dispositions de Victor, lui envoya l'ordre de défendre Marengo jusqu'à la dernière extrémité : il lui fallait à lui le temps de reconnaître son jeu sur ce grand échiquier enfermé entre la Bormida, le Fontanone et Marengo.

La première mesure à prendre était de rappeler le corps de Desaix, en marche, comme nous l'avons dit, pour couper la route de Gênes.

Bonaparte expédia deux ou trois aides de camp en leur ordonnant de ne s'arrêter que lorsqu'ils auraient rejoint ce corps.

Puis il attendit, comprenant qu'il n'y avait rien à faire qu'à battre en retraite le plus régulièrement possible, jusqu'au moment où une masse compacte lui permettrait non-seulement d'arrêter le mouvement rétrograde, mais encore de marcher en avant.

Seulement, l'attente était terrible.

Au bout d'un instant, l'action s'était réengagée sur toute la ligne. Les Autrichiens étaient parvenus au bord du Fontanone, dont les Français tenaient l'autre rive ; on se fusillait de chaque côté du ravin ; on s'envoyait et se renvoyait la mitraille à portée de pistolet.

Protégé par une artillerie terrible, l'ennemi, supérieur en nombre, n'a qu'à s'étendre pour nous déborder.

Le général Rivaud, de la division Gardanne, le voit qui s'apprête à opérer ce mouvement.

Il se porte hors du village de Marengo, place un bataillon en rase campagne, lui ordonne de se faire tuer sans reculer d'un pas ; puis, tandis que ce bataillon sert de point de mire à l'artillerie ennemie, il forme sa cavalerie en colonne, tourne le bataillon, tombe sur trois mille Autrichiens qui s'avancent au pas de charge, les repousse, les met en désordre, et tout blessé qu'il est, par un biscaïen, les force à aller se reformer derrière leur ligne.

Après quoi, il vient se replacer à la droite du bataillon qui n'a pas bougé d'un pas.

Mais, pendant ce temps, la division Gardanne, qui depuis le matin lutte contre l'ennemi, est rejetée dans Marengo, où la suit la première ligne des Autrichiens, dont la première ligne force bientôt la division Chamberlhac à se replier en arrière du village.

Là, un aide de camp du général en chef ordonne aux deux divisions de se rallier, et coûte que coûte, de reprendre Marengo.

Le général Victor les reforme, se met à leur tête, pénètre dans les rues que les Autrichiens n'ont pas eu le temps de barricader, reprend le village, le reperd, le reprend encore ; puis, enfin, écrasé par le nombre, le reperd une dernière fois.

Il est vrai qu'il est onze heures du matin, et qu'à cette heure, Desaix, rejoint par les aides de camp de Bonaparte, doit marcher au canon.

Cependant, les deux divisions de Lannes sont arrivées au secours des divisions engagées ; ce renfort aide Gardanne et

Chamberlhac à reformer leurs lignes parallèlement à l'ennemi, qui débouche à la fois par Marengo et par la droite et la gauche du village.

Les Autrichiens vont nous déborder.

Lannes, formant son centre des divisions ralliées de Victor, s'étend avec ses deux divisions moins fatiguées, afin de les opposer aux deux ailes autrichiennes ; les deux corps, l'un exalté par un commencement de victoire, l'autre tout frais de son repos, se heurtent avec rage, et le combat, un instant interrompu par la double manœuvre de l'armée, recommence sur toute la ligne.

Après une lutte d'une heure, pied à pied, baïonnette à baïonnette, le corps d'armée du général Kaim plie et recule ; le général Champeaux, à la tête du 1ᵉʳ et du 8ᵉ régiment de dragons, charge sur lui et augmente son désordre. Le général Watrin, avec le 6ᵉ léger, les 22ᵉ et 40ᵉ de ligne, se met à leur poursuite et les rejette à près de mille toises derrière le ruisseau. Mais le mouvement qu'il vient de faire l'a séparé de son corps d'armée ; les divisions du centre vont se trouver compromises par la victoire de l'aile droite, et les généraux Champeaux et Watrin sont obligés de revenir prendre le poste qu'ils ont laissé à découvert.

En ce moment, Kellerman faisait à l'aile gauche ce que Watrin et Champeaux venaient de faire à l'aile droite. Deux charges de cavalerie ont percé l'ennemi à jour ; mais, derrière la première ligne, il en a trouvé une seconde, et, n'osant s'engager plus avant à cause de la supériorité du nombre, il a perdu le fruit de sa victoire momentanée.

Il est midi.

La ligne française, qui ondulait comme un serpent de flamme sur une longueur de près d'une lieue, est brisée vers son centre. Ce centre, en reculant, abandonnait les ailes : les ailes ont donc été forcées de suivre le mouvement rétrograde. Kellermann à gauche, Watrin à droite, ont donné à leurs hommes l'ordre de reculer.

La retraite s'opéra par échiquier, sous le feu de quatre-vingts pièces d'artillerie qui précédaient la marche des bataillons autrichiens ; les rangs se dégarnissaient à vue d'œil : on ne voyait que blessés apportés à l'ambulance par leurs camarades, qui, pour la plupart, ne revenaient plus.

Une divison battait en retraite à travers un champ de blés mûrs ; un obus éclata et mit le feu à cette paille déjà sèche, deux ou trois mille hommes se trouvèrent au milieu d'un incendie. Les gibernes prirent feu et sautèrent. Un immense désordre se mit dans les rangs.

Alors, Bonaparte lança la garde consulaire ; elle arriva au pas de course, se déploya en bataille et arrêta les progrès de l'ennemi. De leur côté, les grenadiers à cheval se précipitèrent au galop et culbutèrent la cavalerie autrichienne.

Pendant ce temps, la division échappée à l'incendie se reformait, recevait de nouvelles cartouches et rentrait en ligne.

Mais ce mouvement n'avait eu d'autre résultat que d'empêcher la retraite de se changer en déroute.

Il était deux heures.

Bonaparte regardait cette retraite, assis sur la levée du fossé de la grande route d'Alexandrie ; il était seul ; il avait la bride de son cheval passée au bras et faisait voltiger de petites pierres en les fouettant du bout de sa cravache. Les boulets sillonnaient la terre tout autour de lui.

Il semblait indifférent à ce grand drame, au dénoûment duquel cependant étaient suspendues toutes ses espérances.

Jamais il n'avait joué si terrible partie : six ans de victoire contre la couronne de France !

Tout à coup, il parut sortir de sa rêverie ; au milieu de l'effroyable bruit de la fusillade et du canon, il lui semblait entendre le bruit d'un galop de cheval. Il leva la tête. En effet, du côté de Novi arrivait un cavalier à toute bride sur un cheval blanc d'écume.

Lorsque le cavalier ne fut plus qu'à cinquante pas, Bonaparte jeta un cri.

— Roland! dit-il.

Celui-ci, de son côté, arrivait en criant :

— Desaix! Desaix! Desaix!

Bonaparte ouvrit les bras; Roland sauta à bas de son cheval, et se précipita au cou du premier consul.

Il y avait pour Bonaparte deux joies dans cette arrivée : celle de revoir un homme qu'il savait lui être dévoué jusqu'à la mort, celle de la nouvelle apportée par lui.

— Ainsi, Desaix?... interrogea le premier consul.

— Desaix est à une lieue à peine; l'un de vos aides de camp l'a rencontré revenant sur ses pas et marchant au canon.

— Allons, dit Bonaparte, peut-être arrivera-t-il encore à temps.

— Comment, à temps.

— Regarde!

Roland jeta un coup d'œil sur le champ de bataille et comprit la situation.

Pendant les quelques minutes où Bonaparte avait détourné ses yeux de la mêlée, elle s'était encore aggravée.

La première colonne autrichienne, qui s'était dirigée sur Castel-Ceriolo et qui n'avait pas encore donné, débordait notre droite.

Si elle entrait en ligne, c'était la déroute au lieu de la retraite.

Desaix arriverait trop tard.

— Prends mes deux derniers régiments de grenadiers, dit Bonaparte; rallie la garde consulaire, et porte-toi avec eux à l'extrême droite... tu comprends? en carré, Roland! et arrête cette colonne comme une redoute de granit.

Il n'y avait pas un instant à perdre; Roland sauta à cheval, prit les deux régiments de grenadiers, rallia la garde consulaire et s'élança à l'extrême droite.

Arrivé à cinquante pas de la colonne du général Elsnitz :

— En carré! cria Roland, le premier consul nous regarde.

Le carré se forma; chaque homme sembla prendre racine à sa place.

Au lieu de continuer son chemin pour venir en aide aux généraux Mélas et Kaim, au lieu de mépriser ces neuf cents hommes qui n'étaient point à craindre sur les derrières d'une armée victorieuse, le général Elsnitz s'acharna contre eux.

Ce fut une faute; cette faute sauva l'armée.

Ces neuf cents hommes furent véritablement la redoute de granit qu'avait espérée Bonaparte : artillerie, fusillade, baïonnettes, tout s'usa sur elle.

Elle ne recula point d'un pas.

Bonaparte la regardait avec admiration, quand, en détournant enfin les yeux du côté de la route de Novi, il vit apparaître les premières baïonnettes de Desaix.

Placé au point le plus élevé du plateau, il voyait ce que ne pouvait voir l'ennemi.

Il fit signe à un groupe d'officiers qui se tenait à quelques pas de lui, prêts à porter ses ordres.

Derrière ces officiers étaient deux ou trois domestiques tenant des chevaux de main.

Officiers et domestiques s'avancèrent.

Bonaparte montra à l'un des officiers la forêt de baïonnettes qui reluisaient au soleil.

— Au galop vers ces baïonnettes, dit-il, et qu'elles se hâtent! Quant à Desaix, vous lui direz que je suis ici et que je l'attends.

L'officier partit au galop.

Bonaparte reporta ses yeux sur le champ de bataille.

La retraite continuait; mais le général Elsnitz et sa colonne étaient arrêtés par Roland et ses neuf cents hommes.

La redoute de granit s'était changée en volcan; elle jetait le feu par ses quatre faces.

Alors, s'adressant aux trois autres officiers :

— Un de vous au centre, les deux autres aux ailes! dit Bonaparte; annoncez partout l'arrivée de la réserve et la reprise de l'offensive.

Les trois officiers partirent comme trois

flèches lancées par le même arc, s'écartant de leur point de départ au fur et à mesure qu'ils approchaient de leur but respectif.

Au moment où, après les avoir suivis des yeux, Bonaparte se retournait, un cavalier portant l'uniforme d'officier général n'était plus qu'à cinquante pas de lui.

C'était Desaix.

Desaix, qu'il avait quitté sur la terre d'Égypte et qui, le matin même, disait en riant :

— Les boulets d'Europe ne me connaissent plus, il m'arrivera malheur.

Une poignée de mains suffit aux deux amis pour échanger leur cœur.

Puis Bonaparte étendit le bras vers le champ de bataille.

La simple vue en apprenait plus que toutes les paroles du monde.

Des vingt mille hommes qui avaient commencé le combat vers cinq heures du matin, à peine, sur un rayon de deux lieues, restait-il neuf mille hommes d'infanterie, mille chevaux et dix pièces de canon en état de faire feu ; un quart de l'armée était hors de combat ; l'autre quart, occupé à transporter les blessés que le premier consul avait donné l'ordre de ne pas abandonner. Tout reculait, à l'exception de Roland et de ses neuf cents hommes.

Le vaste espace compris entre la Bormida et le point de retraite où l'on était arrivé, était couvert de cadavres d'hommes et de chevaux, de canons démontés, de caissons brisés.

De place en place montaient des colonnes de flamme et de fumée ; c'étaient des champs de blé qui brûlaient.

Desaix embrassa tous ces détails d'un coup d'œil.

— Que pensez-vous de la bataille ? demanda Bonaparte.

— Je pense, dit Desaix, qu'elle est perdue ; mais comme il n'est encore que trois heures de l'après-midi, nous avons le temps d'en gagner une autre.

— Seulement, dit une voix, il vous faut du canon.

Cette voix, c'était celle de Marmont, qui commandait en chef l'artillerie.

— Vous avez raison, Marmont ; mais où allez vous en prendre, du canon ?

— Cinq pièces que je puis retirer du champ de bataille encore intactes, cinq autres que nous avions laissées sur la Scrivia et qui viennent d'arriver.

— Et huit pièces que j'amène, dit Desaix.

— Dix-huit pièces, reprit Marmont, c'est tout ce qu'il me faut.

Un aide de camp partit pour hâter l'arrivée des pièces de Desaix.

La réserve approchait toujours et n'était plus qu'à un demi-quart de lieue.

La position, du reste, semblait choisie à l'avance ; à la gauche de la route s'élevait une haie gigantesque, perpendiculaire au chemin et protégée par un talus.

On y fit filer l'infanterie au fur et à mesure qu'elle arrivait ; la cavalerie elle-même put se dissimuler derrière ce large rideau.

Pendant ce temps, Marmont avait réuni ses dix-huit pièces de canon et les avait mises en batterie sur le front droit de l'armée.

Tout à coup, elles éclatèrent et vomirent sur les étrangers un déluge de mitraille.

Il y eut dans les rangs ennemis un moment d'hésitation.

Bonaparte en profita pour passer sur toute la ligne française.

— Camarades, s'écria-t-il, c'est assez faire de pas en arrière, souvenez-vous que c'est mon habitude de coucher sur le champ de bataille.

En même temps, et comme pour répondre à la canonnade de Marmont, des feux de peloton éclatent à gauche, prenant les Autrichiens en flanc.

C'est Desaix et sa division qui les foudroient à bout portant et en plein travers.

Toute l'armée comprend que c'est la réserve qui donne et qu'il faut l'aider d'un effort suprême.

Le mot « En avant ! » retentit de l'extrême gauche à l'extrême droite.

Les tambours battent la charge.

Les Autrichiens, qui n'ont pas vu les renforts qui viennent d'arriver et qui, croyant la journée à eux, marchaient le fusil sur l'épaule comme à une promenade, sentent qu'il vient de se passer dans nos rangs quelque chose d'étrange, et veulent retenir la victoire qu'ils sentent glisser entre leurs mains.

Mais partout les Français ont repris l'offensive, partout le terrible pas de charge et la victorieuse *Marseillaise* se font entendre ; la batterie de Marmont vomit le feu ; Kellermann s'élance avec ses cuirassiers et traverse les deux lignes ennemies.

Desaix saute les fossés, franchit les haies, arrive sur une petite éminence et tombe au moment où il se retourne pour voir si sa division le suit ; mais sa mort, au lieu de diminuer l'ardeur de ses soldats, la redouble : ils s'élancent à la baïonnette sur la colonne du général Zach.

En ce moment, Kellermann, qui a traversé les deux lignes ennemies, voit la division Desaix aux prises avec une masse compacte et immobile, il charge en flanc, pénètre dans un intervalle, l'ouvre, la brise, l'écartèle ; en moins d'un quart d'heure, les cinq mille grenadiers autrichiens qui composent cette masse sont enfoncés, culbutés, dispersés, foudroyés, anéantis, ils disparaissent comme une fumée ; le général Zach et son état-major sont faits prisonniers ; c'est tout ce qu'il en reste.

Alors, à son tour, l'ennemi veut faire donner son immense cavalerie ; mais le feu continuel de la mousqueterie, la mitraille dévorante et la terrible baïonnette l'arrêtent court.

Murat manœuvre sur les flancs avec deux pièces d'artillerie légère et un obusier qui envoient la mort en courant.

Un instant il s'arrête pour dégager Roland et ses neuf cents hommes ; un de ses obus tombe dans les rangs des Autrichiens et éclate ; une ouverture se fait pareille à un gouffre de flammes : Roland s'y élance, un pistolet d'une main, son sabre de l'autre ; toute la garde consulaire le suit, ouvrant les rangs autrichiens comme un coin de fer ouvre un tronc de chêne ; il pénètre jusqu'à un caisson brisé qu'entoure la masse ennemie ; il introduit son bras armé du pistolet dans l'ouverture du caisson et fait feu.

Une détonation effroyable se fait entendre, un volcan s'est ouvert et a dévoré tout ce qui l'entourait.

Le corps d'armée du général Elsnitz est en pleine déroute.

Alors tout plie, tout recule, tout se débande ; les généraux autrichiens veulent en vain soutenir la retraite, l'armée française franchit en une demi-heure la plaine qu'elle a défendue pied à pied pendant huit heures.

L'ennemi ne s'arrête qu'à Marengo, où il tente en vain de se reformer sous le feu des artilleurs de Carra-Saint-Cyr, oubliés à Castel-Ceriolo, et qu'on retrouve au dénoûment de la journée ; mais arrivent au pas de course les divisions Desaix, Gardanne et Chamberlhac, qui poursuivent les Autrichiens de rue en rue.

Marengo est emporté ; l'ennemi se retire sur la position de Petra-Bona, qui est emportée comme Marengo.

Les Autrichiens se précipitent vers les ponts de la Bormida, mais Carra-Saint-Cyr y est arrivé avant eux : alors la multitude des fuyards cherche les gués, et s'élance dans la Bormida sous le feu de toute notre ligne, qui ne s'éteint qu'à dix heures du soir...

Les débris de l'armée autrichienne regagnèrent leur camp d'Alexandrie ; l'armée française bivaqua devant les têtes de pont.

La journée avait coûté aux Autrichiens quatre mille cinq cents morts, six mille blessés, cinq mille prisonniers, douze drapeaux, trente pièces de canon.

Jamais la fortune ne s'était montrée sous deux faces si opposées.

A deux heures de l'après-midi, c'était pour Bonaparte une défaite et ses désastreuses conséquences ; à cinq heures, c'était l'Italie reconquise d'un seul coup et le trône de France en perspective.

Général, ne touchez pas à ma pièce, ou je vous jette dans le précipice. — Page 42.

Le soir même, le premier consul écrivait cette lettre à madame de Montrevel :

« Madame,

» J'ai remporté aujourd'hui ma plus belle victoire ; mais cette victoire me coûte les deux moitiés de mon cœur, Desaix et Roland.

» Ne pleurez point, madame : depuis longtemps, votre fils voulait mourir et il ne pouvait mourir plus glorieusement.

» BONAPARTE. »

On fit des recherches inutiles pour retrouver le cadavre du jeune aide de camp : comme Romulus, il avait disparu dans une tempête.

Nul ne sut jamais quelle cause lui avait fait poursuivre, avec tant d'acharnement, une mort qu'il avait eu tant de peine à rencontrer.

UN MOT AU LECTEUR

Il y a à peu près un an que mon vieil ami Jules Simon, l'auteur du *Devoir*, vint me demander de lui faire un roman pour le *Journal pour Tous*.

Je lui racontai un sujet de roman que j'avais dans la tête. Le sujet lui convenait. Nous signâmes le traité séance tenante.

L'action se passait de 1791 à 1793, et le premier chapitre s'ouvrait à Varennes, le soir de l'arrestation du roi.

Seulement, si pressé que fût le *Journal pour Tous*, je demandai à Jules Simon une quinzaine de jours avant de me mettre à son roman.

Je voulais aller à Varennes ; je ne connaissais pas Varennes.

Il y a une chose que je ne sais pas faire : c'est un livre ou un drame sur des localités que je n'ai pas vues.

Pour faire *Christine*, j'ai été à Fontainebleau ; pour faire *Henri III*, j'ai été à Blois ; pour faire *les Mousquetaires*, j'ai été à Boulogne et à Béthune ; pour faire *Monte-Cristo*, je suis retourné aux Catalans et au château d'If ; pour faire *Isaac Laquedem*, je suis retourné à Rome ; et j'ai, certes, perdu plus de temps à étudier Jérusalem et Corinthe à distance que si j'y fusse allé.

Cela donne un tel caractère de vérité à ce que je fais, que les personnages que je plante poussent parfois aux endroits où je les ai plantés, de telle façon que quelques-uns finissent par croire qu'ils ont existé.

Il y a même des gens qui les ont connus.

Ainsi je vais vous dire une chose en confidence, chers lecteurs ; seulement, ne la répétez point. Je ne veux pas faire tort à d'honnêtes pères de famille qui vivent de cette petite industrie, mais, si vous allez à Marseille, on vous montrera la maison de Morel sur le Cours, la maison de Mercédès aux Catalans, et les cachots de Dantès et de Faria au château d'If.

Lorsque je mis en scène *Monte-Cristo* au Théâtre-Historique, j'écrivis à Marseille pour que l'on me fît un dessin du château d'If, et qu'on me l'envoyât. Ce dessin était destiné au décorateur.

Le peintre auquel je m'étais adressé m'envoya le dessin demandé. Seulement il fit mieux que je n'eusse osé exiger de lui ; il écrivit sous le dessin : « Vue du château d'If, à l'endroit où Dantès fut précipité. »

J'ai appris, depuis, qu'un brave homme de cicerone, attaché au château d'If, vendait des plumes en cartilages de poisson, faites par l'abbé Faria lui-même.

Il n'y a qu'un malheur, c'est que Dantès et l'abbé Faria n'ont jamais existé que dans mon imagination, et que, par conséquent, Dantès n'a pu être précipité du haut en bas du château d'If, ni l'abbé Faria faire des plumes.

Mais voilà ce que c'est de visiter les localités

Je voulais donc visiter Varennes avant de commencer mon roman, dont le premier chapitre s'ouvrait à Varennes.

Puis, historiquement, Varennes me tracassait fort : plus je lisais de relations historiques sur Varennes, moins je comprenais topographiquement l'arrestation du roi.

Je proposai donc à mon jeune ami Paul Bocage de venir avec moi à Varennes. J'étais sûr d'avance qu'il accepterait. Proposer un pareil voyage à cet esprit pittoresque et charmant, c'était le faire bondir de sa chaise au chemin de fer.

Nous prîmes le chemin de fer de Châlons.

A Châlons, nous fîmes prix avec un loueur de voitures qui, à raison de dix francs par jour, nous prêta un cheval et une carriole.

Nous fûmes sept jours en chemin : trois jours pour aller de Châlons à Varennes, trois jours de Varennes à Châlons, et un jour pour faire toutes nos recherches locales dans la ville.

Je reconnus, avec une satisfaction que vous comprendrez facilement, que pas un historien n'avait été historique, et, avec une satisfaction plus grande encore, que c'était M. Thiers qui avait été le moins historique de tous les historiens.

Je m'en doutais bien déjà, mais je n'en avais pas la certitude.

Le seul qui eût été exact, mais d'une exactitude absolue, c'était Victor Hugo, dans son livre intitulé *le Rhin*.

Il est vrai que Victor Hugo est un poete, et non pas un historien.

Quels historiens cela ferait, que les poëtes, s'ils consentaient à se faire historiens!

Un jour, Lamartine me demandait à quoi j'attribuais l'immense succès de son *Histoire des Girondins?*

— A ce que vous vous êtes élevé à la hauteur du roman, lui répondis-je.

Il réfléchit longtemps, et finit, je crois, par être de mon avis.

Je restai donc un jour à Varennes, et visitai toutes les localités nécessaires à mon roman, qui devait être intitulé *Rene d'Argonne.*

Puis je revins.

Mon fils était à la campagne à Sainte-Assise, près Melun ; ma chambre m'attendait ; je résolus d'y aller faire mon roman.

Je ne sais pas deux caractères plus opposés que celui d'Alexandre et le mien, et qui cependant aillent mieux ensemble. Nous avons certes de bonnes heures parmi celles que nous passons loin l'un de l'autre ; mais je crois que nous n'en avons pas de meilleures que celles que nous passons l'un près de l'autre.

Au reste, depuis trois ou quatre jours, j'étais installé, essayant ue me mettre à mon *René à'Argonne*, prenant la plume, et la déposant presque aussitôt.

Cela n'allait pas.

Je m'en consolais en racontant des histoires.

Le hasard fit que j'en racontai une qui m'avait été raconté à moi-même par Nodier : c'était celle de quatre jeunes gens affiliés à la compagnie de Jéhu, et qui avaient été exécutés à Bourg en Bresse, avec des circonstances du plus haut dramatique.

L'un de ces quatre jeunes gens, celui qui eut le plus de peine à mourir, ou plutôt celui que l'on eut le plus de peine à tuer, avait dix-neuf ans et demi.

Alexandre écouta mon histoire avec beaucoup d'attention.

Puis, quand j'eus fini :

— Sais-tu, me dit-il, ce que je ferais à ta place?

— Dis.

— Je laisserais là *René d'Argonne*, qui ne rend pas, et je ferais *les Compagnons de Jéhu*, à la place.

— Mais pense donc que j'ai l'autre roman dans ma tête depuis un an ou deux, et qu'il est presque fini.

— Il ne le sera jamais, puisqu'il ne l'est pas maintenant.

— Tu pourrais bien avoir raison ; mais je vais perdre six mois à me retrouver où j'en suis.

— Bon! dans trois jours, tu auras fait un demi-volume.

— Alors, tu m'aideras.

— Oui, je vais te donner deux personnages.

— Voilà tout?

— Tu es trop exigeant! le reste te regarde; moi, je fais ma *Question d'argent*.

— Eh bien, quels sont tes deux personnages?

— Un gentleman anglais et un capitaine français.

— Voyons l'Anglais d'abord.

— Soit !

Et Alexandre me fit le portrait de lord Tanlay.

— Ton gentleman anglais me va, lui dis-je; maintenant, voyons ton capitaine français.

— Mon capitaine français est un personnage mystérieux, qui veut se faire tuer à toute force et qui ne peut pas en venir à bout; de sorte que, chaque fois qu'il veut se faire tuer, comme il accomplit une action d'éclat, il monte d'un grade.

— Mais pourquoi veut-il se faire tuer?

— Parce qu'il est dégoûté de la vie.

— Et pourquoi est-il dégoûté de la vie?

— Ah! voilà le secret du livre.

— Il faudra toujours finir par le dire.

— Moi, à ta place, je ne le dirais pas.

— Les lecteurs le demanderont.

— Tu leur répondras qu'ils n'ont qu'à chercher; il faut bien leur laisser quelque chose à faire, aux lecteurs.

— Cher ami, je vais être écrasé de lettres.

— Tu n'y répondras pas.

— Oui, mais, pour ma satisfaction personnelle, faut-il au moins que je sache pourquoi mon héros veut se faire tuer.

— Oh! à toi je ne refuse pas de le dire.

— Voyons.

— Eh bien, je suppose qu'au lieu d'être professeur de dialectique, Abeilard ait été soldat.

— Après?

— Eh bien, suppose qu'une balle...

Les adieux. — Page 60.

— Très-bien.
— Tu comprends! au lieu de se retirer au Paraclet, il aurait fait tout ce qu'il aurait pu pour se faire tuer.
— Hum!
— Quoi?
— C'est rude!
— Rude, comment?
— A faire avaler au public.
— Puisque tu ne le lui diras pas, au public.

— C'est juste. Par ma foi, je crois que tu as raison... Attends.
— J'attends.
— As-tu les *Souvenirs de la Révolution*, de Nodier?
— J'ai tout Nodier.
— Va me chercher ses *Souvenirs de la Révolution*. Je crois qu'il a écrit une ou deux pages sur Guyon, Leprêtre, Amiet et Hyvert.
— Alors, on va dire que tu as volé Nodier.

— Oh! il m'aimait assez de son vivant pour me donner ce que je vais lui prendre après sa mort. Va me chercher les *Souvenirs de la Révolution.*

Alexandre alla me chercher les *Souvenirs de la Révolution*. J'ouvris le livre, je feuilletai trois ou quatre pages, et enfin je tombai sur ce que je cherchais.

Un peu de Nodier, chers lecteurs, vous n'y perdrez rien. — C'est lui qui parle :

« Les voleurs de diligences dont il est question dans l'article *Amiet,* que j'ai cité tout à l'heure, s'appelaient Leprêtre, Hyvert, Guyon et Amiet.

» Leprêtre avait quarante-huit ans ; c'était un ancien capitaine de dragons, chevalier de Saint-Louis, doué d'une physionomie noble, d'une tournure avantageuse et d'une grande élégance de manières. Guyon et Amiet n'ont jamais été connus sous leur véritable nom. Ils devaient ceux-là à l'obligeance si commune des marchands de passe-ports. — Qu'on se figure deux étourdis d'entre vingt et trente ans, liés par quelque responsabilité commune qui était peut-être celle d'une mauvaise action, ou par un intérêt plus délicat et plus généreux, la crainte de compromettre leur nom de famille, on connaîtra de Guyon et d'Amiet tout ce que je m'en rappelle. Ce dernier avait la figure sinistre, et c'est peut-être à sa mauvaise apparence qu'il doit la mauvaise réputation dont les biographes l'ont doté. Hyvert était le fils d'un riche négociant de Lyon, qui avait offert, au sous-officier chargé de son transfèrement, soixante mille francs pour le laisser évader. C'était à la fois l'Achille et le Pâris de la bande. Sa taille était moyenne mais bien prise, sa tournure gracieuse, vive et svelte. On n'avait jamais vu son œil sans un regard animé, ni sa bouche sans un sourire. Il avait une de ces physionomies qu'on ne peut oublier, et qui se composent d'un mélange inexprimable de douceur et de force, de tendresse et d'énergie. Quand il se livrait à l'éloquente pétulance de ses inspirations, il s'élevait jusqu'à l'enthousiasme. Sa conversation annonçait un commencement d'instruction bien faite et beaucoup d'esprit naturel. Ce qu'il y avait d'effrayant en lui, c'était l'expression étourdissante de sa gaieté, qui contrastait d'une manière horrible avec sa position. D'ailleurs, on s'accordait à le trouver bon, généreux, humain, facile à manier pour les faibles, car il aimait à faire parade contre les autres d'une vigueur réellement athlétique, que ses traits efféminés étaient loin d'indiquer. Il se flattait de n'avoir jamais manqué d'argent et de n'avoir jamais eu d'ennemis. Ce fut sa seule réponse à l'imputation de vol et d'assassinat. Il avait vingt-deux ans.

» Ces quatre hommes avaient été chargés de l'attaque d'une diligence qui portait quarante mille francs pour le compte du gouvernement. Cette opération s'exécutait en plein jour, presque à l'amiable, et les voyageurs, désintéressés dans l'affaire, s'en souciaient fort peu. Ce jour-là, un enfant de dix ans, bravement extravagant, s'élança sur le pistolet du conducteur et tira sur les assaillants. Comme l'arme pacifique n'était chargée qu'à poudre, suivant l'usage, personne ne fut blessé ; mais il y eut dans la voiture une grande et juste appréhension de représailles. La mère du petit garçon fut saisie d'une crise de nerfs si affreuse, que cette nouvelle inquiétude fît diversion à toutes les autres, et qu'elle occupa tout particulièrement l'attention des brigands. L'un d'eux s'élança près d'elle en la rassurant de la manière la plus affectueuse, en la félicitant sur le courage prématuré de son fils, en lui prodiguant les sels et les parfums dont ces messieurs étaient ordinairement munis pour leur propre usage. Elle revint à elle, et ses compagnons de voyage remarquèrent que, dans ce moment d'émotion, le masque du voleur était tombé, mais ils ne le virent point.

» La police de ce temps-là, retranchée sur une observation impuissante, ne pouvait s'opposer aux opérations des bandits; mais elle ne manquait pas de moyens pour se mettre à leur trace. Le mot d'ordre se donnait au café, et on se rendait compte d'un fait qui emportait la peine de mort d'un bout du billard à l'autre. Telle était l'importance qu'y attachaient les coupables et qu'y attachait l'opinion. Ces hommes de terreur et de sang se retrouvaient le soir dans le monde et parlaient de leurs expéditions nocturnes comme d'une veillée de plaisir. Leprêtre, Hyvert, Guyon et Amiet furent traduits devant le tribunal d'un département voisin. Personne n'avait souffert de leur attentat, que le Trésor, qui n'intéressait qui que ce fût, car on ne savait plus à qui il appartenait. Personne n'en pouvait reconnaître un, si ce n'est la belle dame, qui n'eut garde de le faire. Ils furent acquittés à l'unanimité.

» Cependant la conviction de l'opinion était si manifeste et si prononcée, que le ministère public fut obligé d'en appeler. Le jugement fut cassé; mais telle était alors l'incertitude du pouvoir, qu'il redoutait presque de punir des excès qui pouvaient, le lendemain, être cités comme des titres. Les accusés furent renvoyés devant le tribunal de l'Ain, dans cette ville de Bourg où étaient une partie de leurs amis, de leurs parents, de leurs fauteurs, de leurs complices. On croyait avoir satisfait aux réclamations d'un parti en lui ramenant ses victimes. On croyait être assuré de ne pas déplaire à l'autre en les plaçant sous des garanties presque infaillibles. Leur entrée dans les prisons fut, en effet, une espèce de triomphe.

» L'instruction recommença; elle produisit d'abord les mêmes résultats que la précédente. Les quatre accusés étaient placés sous la faveur d'un *alibi* très-faux, mais revêtu de cent signatures, et pour lequel on en aurait trouvé dix mille. Toutes les convictions morales devaient tomber en présence d'une pareille autorité. L'absolution paraissait infaillible, quand une question du président, peut-être involontairement insidieuse, changea l'aspect du procès.

» — Madame, dit-il à celle qui avait été si aimablement assistée par un des voleurs, quel est celui des accusés qui vous a accordé tant de soins?

» Cette forme inattendue d'interrogation intervertit l'ordre de ses idées. Il est probable que sa pensée admit le fait comme reconnu, et qu'elle ne vit plus dans la manière de l'envisager qu'un moyen de modifier le sort de l'homme qui l'intéressait.

» — C'est monsieur, dit-elle en montrant Leprêtre.

» Les quatre accusés, compris dans un

alibi indivisible, tombaient de ce seul fait sous le fer du bourreau. Ils se levèrent et la saluèrent en souriant.

» — Pardieu ! dit Hyvert en retombant sur sa banquette avec de grands éclats de rire, voilà, capitaine, qui vous apprendra à être galant.

» J'ai entendu dire que, peu de temps après, cette malheureuse dame était morte de chagrin.

» Il y eut le pourvoi accoutumé ; mais, cette fois, il donnait peu d'espérances. Le parti de la révolution, que Napoléon allait écraser un mois plus tard, avait repris l'ascendant. Celui de la contre-révolution s'était compromis par des excès odieux. On voulait des exemples, et on s'était arrangé pour cela, comme on le pratique ordinairement dans les temps difficiles, car il en est des gouvernements comme des hommes ; les plus faibles sont les plus cruels. Les compagnies de Jéhu n'avaient d'ailleurs plus d'existence compacte. Les héros de ces bandes farouches, Debeauce, Hastier, Bary, Le Coq, Dabri, Delboulbe, Storkenfeld, étaient tombés sur l'échafaud ou à côté. Il n'y avait plus de ressources pour les condamnés dans le courage entreprenant de ces fous fatigués, qui n'étaient pas même capables, dès lors, de défendre leur propre vie, et qui se l'ôtaient froidement, comme Piard, à la fin d'un joyeux repas, pour en épargner la peine à la justice ou à la vengeance. Nos brigands devaient mourir

» Leur pourvoi fut rejeté ; mais l'autorité judiciaire n'en fut pas prévenue la première. Trois coups de fusil tirés sous les murailles du cachot avertirent les condamnés. Le commissaire du Directoire exécutif, qui exerçait le ministère public près des tribunaux, épouvanté par ce symptôme de connivence, requit une partie de la force armée, dont mon oncle était alors le chef. A six heures du matin, soixante cavaliers étaient rangés devant la grille du préau.

» Quoique les guichetiers eussent pris toutes les précautions possibles pour pénétrer dans le cachot de ces quatre malheureux, qu'ils avaient laissés la veille si étroitement garrottés et chargés de fers si lourds, ils ne purent pas leur opposer une longue résistance. Les prisonniers étaient libres et armés jusqu'aux dents. Ils sortirent sans difficulté, après avoir enfermé leurs gardiens sous les gonds et sous les verrous ; et, munis de toutes les clefs, ils traversèrent aussi aisément l'espace qui les séparait du préau. Leur aspect dut être terrible pour la populace qui les attendait devant les grilles. Pour conserver toute la liberté de leurs mouvements, pour affecter peut-être une sécurité plus menaçante encore que la renommée de force et d'intrépidité qui s'attachait à leur nom, peut-être même pour dissimuler l'épanchement du sang qui se manifeste si vite sous une toile blanche, et qui trahit les derniers efforts d'un homme blessé à mort, ils avaient le buste nu. Leurs bretelles croisées sur la poitrine, leurs larges ceintures rouges hérissées d'armes, leur cri d'attaque et de rage, tout cela devait avoir quelque chose de fantastique. Arrivés au préau ils virent la gendarmerie déployée, immobile, impossible à rompre et à traverser. Ils s'arrêtèrent un moment et parurent conférer entre eux. Leprêtre, qui était, comme je l'ai dit, leur aîné et leur chef,

Au second coup, les adversaires ajustèrent. — Page 74.

salua de la main le piquet, en disant avec cette noble grâce qui lui était particulière.

» — Très-bien, messieurs de la gendarmerie !

» Ensuite il passa devant ses camarades, en leur adressant un vif et dernier adieu, et se brûla la cervelle. Guyon, Amiet et Hyvert se mirent en état de défense, le canon de leurs doubles pistolets tourné sur la force armée. Ils ne tirèrent point ; mais elle regarda cette démonstration comme une hostilité déclarée : elle tira. Guyon tomba roide mort sur le corps de Leprêtre, qui n'avait pas bougé. Amiet eut la cuisse cassée près de l'aine. La *Biographie des Contemporains* dit qu'il fut exécuté. J'ai entendu raconter bien des fois qu'il avait rendu le dernier soupir au pied de l'échafaud. Hyvert restait seul : sa contenance assurée, son œil terrible, ses pistolets agités par deux mains vives et exercées qui promenaient la mort sur tous les spectateurs, je ne sais quelle admiration peut-être qui s'attache au désespoir d'un beau jeune homme aux cheveux flottants, connu pour n'avoir jamais versé le sang, et auquel la justice demande une expiation de sang, l'aspect de ces trois cadavres sur lesquels il bondissait comme un loup excédé par des chasseurs, l'effroyable nouveauté de ce spectacle, suspendirent un moment la fureur de la troupe. Il s'en aperçut et transigea.

» — Messieurs, dit-il, à la mort ! J'y vais ! j'y vais de tout mon cœur ! mais que personne ne m'approche, ou celui qui m'approche, je le *brûle*, si ce n'est monsieur, continua-t-il en montrant le bourreau. Cela, c'est une affaire que nous avons ensemble, et qui ne demande de part et d'autre que des procédés.

» La concession était facile, car il n'y avait là personne qui ne souffrît de la durée de cette horrible tragédie, et qui ne fût pressé de la voir finir. Quand il vit que cette concession était faite, il prit un de ses pistolets aux dents, tira de sa ceinture un poignard, et se le plongea dans la poitrine jusqu'au manche. Il resta debout et en parut étonné. On voulut se précipiter sur lui.

» — Tout beau, messieurs ! cria-t-il en dirigeant de nouveau sur les hommes qui se disposaient à l'envelopper les pistolets dont il s'était ressaisi pendant que le sang jaillissait à grands flots de la blessure où le poignard était resté. Vous savez nos conventions : je mourrai seul, ou nous mourrons trois. Marchons !

» On le laissa marcher. Il alla droit à la guillotine en tournant le couteau dans son sein.

» — Il faut, ma foi, dit-il, que j'aie l'âme chevillée dans le ventre ! je ne peux pas mourir. Tâchez de vous tirer de là.

» Il adressait ceci aux exécuteurs.

» Un instant après, sa tête tomba. Soit par hasard, soit quelque phénomène particulier de la vitalité, elle bondit, elle roula hors de tout l'appareil du supplice, et on vous dirait encore à Bourg que la tête d'Hyvert a parlé. »

La lecture n'était pas achevée, que j'étais décidé à laisser de côté *René d'Argonne* pour *les Compagnons de Jéhu*.

Le lendemain, je descendais, mon sac de nuit sous le bras.

— Tu pars ? me dit Alexandre.

— Oui.

— Où vas-tu ?

— A Bourg en Bresse.

— Quoi faire ?

— Visiter les localités et consulter les souvenirs des gens qui ont vu exécuter Leprêtre, Amiet, Guyon et Hyvert.

Deux chemins conduisent à Bourg, quand on vient de Paris, bien entendu : on peut quitter le chemin de fer à Mâcon, et prendre une diligence qui conduit de Mâcon à Bourg ; on peut continuer jusqu'à Lyon, et prendre le chemin de fer de Bourg à Lyon.

J'hésitais entre ces deux voies, lorsque je fus déterminé par un des voyageurs qui habitaient momentanément le même wagon que moi. Il allait à Bourg, où il avait, me dit-il, de fréquentes relations ; il y allait par Lyon ; donc, la route de Lyon était la meilleure.

Je résolus d'aller par la même route que lui.

Je couchai à Lyon, et, le lendemain, à dix heures du matin, j'étais à Bourg.

Un journal de la seconde capitale du royaume m'y rejoignit. Il contenait un article aigre-doux sur moi.

Lyon n'a pas pu me pardonner depuis 1833, je crois, il y a de cela vingt-quatre ans, d'avoir dit qu'il n'était pas littéraire.

Hélas ! j'ai encore sur Lyon, en 1857, la même opinion que j'avais sur lui en 1833. Je ne change pas facilement d'opinion.

Il y a en France une seconde ville qui m'en veut presque autant que Lyon : c'est Rouen.

Rouen a sifflé toutes mes pièces, y compris *le Comte Hermann*.

Un jour, un Napolitain se vantait à moi d'avoir sifflé Rossini et la Malibran, *le Barbier* et la Desdemona.

— Cela doit être vrai, lui répondis-je, car Rossini et la Malibran, de leur côté, se vantent d'avoir été sifflés par les Napolitains.

Je me vante donc d'avoir été sifflé par les Rouennais.

Cependant, un jour que j'avais un Rouennais pur sang sous la main, je résolus de savoir pourquoi on me sifflait à Rouen. Que voulez-vous ! j'aime à me rendre compte des plus petites choses.

Le Rouennais me répondit :

— Nous vous sifflons, parce que nous vous en voulons.

Pourquoi pas ? Rouen en avait bien voulu à Jeanne d'Arc.

Cependant, ce ne pouvait pas être pour le même motif.

Je demandai au Rouennais pourquoi lui et ses compatriotes m'en voulaient : je n'avais jamais dit de mal du sucre de pomme ; j'avais respecté M. Barbet tout le temps qu'il avait été maire, et, délégué par la Société des gens de lettres à l'inauguration de la statue du grand Corneille, j'étais le seul qui eût pensé à saluer avant de prononcer son discours.

Il n'y avait rien dans tout cela qui dût raisonnablement me mériter la haine des Rouennais.

Aussi à cette fière réponse : « Nous vous sifflons parce que nous vous en voulons, » fis-je humblement cette demande :

— Et pourquoi m'en voulez-vous, mon Dieu ?

— Oh ! vous le savez bien, répondit le Rouennais.

— Moi ? fis-je.

— Oui, vous.

— N'importe, faites comme si je ne le savais pas.

— Vous vous rappelez le dîner que vous a donné la ville, à propos de la statue de Corneille ?

— Parfaitement. M'en voudrait-elle de ne pas le lui avoir rendu ?

— Non, ce n'est pas cela.

— Qu'est-ce ?

— Eh bien, à ce dîner, on vous a dit : « Monsieur Dumas, vous devriez bien faire une pièce pour la ville de Rouen, sur un sujet tiré de son histoire. »

— Ce à quoi j'ai répondu : Rien de plus facile ; je viendrai, à votre première sommation, passer quinze jours à Rouen. On me donnera un sujet, et, pendant ces quinze jours, je ferai la pièce, dont les droits d'auteur seront pour les pauvres. »

— C'est vrai, vous avez dit cela.

— Je ne vois rien de si blessant là dedans pour les Rouennais, que j'aie encouru leur haine.

— Oui ; mais l'on a ajouté : « La ferez-vous en prose ? » ce à quoi vous avez répondu... Vous rappelez-vous ce que vous avez répondu ?

— Ma foi, non.

— Vous avez répondu : « Je la ferai en vers, ce sera plus tôt fait. »

— J'en suis bien capable.

— Eh bien !

— Après ?

— Après, c'était une insulte pour Corneille, monsieur Dumas ; voilà pourquoi les Rouennais vous en veulent et vous en voudront encore longtemps.

Textuel !

O dignes Rouennais ! j'espère bien que vous ne me ferez jamais le mauvais tour de me pardonner et de m'applaudir.

Le journal disait que M. Dumas n'était resté qu'une nuit à Lyon, sans doute parce qu'une ville si peu littéraire n'était pas digne de le garder plus longtemps.

M. Dumas n'avait pas songé le moins du monde à cela. Il n'était resté qu'une nuit à Lyon, parce qu'il était pressé d'arriver à Bourg ; aussi, à peine arrivé à Bourg, M. Dumas se fit-il conduire au journal du département.

Je savais qu'il était dirigé par un archéologue distingué, éditeur de l'ouvrage de mon ami Baux sur l'église de Brou.

Je demandai M. Milliet. — M. Milliet accourut.

Nous échangeâmes une poignée de main, et je lui exposai le but de mon voyage.

— J'ai votre affaire, me dit-il ; je vais vous conduire chez un magistrat de notre pays qui écrit l'histoire de la province.

— Mais où en est-il de votre histoire ?

— Il en est à 1822.

— Tout va bien, alors. Comme les événements que j'ai à raconter datent de 1799, et que mes héros ont été exécutés en 1800, il aura passé l'époque et pourra me renseigner. Allons chez votre magistrat.

En route, M. Milliet m'apprit que ce même magistrat était en même temps un gourmet distingué.

Depuis Brillat-Savarin, c'est une mode que les magistrats soient gourmets. Par malheur, beaucoup se contentent d'être gourmands ; ce qui n'est pas du tout la même chose.

On nous introduisit dans le cabinet du magistrat.

Je trouvai un homme à la figure luisante et au sourire goguenard.

Il m'accueillit avec cet air protecteur que les historiens daignent avoir pour les poëtes.

— Eh bien, monsieur, me demanda-t-il, vous venez donc chercher des sujets de roman dans notre pauvre pays ?

— Non, monsieur : mon sujet est tout trouvé ; je viens seulement consulter les pièces historiques.

— Bon ! je ne croyais pas que, pour faire des romans, il fût besoin de se donner tant de peine.

— Vous êtes dans l'erreur, monsieur, à mon endroit du moins. J'ai l'habitude de faire des recherches très-sérieuses sur les sujets historiques que je traite.

— Vous auriez pu tout au moins envoyer quelqu'un.

Deux charges de cavalerie ont percé l'ennemi. — Page 77.

— La personne que j'eusse envoyée, monsieur, n'étant point pénétrée de mon sujet, eût pu passer près de faits très-importants sans les voir; puis je m'aide beaucoup des localités, je ne sais pas décrire sans avoir vu.

— Alors, c'est un roman que vous comptez faire vous-même?

— Eh! oui, monsieur. J'avais fait faire le dernier par mon valet de chambre mais, comme il a eu un grand succès, le drôle m'a demandé des gages si exorbitants qu'à mon grand regret je n'ai pu le garder.

Le magistrat se mordit les lèvres. Puis, après un instant de silence :

— Vous voudrez bien m'apprendre, monsieur, me dit-il, à quoi je puis vous être bon dans cet important travail.

— Vous pouvez me diriger dans mes recherches. monsieur. Ayant fait une histoire du département, aucun des évènements importants qui se sont passés dans le chef-lieu ne doit vous être inconnu.

— En effet, monsieur, je crois, sous ce rapport, être assez bien renseigné.

— Eh bien, monsieur, d'abord votre département a été le centre des opérations des compagnons de Jéhu.

— Monsieur, j'ai entendu parler des compagnons de Jésus, répondit le magistrat en retrouvant son sourire gouailleur.

— C'est-à-dire des jésuites, n'est-ce pas ? Ce n'est pas cela que je cherche, monsieur.

— Ce n'est pas de cela que je parle non plus ; je parle des voleurs de diligences qui infestèrent les routes de 1797 à 1800.

— Eh bien, monsieur, permettez-moi de vous dire que ceux-là justement sur lesquels je viens chercher des renseignements à Bourg s'appelaient les compagnons de Jéhu et non les compagnons de Jésus.

— Mais qu'aurait voulu dire ce titre de *Compagnons de Jéhu?* J'aime à me rendre compte de tout.

— Moi aussi, monsieur ; voilà pourquoi je n'ai pas voulu confondre des voleurs de grand chemin avec les apôtres.

— En effet, ce ne serait pas très-orthodoxe.

— C'est ce que vous faisiez cependant, monsieur, si je ne fusse pas venu tout exprès pour rectifier, moi, poëte, votre jugement, à vous, historien.

— J'attends l'explication, monsieur, reprit le magistrat en se pinçant les lèvres.

— Elle sera courte et simple. Jéhu était un roi d'Israël sacré par Élisée pour l'extermination de la maison d'Achab. *Élisée,* c'était Louis XVIII ; *Jéhu,* c'était Cadoudal ; la *maison d'Achab,* c'était la Révolution. Voilà pourquoi les détrousseurs de diligences qui pillaient l'argent du gouvernement pour entretenir la guerre de la Vendée s'appelaient les compagnons de Jéhu.

— Monsieur, je suis heureux d'apprendre quelque chose à mon âge.

— Oh ! monsieur, on apprend toujours, en tout temps, à tout âge : pendant la vie, on apprend l'homme ; pendant la mort, on apprend Dieu.

— Mais, enfin, me dit mon interlocuteur avec un mouvement d'impatience, puis-je savoir à quoi je puis vous être bon ?

— Voici, monsieur. Quatre de ces jeunes gens, les principaux parmi les compagnons de Jéhu, ont été exécutés à Bourg, sur la place du Bastion.

— D'abord, monsieur, à Bourg, on n'exécute pas sur la place du Bastion ; on exécute au champ de foire.

— Maintenant, monsieur... depuis quinze ou vingt ans, c'est vrai... depuis Peytel. Mais, auparavant, et du temps de la Révolution surtout, on exécutait sur la place du Bastion.

— C'est possible.

— C'est ainsi... Ces quatre jeunes gens se nommaient Guyon, Leprêtre, Amiet et Hyvert.

— C'est la première fois que j'entends prononcer ces noms-là.

— Ils ont pourtant eu un certain retentissement, à Bourg surtout.

— Et vous êtes sûr, monsieur, que ces gens-là ont été exécutés ici ?

— J'en suis sûr.

— De qui tenez-vous le renseignement ?

— D'un homme dont l'oncle, commandant de gendarmerie, assistait à l'exécution.

— Vous nommez cet homme ?
— Charles Nodier.
— Charles Nodier, le romancier, le poëte ?
— Si c'était un historien, je n'hésiterais pas, monsieur. J'ai appris dernièrement, dans un voyage à Varennes, le cas qu'il faut faire des historiens. Mais, justement parce que c'est un poëte, un romancier, j'insiste.
— Libre à vous, mais je ne sais rien de ce que vous désirez savoir, et j'ose même dire que, si vous n'êtes venu dire à Bourg que pour avoir des renseignements sur l'exécution de MM... Comment les appelez-vous ?
— Guyon, Leprêtre, Amiet et Hyvert.
— Vous avez fait un voyage inutile. Il y a vingt ans, monsieur, que je compulse les archives de la ville, et je n'ai rien vu de pareil à ce que vous me dites là.
— Les archives de la ville ne sont pas celles du greffe, monsieur ; peut-être, dans celles du greffe, trouverai-je ce que je cherche.
— Ah ! monsieur, si vous trouvez quelque chose dans les archives du greffe, vous serez bien malin ! c'est un chaos, monsieur, que les archives du greffe, un vrai chaos ; il vous faudrait rester ici un mois, et encore... encore...
— Je compte n'y rester qu'un jour, monsieur ; mais, si, dans ce jour, je trouve ce que je cherche, me permettez-vous de vous en faire part ?...
— Oui, monsieur, oui, monsieur, oui, et vous me rendrez un très-grand service.
— Pas plus grand que celui que je venais vous demander ; je vous apprendrai une chose que vous ne saviez pas, voilà tout.

**

Vous devinez qu'en sortant de chez mon magistrat j'étais piqué d'honneur, je voulais, coûte que coûte, avoir mes renseignements sur les compagnons de Jéhu.

Je m'en pris à Milliet et le mis au pied du mur.

— Écoutez, me dit-il, j'ai un beau-frère avocat.

— Voilà mon homme ! Allons chez le beau-frère.

— C'est qu'à cette heure, il est au Palais.

— Allons au Palais.

— Votre apparition fera rumeur, je vous en préviens.

— Alors, allez-y tout seul ; dites-lui de quoi il est question ; qu'il fasse ses recherches. Moi, je vais aller voir les environs de la ville pour établir mon travail sur les localités ; nous nous retrouverons à quatre heures sur la place du Bastion, si vous le voulez bien.

— Parfaitement.

— Il me semble que j'ai vu une forêt en venant.

— La forêt de Seillon.

— Bravo !

— Vous avez besoin d'une forêt ?

— Elle m'est indispensable.

— Alors permettez...

— Quoi ?

— Je vais vous conduire chez un de mes amis, M. Leduc, un poëte, qui, dans ses moments perdus, est inspecteur.

— Inspecteur de quoi ?

— De la forêt.

— Il n'y a pas quelques ruines dans la forêt?

— Il y a la Chartreuse, qui n'est pas dans la forêt, mais qui en est à cent pas.

— Et dans la forêt?

— Il y a une espèce de fabrique que l'on appelle la Correrie, qui dépend de la Chartreuse, et qui communique avec elle par un passage souterrain.

— Bon! — Maintenant, si vous pouvez m'offrir une grotte, vous m'aurez comblé.

— Nous avons la grotte de Ceyzeriat, mais de l'autre côté de la Reissouse.

— Peu m'importe. Si la grotte ne vient pas à moi, je ferai comme Mahomet, j'irai à la grotte. En attendant, allons chez M. Leduc.

Cinq minutes après, nous étions chez M. Leduc, qui, sachant de quoi il était question, se mettait, lui, son cheval et sa voiture, à ma disposition.

J'acceptai le tout. Il y a des hommes qui s'offrent d'une certaine façon qui vous met du premier coup tout à l'aise.

Nous visitâmes d'abord la Chartreuse. Je l'eusse fait bâtir exprès, qu'elle n'eût pas été plus à ma convenance. Cloître désert, jardin dévasté, habitants presque sauvages. Merci, hasard!

De là, nous passâmes à la Correrie; c'était le complément de la Chartreuse. Je ne savais pas encore ce que j'en ferais; mais il était évident que cela pouvait m'être utile.

— Maintenant, monsieur, dis-je à mon obligeant conducteur, j'ai besoin d'un joli site, un peu sombre, sous des grands arbres, près d'une rivière. Tenez-vous cela dans le pays?

— Pour quoi faire?

— Pour y bâtir un château.

— Quel château?

— Un château de cartes, parbleu! J'ai une famille à loger, une mère modèle, une jeune fille mélancolique, un frère espiègle, un jardinier braconnier.

— Nous avons un endroit appelé les Noires-Fontaines.

— Voilà d'abord un nom charmant.

— Mais il n'y a pas de château.

— Tant mieux, car j'aurais été obligé de l'abattre.

— Allons aux Noires-Fontaines.

Nous partîmes; un quart d'heure après, nous descendions à la maison des gardes.

— Prenons ce petit sentier, me dit M. Leduc, il nous conduira où vous voulez aller.

Il nous conduisit, en effet, à un endroit planté de grands arbres, lesquels ombrageaient trois ou quatre sources.

— Voilà ce qu'on appelle les Noires-Fontaines, me dit M. Leduc.

— C'est ici que demeureront madame de Montrevel, Amélie et le petit Édouard. Maintenant quels sont les villages que je vois en face de moi?

— Ici, tout près, Montagnac; là-bas, dans la montagne, Ceyzeriat.

— Est-ce qu'il y a une grotte?

— Oui. Comment savez-vous qu'il y a une grotte à Ceyzeriat?

— Allez toujours. Le nom de ces autres villages, s'il vous plaît.

— Saint-Just, Tréconnasse, Ramasse, Villereversure.

— Très-bien.

— Vous en avez assez?

— Oui.

Je pris mon calepin, je fis le plan de la localité et j'inscrivis à peu près à leur place le nom des villages que M. Leduc venait de me faire passer en revue.

— C'est fait, lui dis-je.

— Où allons-nous?

— L'église de Brou doit être sur notre chemin?

— Justement.

— Visitons l'église de Brou.

— En avez-vous aussi besoin dans votre roman?

— Sans doute; vous vous imaginez bien que je ne vais pas faire passer mon action dans un pays qui possède le chef-d'œuvre de l'architecture du XVIe siècle sans utiliser ce chef-d'œuvre.

— Allons à l'église de Brou.

Un quart d'heure après, le sacristain nous introduisait dans cet écrin de granit où sont renfermés les trois joyaux de marbre que l'on appelle les tombeaux de Marguerite d'Autriche, de Marguerite de Bourbon et de Philibert le Beau.

— Comment, demandai-je au sacristain, tous ces chefs-d'œuvre n'ont-ils pas été mis en poussière à l'époque de la Révolution?

— Ah! monsieur, la municipalité avait eu une idée.

— Laquelle?

— C'était de faire de l'église un magasin à fourrage.

— Oui, et le foin a sauvé le marbre; vous avez raison, mon ami, c'est une idée.

— L'idée de la municipalité vous en donne-t-elle une? me demanda M. Leduc.

— Ma foi, oui, et j'aurai bien du malheur si je n'en fais pas quelque chose.

Je tirai ma montre.

— Trois heures! allons à la prison; j'ai rendez-vous à quatre heures place du Bastion, avec M. Milliet.

— Attendez... une dernière chose.

— Laquelle?

— Avez-vous vu la devise de Marguerite d'Autriche?

— Non; où cela?

— Tenez, partout; d'abord au-dessus de son tombeau.

— *Fortune, infortune, for'une.*

— Justement.

— Eh bien, que veut dire ce jeu de mots?

— Les savants l'expliquent ainsi : *Le sort persécute beaucoup une femme.*

— Voyons un peu.

— Il faut d'abord supposer la devise latine à sa source.

— Supposons, c'est probable.

— Eh bien : *Fortuna infortunat...*

— Oh! oh! *infortunat.*

— Dame...

— Cela ressemble fort à un barbarisme.

— Que voulez-vous!

— Je veux une explication.

— Donnez-la!

— La voici : *Fortuna, infortuna forti una.* — *Fortune et infortune sont égales pour le fort.*

— Savez-vous que cela pourrait bien être la vraie traduction?

— Parbleu! voilà ce que c'est que de ne pas être savant, mon cher monsieur; on est sensé, et, avec du sens, on voit plus juste qu'avec de la science. — Vous n'avez pas autre chose à me dire?

— Non.

— Allons à la prison, alors.

Nous remontâmes en voiture, rentrâmes dans la ville et ne nous arrêtâmes que devant la porte de la prison.

Je passai la tête par la portière.

— Oh! fis-je, on me l'a gâtée.

— Comment! on vous l'a gâtée?

— Certainement, elle n'était pas comme cela du temps de mes prisonniers à moi. Pouvons-nous parler au geôlier?

— Sans doute.

— Parlons-lui.

Nous frappâmes à la porte. Un homme d'une quarantaine d'années vint nous ouvrir.

Il reconnut M. Leduc.

— Mon cher, lui dit M. Leduc, voici un savant de mes amis.

— Eh! là-bas, fis-je en l'interrompant, pas de mauvaises plaisanteries.

— Qui prétend, continua M. Leduc, que la prison n'est plus telle qu'au dernier siècle?

— C'est vrai, monsieur Leduc, elle a été abattue et rebâtie en 1816.

— Alors, la disposition intérieure n'est plus la même?

— Oh! non, monsieur, tout a été changé.

— Pourrait-on avoir un ancien plan?

— Ah! M. Martin l'architecte pourrait peut-être vous en retrouver un.

— Est-ce un parent de M. Martin l'avocat?

— C'est son frère.

— Très-bien, mon ami; j'aurai mon plan.

— Alors, nous n'avons plus besoin ici? demanda M. Leduc.

— Aucunement.

— Je puis rentrer chez moi?

— Cela me fera de la peine de vous quitter, voilà tout.

— Vous n'avez pas besoin de moi pour trouver le Bastion?

— C'est à deux pas.

— Que faites-vous de votre soirée?

— Je la passe chez vous, si vous voulez.

— Très-bien! A neuf heures, une tasse de thé vous attendra.

— Je l'irai prendre.

Je remerciai M. Leduc. Nous échangeâmes une poignée de main, et nous nous quittâmes.

Je descendis par la rue des Lisses (lisez: *Lices*, à cause d'un combat qui eut lieu sur la place où elle conduit), et, longeant le jardin Montburon, je me trouvai sur la place du Bastion.

C'est un hémicycle où se tient aujourd'hui le marché de la ville. Au milieu de cet hémicycle s'élève la statue de Bichat, par David (d'Angers). Bichat, en redingote, — pourquoi cette exagération de réalisme? — pose la main sur le cœur d'un enfant de neuf à dix ans, parfaitement nu, — pourquoi cet excès d'idéalité? — tandis qu'aux pieds de Bichat est étendu un cadavre. C'est le livre de Bichat traduit en bronze: *De la vie et de la mort!*...

J'étais occupé à regarder cette statue, qui résume les défauts et les qualités de David (d'Angers), lorsque je sentis que l'on me touchait l'épaule. Je me retournai: c'était M. Milliet.

Il tenait un papier à la main.

— Eh bien? lui demandai-je.

— Eh bien, victoire.

— Qu'est-ce que cela?

— Le procès-verbal d'exécution.

—

— De vos hommes.

— De Guyon, de Leprêtre, d'Amiet?...

— Et d'Hyvert.

— Mais donnez-moi donc cela.

— Le voici.

Je pris et je lus:

PROCÈS-VERBAL DE MORT ET EXÉCUTION

DE

Laurent Guyon, Étienne Hyvert, François Amiet, Antoine Leprêtre,

Condamnés le 20 thermidor an VIII, et exécutés le 23 vendémiaire an IX.

« Cejourd'hui, 23 vendémiaire an IX, le commissaire du gouvernement près le Tribunal, qui a reçu, dans la nuit et à onze heures du soir, le paquet du ministre de la justice contenant la procédure et le jugement qui condamne à mort Laurent Guyon, Étienne Hyvert, François Amiet et Antoine Leprêtre ; — le jugement du Tribunal de cassation du 6 du courant, qui rejette la requête en cassation contre le jugement du 21 thermidor an VIII, a fait avertir, par lettre, entre sept et huit heures du matin, les quatre accusés que leur jugement à mort serait exécuté aujourd'hui à onze heures. Dans l'intervalle qui s'est écoulé jusqu'à onze heures, ces quatre accusés se sont tiré des coups de pistolet et donné des coups de poignard en prison. — Leprêtre et Guyon, selon le bruit public, étaient morts ; Hyvert blessé à mort et expirant ; Amiet blessé à mort, mais conservant sa connaissance. Tous quatre, en cet état, ont été conduits à la guillotine, et, *morts ou vivants,* ils ont été guillotinés ; à onze heures et demie, l'huissier Colin a remis le procès-verbal de leur supplice à la Municipalité pour les inscrire sur le livre des morts.

» Le capitaine de gendarmerie a remis au juge de paix le procès-verbal de ce qui s'est passé en prison, où il a été présent ; pour moi qui n'y ai point assisté, je certifie ce que la voix publique m'a appris.

» Bourg, 23 vendémiaire an IX.

» *Signé :* Dubost, greffier. »

Ah ! c'était donc le poëte qui avait raison contre l'historien ! le capitaine de gendarmerie qui avait remis au juge de paix le procès-verbal de ce qui s'était passé dans la prison, — *où il était présent,* — c'était l'oncle de Nodier. Ce procès-verbal remis au juge de paix, c'était le récit gravé dans la tête du jeune homme, récit qui, après quarante ans, s'était fait jour sans altération dans ce chef-d'œuvre intitulé *Souvenirs de la Révolution.*

Toute la procédure était aux archives du greffe. M. Martin me faisait offrir de la faire copier : interrogatoire, procès-verbaux, jugement.

J'avais dans ma poche les *Souvenirs de la Révolution* de Nodier. Je tenais à la main le procès-verbal d'exécution qui confirmait les faits avancés par lui.

— Allons chez notre magistrat, dis-je à M. Milliet.

— Allons chez notre magistrat, répéta-t-il.

Le magistrat fut atterré, et je le laissai convaincu que les poëtes savent aussi bien l'histoire que les historiens, — s'ils ne la savent pas mieux.

Alex. Dumas.

FIN

LE GENTILHOMME
DE LA MONTAGNE

Holà ! mes maîtres, que se passe-t-il donc ici ?

LA SIERRA NEVADA

Au milieu des chaînes de montagnes qui sillonnent l'Espagne en tous sens, de Bilbao à Gibraltar, et d'Alicante au cap Finistère, la plus poétique sans contredit, et par son aspect pittoresque et par ses souvenirs historiques, est la sierra Nevada, laquelle fait suite à la sierra de Guaro, séparée qu'elle en est seulement par la charmante vallée où prend une de ses sources le petit fleuve d'Orgiva, qui va se jeter à la mer entre Amulnecar et Motril.

Là, de nos jours encore, tout est arabe : mœurs, costumes, noms de villes, monuments, paysages ; et cela, quoique les Mores aient abandonné depuis deux siècles et demi le royaume des Almohades.

C'est que cette terre que leur avait livrée la trahison du comte Julien était la terre de prédilection des fils du Prophète. Située entre l'Afrique et l'Europe, l'Andalousie est, pour ainsi dire, un sol intermédiaire qui participe des beautés de l'une et des richesses de l'autre, sans en ressentir ni les tristesses ni les rigidités ; c'est la végétation luxuriante de la Métidja arrosée par les fraîches eaux des Pyrénées ; on n'y connaît ni l'ardent soleil de Tunis, ni le rude climat de la Russie. — Salut à l'Andalousie ! la sœur de la Sicile, la rivale des îles Fortunées !

Vivez, aimez, mourez aussi joyeusement que si vous étiez à Naples, vous qui avez le bonheur d'habiter Séville, Grenade ou Malaga !

Aussi, j'ai vu à Tunis des Mores qui me montraient la clef de leur maison de Grenade.

Ils la tenaient de leurs pères, et comptaient la léguer à leurs enfants.

Et, si jamais leurs enfants rentrent dans la ville d'Aben-al-Hamar, ils retrouveront et la rue et la maison qu'ils habitaient, sans que les deux cent quarante-quatre ans écoulés de 1610 à 1854 y aient apporté grand changement, si ce n'est de réduire à quatre-vingt mille âmes cette riche population de cinq cent mille habitants ; si bien que la clef héréditaire ouvrira, selon toute probabilité, la porte d'une maison ou vide, ou dont leurs indolents successeurs n'auront pas même pris la peine de faire changer la serrure.

En effet, rien d'espagnol n'a germé sur le sol, dont la végétation naturelle est le palmier, le cactus et l'aloès ; rien, pas même le palais que le pieux Charles-Quint avait commencé de faire bâtir pour ne pas habiter la demeure des émirs et des califes, et qui, dominé par l'Alhambra, n'a jamais, sous l'œil moqueur de son rival, pu s'élancer au delà d'un étage.

C'est en embrassant toutes ces merveilles d'un art et d'une civilisation auxquels n'atteindront jamais ses habitants actuels, que le royaume de Grenade, dernier débris et dernière forme de l'empire arabe en Espagne, s'allongeait sur les bords de la Méditerranée, de Tarifa à Almazarron, c'est-à-dire sur une longueur de cent vingt-cinq lieues à peu près, et s'enfonçait dans l'intérieur des terres de Motril à Jaën, c'est-à-dire dans une profondeur de trente-cinq à quarante.

La sierra de Guaro et la sierra Nevada le coupaient dans les deux tiers de son étendue.

Du sommet du Mulahacen, son pic le plus élevé, le regard pouvait à la fois atteindre sa double limite.

Au midi, la Méditerranée, vaste nappe bleue, étendue d'Almunecar à Alger ; au nord, la vega de Grenade, immense tapis vert, déroulé de Huelma à la venta de Cardeñas.

Puis, à l'est et à l'ouest, le prolongement indéfini de la chaîne immense aux cimes neigeuses, dont chaque crête semble la vague subitement gelée d'un océan soulevé contre le ciel.

Enfin, sur un plan inférieur, à droite et à gauche de cette mer de glace, un double océan de montagnes dégénérant peu à peu en collines couvertes d'abord de lichens poudreux, puis de bruyères rougeâtres, puis de sapins sombres, puis de chênes verts, puis de liéges jaunissants, puis d'arbres de toute espèce mêlant leurs teintes différentes en laissant néanmoins des intervalles où s'étendent, comme des tapis, des clairières d'arbousiers, de lentisques et de myrtes.

Aujourd'hui, trois routes partant, la première de Motril, la seconde de Velez-Malaga, et la troisième de Malaga, coupent la sierra neigeuse, et conduisent aux bords de la mer à Grenade, passant, l'une par Joyena, l'autre par Alcaacin, l'autre par Colmenar.

Mais, à l'époque où commence cette histoire, c'est-à-dire vers les premiers jours de juin de l'année 1519, ces routes n'existaient pas encore, ou plutôt n'étaient représentées que par des sentiers à peine tracés où se posaient seuls, avec une insolente sécurité, les pieds des arrieros et de leurs mules. Ces sentiers, rarement ouverts au milieu de terrains plats, se prolongeaient, à travers les gorges et les sommets, avec des alternatives de montées et de descentes qui semblaient faites exprès pour mettre à l'épreuve la patience des voyageurs. De temps en temps, leur spirale étroite contournait quelque rocher à pic, rouge et chaud comme un gigantesque pylone égyptien, et, alors, le voyageur se trouvait littéralement suspendu, lui et son insoucieuse monture, au-dessus de l'abîme dans lequel plongeait son regard effaré. Plus le sentier s'escarpait, plus le rocher devenait brûlant, et plus le pied de l'homme ou de la mule risquait de manquer sur ce granit, que le pas des caravanes, en brisant ses aspérités, avait fini par rendre poli et glissant comme du marbre.

Il est vrai qu'une fois qu'on avait franchi ce nid d'aigle qu'on appelle Alhama, le chemin se faisait plus facile, et, par une pente assez douce, — en supposant que l'on vînt de Malaga, et qu'on allât à Grenade, — descendait dans la vallée de Joycna; mais alors, à un péril en quelque sorte physique, succédait un danger qui, pour demeurer invisible jusqu'à l'instant où il menaçait de se produire, n'en était pas moins présent à l'imagination : du moment où les deux côtés du chemin devenaient praticables, et offraient un refuge dans leurs épais maquis, ces deux côtés du chemin se hérissaient de croix chargées d'inscriptions sinistres.

Ces croix étaient celles qui décoraient les tombes des voyageurs assassinés par les nombreux bandits qui, dans ces temps de troubles civils, peuplaient particulièrement les sierras de Cordoue et de Grenade, c'est-à-dire la sierra Morena et la sierra Nevada.

Au reste, les inscriptions qui chargeaient ces croix ne laissaient aucun doute sur le genre de mort de ceux qui reposaient à leur ombre. En traversant les mêmes sierras, trois siècles après les voyageurs que nous allons, dans quelques instants, faire apparaître aux yeux de nos lecteurs, nous avons vu des croix pareilles à celles que nous décrivons, et nous avons copié sur leurs lugubres traverses ces inscriptions, assez peu rassurantes pour ceux qui les lisent :

ICI

A ÉTÉ ASSASSINÉ UN VOYAGEUR.
PRIEZ DIEU POUR SON AME!

ICI

ONT ÉTÉ ASSASSINÉS LE FILS ET LE PÈRE.
ILS REPOSENT DANS LE MÊME TOMBEAU.
DIEU LEUR FASSE MISÉRICORDE!

Mais l'inscription la plus commune est celle-ci :

AQUI MATARON UN HOMBRE.

Ce qui signifie tout simplement : « Ici, ils ont tué un homme. »

Cette espèce de haie mortuaire s'étendait pendant l'espace d'une lieue et demie ou deux lieues, c'est-à-dire pendant toute la largeur de la vallée; puis on traversait un petit ruisseau qui, côtoyant le village de Cacin, va se jeter dans le Xenil, et l'on rentrait dans la seconde partie de la sierra.

— Cette seconde partie, il faut l'avouer, était moins âpre et moins difficile à franchir que la première. Le sentier se perdait dans une immense forêt de pins; mais il avait laissé derrière lui les défilés étroits et les rochers à pic. On sentait qu'on était arrivé dans des régions plus tempérées; et, après avoir cheminé une lieue et demie dans les sinuosités d'une montagne ombreuse, on arrivait à découvrir une espèce de paradis vers lequel on descendait, par une pente inclinée, sur un tapis de gazon tout bariolé de genêts aux fleurs jaunes et embaumées et d'arbousiers aux baies rouges comme des fraises, mais dont la saveur un peu grasse rappelle plutôt le goût de la banane que celui du beau fruit auquel il ressemble.

En arrivant à ce point de son voyage, le pèlerin pouvait pousser un soupir de satisfaction ; car il semblait que, parvenu là, il fût délivré désormais du double danger auquel il venait d'échapper : celui de se briser en roulant dans quelque précipice, ou d'être assassiné par quelque bandit de mauvaise humeur.

En effet, on voyait, à gauche du chemin, à la distance d'un quart de lieue à peu près, s'élever et blanchir, comme si ses murailles eussent été de craie, une petite bâtisse participant à la fois de l'auberge et de la forteresse.

Elle avait une terrasse avec un parapet découpé en créneaux, et une porte de chêne avec des traverses et des clous de fer.

Au-dessus de cette porte était peint le buste d'un homme au visage basané, à la barbe noire, à la tête coiffée d'un turban, et tenant en main un sceptre.

Cette inscription était gravée au-dessous de la peinture :

AL REY MORO.

Quoique rien n'indiquât que ce roi more, sous l'invocation duquel l'auberge florissait, fût le dernier souverain qui avait régné à Grenade, il était néanmoins évident pour tout homme n'étant pas complètement étranger au bel art de la peinture, que l'artiste avait eu l'intention de représenter le fils de Zoraya, Abou-abd-Allah, surnommé Al-Zaquir, dont Florian a fait, sous le nom de Boabdil, un des personnages principaux de son poëme de *Gonzalve de Cordoue*.

Notre hâte à faire comme les voyageurs, c'est-à-dire à mettre notre cheval au galop pour arriver à l'auberge, nous a fait négliger de jeter un coup d'œil, en passant, sur un personnage qui, pour paraître au premier abord d'humble condition, n'en mérite cependant pas moins une description particulière.

Il est vrai que ce personnage était à la fois perdu sous l'ombrage d'un vieux chêne et dans les sinuosités du terrain.

C'était une jeune fille de seize à dix-huit ans, qui, par certains points, semblait appartenir à quelque tribu moresque, quoique, par d'autres, elle eût le droit de réclamer sa place dans la grande famille européenne ; croisement probable des deux races, elle formait un chaînon intermédiaire qui réunissait, par un singulier mélange, à l'ardente et magique séduction de la femme du Midi, la douce et suave beauté de la vierge du Nord. Ses cheveux, qui, à force d'être noirs, atteignaient le reflet bleuâtre de l'aile du corbeau, encadraient, en retombant sur le cou, un visage d'un ovale parfait et d'une suprême dignité. De grands yeux bleus comme des pervenches, ombragés par des cils et des sourcils de la couleur des cheveux, un teint mat et blanc comme le lait, des lèvres fraîches comme des cerises, des dents à faire honte à des perles, un cou dont chaque ondulation avait la grâce et la souplesse de celui du cygne, des bras un peu longs mais d'une forme parfaite, une taille flexible comme celle du roseau qui se mire dans le lac, ou du palmier qui se balance dans l'oasis, des pieds dont la nudité permettait d'admirer la petitesse et l'élégance, tel était l'ensemble physique du personnage sur lequel nous nous permettons d'attirer l'attention du lecteur.

Quant à son costume, d'une sauvage fantaisie, il se composait d'une couronne de jasmin de Virginie, arrachée au treillage de la petite maison que nous avons déjà décrite, et dont les feuilles d'un vert sombre et les fruits de pourpre s'harmonisaient admirablement avec le noir de jais de sa chevelure. Son cou était orné d'une chaîne composée d'anneaux plats de la largeur d'un philippe d'or, enchevêtrés les uns dans les autres, et lançant de fauves reflets qui semblaient des jets de flamme. Sa robe, bizarrement coupée, était faite d'une de ces étoffes de soie rayées d'une bande mate et d'une bande de couleur, comme on en tissait alors à Grenade, et comme on en fabrique encore à Alger, à Tunis et à Smyrne. La taille était serrée par une ceinture sévillane à franges d'or, comme en porte de nos jours l'élégant majo qui, sa guitare sous la mante, s'en va donner une sérénade à sa maîtresse. Si la ceinture et la robe eussent été neuves, peut-être eussent-elles blessé la vue, par les tons un peu trop accentués de ces vives nuances, amour des Arabes et des Espagnols; mais les froissements et les fatigues d'un long usage avaient fait de tout cela un charmant ensemble qui eût réjoui alors l'œil du Titien, et qui, plus tard, eût fait bondir de joie le cœur de Paul Véronèse.

Ce qu'il y avait surtout d'étrange dans cette jeune fille, — quoique cette anomalie soit plus commune en Espagne que partout ailleurs, et à l'époque où nous la signalons qu'à toute autre époque, — ce qu'il y avait surtout d'étrange dans cette jeune fille, disons-nous, c'était la richesse du costume comparée à l'humilité de l'occupation : assise sur une grosse pierre, au pied d'une de ces croix funèbres dont nous avons parlé, à l'ombre d'un énorme chêne vert, les pieds trempant dans un ruisseau dont l'eau miroitante les recouvrait comme d'une gaze d'argent, elle filait à la quenouille et au fuseau.

Près d'elle bondissait, suspendue au rocher, et broutant le cytise amer, comme dit Virgile, une chèvre, bête inquiète et aventureuse, propriété habituelle de celui qui n'a rien.

Et, tout en tournant son fuseau de la main gauche, tout en tirant son fil de la main droite, et en regardant ses pieds, autour desquels bouillonnait et murmurait le ruisseau, la jeune fille chantait à demi-voix une espèce de refrain populaire qui, au lieu d'être l'expression de sa pensée, semblait ne servir que d'accompagnement à la voix qui murmurait au fond de son cœur, et que nul n'entendait.

Puis, de temps en temps, non pas pour la faire revenir, mais comme pour lui adresser un mot d'amitié, la chanteuse interrompait son chant et son travail, appelait sa chèvre du mot arabe par lequel on désigne son espèce, et, chaque fois que la chèvre entendait le mot *Maza*, elle secouait mutinement la tête, faisait tinter sa sonnette d'argent, et se remettait à brouter.

Voici les paroles que chantait la fileuse, sur un air lent et monotone dont nous avons, depuis, entendu les notes principales dans les plaines de Tanger et dans les montagnes de la Kabylie.

Au reste, c'était le romancero connu en Espagne sous le nom de la *Chanson du roi don Fernand*.

> Grenade, ô mon adorée!
> A la ceinture dorée,
> Sois ma femme et pour toujours!
> Prends en dot, dans mes Castilles :
> Trois couvents avec leurs grilles,
> Trois forts avec leurs bastilles,
> Trois villes avec leurs tours.

> Fouille, dans ta jalousie,
> Cet écrin d'Andalousie
> Que le Seigneur m'accorda :
> Dans ton humeur inconstante,
> Si la Giralda te tente,
> A Séville mécontente
> Nous prendrons la Giralda.

> Et ce que dira Séville,
> Ce que dira la Castille,
> Dans un siècle ou maintenant,
> O Grenade! peu m'importe!
> Autant le vent en emporte!
> Grenade, ouvre-moi ta porte :
> Je suis le roi don Fernand!

En ce moment, elle leva la tête pour appeler sa chèvre; mais à peine eut-elle prononcé le mot *Maza*, que sa parole s'arrêta, et que son regard se fixa sur l'extrémité de la route venant d'Alhama.

Un jeune homme apparaissait à l'horizon, et descendait, au grand galop de son cheval andalous, la pente de la montagne, coupée, selon l'épaisseur ou la rareté des arbres, de larges bandes d'ombre et de soleil.

La jeune fille le regarda un instant, se remit à son travail, et, tout en filant d'une façon plus distraite encore, comme si, ne le regardant plus, elle l'écoutait venir, elle reprit le quatrième couplet de sa chanson, qui était la réponse au roi don Fernand.

> O roi don Fernand, je t'aime !
> Mais j'ai — fatal anathème ! —
> Pour maître un More exigeant
> Qui me tient emprisonnée,
> Pauvre esclave couronnée,
> De chaînes d'or enchaînée,
> Dans sa tour aux clefs d'argent !

II

EL CORREO D'AMOR

Pendant que la fileuse chantait ce dernier couplet, le cavalier avait fait assez de chemin pour qu'en relevant la tête, elle pût distinguer et son costume et ses traits.

C'était un beau jeune homme de vingt-cinq à vingt-six ans, coiffé d'un chapeau à larges bords, dont une plume couleur de feu suivait d'abord la courbe, pour s'en éloigner ensuite en flottant.

Sous l'ombre que le feutre projetait sur sa figure, qui alors n'était plus éclairée qu'en demi-teinte, on voyait briller deux beaux yeux noirs, que l'on comprenait devoir s'allumer avec une facilité grande de la flamme de la colère, ou du feu de l'amour. Son nez, droit et d'une forme parfaite, surmontait deux moustaches légèrement relevées, et qui laissaient voir, entre la barbe du menton et celle des lèvres, des dents magnifiques, blanches et aiguës comme celles du chacal.

Il était couvert, malgré la chaleur, et peut-être même à cause de la chaleur, d'un de ces manteaux cordouans qui, taillés comme un puncho américain, et fendus au milieu d'une ouverture destinée à passer la tête, couvrent le cavalier depuis les épaules jusqu'à l'extrémité des bottes. Ce manteau, de drap couleur de feu, comme la plume du chapeau, brodé d'or à ses extrémités et tout autour de l'ouverture du col, couvrait un costume qui, si l'on en jugeait par le peu qu'on en pouvait apercevoir, c'est-à-dire par le bout des manches et par les rubans de la trousse, devait être d'une suprême élégance.

Quant à son cheval, qu'il maniait en cavalier consommé, c'était une charmante bête de cinq à six ans, au col arrondi, à la crinière flottante, à la croupe vigoureuse, à la queue balayant la terre, et au pelage de cette couleur précieuse que la dernière reine de Castille, Isabelle, venait de mettre à la mode ; au reste, c'était merveille qu'avec cette ardeur qui les animait tous deux, cheval et cavalier eussent pu passer par ces rigides sentiers dont nous avons tenté la description, et n'eussent point roulé dix fois l'un et l'autre dans les précipices d'Alcaacin ou d'Alhama.

Un proverbe espagnol dit qu'il y a un dieu pour les ivrognes et une déesse pour les amoureux.

Notre cavalier n'avait pas l'air d'un ivrogne ; mais, il faut le dire, il ressemblait comme deux gouttes d'eau à un amoureux.

Ce qui rendait cette ressemblance incontestable, c'est que, sans la regarder, et probablement même sans la voir, tant ses yeux étaient fixés en avant, et tant son cœur était tiré hors de lui, le cavalier passa près de notre jeune fille, en face de laquelle, bien certainement, le roi don Carlos lui-même, si sage et si retenu qu'il fût, malgré ses dix-neuf ans, eût risqué une halte, tant elle était belle, quand, levant la tête pour regarder le dédaigneux voyageur, elle murmura :

— Pauvre garçon !... c'est dommage !

Pourquoi la fileuse plaignait-elle le voyageur ? à quel danger présent ou futur faisait-elle allusion ?

C'est ce que nous allons probablement savoir en accompagnant jusqu'à la venta du *Roi more* l'élégant caballero.

Pour arriver jusqu'à cette venta, qu'il paraissait si pressé d'atteindre, il devait franchir encore deux ou trois mouvements de terrain pareils, à peu de chose près, à celui au fond duquel se tenait la jeune fille, lorsqu'il était passé sans la voir ou plutôt sans la regarder. Au fond de chacun de ces petits vallons, où le chemin seul était percé dans une largeur de huit ou dix pieds à peine, coupant d'épais maquis de myrtes, de lentisques et d'arbousiers, se dressaient deux ou trois croix indiquant que le voisinage de la venta n'avait aucunement préservé les voyageurs de cette destinée si commune, qu'il semblait que ceux qui passaient encore par les mêmes chemins où tant d'autres avaient péri, dussent avoir le cœur cuirassé de cet acier triple dont parle Horace, à propos du premier navigateur. En approchant de ces endroits de sinistre aspect, le cavalier se contentait de reconnaître que son épée battait toujours à son côté, et que ses pistolets étaient toujours pendus au crochet de sa selle; puis, lorsqu'il s'en était assuré à l'aide d'une main plutôt machinale qu'inquiète, il franchissait du même pas de son cheval, et du même visage tranquille, le mauvais passage, *el malo sitio*, comme on dit là-bas.

Arrivé au point culminant du chemin, il se dressait de nouveau sur ses étriers pour mieux voir la venta; puis, en l'apercevant, il piquait d'un double coup d'éperon sa monture, laquelle, comme si le désir de servir son cavalier l'eût rendue infatigable, se plongeait dans la petite vallée, pareille à la barque obéissante, qui redescend dans la profondeur des vagues, après en avoir surmonté la crête.

Ce peu d'attention que le voyageur donnait à la route qu'il parcourait, et ce grand désir qu'il paraissait avoir d'arriver à la venta, produisirent probablement deux effets.

Le premier, c'est qu'il ne remarqua point — embusqués qu'ils étaient dans les maquis aux deux côtés du chemin, étagés sur un espace d'un quart de lieue à peu près, comme des chasseurs en battue, — une dizaine d'hommes couchés à terre, et entretenant allumée, avec un soin minutieux, la mèche d'une escopette couchée à terre comme eux, et près d'eux. Au bruit des pas du cheval, ces hommes invisibles levaient la tête, s'appuyaient sur le bras et sur le genou gauche, prenaient de la main droite l'escopette fumante, et, machinalement, en se redressant sur un genou, en portaient la crosse à leur épaule.

Le second effet produit, c'est que, voyant la rapidité avec laquelle cheval et cavalier passaient, les hommes embusqués se disaient tout bas que le cavalier, étant sans doute attendu à la venta, allait y descendre, et qu'il était inutile, par conséquent, de faire éclater sur la grande route un bruit dénonciateur, qui pouvait écarter quelque caravane considérable, promettant un butin plus copieux que celui que l'on peut faire sur un seul voyageur, si riche et si élégant qu'il soit.

Ces hommes couchés n'étaient autres que les pourvoyeurs des tombes, sur lesquelles, en bons chrétiens, ils dressaient des croix, après y avoir couché les voyageurs assez imprudents pour essayer, au risque de leur vie, de défendre leur bourse, quand les dignes *salteadores* les saluaient, l'escopette au poing, de cette phrase sacramentelle, qui est à peu près la même dans toutes les langues et chez toutes les nations: *La bourse ou la vie!*

C'était probablement à ce danger, qui ne lui était pas inconnu, que la jeune fileuse faisait allusion, quand, regardant passer le beau voyageur, elle avait laissé échapper ces mots, accompagnés d'un soupir:

— C'est dommage !

Mais, on l'a vu, ces hommes embusqués, soit pour une cause, soit pour une autre, n'avaient point donné signe de présence. Seulement, de même que les chasseurs en battue, auxquels nous les avons comparés, se lèvent de leur poste quand le gibier est passé, de même quelques-uns d'entre eux, avançant la tête d'abord, puis le corps tout entier, sortirent du bois derrière le voyageur, et s'acheminèrent vers la venta, dans la cour de laquelle le cheval et le cavalier s'élancèrent rapidement.

Un mozuelo se tenait dans cette cour, prêt à prendre la bride du cheval.

— Une mesure d'orge à mon cheval ! un verre de xérès à moi ! un dîner, le meilleur possible, à ceux qui me suivent !

Comme le voyageur achevait ces mots, l'hostalero parut à sa fenêtre, et les hommes du maquis à la porte.

Les uns et les autres échangèrent un coup d'œil d'intelligence qui signifiait, de la part des hommes du maquis : « Nous avons donc bien fait de ne pas l'arrêter ? » et, de la part de l'hôte : « Parfaitement bien fait ! »

Puis, comme le cavalier, tout occupé de secouer la poussière qui couvrait son manteau et ses bottes, n'avait rien vu de ce double regard :

— Entrez, mon gentilhomme ! dit l'hostalero. Quoique située dans la montagne, la posada du *Roi more* n'est pas dénuée, Dieu merci ! Nous avons dans le garde-manger toute espèce de gibier, excepté du lièvre, qui est un animal immonde : nous avons une olla-podrida sur le feu, un gaspacho qui trempe depuis hier, et, si vous voulez attendre, un de nos amis, grand chasseur de ces sortes d'animaux, est à la poursuite d'un ours qui est descendu de la montagne pour manger mon orge ; bientôt nous aurons de la venaison fraîche à vous offrir.

— Nous n'avons pas le temps d'attendre le retour de ton chasseur, si séduisante que soit la proposition.

— Alors, je ferai de mon mieux, mon gentilhomme.

— Oui ; et, quoique je sois convaincu que la señora dont je me suis fait le courrier soit une véritable déesse qui ne vit qu'en respirant le parfum des fleurs, et en buvant la rosée du matin, prépare toujours ce que tu as de meilleur, et dis-moi dans quelle chambre tu comptes la recevoir.

L'hostalero ouvrit une porte, et montra au cavalier une grande chambre passée à la chaux, avec des rideaux blancs aux fenêtres et des tables de chêne.

— Dans celle-ci, dit-il.

— Bien ! répondit le voyageur ; verse-moi un verre de xérès, vois si mon cheval a sa mesure d'orge, et cueille-moi dans ton jardin un bouquet de tes plus belles fleurs.

— Cela va être fait, répondit l'hostalero. Combien de couverts ?

— Deux : un pour le père, un pour la fille ; les domestiques mangeront dans la cuisine après avoir servi les maîtres ; — ne leur épargne pas le val de Peñas.

— Soyez tranquille, mon cavalier, quand on parle comme vous, on est sûr d'être promptement et bien servi.

Et l'hostalero, pour donner sans doute la preuve de ce qu'il avançait, sortit en criant :

— Holà, Gil, deux couverts ! — Pérez, le cheval a-t-il son orge ? — Amapola, courez au jardin et coupez tout ce que vous trouverez de fleurs !

— Très-bien ! murmura le cavalier avec un sourire de satisfaction ; — à mon tour, maintenant.

Détachant alors de la chaîne qui pendait à son cou une petite boule d'or de la grosseur d'un œuf de pigeon, toute ciselée à jour, il l'ouvrit, la posa sur la table, alla chercher dans la cuisine un charbon ardent, le mit dans la boîte d'or, et sur le charbon égrena une pincée de poudre dont la fumée se répandit aussitôt dans la salle, exhalant cette odeur douce et pénétrante qui caresse l'odorat dès qu'on entre dans la chambre d'une femme arabe.

— En ce moment, l'hostalero reparut tenant, d'une main, une assiette supportant un verre plein de xérès, et, de l'autre, une bouteille nouvellement entamée ; derrière lui venait Gil avec une nappe, des serviettes et une pile d'assiettes ; enfin, derrière Gil, Amapola, perdue dans une brassée de ces fleurs aux couleurs ardentes, qui n'ont pas d'équivalent en France, et qui sont si communes en Andalousie, que je n'ai même pu en savoir les noms.

— Faites un bouquet des plus belles fleurs, la fille, dit le cavalier, et donnez-moi les autres.

Amapola fit un choix des plus belles fleurs, et, quand le bouquet fut massé :

— Est-ce cela ? demanda-t-elle.

— Parfaitement, dit le voyageur : liez-le, maintenant.

Il passa comme un éclair, en criant : A l'assassin ! — Page 22.

La jeune fille chercha des yeux un fil, un cordon, une ficelle.

Mais le voyageur tira de sa poche un ruban d'or et de pourpre dont il paraissait avoir fait provision pour cet usage, et dont il coupa une certaine mesure avec son poignard.

Puis il donna le ruban à Amapola, qui lia le bouquet, et, d'après l'ordre du jeune homme, le posa sur une des deux assiettes dont Gil venait d'orner la table principale.

Alors lui-même se mit à effeuiller les autres fleurs de manière à faire, de la porte de la cour à la table, un chemin tout jonché, comme ceux que l'on prépare au saint sacrement, le jour de la Fête-Dieu.

Après quoi, appelant l'hostalero :

— Mon ami, lui dit-il, voici un philippe d'or pour le dérangement que je t'ai causé.

L'hôte s'inclina.

— Maintenant, continua le jeune cavalier, si don Inigo Velasco de Haro te demande qui a commandé son dîner, tu lui diras que c'est un homme dont tu ignores le nom. Si doña Flor te demande qui a fait pour elle cette jonchée, qui lui a préparé ce bouquet, qui a brûlé ces parfums, tu lui diras que c'est son courrier d'amour, don Ramiro d'Avila.

Et, s'élançant légèrement sur son beau cheval, dont le mozuelo tenait le mors, il bondit d'un seul élan hors de la cour de la venta, et continua son chemin au galop dans la direction de Grenade.

III

DON INIGO VELASCO DE HARO

Placée où elle était, c'est-à-dire au fond d'un de ces plis de terrain que nous avons indiqués, la belle fille à la chèvre n'avait pu ni voir le jeune cavalier entrer dans la venta, ni l'en voir sortir; mais elle avait paru écouter avec attention si quelque bruit indicateur de ce qui se passait n'arriverait pas jusqu'à elle, et plusieurs fois, levant vers le ciel ses beaux yeux interrogateurs, elle avait semblé étonné que le passage du beau et riche gentilhomme n'eût été suivi d'aucun événement extraordinaire.

C'est qu'elle ignorait tout naturellement, n'ayant point quitté sa place, et n'ayant point entendu le dialogue du voyageur avec l'hostalero, à quelle circonstance tout égoïste de la part des familiers de la venta, le courrier d'amour de la belle doña Flor devait d'être sorti sain et sauf de leurs mains.

Au reste, au moment même où, après avoir fait toutes les dispositions pour que la venta du *Roi more* fût digne de recevoir don Inigo Velasco et sa fille, don Ramiro d'Avila s'élançait hors de la cour, et reprenait le chemin de Grenade, l'avant-garde de la caravane annoncée par l'élégant maréchal des logis commençait à se faire visible aux yeux de la bohémienne.

Cette caravane se divisait en trois corps bien distincts.

Le premier — celui qui servait d'avant-garde, et qui, ainsi que nous l'avons dit, commençait à apparaître sur le versant occidental de la petite montagne, — se composait d'un seul homme appartenant à la maison domestique de don Inigo Velasco, seulement, comme les campieri de Sicile, qui, domestiques dans les temps de paix, deviennent soldats aux heures du danger, celui-là, revêtu d'un costume moitié livrée, moitié militaire, portait une longue rondache à son côté, et tenait droite comme une lance, et la crosse appuyée à son genou, une arquebuse dont la mèche tout allumée ne laissait pas de doute sur l'intention que la caravane avait de se défendre, au cas où elle serait attaquée.

Le corps d'armée, qui venait à une trentaine de pas environ de l'avant-garde, se composait d'un vieillard de soixante à soixante-cinq ans, et d'une jeune fille de seize à dix-huit.

Enfin, après eux, et marchant à la même distance que l'homme chargé d'éclairer la route, venait l'arrière-garde, composée de deux serviteurs portant rondache au côté, et arquebuse fumante au genou.

En tout, deux maîtres et trois domestiques.

Comme les domestiques sont destinés à remplir une médiocre place dans le cours de cette histoire, tandis qu'au contraire les deux maîtres doivent y jouer des rôles principaux, qu'on nous permette de négliger MM. Nuñez, Camacho et Torribio, pour nous occuper spécialement de don Inigo Velasco de Haro et de doña Flor, sa fille.

Don Inigo Velasco était, comme nous l'avons dit, un vieillard de soixante à soixante-cinq ans, quoique le mot vieillard devienne peut-être impropre à l'endroit d'un homme vieux d'âge peut-être, mais à coup sûr jeune de corps.

En effet, sa barbe à peine grisonnante, ses cheveux qu'il portait longs, à la mode de Philippe le Beau et de Ferdinand le Catholique, à peine mouchetés de la neige d'hiver, indiquaient un homme de cinquante à cinquante-cinq ans, tout au plus.

Et, cependant, il était frappé de ce malheur, commun à tous ceux qui ont eu une jeunesse illustre, de ne pouvoir cacher son âge, ayant plus d'une fois, et à des époques différentes, imprimé profondément sa trace dans l'histoire de son pays. A trente ans, don Inigo Velasco, héritier d'un des noms les plus illustres et d'une des familles les plus riches de la Castille, poussé au désir des aventures par l'amour que lui avait inspiré une jeune fille qu'il ne pouvait épouser, — attendu que le père de doña Mercedès de Mendo (c'était le nom de cette reine de beauté) était ennemi du sien, leurs pères, à eux, s'étant juré une haine éternelle; — à trente ans, disons-nous, don Inigo Velasco, qui avait eu pour précepteur le père Marchena, c'est-à-dire un des premiers prêtres qui, au risque de se trouver en opposition avec les saintes Écritures, avaient reconnu, sur la démonstration de Christophe Colomb, que la terre pouvait bien être ronde, — don Inigo Velasco avait, par désespoir plutôt que par conviction, adopté les théories et secondé les prétentions du navigateur génois.

On sait ce qu'eut à souffrir à la cour des rois catholiques ce pauvre homme de génie, que les moins malveillants des conseillers d'Isabelle et de Ferdinand traitaient de visionnaire et de fou, quand, après avoir inutilement exposé à Gênes, sa patrie, le projet qu'il avait conçu de retrouver, en marchant vers l'ouest, l'empire du Cathay, indiqué par son prédécesseur Marco Polo; quand, après avoir été repoussé par Jean II, qui envoya secrètement et traîtreusement un pilote tenter cette expédition, que tout haut on traitait d'insensée, il se présenta au roi d'Aragon Ferdinand et à la reine de Castille Isabelle, offrant de doter l'Espagne, non pas d'une ville, non pas d'une province, non pas d'un royaume, mais d'un monde !

Huit ans s'écoulèrent en démarches et en instances inutiles.

Par bonheur pour l'illustre Génois, — plus d'une fois déjà nous avons philosophé sur ce texte si riche des petites causes et des grands effets, — par bonheur pour l'illustre Génois, disons-nous, la Providence permit qu'au moment où Christophe Colomb voulait entreprendre son voyage, qu'au moment où tombait avec son dernier rempart l'empire des califes en Espagne, le neveu d'une des plus tendres amies de la reine fût amoureux à en perdre la raison d'une jeune fille qu'il n'avait aucun espoir d'épouser.

Nous demandons humblement pardon à l'amour de le mettre au nombre des petites causes.

Mais, petite ou grande, la cause produisit un effet immense.

Nous avons dit la cause; disons l'effet.

Ce neveu, on sait déjà son nom, c'était don Inigo Velasco, comte de Haro.

Cette tante, c'était Béatrix, marquise de Moya.

Or, la reine Isabelle n'avait pas de plus tendre amie, de confidente plus intime que la marquise Moya. — Nous inscrivons le fait pour mémoire; tout à l'heure nous allons y revenir.

Quant à Velasco, il avait résolu d'en finir avec la vie, et, s'il n'avait pas été tué dix fois, c'est que, comme devant tous les cœurs résolus, la mort avait reculé devant lui. Dans les guerres que les rois catholiques poursuivaient contre les Mores, il avait constamment combattu au premier rang : il était à l'assaut des forteresses d'Illora et de Moclin, ces deux bastilles si importantes de la ville reine, qu'on les appelait les deux yeux de Grenade; il était au siége de Vélez quand le zagal Abd-Allah essaya de faire lever le siége de cette ville, et fut repoussé avec une perte terrible; il était à la prise de Gibalfaro, lorsque la ville d'Ibrahim fut emportée et mise au pillage; il était enfin sous les murs de la capitale de Boabdil, quand, après avoir, selon l'expression espagnole, mangé la grenade grain à grain, c'est-à-dire conquis le royaume ville à ville, les rois catholiques entourèrent la cité qu'ils bloquaient d'une ville nouvelle, avec des maisons, des églises, des remparts, et qu'ils nommèrent Santa-Fé, en signe de leur espérance et du vœu qu'ils avaient fait de ne point abandonner le blocus de Grenade, que Grenade ne fût rendue.

Grenade se rendit le 25 novembre 1491, l'an 879 de l'hégire, le 22ᵉ jour de la lune de Moharrem.

Pour Colomb, qui depuis huit ans attendait, c'était le moment de revenir à la charge; le roi Ferdinand et la reine Isabelle venaient d'achever l'œuvre commencée par Pélage, il y avait sept siècles : ils venaient d'en finir avec les infidèles d'Espagne.

Colomb proposait son expédition en lui donnant pour but principal la conversion des infidèles d'un monde nouveau.

Pour arriver à ce but, il ne demandait que deux caravelles, cent hommes d'équipage et trois mille couronnes.

Enfin, à côté du but religieux, il proposait, comme résultat matériel, des placers d'or inépuisables, des mines de diamants sans prix. Qui pouvait donc empêcher l'avare Ferdinand et la pieuse Isabelle de tenter une entreprise qui, au point de vue temporel et spirituel, présentait, une fois admise l'existence de ce monde inconnu, toutes les apparences d'une heureuse spéculation ?

Ce qui l'empêchait, nous allons le dire.

Christophe Colomb, élevant d'avance la récompense à la hauteur du service, demandait le rang d'amiral des flottes espagnoles, le titre de vice-roi de tous les pays qu'il découvrirait, le dixième des bénéfices que rapporterait l'expédition, et le maintien dans sa postérité mâle des titres et des honneurs qui lui seraient accordés.

Ces prétentions paraissaient d'autant plus exagérées, que Christophe Colomb, — quoiqu'il prétendît descendre d'une des plus illustres familles de Plaisance, quoiqu'il écrivît à la reine Isabelle que, si elle le nommait amiral, il ne serait pas le premier amiral de sa famille, — que Christophe Colomb, disons-nous, n'avait pu produire des preuves de sa noblesse, et que le bruit se répandait à la cour qu'il était tout simplement le fils d'un pauvre tisserand de Cogoreo ou de Nervi.

Ces prétentions, en conséquence, avaient soulevé l'indignation de l'archevêque de Grenade, Ferdinand de Talavera, chargé par Leurs Majestés Catholiques d'examiner le projet du *pilote génois*, comme on appelait généralement Christophe Colomb à la cour.

C'était surtout ce dixième dans les bénéfices, représentant juste l'impôt que l'Église prélevait sous le nom de *dixme*, qui blessait les suceptibilités religieuses de don Ferdinand de Talavera.

Or, le pauvre Christophe Colomb jouait de malheur, car ses trois autres prétentions — celle d'être élevé au rang d'amiral, celle de prendre le titre de vice-roi, enfin celle d'avoir l'hérédité de ce titre, comme dans une famille royale ou princière, — avaient, de leur côté, blessé l'orgueil de Ferdinand et d'Isabelle, les souverains, à cette époque, n'étant point encore habitués à traiter de pair avec un simple particulier, et Colomb, tout pauvre et tout obscur qu'il était, parlant avec autant de fierté que s'il eût déjà porté sur sa tête la couronne d'or de Guacanagari et de Montezuma !

Il en était résulté qu'après une vive discussion dans le conseil, où Christophe Colomb comptait deux partisans seulement, don Luis de Saint-Angel, receveur des revenus ecclésiastiques d'Aragon, et don Alonzo de Quintanilla, directeur des finances de Castille, la proposition avait été définitivement rejetée, à la grande satisfaction du roi Ferdinand, l'homme du doute et de la matière, et à la grande tristesse de la reine Isabelle, la femme de la poésie et de la foi.

Quant aux ennemis de Colomb, — et ils étaient nombreux à la cour, — ils regardaient la sentence comme irrévocable, et croyaient bien être débarrassés à tout jamais de ce ridicule rêveur qui faisait, près des services qu'il promettait de rendre, paraître mesquins tous les rendus.

Mais ils avaient comp

Velasco, comte de Haro, et sans sa tante Béatrix, marquise de Moya.

En effet, le lendemain du jour où le refus de Leurs Majestés Catholiques avait été transmis à Colomb par l'archevêque don Ferdinand de Talavera, — refus qu'avaient essayé d'atténuer don Luis de Saint-Angel et don Alonzo de Quintanilla, mais qui n'en avait pas moins laissé sans espoir le pauvre navigateur, — doña Béatrix entra dans l'oratoire de la reine, et, d'une voix sensiblement émue, lui demanda audience pour son neveu.

Isabelle, étonnée de l'aspect presque embarrassé de son amie, la regarda un instant; puis, avec ce ton de douceur qui lui était habituel quand elle parlait à ses familiers :

— Que dis-tu donc là, ma fille? demanda-t-elle.

Ma fille était un nom d'amitié que la reine de Castille donnait habituellement, mais sans le prodiguer néanmoins, à ses amies particulières.

— Je dis à Votre Altesse que mon neveu don Inigo Velasco a l'honneur de solliciter d'elle une audience de départ.

— Don Inigo Velasco? reprit Isabelle cherchant évidemment à fixer ses souvenirs sur celui dont il était question; n'est-ce point ce jeune capitaine qui s'est si fort distingué pendant notre dernière guerre, aux assauts d'Illora et de Moclin, au siége de Vélez, à la prise de Gibalfaro, et dans mainte autre occasion ?

— C'est cela! s'écria doña Béatrix toute joyeuse, et surtout toute fière que le nom de son neveu eût éveillé de pareils souvenirs dans le cœur de la reine ; — oui, oui, Altesse, c'est bien lui !

— Et tu dis qu'il part? demanda Isabelle.

— Oui, Altesse.

— Pour un long voyage?

— J'en ai peur.

— Quitterait-il l'Espagne?

— Je le crois.

— Ah! ah!

— Il donne comme excuse qu'il n'a plus rien à y faire pour le service de Votre Majesté.

— Et où va-t-il?

— J'espère que, sur ce point, dit doña Béatrix, la reine daignera permettre qu'il réponde lui-même.

— C'est bien, ma fille; dis-lui qu'il peut entrer.

Et, tandis que la marquise de Moya, se chargeant d'être l'introductrice de son neveu, s'avançait vers la porte, la reine Isabelle s'assit, et, plutôt pour avoir une contenance que pour travailler réellement, elle prit une bannière qu'elle était en train de broder en l'honneur de la Vierge, à l'intercession de laquelle elle attribuait l'heureuse reddition de Grenade, qui avait eu lieu, on le sait, par capitulation, et sans qu'il y eût de sang versé.

Un instant après, la porte se rouvrit; le jeune homme entra conduit par doña Béatrix, et, à quelques pas d'Isabelle, s'arrêta respectueusement tenant son chapeau à la main.

IV

ISABELLE ET FERDINAND

Don Inigo Velasco — que nous venons de montrer à nos lecteurs comme un magnifique vieillard de soixante à soixante-cinq ans — était, à l'époque de la prise de Grenade, un beau jeune homme de trente à trente-deux ans, avec de grands yeux et de longs cheveux noirs; son visage pâle était profondément empreint de cette teinte mélancolique qui indique la présence d'un amour malheureux, et qui, par conséquent, est toujours une puissante recommandation près d'une femme, cette femme fût-elle reine.

Une blessure à peine guérie alors, mais dont la cicatrice s'était perdue, depuis, dans les premières rides de la vieillesse, sillonnait son front d'une ligne rougeâtre, et attestait qu'il avait attaqué de près, et en face, les Mores, dont le cimeterre avait laissé cette trace sanglante sur son front.

La reine, qui avait souvent entendu parler de lui, comme d'un beau cavalier d'amour, et comme d'un beau capitaine de guerre, mais qui le voyait pour la première fois, regarda don Inigo avec ce double intérêt qui s'attachait d'abord au neveu de sa meilleure amie, et ensuite à un cavalier qui venait de combattre si vaillamment pour la cause de son Dieu et de ses rois !

— Vous êtes don Inigo Velasco? demanda Isabelle après un moment d'attention, pendant lequel le plus profond silence avait régné dans l'oratoire, où se tenaient cependant, près d'elle ou loin d'elle, assises ou debout, selon la familiarité dont elles étaient honorées, ou le rang qu'elles occupaient, une douzaine de personnes.

— Oui, Altesse, répondit don Inigo.

— Je vous croyais *rico hombre*.

— Je le suis, en effet, Altesse.

— Pourquoi ne vous couvrez-vous pas devant nous, alors?

— Parce que le respect que j'ai pour la femme m'interdit le droit que veut bien me rappeler la reine.

Isabelle sourit, et, le tutoyant, comme c'est encore aujourd'hui l'habitude des rois et des reines de Castille à l'égard de ceux qu'on appelle de nos jours *grands d'Espagne*, et que l'on appelait alors *ricos hombres*:

— Eh bien, don Inigo, demanda-t-elle, tu veux donc voyager, mon enfant?

— Oui, Altesse, répondit le jeune homme.

— Et pourquoi cela?

Don Inigo garda le silence.

— Il me semble, pourtant, continua Isabelle, qu'il y a nombre de places à ma cour qui iraient bien à un jeune homme de ton âge, et à un vainqueur de ton mérite.

— Votre Altesse se trompe sur mon âge, répondit don Inigo en secouant tristement la tête : je suis vieux, madame.

— Toi? fit la reine étonnée.

— Oui, madame; car on est vieux, quelque âge que l'on ait, le jour où l'on a perdu toute illusion ! et, quant à ce titre de vainqueur que vous voulez bien me donner, comme à un Cid, je l'aurai bientôt perdu, puisque, grâce à la reddition de Grenade, et à la chute du dernier roi more, Abou-abd-Allah, vous n'avez plus d'ennemis à vaincre dans votre royaume.

Le jeune homme prononça ces paroles d'un ton si profondément triste, que la reine le regarda avec étonnement, et que doña Béatrix, qui, sans doute, était au courant des chagrins d'amour de son neveu, essuya une larme qui roulait silencieuse de sa paupière sur sa joue.

— Et où veux-tu aller? demanda la reine.

— Je veux aller en France, Altesse !

Isabelle fronça légèrement le sourcil.

— Le roi Charles VIII, demanda-t-elle cessant de le tutoyer, vous-a-t-il donc engagé à ses noces avec l'héritière de Bretagne, ou vous a-t-il offert de prendre du service dans l'armée qu'il lève, dit-on, pour conquérir l'Italie?

— Je ne connais point le roi Charles VIII, madame, répondit don Inigo ; et, quelque offre qu'il me fît pour servir dans ses armées, je refuserais son offre, car ce serait bien certainement servir contre ma bien-aimée souveraine.

— Et que vas-tu faire en France, si tu n'y vas pas chercher un maître qui te convienne mieux que nous?

— J'y accompagne un ami que vous avez chassé.

— Qui cela?

— Christophe Colomb, madame.

Il se fit un instant de silence pendant lequel on entendit le léger cri que faisait, en s'entr'ouvrant, la porte du cabinet du roi.

— Nous n'avons point, à Dieu ne plaise ! chassé votre ami, don Inigo, reprit Isabelle avec une mélancolie dont à son tour elle n'était pas maîtresse; seulement, nos conseils ont déclaré que les conditions imposées par le Génois étaient tellement exorbitantes, qu'il nous était impossible de les accepter sans manquer à ce que nous devons à nous-mêmes et à nos deux couronnes. Si votre ami, don Inigo, avait consenti à faire quelque concession, la bonne volonté du roi Ferdinand, et l'intérêt que je lui portais pour ma part, eussent rendu facile l'exécution d'un projet dont il doit à lui-même la mauvaise réussite.

Isabelle se tut, attendant la réponse de don Inigo; mais don Inigo ne répondit pas.

— D'ailleurs, continua-t-elle, outre que la théorie du Génois sur la circonférence de la terre s'accorde mal avec le texte des saintes Écritures, vous savez que les plus savants hommes du royaume traitent Christophe Colomb de visionnaire.

— Ce n'est point d'un visionnaire, Altesse, répondit le neveu de doña Béatrix, de renoncer à ses espérances plutôt qu'à sa dignité. Colomb traite pour un empire dix fois grand, à ce qu'il prétend, comme l'Espagne, et ses prétentions s'élèvent à la hauteur du sujet. Je comprends cela.

— Mon neveu! murmura doña Béatrix.

— Aurais-je, sans le vouloir, manqué de respect à la reine? demanda don Inigo. J'en serais aux plus profonds regrets.

— Non, mon enfant, non! dit vivement Isabelle.

Puis, après avoir réfléchi un instant :

— Tu crois donc, demanda-t-elle à don Inigo, qu'il y a quelque chose de sérieux, de possible, de réel au fond des rêveries de ce pilote?

— Je suis trop ignorant pour répondre à Votre Altesse au nom de la science, madame, dit don Inigo; mais je lui répondrai au nom de la foi : la conviction de Colomb m'a convaincu moi-même, et, de même que Votre Altesse avait fait vœu de ne pas quitter Santa-Fé, qu'elle n'eût pris Grenade, j'ai fait vœu, moi, de ne pas quitter Colomb, qu'il n'ait mis le pied sur la terre de ce monde inconnu dont il voulait faire don à Votre Altesse, et que Votre Altesse a refusé.

— Mais, dit Isabelle en essayant de plaisanter, quoique la parole grave du jeune homme lui en ôtât, sinon l'envie, du moins le pouvoir; mais, puisque tu as une foi si grande dans la science du Génois, et qu'il n'a besoin que de deux caravelles, de cent matelots et de trois mille couronnes pour accomplir son entreprise, pourquoi, sur ta propre fortune, qui est triple de ce que demande ton ami, n'as-tu pas fait bâtir les deux caravelles, engagé les cent matelots, et avancé les trois mille couronnes? Colomb, alors, ne devant plus rien à personne, eût pu être roi, et te nommer vice-roi de son royaume imaginaire.

— Je le lui ai offert, Altesse, répondit gravement don Inigo, non pas dans l'espoir d'une si haute récompense : je ne suis pas ambitieux; mais Colomb a refusé mon offre.

— Colomb a refusé la réalisation d'un projet qu'il poursuit depuis vingt ans, quand cette réalisation s'est offerte à lui? s'écria Isabelle... Ah! par exemple, tu ne me feras pas accroire cela, mon enfant!

— C'est, cependant, la vérité, Altesse, répondit don Inigo en s'inclinant avec respect.

— Et quel motif a-t-il donné à son refus?

— Il a dit qu'il fallait le nom et le patronage d'un grand roi pour consacrer une pareille entreprise, et que, puisqu'il ne pouvait la faire sous la protection des pavillons portugais ou espagnols, il allait voir si Charles VIII ne consentirait pas à l'abriter sous les trois fleurs de lis de France.

— Le Génois est parti pour la France? le Génois est allé porter son projet à Charles VIII? Êtes-vous bien sûr de cela, señor don Inigo? demanda Ferdinand d'Aragon entrant tout à coup, et se mêlant à la conversation, qu'il écoutait déjà depuis quelques minutes.

A cette entrée inattendue, chacun se retourna jetant un léger cri, ou tout au moins laissant échapper un geste de surprise.

Seul, don Inigo, comme s'il eût entendu le bruit de la porte, et deviné qui la poussait, ne manifesta que du respect en s'inclinant devant le roi, ainsi qu'il l'avait fait devant la reine.

Mais, pour constater, sans doute, le droit qu'il avait de rester couvert devant le roi d'Aragon, il replaça sur sa tête son chapeau, que, d'ailleurs, il ôta presque aussitôt en se retournant du côté d'Isabelle, dont il paraissait attendre son congé comme de son unique souveraine.

Celle-ci, au reste, tressaillit de joie en voyant avec quelle ardeur Ferdinand, si calme d'ordinaire, accueillait cette nouvelle, humiliante pour l'Espagne, que Colomb était allé demander protection à un autre souverain.

Et, comme don Inigo ne répondait point à l'interrogation du roi Ferdinand :

— Entends-tu ce que te demande le roi d'Aragon? dit-elle au jeune homme; il te demande s'il est bien vrai que le Génois soit parti pour la France, et si, bien réellement, il est allé offrir ses services au roi Charles VIII.

— J'ai quitté ce matin Christophe Colomb à la porte de Bara, madame; il suivait la route des côtes dans l'espoir de trouver à s'embarquer pour la Provence, à Alicante, à Valence ou à Barcelone.

— Et alors? dit Ferdinand.

— Alors, sire, reprit don Inigo, je suis venu demander à la reine la permission de suivre ce grand homme, de m'embarquer avec lui, et de partager sa fortune, bonne ou mauvaise.

— Ainsi, tu comptes le rejoindre?

— Aussitôt que j'en aurai reçu permission de ma gracieuse souveraine, répondit don Inigo.

— Sans doute, il s'éloigne accablé du peu de succès qu'ont eu près de nous ses sollicitations?

— Il s'éloigne la tête haute et le visage serein, Altesse; car, si le regret et le désappointement pèsent sur son cœur, son cœur présente une base assez large pour supporter ce double fardeau!

Ferdinand demeura un instant muet devant cette fière réponse; puis, passant la main sur son front devenu soucieux :

— Je crains, murmura-t-il en laissant échapper un soupir, que mes conseillers n'aient été bien prompts dans leur refus à l'égard de cet homme. Qu'en dites-vous, madame?

Mais, dès les premiers mots que le roi avait prononcés, Isabelle s'était levée, et, allant à lui :

— Oh! monseigneur, lui dit-elle les mains jointes, je m'étais soumise à la décision du conseil, parce que je croyais cette décision émanée de vous; mais, si je m'étais trompée, s'il vous restait encore quelque sympathie pour l'homme qui inspire de pareils dévouements, qui soulève un semblable enthousiasme, il ne faudrait prendre conseil que de vous, de votre génie, de votre grandeur!

— Croyez-vous, don Inigo, demanda Ferdinand d'une voix dont chaque mot tomba comme une goutte d'eau glacée sur le cœur d'Isabelle, croyez-vous que Colomb, en supposant même qu'il rencontre la terre du Cathay et le royaume de Cipango, trouve dans ce nouveau monde assez d'épices, d'aromates, de pierres précieuses et d'or, pour couvrir les frais énormes que nécessite une pareille expédition?

Isabelle sentit la sueur perler à son front; elle éprouvait ce qu'éprouvent les cœurs poétiques, quand une personne qui a droit à leur amour ou à leur respect oublie pour un instant de parler un langage en harmonie avec leur rang élevé et leur haute position.

Elle n'eut pas le courage de répondre. Don Inigo répondit pour elle.

— Votre Altesse appelle des frais énormes, ceux qu'entraînera le service de deux caravelles avec cent hommes d'équipage?... Quant aux trois mille couronnes, c'est une somme que, plus d'une fois, ont dépensée, dans une nuit de jeu ou de folie, quelques-uns des gentilshommes qui sont au service de Votre Altesse.

— Puis, d'ailleurs, se hâta de dire Isabelle, s'il ne s'agit que de l'argent nécessaire à l'expédition, je le trouverai, moi.

— Vous! et où cela? demanda Ferdinand.

— Mais, je l'espère, dans les coffres du trésorier de Castille, répondit Isabelle; et, s'ils ne contenaient pas même cette faible somme, je serais toute disposée à engager ou à vendre mes propres bijoux, plutôt que de voir Colomb porter à un autre roi et à une autre nation un projet qui, s'il réussit, fera, du royaume qui aura protégé Colomb, le royaume le plus riche et le plus puissant du monde !

Ferdinand fit entendre un murmure qui n'était ni approbateur ni improbateur ; la marquise de Moya jeta un cri d'admiration ; don Inigo fléchit un genou devant la reine.

— Que faites-vous là, don Inigo ? demanda Isabelle en souriant.

— J'adore ma souveraine comme elle mérite d'être adorée, dit le jeune homme, et j'attends qu'elle me donne l'ordre de partir, pour arrêter Christophe Colomb dans sa route, et le ramener à Santa-Fé.

Isabelle jeta un regard de prière sur le roi d'Aragon.

Mais le froid et habile politique n'était pas homme à se laisser entraîner, d'une façon irréfléchie, à tous ces mouvements d'enthousiasme qu'il permettait à peine aux jeunes hommes et aux femmes, et qui, selon lui, devaient constamment être tenus à respectueuse distance de l'esprit des ministres et du cœur des rois.

— Dites à ce jeune homme de se relever, madame, fit-il, et venez causer avec moi de cette importante affaire.

Isabelle alla au roi, s'appuya à son bras, et, sans sortir de l'oratoire, tous deux se retirèrent dans l'embrasure d'une fenêtre dont les vitraux coloriés représentaient le triomphe de la Vierge.

Le jeune homme étendit les deux mains vers l'image de la madone.

— O sainte mère de Dieu, dit-il, fais descendre dans le cœur de ce roi la divine lumière qui couronne ton front !

Sans doute, la prière de don Inigo fut exaucée ; car, peu à peu, sous les instantes prières d'Isabelle, on vit se fondre la glace du masque de Ferdinand ; un signe de tête indiqua son adhésion, et, élevant la voix :

— Allons, dit-il, qu'il soit fait selon le désir de notre chère Isabelle !

Toutes les poitrines, qui étaient serrées par l'attente, se dilatèrent dans un soupir de satisfaction.

— Montez à cheval, jeune homme, continua Ferdinand, et allez dire à cet entêté Génois qu'il faut bien que les rois cèdent, puisqu'il ne veut pas céder.

— Ainsi, madame ?... demanda don Inigo voulant avoir, non-seulement l'approbation du roi, mais encore celle de la reine.

— Nous consentons à tout, dit Isabelle, et votre ami Colomb peut revenir, sans crainte de rencontrer de nouvelles difficultés.

— Oh ! est-ce bien vrai, madame, et ai-je bien entendu ? s'écria don Inigo.

— Voici ma main, dit Isabelle.

Le jeune homme se précipita sur cette main royale, qu'il effleura respectueusement de ses lèvres ; puis il s'élança hors de la chambre en criant :

— Mon cheval ! mon cheval !

Cinq minutes après, on entendait retentir le pavé de la cour sous le galop pressé du cheval de don Inigo, galop dont le bruit se perdit bientôt dans l'éloignement.

V

DONA FLOR

Don Inigo avait rejoint Colomb à dix lieues de Santa-Fé, et l'avait ramené à la cour des rois catholiques.

Celui-ci y était rentré plein d'irritation et de doute ; mais bientôt la bonne nouvelle que lui avait portée don Inigo, et à laquelle il refusait de croire, lui avait été confirmée par la bouche des deux souverains.

Puis il avait reçu tous les ordres nécessaires, et était parti pour le port de Palos de Moguer, village situé à l'embouchure du Tinto, près de la ville d'Huelva !

Ce qui avait fait choisir ce port par Ferdinand, ce n'était pas, comme on eût pu le croire, parce que, donnant dans l'Atlantique, il abrégeait d'autant le chemin, mais parce que, à la suite d'une condamnation judiciaire que le village de Palos avait encourue, ce village devait fournir à la couronne deux caravelles tout armées.

Ferdinand n'avait donc d'autres frais à faire que ceux des trois mille couronnes. Cependant, soyons juste, et disons que, vers le commencement de juin, Colomb fut avisé que, sur la demande d'Isabelle, sa protectrice déclarée, un troisième navire lui était accordé.

Il est vrai que Ferdinand venait d'apprendre que grâce aux instances de Barthélemy Colomb, frère du célèbre navigateur, Henri VII faisait offrir à celui-ci tous les avantages qui venaient de lui être accordés en Espagne.

Quant à don Inigo, après avoir accompagné son ami à Palos, il était revenu à Cordoue sur une lettre qu'il avait reçue par un courrier extraordinaire, faisant promettre à Colomb qu'il ne quitterait pas l'Espagne sans lui, et qu'il lui ferait savoir, à Cordoue, le jour précis de son départ.

Colomb devait trop à ce fidèle ami pour ne point souscrire à cette demande. Dans le courant du mois de juillet 1492, il fit prévenir don Inigo qu'il mettrait à la voile le 3 août suivant.

Le 2 août, le jeune homme arriva, plus sombre mais plus résolu que jamais.

Don Inigo accompagna donc son ami Colomb à travers tous les dangers de cette première navigation. Il était sur le pont, dans la nuit du 11 au 12 octobre, quand le matelot en vigie à bord de la *Pinta*, cria : « Terre ! » Il descendit le second dans l'île de San-Salvador, au milieu des habitants étonnés qui regardaient en silence ces étrangers arrivant d'un monde inconnu : — le premier était Colomb, qui s'était réservé cet honneur de planter l'étendard de Castille sur cette terre qu'il avait découverte. Il le suivit à Cuba, à Saint-Domingue ; revint en Espagne avec lui au mois de mars 1493 ; repartit avec lui au mois de septembre de la même année, sans que les instances de sa tante, ni celles de la reine Isabelle et du roi Ferdinand pussent

le retenir à la cour ; aborda avec lui aux Petites-Antilles, à la Dominique, c'est-à-dire à la Guadeloupe, à Saint-Christophe, aux îles Sous-le-Vent. Il combattit avec lui et contre les caciques et contre les propres compagnons de Colomb révoltés ; repartit une seconde fois avec lui, quand les accusations de ses ennemis forcèrent l'illustre Génois de quitter sa vice-royauté pour venir se justifier devant ceux qu'il avait faits les plus riches princes du monde ! Enfin, le 30 mai 1498, il repartit, avec Colomb toujours, pour un troisième voyage ; mais, cette fois, il ne revint même pas en Espagne : de l'autre côté de la mer, il apprit la disgrâce de Colomb et de son frère Barthélemy, leur prison, et enfin leur mort.

En Espagne, ceux qui se souvenaient encore qu'il existait de par le monde un certain don Inigo Velasco apprirent, de leur côté, vers l'an 1504 ou 1505, qu'il avait pénétré dans l'intérieur des terres, et avait été reçu à la cour d'un cacique dont il avait épousé la fille, et que ce cacique lui avait donné pour dot tout l'or qui avait pu tenir dans la chambre nuptiale ; puis que le beau-père était mort, et qu'Inigo avait refusé la couronne que les habitants du pays avaient voulu lui offrir ; puis, enfin, que sa femme était morte à son tour, lui laissant une fille si belle, qu'il n'avait trouvé d'autre nom à lui donner que celui de doña Flor.

Or, trois ans avant l'époque à laquelle nous sommes arrivés, peu de temps après la mort de ce roi Ferdinand qui avait récompensé Colomb du don que celui-ci lui avait fait, par la prison et la misère, le bruit s'était tout à coup répandu que don Inigo Velasco venait d'arriver à Malaga avec sa fille, sur un bâtiment qui avait pour lest des lingots d'or. Mais la reine Isabelle était morte ; doña Béatrix était morte ; personne ne s'intéressait sans doute plus à don Inigo, comme lui-même ne s'intéressait plus à personne. Un seul de ses amis, nommé don Ruis de Torilla, vint le voir à Malaga. Ils avaient autrefois, — il y avait vingt-cinq ou vingt-six ans, — servi ensemble contre les Mores, et pris ensemble cette même ville de Malaga, où ils se retrouvaient aujourd'hui. Cet ami habitait Grenade; il invita Inigo à venir se fixer dans la même ville que lui; mais toutes ses instances furent inutiles.

Cependant, lorsque, après la mort de Ferdinand, le cardinal Ximenès, archevêque de Tolède, fut nommé régent, cette double réputation de richesse et de probité qui avait accompagné don Inigo dans ses voyages, et en était revenue avec lui, fit qu'il reçut du cardinal, âgé de quatre-vingts ans, l'invitation d'aller le rejoindre à Tolède, afin de l'aider dans les affaires d'État et surtout dans la question des relations à établir par le nouveau roi don Carlos entre l'Espagne et les Indes occidentales.

Il s'agissait du bien du pays : don Inigo n'avait point hésité; il avait quitté Malaga avec sa fille, était venu à Tolède, et, là, pour toutes les affaires d'outre-mer, avait partagé le gouvernement du royaume avec le cardinal Ximenès et Adrien d'Utrecht, ancien précepteur de don Carlos, que celui-ci avait envoyé pour le précéder en Espagne.

Cette régence avait, de son triumvirat, gouverné l'Espagne pendant un an à peu près; puis, tout à coup, on avait entendu dire que le roi don Carlos venait de débarquer à Villa-Viciosa, petit port des Asturies, et s'acheminait vers le couvent de Tordesillas, où, depuis la mort de Philippe le Beau, son père, — mort qui avait eu lieu le vendredi 25 septembre 1506, — résidait sa mère Jeanne, connue dans les légendes castillanes sous le nom de *Jeanne la Folle*.

A cette nouvelle, rien n'avait pu retenir don Inigo Velasco à Tolède, et, s'appuyant sur ce que l'arrivée en Espagne du roi don Carlos rendait désormais un conseil de régence inutile, il avait, malgré leurs efforts pour le retenir, pris congé de ses deux collègues, et était revenu, avec sa fille, dans son paradis de Malaga.

Là, il se croyait bien tranquille et bien caché à tous les yeux, quand, vers le commencement de juin 1519, un messager du roi don Carlos s'était présenté devant lui,

avait annoncé que le roi voulait visiter les villes du midi de l'Espagne, Cordoue, Séville, Grenade, et l'invitait à venir l'attendre dans cette dernière ville.

Le même messager lui avait remis un parchemin scellé du sceau royal, et qui n'était autre que sa nomination au poste de grand justicier.

Cette nomination, lui écrivait don Carlos de sa propre main, était un hommage rendu par le cardinal Ximenès à son lit de mort, et par Adrien d'Utrecht, non-seulement aux lumières de don Inigo Velasco, mais encore à cette haute et sévère probité que personne ne contestait en Espagne.

Tout en regrettant du fond de l'âme son paradis de Malaga, don Inigo Velasco avait fait ses préparatifs de départ; puis, le jour venu, il s'était mis en route, conduisant avec lui doña Flor, précédé, sans qu'il s'en doutât, de don Ramiro d'Avila, adorateur passionné de la belle jeune fille et qui espérait, grâce à quelques regards échangés à travers les grilles d'une jalousie, ne pas lui être tout à fait indifférent.

Il était, en outre, accompagné de trois serviteurs échelonnés, comme nous l'avons dit, de manière à ce que l'un lui servît d'éclaireur, et les deux autres d'arrière-garde.

Au reste, à en croire les bruits du pays, cette escorte, et même une escorte plus considérable, n'était pas inutile : on disait la route infestée de bandits à qui un nouveau chef, d'une témérité inconnue même parmi ces hommes téméraires, avait donné, depuis un an, une telle audace, que plus d'une fois ce chef, accompagné de dix, douze ou quinze hommes, avait fait des excursions, d'un côté des montagnes, jusqu'aux portes de Malaga, et, de l'autre, jusqu'à celles de Grenade.

D'où venait ce chef? on l'ignorait; quel était-il ? nul ne pouvait le dire; son nom de famille, comme son nom de baptême, était inconnu; il n'avait pas même songé, ainsi que font ces sortes de gens, à prendre un nom de guerre; on l'appelait tout simplement *el Salteador*.

Tous les récits que l'on faisait de ce mystérieux coureur de grands chemins n'avaient point été, comme on le voit, sans influence sur les précautions prises par don Inigo; et, quand la petite caravane apparut aux yeux de la jeune bohémienne, elle avait tout l'aspect de voyageurs qui craignent une attaque, et qui sont disposés à la défense.

Maintenant, peut-être se demandera-t-on comment, avec les méchants bruits qui couraient sur le passage à travers la montagne; comment, avec l'amour qu'il portait à sa chère doña Flor, don Inigo avait pris cette route plutôt que de faire un détour, et comment, l'ayant prise, il ne s'était pas muni d'une escorte plus nombreuse.

A cela, nous répondrons qu'à deux époques assez rapprochées de celle où nous sommes, don Inigo et sa fille avaient traversé les mêmes montagnes sans qu'il leur fût arrivé aucun accident; puis c'est encore une vérité incontestable que l'homme s'habitue aux dangers, et, à force d'en avoir couru, se familiarise avec eux.

Or, combien de dangers de toute espèce avait, dans le cours de sa vie aventureuse, affrontés don Inigo! dangers de guerre contre les Mores, dangers de naufrage dans les traversées, dangers de révolte à bord, dangers d'assassinat au milieu des sauvages habitants d'un monde inconnu! Qu'étaient donc, comparés à tous ces dangers, ceux que l'on risquait en pleine Espagne, dans cet espace de vingt lieues à peine, qui sépare Malaga de Grenade!

Aussi, de ces dangers, don Inigo haussait-il les épaules.

C'était, cependant, bien imprudent de se hasarder dans de pareils défilés avec un trésor de jeunesse et de beauté pareil à celui qui marchait à la droite du grand justicier.

La réputation de merveilleuse splendeur qui avait précédé doña Flor, du nouveau monde dans l'ancien, n'avait rien d'exagéré. Doña Flor, à seize ans, — c'était l'âge qu'elle venait d'atteindre, — eût laissé en arrière les comparaisons exagérées qu'eussent pu faire sur elle les poëtes espagnols, et même les poëtes arabes : c'était tout à la fois l'éclat de la fleur et le velouté du fruit, la grâce de la mortelle et la dignité de la déesse; de même que, chez la jeune bohémienne qui la regardait s'approcher avec une naïve admiration, on sentait le mélange de la race arabe et de la race espagnole, de même, dans doña Flor, on pouvait retrouver le type, non-seulement de deux races magnifiques, mais encore de ce qu'il y avait de plus pur et de plus distingué dans ces deux races. L'enfant du Mexique et de l'Espagne avait ce beau teint mat, ces bras ravissants, ces mains charmantes, ces pieds miraculeux des Andalouses, avec ces sombres cils, ces yeux de velours, ces cheveux traînant derrière elle, cette taille flexible des Indiennes, filles du soleil.

Quant au costume, il semblait choisi exprès pour faire valoir les formes splendides et le ravissant visage de la belle voyageuse. C'était une robe de soie d'un bleu céleste irisé de rose et d'argent, et boutonnée du haut en bas avec des perles dont chacune était digne de parer la couronne d'une comtesse; cette robe dessinait le torse et le haut des bras comme faisaient les costumes espagnols du commencement du XIV° siècle; seulement, arrivées au coude, les manches s'élargissaient et tombaient de chaque côté du corps pendantes et ouvertes, laissant à nu, sous des flots de dentelle de Murcie, des mains et des avant-bras qui, ayant bravé impunément le soleil du Mexique, pouvaient braver celui d'Espagne, mais qui n'en avaient rien à craindre pour le moment, cachées qu'elles étaient dans une large cape de laine blanche, fine et moelleuse comme notre cachemire moderne, et tenant, par la coupe de sa partie inférieure, du manteau mexicain, et, par le capuchon sous lequel resplendissait, dans une chaude demi-teinte, le visage de la jeune fille, du burnous arabe.

Don Inigo et doña Flor, au pas de leurs mules, qui secouaient la tête sous leurs panaches de laine écarlate, marchaient d'un trot pressé, mais non inquiet, doña Flor paraissant aussi habituée que son père aux voyages à travers les montagnes, et à la vie aventureuse de l'époque.

Mais, sans doute, le domestique qui leur servait d'éclaireur était-il moins rassuré que ses maîtres, car, en apercevant la jeune bohémienne, il s'arrêta pour l'interroger, et ceux-ci arrivèrent comme le prudent·serviteur s'informait s'il y avait sûreté pour don Inigo et pour doña Flor à s'arrêter à la petite venta qui venait de disparaître à leurs yeux, enfoncés qu'ils étaient dans un pli du terrain, mais qu'ils avaient aperçue à l'horizon, en descendant la montagne qu'ils venaient de laisser derrière eux.

Lorsque don Inigo et doña Flor arrivèrent, l'hésitation du digne serviteur s'augmentait au lieu de se calmer, des réponses ambiguës et presque railleuses de la jeune bohémienne, qui était restée assise et filant pour parler au domestique, mais qui, voyant les maîtres s'arrêter à leur tour, se leva, déposa sa quenouille et son fuseau, enjamba le petit ruisseau, comme eût pu faire une gazelle ou une bergeronnette, et vint se poser sur le revers du chemin, tandis que sa chèvre, en bête curieuse, descendant de la colline où elle broutait des feuilles de ronces, accourait regarder le cavalier et la cavalière de ses grands yeux intelligents.

— Voyez donc la belle enfant, mon père! dit doña Flor en arrêtant le vieillard, et en regardant la jeune fille avec l'admiration qu'elle excitait elle-même.

Don Inigo fit de la tête un signe approbatif.

— Voulez-vous que nous lui parlions, mon père? demanda doña Flor.

— Fais à ta volonté, ma fille, dit le vieillard.

— Comment te nommes-tu, ma belle enfant? demanda doña Flor.

— Les chrétiens m'appellent Ginesta, et les Mores Aïssé; car j'ai deux noms, un devant Mahomet, un devant Jésus-Christ.

Et, en prononçant le saint nom de Notre Sauveur, la jeune fille se signa; ce qui prouvait qu'elle était chrétienne.

— Nous qui sommes bons catholiques, dit en souriant doña Flor, nous t'appellerons Ginesta.

— Appelez-moi comme vous voudrez, dit la bohémienne, et, surtout de votre belle bouche, prononcé par votre douce voix, mon nom me semblera toujour beau.

— Eh bien, Flora, dit don Inigo, qui t'eût promis que tu trouverais la nymphe Flatterie dans ce désert, eût été par toi traité de menteur, n'est-ce pas? Tu vois que, cependant, celui-là aurait dit la vérité!

— Je ne flatte pas, j'admire, dit la bohémienne.

Doña Flor sourit et rougit à la fois, et pour changer une conversation qui, par sa naïveté laudative, devenait embarrassante :

— Que répondais-tu à Nuñez, ma belle enfant? demanda doña Flor.

— Informez-vous d'abord de la question qu'il me faisait?

— Eh bien, quelle question te faisait-il?

— Il s'enquérait de la route, me demandant si la route était sûre, me demandant si la venta était bonne.

— Et, toi, tu lui répondais...?

— Je lui répondais en lui chantant la chanson du voyageur.

— Quelle est cette chanson?

— Écoutez.

Et, comme chante un oiseau, c'est-à-dire sans effort, et sur un air qui semblait une simple modulation ajoutée à sa voix ordinaire, la bohémienne chanta ce couplet d'une chanson andalouse :

> Si le ciel est pur,
> Prends garde!
> Si le sentier sûr,
> Regarde!
> Et que la Vierge aux yeux d'azur
> Te garde!...
> Adieu, voyageurs! adieu!
> Allez en paix avec Dieu!

— Voilà ce que tu disais à Nuñez, la belle enfant, reprit doña Flor; mais, à nous, que nous dis-tu?

— A vous, belle señora, répondit la bohémienne, à vous je dirai la vérité ; car vous êtes la première fille de la ville qui me parle doucement et sans mépris.

Alors, elle s'approcha de deux pas encore, et, posant sa main droite sur le cou de la mule, et l'index de sa main gauche sur ses lèvres :

— N'allez pas plus loin ! dit-elle.

— Comment, que nous n'allions pas plus loin ?...

— Retournez en arrière !

— Jeune fille, te moques-tu de nous ? dit le vieillard.

— Dieu m'est témoin que je vous donne le conseil que je donnerais à mon père et à ma sœur !

— Veux-tu retourner à Alhama avec deux de nos serviteurs, mon enfant ? demanda don Inigo.

— Et vous, mon père ? répondit doña Flor.

— Moi, je continuerai ma route avec le troisième ; le roi sera demain à Grenade ; il m'a donné l'ordre d'y être aujourd'hui, et je ne ferai pas attendre le roi.

— Et, moi, j'irai où vous irez ; où vous passerez, je passerai, mon père.

— C'est bien ! — Marche devant, Nuñez.

Et, tirant de sa poche une bourse, don Inigo la tendit vers la jeune fille.

Mais, celle-ci faisant un geste de reine :

— Il n'y a pas de bourse assez riche pour payer le conseil que je t'avais donné, señor voyageur, dit-elle ; garde donc ta bourse : elle sera la bienvenue où tu vas.

Mais, alors, doña Flor détacha l'agrafe de sa robe, et, faisant signe à la jeune fille de s'approcher davantage encore :

— Et cela, dit-elle, l'acceptes-tu ?

— Venant de qui ? demanda gravement la bohémienne.

— Venant d'une amie !

— Oh ! oui.

Et elle s'approcha, présentant à doña Flor son cou et son front.

Doña Flor attacha l'agrafe au cou de la bohémienne, et vivement — tandis que son père, trop bon chrétien pour tolérer une pareille familiarité de sa fille à l'égard d'une demi-infidèle, donnait un dernier ordre à Nuñez, — vivement doña Flor effleura de ses lèvres le front de la belle enfant.

Nuñez était déjà à trente pas.

— Allons ! dit don Inigo.

— Me voici, mon père, répondit doña Flor.

Et elle reprit sa place à la droite du vieillard, qui continua son chemin en faisant un signe d'adieu à la petite bohémienne, et en criant à ses trois hommes, aussi bien à celui qui marchait devant qu'à ceux qui marchaient derrière :

— Attention, vous autres !

Quant à la bohémienne, elle resta debout où elle était, suivant des yeux la belle jeune fille qui l'avait appelée son amie, et murmurant à demi-voix le refrain de sa chanson :

Adieu, voyageurs ! adieu !
Allez en paix avec Dieu !

Elle les suivit ainsi des yeux avec une inquiétude visible et croissante, jusqu'à ce qu'ils eussent disparu, maître et laquais, derrière la petite éminence qui bornait l'horizon ; alors, ne pouvant plus les voir, elle se pencha, écoutant.

Cinq minutes s'écoulèrent ainsi pendant lesquelles les lèvres de la bohémienne répétaient machinalement :

Adieu, voyageurs ! adieu !
Allez en paix avec Dieu !

Tout à coup, on entendit la détonation de plusieurs arquebuses ; des cris de menace et de douleur éclatèrent ; puis, tout sanglant d'une blessure à l'épaule, un des deux serviteurs de l'arrière-garde reparut au sommet du monticule, couché sur son cheval, dans le ventre duquel il enfonçait ses éperons, et passa comme un éclair devant la jeune fille en criant :

— A l'aide ! au secours ! à l'assassin !

La bohémienne resta un instant comme incertaine ; puis elle parut prendre une suprême résolution : elle courut à sa quenouille, attacha à l'une des extrémités sa ceinture en façon de bannière, et, s'élan-

çant dans la montagne, qu'elle gravit si rapidement que sa chèvre avait peine à la suivre, elle bondit d'élans en élans jusqu'à l'extrémité d'un rocher qui dominait toute la vallée, et, secouant son écharpe aux vives couleurs, elle appela trois fois de toute la force de sa poitrine :
— Fernand ! Fernand ! Fernand !

VI

L'INTÉRIEUR DE LA VENTA DU ROI MORE

Dussions-nous courir avec autant de vitesse vers le lieu où s'était passée la scène dont nous avons entendu le bruit que le serviteur de don Inigo mettait de rapidité à s'en éloigner; dussions-nous bondir jusqu'au sommet du petit monticule qui domine la route, en élans aussi pressés que le faisaient la bohémienne et sa chèvre, pour atteindre l'extrémité du rocher d'où Ginesta agitait sa ceinture, nous arriverions encore trop tard pour assister à la catastrophe qui venait d'ensanglanter l'étroit sentier conduisant à la venta.

Tout ce que nous pourrions voir, c'est le cadavre de Nuñez et de son cheval barrant le chemin, tandis que Torribio, grièvement blessé, rampe pour gagner une croix funèbre contre laquelle il s'adosse presque mourant.

Quant à don Inigo et à sa fille, ils ont disparu dans la venta, dont la porte s'est refermée sur eux et sur la troupe des bandits, qui les emmène prisonniers.

Mais nous qui, en qualité de romancier, avons le pouvoir, ou, comme Méphistophélès, de rendre les murailles transparentes, ou, comme Asmodée, de soulever les toits, nous ne permettrons pas qu'il se passe, dans notre domaine, quelque chose qui reste caché aux yeux de nos lecteurs, et, touchant de notre plume la porte de la venta, qui s'ouvrira comme devant la baguette d'un enchanteur, nous leur dirons : « Regardez ! »

Le pavé de la venta offrait, au premier coup d'œil, des traces de la lutte qui, commencée au dehors, s'était continuée à l'intérieur. Une traînée de sang, que l'on pouvait suivre depuis plus de deux cents pas, franchissait le seuil et allait aboutir à un angle du mur où un bandit blessé par l'arquebuse d'un des hommes de don Inigo recevait les soins d'Amapola, cette même camérière que nous avons vue apportant des fleurs dans la salle préparée pour les voyageurs, et du mozuelo que nous avons vu tenant la bride du cheval de don Ramiro d'Avila.

La toque de velours de don Inigo, et un morceau du manteau blanc de doña Flor, gisants sur les degrés qui conduisaient de la cour à la cuisine, indiquaient que c'était là que la lutte s'était renouvelée, que c'était de ce côté qu'on avait entraîné les deux voyageurs, et, par conséquent, qu'il les fallait chercher.

A partir de la porte d'entrée, qui s'ouvrait sur ces deux degrés, commençait la jonchée de fleurs épandues par le courrier d'amour de la belle doña Flor; mais cette jonchée était foulée aux pieds, souillée par le froissement des sandales, par la poussière tombée des manteaux, et par quelques gouttes de sang, qui, çà et là, brillaient soit sur une rose, soit sur un lis, soit sur une anémone, comme des rubis liquides et tremblants.

La porte qui séparait la cuisine de la chambre où, par les soins de don Ramiro, le couvert des deux voyageurs avait été préparé, et où l'on pouvait encore respirer avec l'air l'odeur des parfums brûlés un instant auparavant, — cette porte était ouverte et encombrée par les serviteurs de l'auberge, bandits déguisés et prêts à venir en aide aux bandits de la route, et, par son ouverture, se répandaient au dehors, comme des torrents de colère, des cris, des menaces, des plaintes, des imprécations !

C'était là que se continuait et qu'allait, selon toute probabilité, se dénouer la scène terrible à laquelle songeait d'avance avec terreur la petite bohémienne du chemin, lorsqu'elle avait donné aux deux voyageurs le conseil de retourner en arrière.

En effet, si l'on avait pu repousser cette barricade vivante qui fermait la porte, et se frayer un passage jusque dans la salle, voici le spectacle qui eût frappé les yeux :

Don Inigo, renversé sur le plancher de la venta, essayait encore de se défendre avec un tronçon d'épée inutile, mais de la lame de laquelle, avant qu'elle fût brisée, il avait frappé deux bandits ; — c'étaient les gouttes de sang de ces hommes qui tachaient les fleurs de la jonchée.

Trois hommes avaient peine à le contenir, et, cependant, l'un d'eux appuyait son genou sur sa poitrine, et lui tenait son couteau catalan sous la gorge.

Les deux autres le fouillaient, moins encore pour le voler, peut-être, que pour lui enlever les armes cachées qu'il pouvait avoir.

A deux pas de lui, adossée à la muraille, où elle avait cherché un appui, était, debout, doña Flor avec ses cheveux détachés et épars, la coiffe de son manteau déchirée, les boutons précieux de sa robe arrachés.

Il était évident que, tout en accomplissant sur la belle voyageuse ces profanations, on avait, par un motif facile à concevoir, eu, cependant, pour elle plus de ménagements que pour le vieillard.

Doña Flor, nous l'avons dit, était d'une beauté splendide, et le chef de la troupe, le héros de cette histoire, le Salteador, enfin, passait pour un homme d'une galanterie plus terrible peut-être, en pareille circonstance, que ne le serait la plus impitoyable cruauté.

Au reste, la jeune fille était superbe, la tête appuyée à la muraille blanche, avec ses yeux magnifiques, qui, sous le couvert de leurs longues paupières de velours, lançaient les éclairs de la colère et de l'indignation, bien plus qu'ils ne laissaient échapper les timides lueurs de la prière et de la crainte.

Ses bras inertes retombaient près d'elle, nus et blancs, — car, en arrachant les précieuses agrafes des manches, on avait déchiré ces manches, — et semblaient deux bas-reliefs sculptés par un habile statuaire à même la muraille. Pas un mot, pas une plainte, pas un gémissement n'étaient sortis de sa bouche depuis le moment où elle avait été arrêtée ; les plaintes et les gémissements que l'on entendait étaient ceux des deux bandits blessés par l'épée de don Inigo.

Sans doute, la belle et pure jeune fille ne croyait-elle encore courir qu'un danger de mort, et, en face de ce danger, trouvait-elle indigne d'une noble Espagnole de se plaindre, de gémir et de supplier.

Sûrs qu'elle ne pouvait leur échapper, et lui ayant pris à peu près tout ce qu'elle avait de précieux, les bandits faisaient cercle autour de la belle voyageuse, et la contemplaient avec des regards et des rires qui lui eussent fait baisser les yeux, si ces yeux, dilatés dans toute leur grandeur et perdus dans l'espace, n'eussent pas, à travers le plafond, les murs et le firmament, cherché le Dieu invisible que, noble et chrétienne, elle daignait seul appeler à son secours.

Peut-être bien aussi doña Flor pensait-elle à ce beau cavalier qu'elle voyait, depuis un an, rôder sous la croisée de sa chambre dès que venait le soir, et qui, pendant la nuit, inondait son balcon des plus belles fleurs de l'Andalousie.

Mais, si elle se taisait, nous l'avons dit, un grand bruit de cris, d'injures, de violences, se faisait autour d'elle, et surtout autour de son père.

— Misérables! criait le vieillard, tuez-moi, égorgez-moi ; mais, je vous en préviens, j'ai rencontré, à une lieue en avant d'Alhama, une troupe de soldats dont je connais le chef. Ce chef sait que je suis parti ; il sait que je vais à Grenade par l'ordre du roi don Carlos, et, quand il apprendra que je n'y suis pas arrivé, il se doutera que j'ai été assassiné, et, alors, ce n'est pas à un homme de soixante ans et à une jeune fille de quinze que vous aurez affaire, c'est à toute une compagnie, et nous verrons, brigands! nous verrons, bandits! si vous êtes aussi braves devant les sol-

Tu le veux! dis-je en tirant mon épée. — Page 36.

dats du roi, et deux contre deux, que vous l'êtes ici, vingt contre un!

— Bon! répondit un bandit, viennent les soldats du roi: nous les connaissons, nous les avons vus passer hier; nous avons une bonne forteresse minée, avec des souterrains qui ont une issue dans les montagnes.

— Et puis, interrompit un autre, qui te dit donc que nous voulons t'assassiner? Si tu crois cela, tu te trompes: nous n'assassinons que les pauvres diables dont il n'y a rien à tirer; mais les nobles seigneurs qui, comme toi, peuvent payer rançon, nous en avons grand soin, au contraire, et la preuve, c'est que tu as eu beau espadonner avec ton épée, et blesser deux des nôtres, on ne t'a pas fait la moindre égratignure, ingrat!

Alors, une voix sonore comme celle d'un ange se mêla aux voix rauques et menaçantes. C'était la voix de la jeune fille, qui parlait pour la première fois.

— Soit! dit-elle, s'il ne s'agit que de payer une rançon, señores, on la payera. Fixez-la pareille à celle d'un prince, et elle ne vous fera pas faute.

— Par saint Jacques! nous y comptons bien, la belle enfant! C'est pourquoi, entendez-vous? nous voudrions que le digne seigneur, votre père, se calmât un peu... Les affaires sont les affaires, que diable! — on les termine en discutant, mais on les embrouille en se battant. Et voyez, voilà encore votre père qui les embrouille!

Et, en effet, don Inigo venait de tenter un nouvel effort de défense, et, du tronçon de son épée, qu'on n'avait pu arracher à sa main, qui le serrait comme un étau de fer, il avait blessé au visage un des bandits.

— Corps du Christ! cria celui qui tenait le couteau sous la gorge du vieillard, encore une nouvelle tentative, et ce sera avec Dieu, et non avec nous, qu'il faudra discuter votre rançon, mon gentilhomme!

— Mon père! cria la jeune fille épouvantée en faisant un pas en avant.

— Oui, dit un des bandits, écoutez la belle demoiselle; elle parle d'or, et sa bouche est comme celle de cette princesse arabe qui ne s'ouvrait que pour laisser tomber une perle ou un diamant à chaque mot qu'elle disait. — Tenez-vous tranquille, mon brave homme; engagez votre parole de ne pas chercher à vous sauver; donnez un sauf-conduit à notre digne ami l'hostalero, afin qu'il aille à Malaga sans avoir rien à craindre de l'autorité; là, votre intendant lui remettra mille, deux mille, trois mille couronnes, à votre générosité, — nous ne taxons pas les voyageurs, — et, au retour de l'hostalero, et à l'arrivée de l'argent, vous serez libres. — Bien entendu que, s'il ne revient pas, vous répondez de lui dent pour dent, œil pour œil, corps pour corps.

— Mon père, mon père! écoutez ce que vous disent ces hommes, insista la jeune fille, et ne compromettez pas votre précieuse existence pour quelques sacs d'argent.

— Entendez-vous, entendez-vous, señor prince? — car vous devez être prince, sinon vice-roi, sinon roi, sinon empereur, pour que cette belle personne parle avec tant de détachement et de facilité des richesses de ce monde; — entendez-vous?

— Et, demanda le vieillard consentant pour la première fois à descendre à la discussion avec des ennemis que, jusque-là, il s'était contenté d'insulter ou de frapper, — et, pendant que votre digne complice l'hostalero ira trouver mon intendant avec une lettre de moi, que ferez-vous de nous, dans ce coupe-gorge?

— Coupe-gorge?... Oh! dis donc, señor Calabazas, entends-tu comme on traite la venta du *Roi more?* — Un coupe-gorge! — Arrive ici, et démontre son erreur à ce digne hidalgo.

— Ce que nous ferons de toi? répondit un autre bandit, sans donner le temps à don Calabazas de défendre l'honneur de sa venta, ce que nous ferons de toi? C'est bien simple, et nous allons te le dire. D'abord, nous te demanderons ta parole de gentilhomme de ne pas fuir.

— Un gentilhomme ne donne pas sa parole à des bandits.

— Mon père, un gentilhomme donne sa parole à Dieu, dit doña Flor.

— Mais écoute donc une fois pour toutes ce que dit cette belle enfant, **car la** sagesse du ciel parle par sa bouche.

— Eh bien, une fois que je vous aurai donné ma parole, en supposant que je vous la donne, que ferez-vous?

— Nous ne te perdrons pas de vue, d'abord.

— Comment! s'écria don Inigo, sur ma parole, vous ne me laisserez pas continuer mon chemin?

— Oh! reprit le bandit, nous n'en sommes plus au temps où les juifs de Burgos prêtaient mille marcs d'or au Cid sur un coffre plein de terre; et, au lieu de faire comme ces dignes Israélites, c'est-à-dire de ne regarder dans le coffre qu'après avoir compté les mille marcs, nous y regarderons auparavant.

— Misérables! murmura don Inigo.

— Mon père, continua doña Flor essayant toujours de calmer le vieillard, mon père, au nom du ciel!

— Eh bien, tout en me gardant à vue, que ferez-vous?

— Nous t'attacherons avec une chaîne solide, à cet anneau de fer.

Et, ce disant, le bandit montrait un anneau scellé dans la muraille, et qui paraissait, au reste, avoir été placé là pour semblable circonstance, et à pareille intention.

— Vous m'attacherez comme un esclave more, moi? fit le vieillard.

Et, à cette menace, qui soulevait en lui tous les flots de son orgueil, il tenta et accomplit un mouvement à la fois si violent et si rapide, qu'il fit rouler à trois pas de lui le bandit qui lui avait mis le genou sur la poitrine, et se releva menaçant sur un genou.

Mais, de même qu'un rocher repousse la vague pour être presque aussitôt recouvert par elle, à l'instant cinq ou six bandits se ruèrent sur don Inigo, et par un effort qui lui eût brisé le bras, si son bras n'eût point cédé, lui arrachèrent la poignée de l'épée et les six pouces de fer qu'elle conservait encore, tandis que l'homme au couteau, honteux d'avoir ainsi roulé sous l'effort du vieillard, revenait sur lui, l'arme levée, et jurant Dieu que la dernière minute du prisonnier était venue.

A l'éclair qui jaillit de la lame du couteau, doña Flor jeta un cri terrible, et se précipita vers son père.

Mais deux bandits arrêtèrent, l'un doña Flor, l'autre la main de leur compagnon.

— Vicente! Vicente! cria le bandit qui arrêtait la main de son camarade, au risque de voir le couteau menaçant se tourner contre lui, — que diable vas-tu faire?

— Mais tuer cet enragé, donc!

— Tu te trompes, tu ne vas pas le tuer.

— Comment, je ne vais pas le tuer? Ah! par saint Jacques, c'est ce que nous allons voir.

— Tu ne vas pas le tuer, te dis-je! tu vas faire un trou à un sac d'or, et, par ce trou, sa rançon s'en ira. Vicente, tu as un détestable caractère, je te l'ai toujours dit! Laisse-moi causer avec ce digne seigneur, et tu vas voir que je lui ferai entendre raison, moi.

Le bandit que son camarade avait désigné sous le nom de Vicente comprit, sans doute, la justesse de ces paroles, car il se retira en grommelant, mais enfin il se retira.

Quand nous disons qu'il se retira, cela veut dire, non pas qu'il sortit de la chambre, mais qu'il fit seulement deux ou trois pas en arrière, — comme fait le jaguar blessé, tout en se tenant prêt à sauter de nouveau sur sa proie.

Le bandit qui s'était posé en négociateur reprit la place de Vicente.

— Voyons, dit-il, soyez raisonnable, señor caballero; on ne vous attachera pas à l'anneau de fer, on se contentera de vous mettre dans la cave aux vins fins, dont la porte est aussi solide que celle des cachots de Grenade, avec une sentinelle derrière cette porte.

— Comment, misérable! c'est ainsi que vous comptez traiter un homme de mon rang?

— Mon père, je serai avec vous! mon père, je ne vous quitterai pas! s'écria doña Flor. Et, d'ailleurs, deux ou trois jours sont bientôt passés...

— Ah! ma belle enfant, dit un des bandits, nous ne pouvons pas vous promettre cela.

— Quoi? que ne pouvez-vous pas me promettre?

— Que vous resterez avec votre père.

— Mon Dieu! que voulez-vous donc faire de moi? s'écria la jeune fille.

— Ce que nous voulons faire de vous? reprit le négociateur. Ah! nous ne sommes point des grands seigneurs, pour vous dire cela. Les jeunes filles de votre âge, de votre beauté et de votre condition sont le butin particulier du chef.

— Oh! mon Dieu! murmura doña Flor, tandis que le vieillard poussait un rugissement de colère.

— Ne vous effrayez pas, dit le bandit en riant, notre chef est jeune, notre chef est beau, notre chef est même, à ce que l'on assure, de bonne famille. Ainsi, quelque chose qu'il arrive, vous aurez une consolation, brave homme! c'est de vous dire, fussiez-vous noble comme le roi, qu'il n'y a pas eu de mésalliance.

A ces paroles seulement, doña Flor comprit toute l'horreur du sort auquel elle pouvait être réservée; elle poussa un cri, et, par un mouvement aussi rapide que la pensée, prit à sa jarretière un petit poignard affilé comme une aiguille, et dont la lame brilla aussitôt sur sa poitrine.

Les bandits virent le mouvement, reculèrent d'un pas, et doña Flor se retrouva de nouveau isolée, debout contre la muraille, calme mais résolue, et pareille à la statue de la Fermeté.

— Mon père, demanda-t-elle, qu'ordonnez-vous?

Et l'œil de la chaste enfant, en même temps que sa voix, indiquait qu'au premier mot du vieillard, la lame aiguë allait disparaître tout entière dans son cœur.

Don Inigo ne répondit pas; mais, cette situation extrême lui ayant rendu pour un moment ses forces de jeune homme, il écarta, d'un mouvement violent et inattendu, les deux brigands qui pesaient sur lui, et, d'un seul bond, il se retrouva debout, les bras ouverts, et criant:

— Ici, ma fille! viens ici!

Doña Flor s'élança sur la poitrine de son père, lui glissant le poignard entre les mains, et lui disant à demi-voix:

— Mon père, mon père! souvenez-vous de ce Romain dont vous m'avez raconté l'histoire, et que l'on appelait Virginius!

Elle achevait à peine ces paroles, qu'un bandit qui avait étendu la main vers elle roulait aux pieds de don Inigo, frappé au cœur par ce frêle poignard, qui semblait plutôt un jouet qu'une défense.

A l'instant même, un immense cri de colère retentit dans la venta. Dix couteaux s'ouvrirent, dix poignards jaillirent de leur gaîne, dix épées sortirent de leur fourreau, et menacèrent à la fois les deux prisonniers, qui, voyant que le moment était venu pour eux de mourir, échangèrent un dernier baiser, murmurèrent une dernière prière, et, levant ensemble les bras au ciel, crièrent ensemble:

— Frappez!

— A mort! à mort! hurlèrent les bandits en se ruant les armes levées sur le vieillard et la jeune fille.

Mais, tout à coup, le bruit d'une fenêtre brisée par un violent coup de poing retentit. Un jeune homme, sans autre arme qu'un poignard basque à la ceinture, s'élança légèrement dans la chambre, et, d'une voix évidemment habituée au commandement, demanda:

— Holà! mes maîtres, que se passe-t-il donc ici?

A cette voix, qui, cependant, n'avait pas dépassé le diapason ordinaire de la parole humaine, les cris s'éteignirent, les couteaux se fermèrent, les poignards disparurent dans leur gaîne, les épées rentrèrent dans le fourreau, et tout le monde s'écarta en silence, laissant, au milieu d'un grand cercle, en face du nouveau venu, le père et la fille enlacés aux bras l'un de l'autre.

VII

LE SALTEADOR

Celui dont l'arrivée subite, — arrivée évidemment aussi inattendue pour ceux qui menaçaient que pour ceux qui étaient menacés, — celui dont l'arrivée subite venait de produire une si étrange réaction, mérite bien, par la manière dont il entrait en scène, et par le rôle qu'il est destiné à jouer dans le cours de cette histoire, que nous interrompions un instant le récit des événements auxquels il vient prendre part, pour mettre son portrait sous les yeux de nos lecteurs.

C'était un jeune homme de vingt-sept à vingt-huit ans. Son costume de montagnard andalous affectait une suprême élégance. Il se composait d'un chapeau de feutre gris à larges bords, orné de deux plumes d'aigle; d'un pourpoint de cuir brodé, tel qu'en portent encore aujourd'hui les chasseurs de Cordoue qui vont en excursion dans la sierra Morena; d'une ceinture algérienne moirée de soie et d'or; de chausses de velours nacarat avec des boutons ciselés; de bottes de cuir pareil à celui de la veste, lacées sur les côtés, mais à la cheville et au jarret seulement, de sorte qu'elles laissaient voir le bas, en s'ouvrant sur toute la largeur du mollet.

Un simple poignard pareil à ceux des chasseurs d'ours des Pyrénées, — c'est-à-dire au manche de corne ciselé, orné de clous d'argent, à la lame large de deux doigts et longue de huit pouces, aiguë à sa pointe, tranchante des deux côtés, cachée dans un fourreau de cuir, avec des ornements d'argent, — était, nous l'avons dit, la seule arme du jeune chef; car il était incontestable que c'était un chef, celui-là dont la voix avait une influence si directe et si rapide sur les hommes de pillage et de sang qui venaient de s'écarter devant elle.

Le reste de son costume se composait d'une mante rayée en travers, et dans laquelle il s'offrait drapé avec autant de majesté qu'un empereur dans sa pourpre.

Quant au physique du nouveau venu, le bandit qui, pour calmer les susceptibilités de don Inigo, avait avancé que le capitaine non-seulement était jeune, beau, élégant, mais encore avait si grand air, qu'il passait généralement pour un hidalgo, ce bandit n'avait rien avancé de trop, et était, au contraire, plutôt resté au-dessous du portrait qu'il ne l'avait flatté.

En apercevant le jeune homme, doña Flor jeta un cri d'étonnement qui ressemblait à un cri de joie, comme si l'arrivée du nouveau venu, au lieu d'être un renfort aux bandits, était un secours envoyé du ciel à son père et à elle.

Quant à don Inigo, il comprit qu'à partir de ce moment, il n'avait plus rien à faire avec le reste de la troupe, et que c'était de ce jeune homme que dépendaient désormais son sort et celui de sa fille.

Mais, comme s'il eût été trop fier pour parler le premier, il se contenta de poser sur la poitrine de doña Flor la pointe du poignard tout sanglant, et attendit.

Ce fut donc le Salteador qui prit le premier la parole.

— Je ne doute pas de votre courage, señor, dit-il; cependant, c'est, il me semble, une grande présomption à vous de croire que vous pouvez vous défendre avec cette aiguille contre une vingtaine d'hommes armés de poignards et d'épées.

— Si j'avais la prétention de vivre, répondit don Inigo, ce serait, en effet, une folie; mais, comme je n'ai que celle de tuer ma fille, et de me tuer après elle, cela m'a paru et me paraît encore chose possible, et même facile.

— Et pourquoi voulez-vous tuer la señora, et vous tuer après elle?

— Parce que nous sommes menacés d'outrages auxquels nous préférons la mort.

— La señora est-elle votre femme?

— Elle est ma fille.

— A quel prix mettez-vous votre vie et son honneur?

— Ma vie, à mille couronnes; quant à son honneur, il n'a pas de prix.

— Je vous fais don de la vie, señor, répondit le Salteador, et, quant à l'honneur de la señora, il est aussi en sûreté ici que si elle était dans la chambre et sous la garde de sa mère.

Un murmure de mécontentement se fit entendre parmi les bandits.

— Sortez tous! dit le Salteador en étendant la main, et en demeurant la main étendue jusqu'à ce que le dernier bandit fût hors de la chambre.

Lorsque le dernier eut disparu, le Salteador alla fermer la porte, et, revenant vers don Inigo et sa fille, qui le suivaient des yeux avec un étonnement mêlé d'inquiétude :

— Il faut leur pardonner, señor, dit-il; ce sont des êtres grossiers, et non des gentilshommes comme nous.

Don Inigo et doña Flor regardèrent avec moins d'inquiétude, mais avec plus d'étonnement encore ce bandit, qui s'intitulait lui-même gentilhomme, et qui, par la noblesse de ses manières, et la dignité de son maintien, bien plus encore que par ses paroles, prouvait qu'il ne mentait pas.

— Señor, dit la jeune fille, mon père est, je le comprends, sans voix pour vous remercier; permettez donc que ce soit moi qui vous présente nos actions de grâces en son nom et au mien.

— Et votre père a raison, señora; car, venant d'une si belle bouche, elles auront une valeur que ne sauraient leur donner les lèvres mêmes d'un roi.

Puis, se retournant du côté du vieillard:

— Je sais que vous êtes pressé de continuer votre chemin, señor, dit-il. Où allez-vous?

— Je vais à Grenade, où le roi m'a mandé.

— Ah! oui, dit le Salteador avec un sourire moitié amer, moitié railleur, oui, le bruit de son arrivée est parvenu jusqu'à nous; nous avons vu passer hier les soldats qui battent la montagne; il veut, a-t-il dit, qu'un enfant de douze ans puisse partir de Grenade, et aller à Malaga, avec un sac d'or dans chaque main, sans rencontrer sur sa route un seul homme qui lui dise autre chose que le salut habituel du voyageur: « Allez en paix avec Dieu! »

— C'est sa volonté, en effet, dit don Inigo, et des ordres, je le sais, sont donnés en conséquence.

— Et quel terme met le roi don Carlos à cette conquête de la montagne?

— On prétend qu'il a donné quinze jours seulement au grand justicier.

— Quel malheur que vous ne soyez point passée par ici dans trois semaines, au lieu d'y passer aujourd'hui, señora! répondit le Salteador s'adressant à la jeune fille; vous n'eussiez rencontré sur cette route, où des bandits vous ont tant effrayée, que d'honnêtes gens qui vous eussent dit: « Allez en paix avec Dieu! » et qui, au besoin, vous eussent fait escorte!

— Nous avons rencontré mieux que cela, señor, reprit la fille de don Inigo, puisque nous avons rencontré un gentilhomme qui nous a rendu la liberté.

— Il ne faut pas m'en remercier, dit le Salteador; car j'obéis à une puissance plus grande que ma volonté, plus forte que mon tempérament.

— A laquelle?

Le bandit haussa les épaules.

— Je l'ignore, dit-il; je suis, par malheur, un homme de première impression. Il y a, entre mon cœur et ma tête, ma tête et ma main, et ma main et mon épée, je ne sais quelle sympathie qui me porte tantôt au bien, tantôt au mal, plus souvent au mal qu'au bien. Cette sympathie a pris, dès que je vous ai vue, la colère dans mon cœur, et l'a jetée loin de moi; si loin, que, par ma foi de gentilhomme, je l'ai cherchée des yeux, et ne l'ai plus même retrouvée!

Don Inigo avait regardé le jeune homme, tandis qu'il parlait, et, chose singulière! ce sentiment de sympathie que le Salteador exprimait de son mieux, dans les paroles moitié railleuses, moitié douces et tendres, qu'il venait de prononcer, ce sentiment s'expliquait par une sensation analogue qui pénétrait, malgré lui, dans le cœur du vieillard.

De son côté, doña Flor s'était lentement rapprochée de son père, non point par crainte, mais au contraire parce que, éprouvant à la voix du jeune homme quelque chose d'étrange, qui faisait passer comme un frisson caressant dans ses veines, elle venait, naïve enfant, chercher au bras de son père une protection contre ce sentiment inconnu qui s'emparait d'elle.

— Jeune homme, dit don Inigo répondant aux dernières paroles du Salteador, ce que vous avez ressenti pour moi, je l'éprouve pour vous; c'est donc, non point ma mauvaise chance, mais ma bonne fortune qui m'a fait passer ici aujourd'hui, plutôt que dans trois semaines; car, dans trois semaines, peut-être eût-il été trop tard pour que je vous rendisse à mon tour un service égal à celui que vous me rendez en ce moment.

— A moi, un service? dit en souriant le bandit.

Et l'ensemble de ses traits, en se contractant légèrement, fit un mouvement qui signifiait : « Tout-puissant sera celui qui me rendra le seul service que l'on puisse me rendre ! »

Comme s'il eût compris ce qui se passait dans le cœur du jeune homme, don Inigo continua :

— Le Seigneur miséricordieux a marqué à chacun sa place dans ce monde : il a donné aux royaumes les rois ; aux rois, les gentilshommes, qui sont leur escorte naturelle ; il a donné aux villes les habitants qui les occupent, bourgeois, commerçants, peuple ; il a donné aux mers les aventureux navigateurs qui vont au delà des océans retrouver des mondes perdus, ou découvrir des mondes ignorés ; il a donné aux montagnes les hommes de rapine, et, dans ces mêmes montagnes, il a placé les animaux de proie et de carnage, comme pour indiquer qu'il les assimilait les uns aux autres, en leur donnant la même demeure, et qu'il faisait de ces hommes le dernier échelon de la société.

Le Salteador fit un mouvement.

— Laissez-moi dire, continua don Inigo.

Le jeune homme inclina la tête en signe d'assentiment.

— Eh bien, reprit le vieillard, il faut, pour que l'on rencontre les hommes hors du cercle où Dieu les a parqués comme des troupeaux d'individus de la même espèce, mais de valeurs différentes, il faut que quelque grand cataclysme social, ou quelque grande catastrophe de famille, ait jeté violemment ces individus, du cercle qui leur était propre, dans celui qui n'était point fait pour eux. C'est ainsi que nous, par exemple, qui étions nés pour être des gentilshommes de la suite des rois, avons, chacun de notre côté, suivi une destinée différente. Cette destinée a fait de moi un navigateur ; cette destinée a fait de vous...

Le vieillard s'arrêta.

— Achevez, reprit en souriant le jeune homme ; vous ne m'apprendrez rien que je ne sache, et, d'ailleurs, de vous je puis tout entendre.

— Cette destinée a fait de vous un bandit !

— Oui, mais vous savez que le même mot sert pour banni et pour brigand.

— Oui, je le sais, et croyez bien que je ne confonds pas les deux choses.

Puis, donnant à ses paroles le ton de l'interrogation :

— Vous êtes un banni ? demanda-t-il.

— Et vous, señor, qui êtes-vous ?

— Je suis don Inigo Velasco de Haro.

Le jeune homme, à ces mots, ôta son feutre, et le jeta loin de lui.

— Excusez-moi, dit-il, j'étais resté couvert, et je ne suis pas grand d'Espagne.

— Je ne suis pas le roi, répondit don Inigo en souriant.

— Non, mais vous êtes noble comme le roi.

— Vous me connaissez donc ? demanda don Inigo.

— J'ai entendu mille fois parler de vous à mon père.

— Votre père me connaît donc ?

— Il m'a du moins dit, plus d'une fois, qu'il avait cet honneur.

— Le nom de votre père, jeune homme ?

— Oh ! oui, oui, murmura doña Flor, son nom ! son nom !

— Hélas ! señor, répondit le bandit avec une expression de mélancolie profonde, ce n'est ni une joie ni un honneur pour mon père, que d'entendre sortir de la bouche d'un homme comme moi le nom d'un vieil Espagnol qui n'a pas une goutte de sang more dans les veines ; n'exigez donc pas que j'ajoute ce chagrin et ce déshonneur au chagrin et au déshonneur qu'il me doit déjà.

— Il a raison, mon père ! s'écria vivement la jeune fille.

Le vieillard regarda doña Flor, qui baissa les yeux en rougissant.

— Votre avis n'est-il pas le même que celui de cette belle señora ? demanda le Salteador.

— Si fait, répondit don Inigo ; gardez donc le secret de votre nom ; mais, si vous n'avez pas un motif pareil de me cacher la cause de la vie étrange que vous avez embrassée ; si votre banissement de la société, si votre retraite dans ces montagnes ont été, comme je le présume, la suite de quelque étourderie de jeunesse; si vous avez, je ne dirai pas l'ombre d'un remords, mais l'apparence d'un regret de la vie que vous menez, j'engage ici, devant Dieu, ma parole de vous servir de protecteur et même de caution.

— Merci, señor! j'accepte votre parole, quoique je doute qu'il soit au pouvoir d'un homme, excepté de celui qui a reçu de Dieu le suprême pouvoir, de me rendre dans le monde la place que j'y occupais, et, cependant, je n'ai aucune chose honteuse à me reprocher. Un sang ardent, un cœur trop prompt à s'enflammer, m'a poussé à certaines fautes ; ces fautes m'ont poussé à des crimes. Aujourd'hui, les fautes sont commises, les crimes sont accomplis ; ce sont autant d'abîmes qui se sont creusés derrière moi; de sorte que je ne puis revenir par la route déjà parcourue, et qu'il faudrait que quelque pouvoir surhumain me créât pour le retour une route différente de celle par laquelle je suis venu. Je pense parfois à la possibilité d'un pareil miracle ; je serais heureux de le voir s'accomplir, doublement heureux de le voir s'accomplir par vous, et que ce fût à la suite d'un ange que je revinsse, comme le jeune Tobie, à la maison paternelle! En attendant, j'espère, — car l'espoir est le dernier ami des malheureux, quoiqu'il soit aussi trompeur, plus trompeur souvent que les autres! — j'espère, mais je ne crois pas. Je me laisse vivre, en m'enfonçant, chaque jour, dans le chemin plus aride et plus escarpé de la révolte contre la société et contre la loi. Je monte, et, parce que je monte, je crois que je m'élève. J'ordonne, et, parce que j'ordonne, je crois que je suis roi. — Seulement, parfois, la nuit, dans mes heures de solitude, dans mes moments de tristesse, il m'arrive de réfléchir et de comprendre alors que, si l'on monte pour atteindre le trône, on monte aussi pour atteindre l'échafaud.

Doña Flor poussa un cri étouffé.

Don Inigo tendit la main au Salteador.

Mais celui-ci, sans accepter l'honneur que lui faisait le vieux gentilhomme, s'inclina en mettant une main sur sa poitrine, et en lui montrant de l'autre un fauteuil.

— Alors, vous allez tout me dire? fit don Inigo, en s'asseyant.

— Tout, excepté le nom de mon père.

Le vieil hidalgo, à son tour, montra une chaise au jeune homme ; mais, au lieu de s'asseoir :

— C'est, non pas un récit, mais une confession que vous allez entendre, dit-il. A un prêtre, je ferais cette confession à genoux ; mais à un homme, cet homme fût-il don Inigo, fût-il le roi, je la ferai debout.

La jeune fille alla s'appuyer au fauteuil de son père, et le Salteador, humble mais debout, d'une voix triste mais calme, commença le récit suivant.

VIII

LE RÉCIT

— Tenez, señor, commença le Salteador, je crois pouvoir affirmer ceci : c'est qu'il y a toujours, dans les commencements d'un homme devenu coupable, — si coupable que soit devenu cet homme, — une force indépendante de sa volonté, qui lui a fait faire les premiers pas hors du droit chemin.

» Pour faire dévier l'homme, il faut une main puissante, et quelquefois ce n'est pas de trop que la main de fer de la destinée!

» Mais, pour faire dévier l'enfant, dont la vue est faible, dont le pas est chancelant, il ne faut parfois qu'une haleine!

» Cette haleine souffla sur mon berceau.

» Cette haleine, ce fut l'indifférence, je dirai presque la haine de mon père à mon égard...

— Señor, murmura la jeune fille, ne commencez pas par accuser, si vous voulez que Dieu vous pardonne.

Regarde ! le feu est dans la montagne. — Page 42

— Je n'accuse pas, que le Seigneur m'en garde ! mes fautes et mes crimes sont bien à moi, et, au jour du jugement dernier, je ne les rejetterai sur personne ; mais il faut que je dise ce qui est.

» Ma mère était autrefois une des plus belles jeunes filles de Cordoue, et, aujourd'hui, à quarante-trois ans, elle est encore une des plus belles femmes de Grenade.

» J'ai toujours ignoré les causes qui amenèrent son mariage avec mon père ; ce que je puis dire, et ce que j'ai toujours vu, c'est qu'ils vivaient plutôt en étrangers, l'un vis-à-vis de l'autre, qu'en mari et femme.

» Je naquis ; — j'ai souvent entendu dire à leurs amis communs qu'ils avaient espéré que ma naissance amènerait un rapprochement entre eux : il n'en fut rien ; froid pour la mère, mon père fut froid pour l'enfant, et, dès le jour où j'ouvris les yeux, je sentis que l'un de ces deux soutiens que Dieu a donnés à l'homme pour entrer dans la vie m'était enlevé !

» Il est vrai que, pour me faire oublier cette erreur commise en quelque sorte dans ma vie par la destinée, ma mère m'enveloppa d'un amour si puissant et si tendre, qu'il pouvait me tenir lieu de celui qui me manquait, et à lui seul compter pour deux.

» Mais, si fort que m'aimât ma mère, elle m'aimait d'un amour de femme; il y a, dans l'affection un peu moins tendre mais plus robuste du père, quelque chose qui parle aux caprices de l'enfant, et aux passions du jeune homme, comme Dieu parle à l'Océan, pour lui dire : « Tu ne t'élèveras pas plus haut! tu n'iras pas plus loin! » Ces caprices pétris par la main d'un père, ces passions comprimées par la main d'un homme, prennent alors la forme que leur impose le moule de la société, tandis que tout déborde chez l'enfant élevé sous l'œil indulgent, et conduit par la main vacillante de la femme. L'indulgence maternelle, — sans limites comme l'amour — fit de moi ce cheval fougueux et emporté auquel, hélas! il n'a fallu qu'un élan pour passer de la ville à la montagne.

» Au reste, si mon caractère perdit à cette liberté sans frein, ma force y gagna. N'ayant point la main sévère d'un père pour fermer sur moi la porte de la maison, raillant d'avance la faible réprimande qui m'attendait au retour, j'étais toujours errant en compagnie des montagnards de la sierra Morena. J'appris d'eux à attaquer le sanglier avec l'épieu, l'ours avec le poignard. A quinze ans, ces animaux, qui eussent été l'effroi d'un autre enfant du même âge, étaient pour moi des adversaires contre lesquels la lutte était plus ou moins longue, avec lesquels le combat était plus ou moins dangereux, mais qui étaient vaincus d'avance. Dès qu'une trace s'offrait à ma vue dans la montagne, l'animal était reconnu, suivi, relancé, attaqué. Plus d'une fois j'entrai en rampant comme la couleuvre dans quelque caverne où, une fois entré, je n'avais pour guide et pour lumière que les yeux ardents de la bête féroce que j'y venais combattre. Oh! c'était alors, — quoique nul, hors Dieu, ne fût témoin de ce qui allait se passer, dans les entrailles de la terre, entre l'animal et moi ; — c'était alors que mon cœur battait d'orgueil et de joie! Comme ces héros d'Homère qui attaquaient l'ennemi de leur parole avant de l'attaquer de leur épée, de leur javelot ou de leur lance, moi, je raillais et je défiais le loup, le sanglier ou l'ours que j'étais venu chercher. Puis la lutte commençait entre l'homme et l'animal, lutte sombre et muette tant qu'elle durait, et qui se terminait par un rugissement d'agonie et un cri de triomphe. Alors, comme l'Hercule dompteur de monstres, auquel je me comparais, je venais au jour, tirant après moi le cadavre du vaincu, que j'insultais dans ma joie sauvage, glorifiant mon triomphe dans quelque chant que j'improvisais, et où j'appelais les torrents qui descendaient bondissants de la montagne, mes amis, les aigles qui planaient au-dessus de ma tête, mes frères!

» Puis vint l'âge où à ces plaisirs succédèrent les passions, et où les passions suivirent leur cours avec le même emportement qu'avaient fait les plaisirs. Au jeu et à l'amour, ma mère essaya d'opposer, mais inutilement comme elle avait fait jusque-là, la faible digue de sa volonté. Puis elle appela mon père à son secours.

» Il était trop tard : mal habitué à obéir, je résistai même à la voix de mon père. D'ailleurs, cette voix qui me parlait au milieu de la tempête, m'était inconnue. J'avais crû, j'avais grandi dans une direction fâcheuse; l'arbrisseau eût plié, peut-être : l'arbre résista, inflexible, et continua de sentir circuler, sous son écorce rude et noueuse comme celle d'un chêne, la sève ardente du mal.

» Oh! je ne vous dirai pas, — ce serait trop long, et, d'ailleurs, devant votre chaste fille, le respect me ferme la bouche, — je ne vous dirai pas par quelle série de querelles, d'orgies nocturnes, de folles amours, j'en arrivai à être pour mon père une cause de ruine, pour ma mère une source de douleurs. Non, je passe à travers les mille événements qui composent le tissu de ma vie, plus bariolée de querelles, de galanteries sous les balcons, de rencontres aux angles des rues, que ne l'est de ses tranchantes couleurs ce manteau qui m'enveloppe; je passe, dis-je, à travers ces mille événements pour arriver à celui qui a définitivement disposé de ma vie.

» J'aimais... Je croyais aimer une femme, la sœur d'un de mes amis. J'eusse juré, j'eusse soutenu au monde entier — pardon, señora, je ne vous avais pas vue ! — qu'elle était la plus belle des femmes, quand, une nuit, ou plutôt un matin, en rentrant chez moi, je trouvai à ma porte cet ami, le frère de celle que j'aimais, en selle sur un cheval, et tenant un second cheval en bride.

» J'eus le pressentiment qu'il avait pénétré le secret de mes amours.

» — Que fais-tu là ? lui demandai-je.

» — Tu le vois; je t'attends.

» — Me voici.

» — As-tu ton épée ?

» — Elle ne me quitte jamais.

» — Monte sur ce cheval, et suis-moi.

» — Je ne suis pas : j'accompagne ou je précède.

» — Oh ! tu ne me précéderas pas, dit-il; car je suis pressé d'arriver où je vais.

» Et il mit son cheval au galop.

» J'en fis autant du mien, et, côte à côte, ventre à terre, nous entrâmes dans la montagne.

» Au bout de cinq cents pas, nous arrivâmes à une petite clairière où l'herbe molle poussait sur une esplanade qui paraissait nivelée à la main.

» — C'est ici, dit don Alvar.

» C'était le nom de mon ami.

» — Soit ! répondis-je.

» — Descendez de cheval, don Fernand, et tirez votre épée; car vous vous doutez bien que c'est pour combattre, n'est-ce pas, que je vous ai conduit ici ?

» — Je m'en suis douté tout d'abord, lui répondis-je; mais j'ignore ce qui peut avoir changé notre amitié en haine... Frères hier, ennemis aujourd'hui !

» — Ennemis, parce que nous sommes frères, justement ! dit don Alvar en tirant son épée; frères par ma sœur !... Allons, l'épée à la main, don Fernand !

» — C'est, lui répondis-je, — et vous le savez, — une invitation que l'on ne m'a jamais faite deux fois; mais, de votre part, cependant, j'attendrai que vous m'ayez dit la raison qui vous a fait me conduire sur ce terrain. Voyons, je voudrais savoir ce qui vous anime ainsi, don Alvar. Quels sujets de plainte avez-vous contre moi ?

» — J'en ai tant, que je voulais les taire; car, en me les rappelant, je renouvelle mon injure, et je suis forcé de répéter le serment que j'ai fait de laver cette injure dans ton sang. Allons, l'épée hors du fourreau, Fernand !

» Je ne me reconnaissais plus, tant j'étais calme devant cette colère, insensible devant cette provocation.

» — Je ne me battrai pas avec vous, lui dis-je, que je ne sache pourquoi je me bats.

» Il tira de sa poche une liasse de lettres.

» — Connaissez-vous ces papiers ? demanda-t-il.

» Je frissonnai.

» — Jetez-les à terre, lui dis-je, et je les ramasserai.

» — Tenez, ramassez-les, et lisez.

» Il jeta les lettres à terre.

» Je les ramassai et je les lus; elles étaient bien de moi.

» Il n'y avait pas moyen de nier... j'étais à la merci d'un frère offensé !

» — Oh ! malheur ! m'écriai-je, malheur à l'homme assez fou pour confier les secrets de son cœur et l'honneur d'une femme au papier ! c'est une flèche lancée dans les airs; on sait d'où elle part, on ne sait pas où elle va tomber, ni qui elle peut atteindre !

» — Avez-vous reconnu ces lettres, don Fernand ?

» — Elles sont de ma main, don Alvar.

» — Alors, tirez donc votre épée, afin que l'un de nous reste ici mort, près de l'honneur mort de ma sœur.

» — Je suis fâché que vous vous y soyez pris ainsi, don Alvar, et que vous ayez rendu impossible, par votre menace, la proposition que j'avais peut-être à vous faire.

» — Oh! lâche! dit Alvar, qui, lorsqu'il voit le frère l'épée à la main, propose d'épouser la femme qu'il a déshonorée!

» — Vous savez que je ne suis pas un lâche, don Alvar; d'ailleurs, si vous ne le savez pas, je vous l'apprendrai au besoin. Écoutez-moi donc.

» — L'épée à la main?... Où le fer doit parler, la langue doit se taire!

» — J'aime votre sœur, don Alvar; votre sœur m'aime; pourquoi ne vous appellerais-je pas mon frère?

» — Parce que mon père m'a dit hier qu'il n'appellerait jamais son fils un homme perdu de vices, de dettes et de débauche!

» Mon sang-froid commençait à m'abandonner devant tant d'injures.

» — Votre père a dit cela, don Alvar? m'écriai-je les dents serrées par la colère.

» — Oui, et je le redis après lui, et j'ajoute : L'épée à la main, don Fernand!

» — Tu le veux?... répondis-je en mettant la main à la garde de mon épée.

» — L'épée à la main! l'épée à la main! répéta don Alvar; ou ce n'est pas de la pointe, c'est du plat de la mienne que je te frapperai!

» J'avais résisté, convenez-en, señor don Inigo, car c'est la vérité même que je vous dis, j'avais résisté autant que pouvait le faire un gentilhomme.

» Je tirai mon épée.

» Cinq minutes après, don Alvar était mort.

» Mort sans confession, et en me maudissant... C'est ce qui ma porté malheur!...

Le Salteador s'arrêta un instant, laissant tomber, tout pensif, sa tête sur sa poitrine.

En ce moment, la jeune bohémienne parut à la fenêtre par laquelle était entré le bandit; et, de cette voix pressée d'une personne qui apporte une nouvelle importante, elle prononça trois fois le nom de Fernand.

Ce ne fut qu'à la seconde fois que le Salteador parut entendre, ce ne fut qu'à la troisième fois qu'il se retourna.

Mais, quelque hâte que parût avoir Ginesta d'annoncer la nouvelle qu'elle apportait, le Salteador lui fit signe de la main d'attendre, et elle attendit.

— Je revins à la ville, continua don Fernand, et, ayant rencontré deux religieux sur ma route, je leur indiquai l'endroit où ils trouveraient le corps de don Alvar.

» C'était une chose toute simple qu'une rencontre entre deux jeunes gens, et qu'une mort par l'épée; mais notre rencontre n'avait pas eu lieu dans les conditions ordinaires du duel. Le père de don Alvar, furieux de la perte de son fils unique, m'accusa d'assassinat.

» Hélas! je dois le dire, j'étais mal sauvegardé par ma renommée; l'accusation, tout infâme qu'elle était, trouva créance chez les magistrats; l'alcade me décréta d'accusation, et trois alguazils se présentèrent chez moi pour m'arrêter.

» Je leur offris de me rendre à la prison, mais seul. Ils refusèrent. Je leur engageai ma parole de gentilhomme que je marcherais à cent pas derrière eux ou devant eux, à leur choix.

» Ils voulurent m'emmener de vive force.

» J'en tuai deux, je blessai le troisième; je sautai sur mon cheval, sans bride et sans selle, ne prenant qu'une seule et unique chose, — la clef de la maison.

» Je n'avais pas vu ma mère, et je voulais revenir pour l'embrasser encore une fois.

» Deux heures après, j'étais en sûreté dans la montagne.

» La montagne était pleine de bannis de toute espèce, qui tous, exilés comme moi pour quelque démêlé avec la justice, n'avaient plus rien à attendre de la société, et qui tous brûlaient du désir de lui rendre le mal qu'elle leur avait fait.

» Il ne manquait à ces hommes qu'un chef, pour organiser une puissance terrible.

» Je me proposai pour être ce chef. Ils acceptèrent... Vous savez le reste.

— Et avez-vous revu votre mère? demanda doña Flor.

— Merci! dit le Salteador, vous me regardez encore comme un homme.

La jeune fille baissa les yeux.

— Oui, dit-il, je l'ai revue, non pas une fois, mais dix fois, vingt fois! Ma mère, c'est le seul lien qui me rattache au monde. Une fois par mois, sans jour fixé, — car tout dépend de la surveillance éveillée autour de nous, — une fois par mois, quand la nuit est venue, je quitte la montagne, et, sous un costume de montagnard, enveloppé dans un grand manteau, je traverse la vega, et, sans être vu, — ou, si je suis vu, sans être reconnu, du moins jusqu'ici — je rentre dans cette maison qui ne m'a jamais été si chère que depuis que j'en suis exilé, je monte l'escalier, j'ouvre la porte de la chambre de ma mère, je m'avance sans bruit, et je la réveille en l'embrassant au front.

» Alors, je m'assieds sur son lit, je passe la nuit comme au temps de ma jeunesse, les mains dans ses mains, la tête sur sa poitrine.

» Puis, quand j'ai passé la nuit ainsi, en parlant des jours écoulés, du temps où j'étais innocent et heureux, elle m'embrasse à son tour au front, et il me semble que ce baiser me réconcilie avec la nature, avec les hommes, avec Dieu!...

— Oh! mon père! mon père! entendez-vous? dit doña Flor en essuyant deux larmes qui roulaient sur ses joues.

— C'est bien, dit le vieillard, vous reverrez votre mère, non pas la nuit, non pas furtivement, mais à la lumière du jour, et à la face de tous; j'y engage ma foi de gentilhomme!

— Oh! murmura doña Flor en embrassant don Inigo, vous êtes bon, cent fois bon, mon père!

— Don Fernand! répéta la petite bohémienne avec le ton de la plus vive inquiétude, ce que j'ai à vous dire est de la plus haute importance: écoutez-moi! par grâce, écoutez-moi!

Mais, comme la première fois, seulement d'un geste plus impérieux, le Salteador lui ordonna d'attendre.

— Nous vous laissons, señor, dit don Inigo, et nous emportons le souvenir de votre courtoisie.

— Alors, dit le Salteador, entraîné par cette sympathie étrange qu'il éprouvait pour don Inigo, alors vous me pardonnez?

— Non-seulement nous vous pardonnons, mais encore nous nous tenons pour vos obligés, et avec l'aide de Dieu, je vous donnerai, moi particulièrement, je l'espère, une preuve de ma reconnaissance.

— Et vous, señora, demanda le Salteador, d'une voix timide, partagez-vous les sentiments du seigneur don Inigo?

— Oh! oui, s'écria vivement doña Flor, et, si je pouvais, moi aussi, vous donner une preuve...

Et elle regarda autour d'elle comme pour chercher par quel moyen visible, par quelle preuve palpable elle pourrait affirmer sa reconnaissance au jeune homme.

Le Salteador comprit son intention; il vit sur l'assiette le bouquet qui avait été cueilli par Amapola pour don Ramiro.

Il prit le bouquet, et le présenta à doña Flor.

Celle-ci consulta son père du regard: don Inigo fit un signe de consentement.

Elle prit une fleur dans le bouquet.

C'était une anémone, fleur de tristesse.

— Mon père a promis de vous payer sa rançon, dit-elle, voici la mienne.

Et elle présenta la fleur au Salteador.

Celui-ci prit la fleur, la posa respectueusement sur ses lèvres, puis la plaça sur sa poitrine, et ferma son pourpoint par-dessus.

— Au revoir! dit don Inigo, et j'ose vous l'affirmer d'avance, à bientôt!

— Faites dans votre bonté, señor, et que Dieu vous seconde dans sa miséricorde.

Puis, haussant la voix:

— Vous êtes libres; sortez, dit-il, et quiconque ne s'écartera point de dix pas de votre chemin est un homme mort.

Don Inigo et sa fille sortirent.

Sans quitter sa place, le Salteador les

vit, à travers la fenêtre de la salle donnant sur la cour, remonter sur leurs mules, et sortir de la venta.

Alors le jeune homme tira l'anémone de sa poitrine, et la baisa une seconde fois avec une expression à laquelle il n'y avait pas à se tromper.

En ce moment, il sentit une main qui se posait doucement sur son épaule.

C'était celle de Ginesta, qui, légère comme un oiseau, avait escaladé sans bruit la fenêtre, et qui venait, don Inigo et doña Flor partis, réclamer une attention que le Salteador n'avait pas voulu lui accorder en leur présence.

Elle était pâle comme la mort.

— Que me veux-tu? demanda le Salteador.

— Je veux te dire que les soldats du roi ne doivent pas être, maintenant, à un quart de lieue d'ici, et qu'avant dix minutes, tu seras attaqué!

— Tu es sûre de ce que tu m'annonces, Ginesta? demanda le Salteador en fronçant le sourcil.

Comme il achevait ces mots le bruit d'une fusillade éclata.

— Tiens, dit Ginesta, entends-tu?

— Aux armes! s'écria le Salteador en s'élançant hors de l'appartement; aux armes!

IX

LE CHÊNE DE DOÑA MERCÉDÈS

Voici ce qui était arrivé :

Don Inigo avait parlé d'un détachement des troupes du roi qu'il avait rencontré un peu en avant d'Alhama, et dont il connaissait le chef.

Les bandits, en effet, avaient, on se le rappelle, reconnu en riant que ce détachement avait passé la veille.

Ce détachement, composé de quatre cents hommes à peu près, avait ordre de fouiller la montagne, et, à quelque prix que ce fût, de la nettoyer de la troupe de bandits qui l'infestait.

Il y avait une prime de cent philippes d'or pour chaque bandit mort ou vivant dont on justifierait à l'autorité, et une prime de mille philippes d'or pour le chef.

Le roi don Carlos avait juré qu'il anéantirait le brigandage en Espagne, et le rejetterait de sierras en sierras jusqu'à ce qu'il le poussât dans la mer.

Depuis deux ans et demi qu'il avait mis le pied en Espagne, il avait poursuivi ce dessein avec l'entêtement qui était un des caractères distinctifs de son génie, et il avait acculé les derniers bandits à la sierra Nevada, qui est elle-même acculée à la mer.

Il touchait donc à la réalisation de sa volonté.

Le chef du détachement expédié la veille s'était contenté d'explorer la route; il n'avait rien trouvé d'extrordinaire sur cette route, qu'une venta à la porte de laquelle son détachement avait fait halte, et s'était rafraîchi; mais la venta n'était habitée que par l'hostalero et par les commensaux ordinaires d'une auberge andalouse; l'hostalero avait la figure ouverte, accorte, avenante, plus que ne l'a d'habitude un aubergiste espagnol; aucun signe ne désignait particulièrement la venta comme un lieu de rassemblement; le chef avait donné ordre de continuer le chemin, et le détachement avait passé outre.

Il avait été jusqu'à Alhama sans rien découvrir de particulier, à l'exception des croix plus ou moins pressées aux bords des chemins; mais les croix sont choses si communes en Espagne, que les soldats ne leur avaient accordé qu'une attention secondaire.

A Alhama, le commandant du détachement avait pris des informations, et il avait été averti de concentrer toute son attention sur la venta du *Roi more* qu'on lui indiquait à la fois comme le centre des opérations et le repaire des bandits. Il en était résulté que, sans perdre de temps, le chef de l'expédition était revenu sur ses pas, et avait donné ordre à ses hommes de le suivre.

Il y avait six lieues d'Alhama à la venta du *Roi more*, et la moitié de cette distance était déjà franchie par le détachement, lorsque les soldats virent venir à eux, emporté par la course furieuse du désespoir, le serviteur de don Inigo, qui, blessé et tout sanglant, fuyait en appelant du secours.

Cet homme raconta ce qui venait d'arriver.

Comme don Inigo l'avait dit, le capitaine qui commandait le détachement était un gentilhomme de sa connaissance. A la nouvelle du danger que couraient l'illustre hidalgo et la belle doña Flor, sa fille, il avait ordonné au détachement de se remettre en marche, et de doubler le pas.

Du haut du rocher où elle était restée, Ginesta avait aperçu de loin la tête de la colonne ; se doutant de la cause qui ramenait le détachement, tremblant pour la sûreté du Salteador, elle avait pris sa course vers la venta, était entrée par la porte du jardin, — la même qui avait donné passage à Fernand, était arrivée à la fenêtre qu'il avait brisée et franchie, et, là, maintenue par le geste qui lui ordonnait d'attendre, elle avait entendu et vu ce qui s'était passé entre le jeune homme et les prisonniers, et surtout entre Fernand et doña Flor.

Pâle, la mort dans le cœur, Ginesta avait à son tour franchi la fenêtre, et annoncé au Salteador la venue des troupes du roi.

Le Salteador s'était élancé hors de la chambre, en criant : « Aux armes! »

Il croyait trouver ses compagnons dans la cuisine ; la cuisine était vide.

Il courut vers la cour ; il n'y avait personne dans la cour.

En deux bonds, il fut à la porte de la venta.

A la porte de la venta, il trouva une arquebuse jetée à terre, et, près de l'arquebuse, un de ces baudriers du XVIe siècle auquel pendaient des cartouches toutes préparées.

Il ramassa l'arquebuse, passa le baudrier autour de son cou, et, se redressant de toute sa hauteur, chercha des yeux où étaient ses compagnons.

La fusillade que l'on avait entendue s'était aussitôt éteinte; preuve que ceux sur lesquels elle était dirigée n'avaient opposé qu'une légère résistance.

Tout à coup, au sommet du petit monticule, le Salteador vit apparaître l'avant-garde des troupes royales.

Il se retourna pour voir s'il était complétement abandonné.

Ginesta était seule derrière lui, pâle, les mains jointes; elle le suppliait de fuir avec la pantomime éloquente de la terreur.

— Il le faut bien, murmura le Salteador, puisque les misérables m'ont abandonné!

— Peut-être te rejoindront-ils dans la montagne, hasarda timidement Ginesta en tirant Fernand en arrière.

Cette possibilité parut rendre l'espérance à Fernand.

— En effet, dit-il, c'est possible.

Et, rentrant dans la cour, il ferma devant lui la porte massive, à laquelle il mit sa barre de fer.

Puis, toujours suivi de Ginesta, il entra dans la cuisine, passa de la cuisine dans une espèce de petite office, leva une trappe qu'il laissa tomber derrière lui quand la petite bohémienne fut passée, ferma cette trappe au verrou, et, sans autre lumière que celle de la mèche de son arquebuse, s'engagea dans l'escalier, et, de l'escalier, dans le souterrain qui y faisait suite.

C'était le souterrain auquel les bandits avaient fait allusion quand ils avaient initié don Inigo à leurs moyens de défense et de fuite.

Au bout de cinq minutes, le Salteador et la bohémienne étaient arrivés à l'autre extrémité du souterrain. Fernand souleva de ses épaules vigoureuses une seconde trappe dissimulée à l'extérieur par une roche plate et couverte de mousse.

Les fugitifs étaient dans la montagne.

Le Salteador respira à pleine poitrine.
— Ah! dit-il, on est libre ici!
— Oui, répondit Ginesta; mais ne perdons pas de temps.
— Où veux-tu aller?
— Au chêne de doña Mercédès.
Fernand tressaillit.
— Allons, dit-il, peut-être la vierge sous l'invocation de laquelle il est placé me portera-t-elle bonheur.

Tous deux, ou plutôt tous trois, — car la chèvre avait suivi les deux fugitifs — s'enfoncèrent donc à l'instant même dans le maquis, ayant soin de ne prendre d'autre chemin que les passées des animaux sauvages, passées, du reste, si fréquentes et si bien frayées, que c'étaient de véritables routes.

Seulement, dans ces routes, il fallait, comme les animaux qui les fréquentaient, marcher la tête courbée jusqu'à terre; en certains endroits même où les branches s'étaient rejointes, il fallait se glisser en rampant; mais plus les passages étaient difficiles, plus la forteresse naturelle dans laquelle s'engageaient le bandit et la bohémienne présentait de sécurité.

On marcha ainsi trois quarts d'heure; toutefois, il ne faudrait pas mesurer la distance parcourue au temps écoulé : — la difficulté de la route retardait la marche, et, au bout de trois quarts d'heure, à peine les deux fugitifs avaient-ils fait une demi-lieue.

Mais, cette demi-lieue, il eût fallu à d'autres qu'eux, c'est-à-dire à des hommes étrangers à la montagne, ou peu familiers avec les passées des cerfs, des ours et des sangliers, une journée pour la faire.

Au reste, plus ils avançaient, plus le maquis devenait impénétrable, et, cependant, ni Fernand ni Ginesta ne donnaient la moindre marque d'hésitation. On voyait qu'ils marchaient tous deux vers un but connu, plus perdus au milieu de ces lentisques, de ces arbousiers et de ces myrtes gigantesques, que ne le sont les navigateurs errants sur les mers infinies, où ils ont au moins pour les guider la boussole et les constellations.

Enfin, après avoir percé une dernière enceinte de charmille qu'on eût crue impénétrable même à l'œil, ils se trouvèrent dans une petite clairière d'une vingtaine de pieds de diamètre, au milieu de laquelle s'élevait un chêne au tronc duquel était fixée dans sa châsse de bois doré une petite statuette de sainte Mercédès, patronne de la mère de Fernand.

Fernand avait mis cet arbre, à l'ombre duquel il venait souvent rêver et dormir, et qu'il appelait sa maison d'été, sous l'invocation de la patronne de sa mère, ou plutôt sous l'invocation de sa mère elle-même, pour laquelle il avait bien autrement de religion et de respect que pour la sainte dont elle portait le nom.

Les deux fugitifs étaient arrivés au terme de leur course, et il était évident qu'à moins d'être trahis, ils étaient là, pour le moment, en parfaite sûreté.

Nous disons *à moins d'être trahis*, car les bandits connaissaient cette retraite de leur chef, quoiqu'ils n'y vinssent jamais sans être appelés; c'était une espèce d'asile où Fernand, dans ses heures de tristesse, venait redemander le monde évanoui du passé, et, couché dans son manteau, cherchant à travers les feuilles immobiles du chêne quelque lambeau de ce ciel qui s'étendait au-dessus de sa tête, bleu comme les ailes de l'Espérance, évoquer les souvenirs souriants de son enfance, qui faisaient un si grand contraste avec ceux que, jeune homme, il amassait terribles et sanglants pour sa vieillesse.

Quand il avait quelque ordre à donner, quelque renseignement à recevoir, il prenait dans le creux de l'arbre un cor d'argent admirablement travaillé par quelque ouvrier more, en tirait un son aigu et prolongé, s'il n'avait affaire qu'à un de ses compagnons; deux, s'il avait besoin de dix hommes; trois, s'il appelait à lui toute la troupe.

Son premier soin, en entrant dans la clairière, fut d'aller droit à la châsse de la sainte, dont il baisa les pieds; puis il s'agenouilla, faisant une courte prière, tandis que, moitié païenne encore, Ginesta, debout, le regardait; puis, se relevant, il fit le tour d'une portion du tronc de l'arbre, prit dans le trou déjà indiqué par nous le cor d'argent, et, l'approchant de ses lèvres, il en tira trois cris aussi aigus, aussi perçants, aussi prolongés que ceux qui allèrent, à cinq lieues du val de Roncevaux, faire tressaillir Charlemagne au milieu de son armée, quand, s'arrêtant tout à coup, il dit : « Messeigneurs, c'est mon neveu Roland qui m'appelle à son secours! »

Mais les trois sons éclatèrent, s'éloignèrent et s'éteignirent vainement : personne ne vint.

Il n'y avait pas à supposer que les bandits n'eussent point entendu; le cor de Fernand avait son écho à plus d'une lieue dans la montagne.

Ou les bandits étaient pris, ou ils trahissaient leur chef, ou, reconnaissant toute résistance inutile, vu le nombre des assaillants, ils avaient jugé plus prudent de rester disséminés, et d'essayer de fuir chacun de son côté.

Fernand, pendant un quart d'heure à peu près, attendit debout et appuyé au tronc de l'arbre l'effet de son appel; mais, voyant que tout demeurait silencieux autour de lui, il jeta sa mante à terre et se coucha dessus.

Ginesta vint s'asseoir près de lui.

Fernand la regarda avec une tendresse infinie; seule, la petite bohémienne lui était restée fidèle.

Ginesta sourit doucement.

Il y avait dans ce sourire une promesse de dévouement éternel.

Fernand étendit le bras, prit dans sa main la tête de la jeune fille, et approcha de ses lèvres le front de la bohémienne.

Au moment où les lèvres du Salteador et le front de Ginesta se rencontrèrent, la jeune fille poussa un cri dans lequel il y avait presque autant de douleur que de joie.

C'était la première caresse qu'elle reçût de Fernand.

Elle demeura pendant quelques instants les yeux fermés, la tête renversée contre le tronc rugueux du chêne, la bouche ouverte, la poitrine sans respiration, comme si elle eût été évanouie.

Le jeune homme la regarda d'abord avec étonnement, puis avec inquiétude; puis, doucement:

— Ginesta! dit-il.

La bohémienne souleva sa tête comme une enfant que la voix de sa mère tire du sommeil, ouvrit lentement ses beaux yeux; puis, regardant le Salteador :

— Oh! mon Dieu! murmura-t-elle.

— Que t'est-il donc arrivé, mon enfant? demanda Fernand.

— Je ne sais, répondit la jeune fille. Seulement, j'ai cru que j'allais mourir...

Et, se levant toute chancelante, elle s'éloigna lentement du chêne de doña Mercédès, et disparut dans le maquis, tenant sa tête entre ses mains, et toute prête à fondre en larmes, quoique jamais elle n'eût éprouvé un pareil sentiment de joie et de bonheur.

Le Salteador la suivit des yeux jusqu'à ce qu'elle eût disparu; mais, comme la chèvre restait près de lui au lieu de suivre sa maîtresse, il jugea que la jeune fille n'était point allée bien loin.

Alors, il poussa un soupir, s'enveloppa de sa mante, et se coucha à son tour, les yeux fermés, et comme s'il voulait dormir.

Au bout d'une heure à peu près de sommeil ou de rêverie, il s'entendit appeler d'une voix tendre quoique pressante.

La bohémienne était debout devant lui dans la demi-obscurité du crépuscule, le bras étendu vers le couchant.

— Eh bien, demanda Fernand, qu'y a-t-il?

— Regarde! dit la bohémienne.

— Oh! dit le bandit en se levant vivement, le soleil est bien rouge ce soir à son coucher. Cela nous annonce du sang pour demain.

— Tu te trompes, reprit Ginesta; ces lueurs ne sont pas celles du soleil qui se couche.

— Qu'est-ce donc? demanda le bandit

respirant une odeur de fumée, et écoutant un petillement lointain.

— Ce sont les lueurs de l'incendie, répondit la bohémienne. Le feu est dans la montagne !

En ce moment, un cerf tout effaré, suivi d'une biche et d'un faon, passa comme l'éclair, fuyant de l'occident à l'orient.

— Viens, Fernand ! dit Ginesta ; l'instinct de ces animaux est plus sûr que la sagesse de l'homme, et, en nous indiquant de quel côté il faut fuir, il nous apprend qu'il n'y a pas un instant à perdre.

C'était sans doute aussi l'avis de Fernand ; car, passant son cor en sautoir, s'enveloppant de son manteau, prenant son arquebuse à la main, il s'élança dans la direction que suivaient le cerf, la biche et le faon.

Ginesta et sa chèvre marchaient devant lui.

X

LE FEU DANS LA MONTAGNE

Le Salteador, la bohémienne et la chèvre firent à peu près cinq cents pas ainsi. Mais, tout à coup, la chèvre s'arrêta, se dressa sur ses deux pattes de derrière, flaira le vent et s'arrêta indécise.

— Eh bien, Maza, qu'y a-t-il ? demanda la jeune fille.

La chèvre secoua la tête comme si elle eût entendu, et bêla comme si elle eût voulu répondre.

Le Salteador écouta et respira l'air de la nuit, qui passait chargé de senteurs résineuses.

L'obscurité s'était faite aussi épaisse qu'elle peut le devenir en Espagne pendant une belle nuit d'été.

— Il me semble, dit le Salteador, que j'entends le même petillement, et que je sens la même odeur de fumée. Nous serions-nous trompés, et, au lieu de fuir l'incendie, irions-nous au-devant de lui ?

— L'incendie était là, dit Ginesta en indiquant le couchant, et nous l'avons fui en ligne aussi droite qu'il était possible de le faire.

— Tu es sûre ?

— Voici l'étoile Aldebaran, qui était et qui est encore à notre droite ; il faut que le feu ait pris à deux endroits de la montagne.

— Ait pris ou ait été mis, murmura Fernand, qui commençait à soupçonner la vérité.

— Attends, dit Ginesta, je vais te le dire.

Et la fille de la montagne, à qui la montagne, avec ses gorges, ses pics, ses maquis, ses vallées et ses cavernes, était aussi familière que l'est à un enfant le parc du château où il a été élevé, bondit en avant, atteignit la base d'un rocher presque à pic, monta le long des aspérités de granit, et surmonta bientôt la cime du roc comme une statue surmonte son piédestal.

Il ne lui avait fallu que cinq secondes pour monter, il ne lui en fallut qu'une pour redescendre.

— Eh bien ? demanda le Salteador.

— Oui, dit-elle.

— Le feu ?

— Le feu !

Puis, indiquant le sud :

— Par ici, dit-elle ; il nous faut passer dans l'intervalle avant que les deux extrémités de la flamme se rejoignent.

Plus on s'enfonçait vers le midi, plus la végétation devenait sauvage et épaisse ; c'étaient les hauts ronciers où se tenaient d'ordinaire les sangliers, les loups et les chats sauvages ; il était rare que les faibles animaux, tels que les daims et les chevreuils, se hasardassent sur le territoire de leurs terribles ennemis, et, cependant, on voyait passer, comme des éclairs fauves, des hordes effarouchées de ces animaux, que l'incendie avait mis sur pied, et qui fuyaient dans la direction qui leur promettait un passage.

— Par ici! par ici! disait Ginesta; ne crains rien, Fernand, voilà notre guide.

Et elle montrait l'étoile aux triples couleurs sur laquelle elle dirigeait sa marche.

— Tant qu'elle sera autant à notre gauche qu'elle était tout à l'heure à notre droite, continua la bohémienne, nous serons dans le bon chemin.

Au bout de dix minutes de marche, l'étoile se voila.

— Oh! dit Ferdinand, allons-nous avoir de l'orage? Ce serait beau de voir lutter le feu et l'eau dans la montagne.

Mais Ginesta s'était arrêtée, et, saisissant le poignet de Fernand :

— Ce n'est point un nuage qui voile l'étoile, dit-elle.

— Qu'est-ce donc?

— C'est la fumée!

— Impossible! le vent vient du midi.

En ce moment, un loup hurlant, et jetant la flamme par les yeux, passa à quelques pas des deux jeunes gens, sans faire attention à la chèvre, et courant du midi au nord.

De son côté, la chèvre ne fit point attention au loup; elle paraissait occupée d'un autre danger.

— Le feu! le feu! s'écria Ginesta; nous arrivons trop tard, nous avons devant nous une muraille de feu!

— Attends, dit Fernand, nous allons bien voir.

Et, saisissant les premières branches d'un sapin, il commença de monter dans l'arbre.

Mais à peine son pied avait-il quitté la terre, qu'un rugissement terrible se fit entendre au-dessus de sa tête.

Ginesta tira le jeune homme à elle avec terreur, et lui montra à quinze pieds dans les branches de l'arbre une masse sombre qui se détachait sur l'azur du ciel.

— Oh! dit Fernand, tu as beau rugir, vieil ours du Mulahacen, tu ne feras pas reculer l'incendie, et tu ne me ferais pas reculer plus que lui, si j'avais le temps...

— Au nord! au nord! cria Ginesta, c'est le seul passage qui reste ouvert.

Et, en effet, tous les habitants de la montagne, cerfs, biches, chevreuils, daims, sangliers, chats-tigres, s'élançaient du seul côté où la flamme ne parût pas encore. Des bandes de pintades et de perdrix qui se levaient devant le feu, volaient au hasard, se heurtant aux branches, tombant étourdies aux pieds des fugitifs, tandis que les oiseaux de nuit, rois de l'obscurité, saluaient de cris rauques et effarés ce jour étrange qui semblait se lever de la terre au lieu de descendre du ciel.

— Viens, Fernand! viens, criait Ginesta, viens!

— Où? de quel côté? demanda Fernand commençant à s'effrayer véritablement, moins pour lui, peut-être, que pour la jeune fille, qui, en s'attachant à lui, partageait un danger qu'elle eût pu fuir en restant dans la venta.

— Par ici! par ici! voilà l'étoile du nord devant nous. D'ailleurs, suivons la chèvre, son instinct nous guidera.

Et tous deux se mirent à courir dans la direction que leur indiquaient, non-seulement l'animal familier qui s'était fait le compagnon de leur fuite, mais encore les animaux sauvages qui passaient comme emportés par l'haleine brûlante du siroco.

Tout à coup, la chèvre s'arrêta.

— Il est inutile de fuir plus longtemps, dit Fernand, nous sommes dans un cercle de feu.

Et Fernand s'assit sur un rocher, comme jugeant inutile d'aller plus loin.

La jeune fille fit encore cent pas en avant afin de s'assurer si Fernand avait dit la vérité; puis, comme, d'abord, la chèvre était restée en arrière, comme, ensuite, l'animal s'était arrêté tout à fait, elle revint sur ses pas, et rejoignit Fernand, qui, la tête dans ses mains, paraissait décidé à attendre, sans faire un pas de plus, le dénoûment de la terrible catastrophe.

D'ailleurs, il n'y avait plus de doute à conserver; dans la circonférence d'une lieue à peu près, le ciel apparaissait tout sanglant à travers un nuage de fumée.

Un sifflement terrible se faisait entendre, se rapprochant rapidement, et indiquant les progrès de l'incendie.

La jeune fille resta un instant debout près du Salteador, le couvrant d'un regard plein d'amour.

Quelqu'un qui eût pu lire dans sa pensée y eût vu peut-être la crainte que devait inspirer une situation aussi désespérée, mais en même temps le secret désir d'envelopper le jeune homme de ses bras, et de mourir là, à cette place, avec lui, sans faire l'ombre d'un effort pour se sauver.

Cependant, elle parut vaincre cette tentation, et, poussant un soupir :

— Fernand! murmura-t-elle.

Le Salteador releva la tête.

— Pauvre Ginesta, dit-il, si jeune, si belle, si bonne, et c'est moi qui serai cause de ta mort!... Ah! je suis véritablement maudit!

— Regrettes-tu la vie, Fernand? demanda l'enfant, d'une voix qui signifiait : « Je ne la regrette pas, moi. »

— Oh! oui, oui! s'écria le jeune homme; oh! oui, je l'avoue, je la regrette.

— Pour qui? demanda Ginesta.

Le jeune homme, seulement alors peut-être, lut ce qui se passait dans le cœur de la jeune fille.

— Pour ma mère, répondit-il.

L'enfant poussa un cri de joie.

— Merci, Fernand! dit-elle; suis-moi.

— Pour quoi faire, te suivre?

— Suis-moi, te dis-je!

— Eh! ne vois-tu pas que nous sommes perdus! dit Fernand en haussant les épaules.

— Nous sommes sauvés, Fernand! je réponds de tout, répliqua la bohémienne.

Fernand se leva, doutant des paroles qu'il venait d'entendre.

— Viens! viens! dit-elle; et puisque tu ne regrettes que ta mère, je ne veux pas que ta mère te pleure.

Et, saisissant le jeune homme par la main, elle l'entraîna dans une direction nouvelle.

Le jeune homme la suivit machinalement, et, cependant, avec cette ardeur instinctive que tout être créé met à la conservation de sa vie.

On eût dit qu'en voyant suivre aux fugitifs cette direction nouvelle, la chèvre elle-même reprenait espoir, et consentait de nouveau à leur servir de guide tandis que les autres animaux effarés, se sentant pris dans un cercle de feu, ne suivaient plus aucune direction, courant au hasard, et se croisant en tous sens.

Le sifflement de l'incendie se rapprochait de plus en plus, et l'atmosphère que l'on respirait commençait à devenir brûlante.

Tout à coup, le sifflement de la flamme sembla augmenter de force, et, à chaque pas que faisaient les fugitifs dans la direction qu'ils suivaient, devenir plus intense.

Fernand arrêta la jeune fille.

— Mais le feu est là! l'entends-tu? l'entends-tu? s'écria-t-il en étendant la main dans la direction d'où venait le bruit.

— Se peut-il, Fernand, dit en riant la bohémienne, que tu sois encore si peu habitué aux rumeurs de la montagne, que tu prennes le mugissement d'une cataracte pour le sifflement d'un incendie?

— Oh! dit Fernand en reprenant sa course, oui, c'est vrai, tu as raison; nous pouvons échapper au feu en suivant le lit du torrent, et passer entre deux rideaux de flammes, comme les Israélites, par la protection du Seigneur, sont passés entre deux murailles d'eau. Mais crois-tu que le lit du torrent ne soit pas gardé?

— Viens toujours, insista la jeune fille; ne t'ai-je pas dit que je répondais de tout?

Et elle entraîna Fernand vers le plateau, d'où tombait, écharpe transparente jetée aux flancs de la montagne, le jour comme un arc-en-ciel, la nuit comme un rayon de lune, la puissante cascade qui, après avoir rebondi, à vingt-cinq pieds au-dessous de sa chute, sur un rocher où elle brisait sa masse liquide avec un bruit pareil à celui du tonnerre, rejaillissait de nouveau en écume dans un abîme de trois ou quatre cents pieds au fond duquel, se creusant un lit, elle formait un torrent qui s'en allait, grondant et furieux, se jeter à trois lieues de là dans le Xenil, entre Armilla et Santa-Fé.

Au bout de quelques minutes de marche, les fugitifs eurent atteint le plateau d'où la cascade s'élançait dans le précipice.

Ginesta voulait commencer à l'instant même la formidable descente ; mais Fernand l'arrêta. A peu près rassuré sur sa vie et celle de sa compagne, il ne pouvait, poëte avant tout, résister au désir de mesurer dans toute sa grandeur le péril auquel il allait échapper.

Il y a, pour certains cœurs, une volupté terrible dans ces sortes d'émotions.

C'est qu'aussi, il faut en convenir, le spectacle était magnifique. Le cercle de flamme s'était à la fois resserré vers le centre, et agrandi à la circonférence. Un immense rideau de feu, qui allait joujours s'élargissant, enveloppait la montagne, et se rapprochait avec rapidité des fugitifs.

De temps en temps, l'incendie gagnait le pied d'un grand pin, se tordait ainsi qu'un serpent autour de sa tige, courait le long de ses branches, et l'illuminait comme un de ces ifs destinés aux illuminations des fêtes royales. Pendant un instant, la flamme brillait petillante ; puis, tout à coup, le géant de feu manquait par sa base, et tombait au milieu du gigantesque foyer, faisant jaillir jusqu'au ciel comme une éruption d'étincelles.

Une autre fois, la flamme atteignait une ligne de lentisques résineux, et, alors, elle courait, rapide comme une traînée de poudre, perçant d'une lance de flamme le sombre et vert tapis qui ouatait les flancs de la montagne.

Une autre fois encore, un rocher tout chargé de liéges embrasés se détachait de quelque sommet dont la terre, desséchée par l'ardeur des flammes, n'avait plus la force de le retenir, et roulait bondissant comme une cascade de feu jusqu'au fond de quelque gorge où il s'arrêtait, allumant à l'instant même autour de lui un nouvel incendie.

Le jeune homme resta un moment en extase devant cette mer de lave qui rongeait rapidement de ses dents de feu l'île de verdure, du sommet de laquelle il contemplait les progrès de l'ardente marée qui, avant une demi-heure, devait l'avoir dévorée tout entière.

De cette partie encore intacte sortaient des cris de toute espèce, bramements de cerf, hurlements de loup, miaulements de chat-tigre, grognements de sanglier, glapissements du renard, et, s'il eût fait jour, on eût certainement vu tous ces animaux, sans haine les uns pour les autres, préoccupés seulement du danger qui les réunissait dans cet étroit espace, sillonner d'une course insensée le maquis, sur lequel s'étendait déjà une vapeur chaude et flottante, précurseur de l'incendie.

Mais comme si elle eût plus craint pour Fernand que Fernand ne craignait pour elle, Ginesta, au bout d'un instant, tira le jeune homme de son vertigineux éblouissement, et, le rappelant au sentiment de sa situation, lui donna l'exemple de ce qu'il lui restait à accomplir, en lui faisant signe de la suivre, et en se hasardant la première dans le précipice.

XI

LE NID DE LA COLOMBE

Cette descente, qui semblait familière à Ginesta, était dangereuse même pour Fernand, et eût été impossible à tout autre.

Une blanche vapeur roulant aux flancs de la montagne, soutenue par le souffle du vent, n'eût été plus légère et plus gracieuse que ne l'était la jeune bohémienne posant son pied sur les aspérités à peine sensibles du rocher taillé presque à pic.

Par bonheur, de place en place, dans les gerçures du granit, poussaient des touffes de myrtes, de lenstiques et d'arbousiers, qui pouvaient à la rigueur servir de point d'appui au pied de Fernand, tandis que ses doigts s'accrochaient aux lianes qui rampaient le long de la muraille, comme de gigantesques mille-pieds.

Il y avait des moments où la chèvre elle-même paraissait embarrassée, et s'arrêtait hésitante; alors c'était Ginesta qui, sans qu'on pût deviner comment, la précédait et lui montrait, pour ainsi dire, le chemin.

De temps en temps, elle se tournait, encourageant Fernand du geste; — car la voix était devenue inutile au milieu du bruit que faisaient le mugissement de la cataracte, le sifflement des flammes, et les cris désespérés des animaux sauvages, de plus en plus resserrés par le cercle de l'incendie.

Plus d'une fois la jeune fille s'arrêta tremblante, en voyant Fernand suspendu sur l'abîme, au-dessus duquel on eût dit qu'elle était soutenue par des ailes d'oiseau; plus d'une fois elle étendit les mains vers lui; plus d'une fois elle remonta d'un pas ou deux, comme pour lui offrir l'appui de son bras.

Mais lui, honteux d'être devancé par une femme qui semblait ne voir qu'un jeu là où il y avait, non pas une fois, mais vingt fois danger de mort; lui, rappelant toute sa force, toute son intrépidité, tout son sang-froid, suivait la chèvre et la jeune fille dans la fantastique descente.

Arrivée à vingt-cinq pieds environ, c'est-à-dire à la hauteur où la cascade se brisait sur le rocher, la bohémienne cessa de descendre verticalement, coupant la montagne en biais, et se rapprochant de la chute d'eau, dont elle s'était d'abord éloignée par précaution, la poussière d'eau qui s'échappait de la trombe liquide rendant, par l'humidité qu'elle répandait, les pierres qui avoisinaient la cataracte plus glissantes et, par conséquent, plus dangereuses.

Au reste, l'incendie jetait une si vive lueur, qu'il éclairait le chemin escarpé presque aussi splendidement que l'eût fait la lumière du soleil.

Mais peut-être, au lieu de diminuer le danger, cette lumière le faisait-elle plus grand encore, en le rendant visible.

Fernand commençait à comprendre le projet de Ginesta; bientôt, d'ailleurs, il n'eut plus de doute sur ce projet.

La chèvre, en deux ou trois bonds, eut atteint le rocher sur l'extrême saillie duquel se brisait la cataracte; la bohémienne y arriva presque en même temps qu'elle, et se retourna aussitôt pour aider, s'il était besoin, Fernand à l'y rejoindre.

Ainsi penchée vers le jeune homme, auquel elle tendait la main, encadrée d'un côté par l'échancrure du rocher sombre, de l'autre par la courbe de la caracte, qui, aux reflets de l'incendie, figurait l'arche de diamant d'un pont projeté de la terre au ciel, elle semblait le génie de la montagne, la fée du torrent.

Ce ne fut point sans peine que Fernand franchit, si court qu'il fût, l'espace qui le séparait d'elle. Le pied nu de la bohémienne avait saisi toutes les aspérités sur lesquelles glissait le soulier du montagnard. Au moment d'atteindre le plateau de granit, le pied manqua au hardi jeune homme, et c'en était fait de lui, si, avec une force dont on eût cru cette frêle créature capable, Ginesta ne l'eût retenu par sa mante, et, le soutenant une seconde au-dessus de l'abîme, ne lui eût donné le temps de retrouver son point d'appui.

Ce point d'appui retrouvé, d'un seul élan, il fut près de la jeune fille et de la chèvre.

Mais, une fois sur le roc, une fois en sûreté, la force manqua à Fernand; ses jambes fléchirent, son front se trempa de sueur, et il fût tombé sur le rocher s'il n'eût trouvé sous son bras, cherchant à le retenir, l'épaule frémissante de la bohémienne.

Un instant il ferma les paupières pour laisser au démon du vertige le temps de s'envoler loin de lui.

Lorsqu'il les rouvrit, il recula ébloui du merveilleux spectacle qu'il avait devant les yeux.

A travers la nappe de la cataracte, limpide et transparente comme un cristal, il voyait l'incendie, pareil à une magique hallucination.

— Oh ! s'écria-t-il presque malgré lui, regarde donc, Ginesta ! que c'est grand ! que c'est beau ! que c'est sublime !

Pareil à l'aigle qui plane autour de l'Etna, l'âme du poëte battait des ailes au-dessus de cette montagne transformée en volcan.

Sentant que Fernand n'avait plus besoin d'elle, Ginesta se dégagea doucement de l'étreinte convulsive dont le jeune homme l'avait embrassée un instant, et, le laissant tout entier à sa contemplation, elle s'enfonça dans les profondeurs de la grotte, qui bientôt s'éclairèrent de la pâle lueur d'une lampe, faisant un doux contraste avec les rayons de clarté sanglante qui jaillissaient de la montagne embrasée.

Fernand avait passé de la contemplation à la réflexion. Il n'y avait plus de doute dans son esprit : l'incendie de la forêt n'était point un accident du hasard ; c'était un plan combiné par les officiers du détachement envoyé à sa poursuite.

Les trois sons qu'il avait tirés du cor d'argent pour attirer ses compagnons près de lui avaient indiqué, aux soldats chargés de traquer les bandits, vers quel endroit de la montagne à peu près était leur chef. Deux cents soldats, plus peut-être, étaient partis, chacun une torche allumée à la main ; ils avaient formé un cercle immense, et chacun avait jeté sa torche dans quelque massif résineux, dans quelque clairière pleine d'herbes, et le feu s'était répandu avec une rapidité qu'expliquaient et la combustibilité naturelle de la matière, et la chaleur ardente des jours précédents.

Un miracle seul avait pu sauver Fernand. Ce miracle, c'était le dévouement de Ginesta qui l'avait fait.

Il se retourna dans un mouvement de reconnaissance ; car, seulement, dans les quelques minutes qui venaient de s'écouler, il avait résumé tout ce qu'il devait à la jeune fille.

C'est alors qu'il vit avec étonnement, éclairée de cette pâle lumière que nous avons dite, une grotte, dont lui, l'homme de la montagne, n'avait jamais même soupçonné l'existence.

Il s'approcha lentement, et, à mesure qu'il s'approchait, son étonnement redoubla.

A travers une ouverture étroite qui donnait passage du rocher dans la grotte, il voyait la jeune bohémienne soulevant une dalle du plancher de cette grotte, et tirant d'une espèce de cachette une bague qu'elle mit à son doigt, un parchemin qu'elle cacha dans sa poitrine.

Cette grotte était creusée dans la montagne ; certaines parties de ses parois étaient en granit, comme le rocher sur lequel Fernand marchait ; d'autres parties étaient simplement en terre, ou plutôt composées de ce sable sec et friable que l'on trouve partout en Espagne, quand on a enlevé la légère couche d'humus végétal qui couvre le sol.

Un lit de mousse couvert de fraîche fougère s'étendait dans un angle de la grotte ; au-dessus du lit, il y avait, dans un cadre de chêne, une grossière peinture, qui devait remonter au XIIIe siècle, et qui représentait une de ces madones au visage noir que les traditions catholiques se plaisent à dire être l'œuvre de saint Luc.

En face du lit, étaient deux autres peintures d'un goût plus avancé, mais peut-être moins pur que la première ; elles étaient enfermées dans deux cadres dorés, mais à la dorure desquels le temps avait porté quelques atteintes. Ces peintures représentaient un homme et une femme, ayant chacun une couronne sur la tête, et au-dessus de la couronne un titre, un nom et un surnom.

La femme, mise d'une façon étrange, — du moins autant que permettait d'en juger le peu qu'on voyait de son buste, — coiffée d'une couronne fantastique comme celle de quelque reine d'Orient, avait le teint basané des filles du Midi. A sa vue, toute personne qui eût connu Ginesta eût pensé à la jeune bohémienne, et, si la belle enfant se fût trouvée là, eût naturellement tourné la tête de son côté ; car, en comparant l'œuvre du peintre avec celle de Dieu, on trouvait entre l'une et l'autre une ressemblance frappante, quoique l'on sentît bien que Ginesta n'était point encore arrivée à l'âge où l'original du portrait avait posé devant le peintre.

Au-dessus de la couronne étaient écrits ces mots :

LA REYNA TOPACIA LA HERMOSA.

Ce qui, en français, se traduit textuellement par ces mots :

LA REINE TOPAZE LA BELLE.

L'homme, vêtu d'un habit magnifique, portait la couronne royale autour d'une toque de velours noir; ses longs cheveux blonds, coupés carrément, tombaient de chaque côté de son visage, dont le teint blanc et rose, faisant opposition avec celui de la femme, que ses yeux bleus semblaient regarder amoureusement, dénonçait l'homme du Nord; du reste, aussi remarquable dans son genre de beauté que la femme l'était dans le sien. L'un et l'autre méritaient l'épithète flatteuse attachée à leur nom, et qui, en variant de genre, demeurait la même pour tous deux.

EL REY FELIPPO EL HERMOSO.

Ce qui voulait dire :

LE ROI PHILIPPE LE BEAU.

Le jeune homme embrassa tous ces objets d'un coup d'œil; mais sa vue, après avoir erré un instant du lit de mousse à la madone, s'arrêta plus particulièrement sur les deux portraits.

La jeune fille l'avait senti s'approcher plutôt qu'elle ne l'avait entendu venir; elle se retourna au moment où, comme nous l'avons dit, elle passait la bague à son doigt, et cachait le parchemin dans sa poitrine.

Alors, avec un sourire digne d'une princesse offrant l'hospitalité dans un palais :

— Entre, Fernand! dit-elle dans son langage imagé, et, du nid de la colombe, tu feras une aire d'aigle !

— Mais d'abord, demanda Fernand, la colombe veut-elle bien me dire quel est ce nid ?

— Celui où je suis née, répondit Ginesta, où j'ai été nourrie, élevée; celui où je reviens rire ou pleurer toutes les fois que je suis heureuse ou que je souffre... Ne sais-tu pas que tout être créé a un amour infini pour son berceau ?

— Oh! je le sais, moi qui deux fois par mois risque ma vie pour aller passer une heure avec ma mère, dans la chambre où je suis né !

Et le jeune homme entra dans la grotte.

— Puisque Ginesta a bien voulu répondre à ma première question, dit-il, peut-être voudra-t-elle bien encore répondre à la seconde.

— Interroge, dit la bohémienne, et je répondrai.

— Quels sont ces deux portraits?

— Je croyais Fernand un enfant des villes; m'étais-je trompée?

— Pourquoi cela?

— Fernand ne sait-il plus lire ?

— Si fait.

— Qu'il lise, alors !

Et, démasquant les deux portraits, et soulevant la lampe, elle éclaira les peintures de sa lumière tremblante.

— Eh bien, je lis, dit Fernand.

— Que lis-tu?

— Je lis : *La reine Topaze la Belle*.

— Après ?

— Je ne connais pas de reine de ce nom-là.

— Même parmi les zingaris !

— C'est vrai, dit Fernand, je l'oubliais, les bohémiens ont des rois.

— Et des reines, dit Ginesta.

— Mais d'où vient que ce portrait te ressemble? demanda le Salteador.

— Parce que c'est celui de ma mère, répondit la jeune fille avec orgueil.

Le jeune homme compara, en effet, les deux visages, et la ressemblance que nous avons signalée le frappa.

— Et le second portrait? demanda-t-il.

Le roi s'arrêta. — Page 59.

— Fais ce que tu as fait pour le premier, — lis !

— Eh bien, je lis, et je vois : *Le roi Philippe le Beau.*

— Ignorais-tu aussi qu'il y eût eu, en Espagne, un roi nommé Philippe le Beau?

— Non; car, enfant, je l'ai vu.

— Moi aussi.

— Bien enfant, alors?

— Oui; mais il y a des souvenirs qui entrent si profondément dans le cœur, qu'on les garde toute la vie, à quelque âge qu'on les ait reçus.

— C'est vrai, dit Fernand avec un soupir, je connais ces souvenirs-là! Mais pourquoi ces deux portraits en face l'un de l'autre ?

Ginesta sourit.

— N'est-ce pas un portrait de roi et un portrait de reine? dit-elle.

— Sans doute; mais...

Il s'arrêta, sentant qu'il allait blesser l'orgueil de la jeune fille.

Elle, souriant toujours, continua.

— Mais l'un, allais-tu dire, était roi

d'un royaume réel, tandis que l'autre était reine d'un royaume imaginaire.

— J'avoue que c'était là ma pensée, ma chère Ginesta.

— D'abord, qui te dit que le royaume d'Égypte soit un royaume imaginaire? qui te dit que celle qui descend de la belle Nicaulis, reine de Saba, ne soit pas aussi véritablement reine qu'est roi celui qui descend de Maximilien, empereur d'Autriche?

— Mais, enfin, demanda Fernand, qu'est donc Philippe le Beau?

Ginesta l'interrompit.

— Philippe le Beau, dit-elle, c'est le père du roi don Carlos, qui, demain, doit être à Grenade. Je n'ai donc pas de temps à perdre, si je veux demander au roi don Carlos ce qu'il refusera peut-être à don Inigo.

— Comment! s'écria Fernand, tu vas à Grenade!

— A l'instant même... Attends-moi ici.

— Tu es folle, Ginesta?

— Dans cet enfoncement, tu trouveras du pain et des dattes. Je serai de retour avant que tes provisions soient épuisées, et, quant à l'eau, tu le vois, elle ne te manquera pas.

— Ginesta, je ne souffrirai pas que, pour moi...

— Prends garde, Fernand! si tu ne me laisses point partir à l'instant même, peut-être le feu ne me permettra-t-il pas d'atteindre le lit du torrent...

— Mais ceux qui me poursuivent, ceux qui ont fait à cette montagne, où ils savaient que j'étais réfugié, une ceinture de flammes, ceux-là ne permettront pas que tu passes; ils te maltraiteront, te tueront peut-être!

— Que veux-tu qu'on dise à une jeune fille qui, surprise par l'incendie dans la montagne, se sauve avec sa chèvre en suivant le lit d'un torrent?

— Oui, en effet, tu as raison, Ginesta, s'écria Fernand; et, si tu es prise, mieux vaut que ce soit loin que près de moi.

— Fernand, dit la jeune fille d'une voix grave et profonde, si je n'étais pas sûre de te sauver, je resterais près de toi pour mourir avec toi; mais je suis sûre de te sauver, et je pars. Viens, Maza!

Et, sans attendre la réponse de Fernand, envoyant au jeune homme un dernier adieu de la main, Ginesta s'élança du rocher au flanc de la montagne, et, légère comme un flocon de neige, d'un pied aussi sûr que celui de l'animal grimpeur qui la précédait, elle descendit dans l'abîme dont elle semblait le génie.

Fernand, penché sur le précipice, la suivit des yeux avec anxiété jusqu'à ce qu'elle eût atteint le lit du torrent, dans lequel il la vit s'engager en sautant de pierre en pierre comme une bergeronnette, et où elle disparut bientôt entre les deux murailles de flammes qui s'élevaient de sa double rive.

XII

LE ROI DON CARLOS

Laissons Fernand demeurer tranquillement entre le danger auquel il vient d'échapper et celui, peut-être plus grand, qui le menace, et, prenant le même chemin que Ginesta, glissons comme elle sur la pente enflammée de la montagne jusqu'au torrent, dont elle a suivi le lit, et dans les détours duquel elle a disparu.

Le torrent, nous l'avons dit, parcourt un espace de trois ou quatre lieues, et va, en prenant l'importance d'une petite rivière, se jeter dans le Xenil, entre Armilla et Santa-Fé.

Toutefois, nous ne le suivrons pas jusque-là, et nous le quitterons où sans doute l'a quitté Ginesta, c'est-à-dire au moment où, une lieue à peu près en avant d'Armilla, il traverse sous une arche de pierre une route qui n'est autre que celle de Grenade à Malaga.

Arrivés là, nous n'avons plus à craindre de nous tromper: la route qui a mérité le nom de route de Malaga à Casabermeja, et qui devient sentier, et sentier à peine visible parfois, pour traverser la sierra, s'élargit au bas du versant occidental, et redevient route à partir de Gravia-la-Grande.

Vous voyez, en passant que c'est grande fête à Grenade : ses mille tours sont pavoisées à la fois des drapeaux de Castille et d'Aragon, d'Espagne et d'Autriche; ses soixante et dix mille maisons sont en liesse et ses trois cent cinquante mille habitants, — depuis vingt-sept ans qu'elle a passé des rois mores aux rois chrétiens, elle en a perdu cinquante mille à peu près, — et ses trois cent cinquante mille habitants sont échelonnés dans les rues qui conduisent de la porte de Jaën, par laquelle le roi don Carlos fait son entrée, à celle du palais de l'Alhambra, où on lui a préparé ses logements dans les appartements qu'un quart de siècle auparavant a quittés avec tant de regret le roi Boabdil.

Aussi, sur la rampe ombreuse qui conduit, par une pente doucement inclinée, au sommet de la *montagne du Soleil*, où s'élève la forteresse, et où fleurit l'Alhambra, ce palais bâti par les génies de l'Orient, la foule est-elle si nombreuse, qu'on a dû la contenir par une haie de hallebardiers qui, de temps en temps, sont forcés — la persuasion devenant inutile — d'employer le manche de leur pique pour faire reprendre aux curieux le rang qu'ils ont quitté.

A cette époque, la pente sur les deux côtés de laquelle roule, encaissée dans un lit de cailloutis, une eau fraîche et murmurante, d'autant plus abondante qu'il fait plus chaud, attendu que cette eau, la veille encore étendue comme un blanc manteau sur les épaules du Mulahacen, provient de la fonte des neiges, — à cette époque, disons-nous, la pente est encore libre dans toute sa largeur; car ce sera plus tard seulement que don Luiz, marquis de Mendoza, chef de la maison de Mondejar, élèvera, au milieu du chemin, en l'honneur du César aux cheveux blonds et à la barbe rousse, la fontaine écussonnée lançant une gerbe gigantesque qui monte en poussière de diamant pour retomber en gouttes glacées, après avoir tremblé un instant aux feuilles des jeunes hêtres qui forment, par l'entrelacement de leurs branches, un berceau impénétrable au jour.

C'est bien certainement une coquetterie des Grenadins qui leur a fait choisir pour la demeure du jeune roi, parmi les vingt ou trente palais que renferme leur ville, le palais auquel on arrive par cette fraîche entrée : depuis la porte des Grenades, où commence la juridiction de l'Alhambra, jusqu'à celle du Jugement, par laquelle on entre dans l'enceinte de la forteresse, pas un rayon de soleil ne viendra éblouir ses yeux, et n'étaient le chant enroué des cigales et le cri métallique des grillons, il pourra, à soixante lieues de l'Afrique, se croire sous les frais ombrages de sa Flandre bien-aimée.

Il est vrai que, dans toutes les Flandres, il chercherait vainement une porte comme celle qu'a bâtie, vers 1348 de Notre-Seigneur, le roi Yusef-Aboul-Hagiag, et qui doit son nom de porte du Jugement à l'habitude qu'avaient les rois mores de rendre la justice sur le seuil de leur palais.

Quand nous disons *une porte*, c'est une tour qu'il faudrait dire, véritable tour carrée, haute et percée d'un grand arc évidé en forme de cœur, au-dessus duquel le roi don Carlos pourra voir, comme un exemple de l'instabilité des choses humaines, le double hiéroglyphe more représentant une clef et une main : s'il a près de lui son savant précepteur Adrien d'Utrecht, celui-ci lui dira que la clef est là pour rappeler le verset du Coran qui commence par ces mots : *Il a ouvert*, et que la main, de son côté, s'étend pour conjurer ce *mauvais œil* qui joue de si vilains tours aux Arabes et aux Napolitains. Mais, si, au lieu de s'adresser au cardinal Adrien, le roi s'adresse au premier enfant qu'à son teint olivâtre, à son grand œil de velours, à sa prononciation gutturale, il reconnaîtra pour appartenir à cette race moresque qu'il commencera de persécuter, et que son successeur Philippe III finira par chasser entièrement d'Espagne, l'enfant lui répondra, en baissant la tête, et en rougissant de honte, que cette main et cette clef ont été gravées à l'instigation d'un ancien prophète qui avait prédit que Grenade ne tomberait au pouvoir des chrétiens que lorsque la main aurait pris la clef.

Et, alors, le pieux roi don Carlos, en se signant, sourira de mépris pour ces prophètes menteurs, auxquels le Dieu des chrétiens a donné, par l'éclatant triomphe de Ferdinand d'Aragon et d'Isabelle de Castille, ses ancêtres paternels et maternels, un si cruel démenti.

Cette porte, qu'on dirait celle du firmament, — tant, vue d'en bas, elle semble s'ouvrir directement sur le ciel, — cette porte une fois franchie, le roi don Carlos débouchera sur la vaste place de *las Algives*, pourra s'y arrêter un instant, et, du haut de son cheval, se pencher en dehors du parapet pour voir, perdue dans un abîme de végétation, la ville moresque qu'il vient habiter pendant quelques jours seulement, et qui lui est complétement inconnue ; alors, il apercevra, au fond d'un précipice, le Darro, qui traverse Grenade, et le Xenil, qui la couronne ; le Xenil charriant de l'argent, le Darro roulant de l'or ; il pourra suivre, dans la large plaine qui a conservé son nom arabe de la Vega, leur double cours, encombré de cactus, de pistachiers, de lauriers-roses sous lesquels, de place en place, ils s'enfoncent pour reparaître plus loin, minces, tordus et brillants comme ces fils de soie que les premiers vents de l'automne arrachent au fuseau de la mère du Seigneur.

C'est sur cette grande place, autour d'un puits aux margelles de marbre, que se promènent les privilégiés en attendant l'entrée du roi, qui aura lieu au moment où deux heures de l'après-midi sonneront à la tour de la Vela ; les uns sont protégés par le titre de *ricos hombres*, que ce même roi don Carlos changera en celui de *grands d'Espagne*, — comme il changera en celui de *majesté* le titre moins pompeux d'altesse, dont se sont jusque-là contentés les rois de Castille et d'Aragon ; — les autres sont des *dons* et des *señores*; seulement, les aïeux de ces dons ont été amis du Cid Campeador, les ancêtres de ces señores ont été les compagnons de Pélage, et le moindre d'entre eux, — par la fortune, bien entendu, car tous se disent égaux par la naissance, — et le moindre d'entre eux se tient, bien certainement, pour aussi noble que ce petit prince d'Autriche, qui, à leurs yeux, n'est Espagnol, c'est-à-dire hidalgo, que par sa mère, Jeanne la Folle, fille d'Isabelle la Catholique.

D'ailleurs, tous ces vieux Castillans n'attendent pas grand'chose de bon de ce jeune roi, dont l'origine germanique éclate dans ces cheveux blonds, dans cette barbe rousse, et dans ce menton en relief, caractères particuliers des princes de la maison d'Autriche. Ils n'ont point oublié que son aïeul Maximilien, s'inquiétant peu pour son petit-fils du trône d'Espagne, mais beaucoup de la couronne impériale, a fait venir sa mère enceinte de Valladolid à Gand, afin qu'elle accouchât dans cette ville d'un fils qui fût non-seulement infant de Castille, mais encore bourgeois flamand. On a eu beau leur dire que toute sorte de présages heureux avaient accompagné la naissance de l'enfant prédestiné, venu au monde le dimanche 22 février de l'an 1500, jour de la Saint-Mathias ; que Rutilio Benincasa, le plus grand astrologue du siècle, avait prédit sur lui des choses merveilleuses, à propos des dons qui lui avaient été faits par son parrain et sa marraine, le prince de Chimay et la princesse Marguerite d'Autriche, le jour où, précédés de six cents écuyers, de deux cents chevaux, de quinze cents torches, et marchant sur des tapis étendus depuis le château jusqu'à la cathédrale, ils avaient présenté le nouveau-né au baptême sous le nom de Charles, et, cela, en mémoire de son aïeul maternel, Charles de Bourgogne dit le Téméraire ; — on a eu beau leur dire que, les deux parrains ayant donné, ce jour-là, à l'enfant, Marguerite d'Autriche un bassin de vermeil plein de pierres précieuses, et le prince de Chimay un casque d'or surmonté d'un phénix, Rutilio Benincasa en avait auguré que celui qui avait reçu ces dons précieux serait, un jour, roi des pays où l'on recueille l'or et les diamants, et que, pareil à l'oiseau qu'il portait sur son casque, il serait le phénix des rois et des empereurs; — on a eu beau leur dire tout cela, ils secouent la tête au souvenir des malheurs qui ont accompagné sa jeunesse, et qui, dès son entrée dans le monde, ont semblé donner un démenti formel aux sublimes destinées qu'à leur avis la flatterie, et non la connaissance réelle de l'avenir, lui avait promises.

Et, au point de vue espagnol, ils ont quelque droit de douter, car c'est l'année même de la naissance du jeune prince, et pendant la grossesse de sa mère, que celle-ci a éprouvé les premiers symptômes de la maladie contre laquelle, sans pouvoir la vaincre, elle se débat depuis dix-neuf ans, et qui lui laissera dans l'histoire le douloureux surnom de Jeanne *la Folle!* — car, six ans à peine après la naissance de l'enfant, à cette même date du 22, à ce même jour de dimanche, qui devaient lui être si prospères, son père Philippe le Beau, — dont les folles amours ont fait perdre, à force de jalousie, la raison à la pauvre Jeanne, — Philippe le Beau, en allant déjeuner dans un château voisin de Burgos, château qu'il avait donné à l'un de ses favoris nommé don Juan Manoel, Philippe le Beau, disons-nous, s'étant, au sortir de la table, mis à jouer à la paume, et fort échauffé à ce jeu, avait demandé un verre d'eau qui lui avait été présenté par un homme étranger à la suite du roi et à la maison de don Manoel : or, le roi avait bu ce verre d'eau, et presque aussitôt il s'était senti pris de douleurs d'entrailles; ce qui ne l'avait pas empêché de rentrer le soir à Burgos, et de sortir le lendemain, pour briser le mal; mais, au lieu qu'il eût brisé le mal, c'était le mal qui l'avait brisé lui-même; de sorte que, le mardi, il s'était mis au lit; que, le mercredi, il avait essayé inutilement de se lever; que, le jeudi, il avait perdu la parole, et que, le vendredi, à onze heures du matin, il avait rendu l'âme !

Il ne faut pas demander si des recherches acharnées avaient été faites pour retrouver cet homme inconnu qui avait offert le verre d'eau au roi. L'homme n'avait point reparu, et tout ce que l'on avait raconté, à cette époque, paraissait présenter bien plus le caractère de la fable que celui de la vérité. Ainsi, par exemple, un des bruits qui avaient couru disait que, parmi les nombreuses maîtresses que Philippe le Beau avait eues, se trouvait une bohémienne nommée Topaze, que ses compagnons regardaient comme issue du sang de la reine de Saba; que cette bohémienne était fiancée à un prince de zingaris; mais qu'étant devenue amoureuse de Philippe, — lequel, ainsi que son surnom l'indiquait, était un des plus beaux gentilshommes, non-seulement de l'Espagne, mais encore du monde entier, — elle avait méprisé l'amour du noble zingaro, qui s'était vengé en donnant au roi Philippe le verre d'eau glacée, à la suite duquel il était mort.

Quoi qu'il en fût, provoquée par un crime, ou arrivée naturellement, cette mort avait porté un coup funeste à la pauvre Jeanne : déjà atteinte de plusieurs accès de folie, sa raison s'était égarée tout à fait. Elle n'avait pas voulu croire à la mort de son époux; selon elle, — et, le plus possible, on la laissait dans cette erreur, — selon elle, il n'était qu'endormi, et, dans cette croyance, elle habilla elle-même le cadavre des habits qui, à son avis, lui seyaient le mieux; le revêtit d'un pourpoint de drap noir; lui passa des chausses écarlates; l'enveloppa d'un sayon cramoisi doublé d'hermine; lui mit aux pieds des souliers de velours noir; sur la tête, une toque ornée d'une couronne; fit étendre le corps sur un lit de parade, et, pendant vingt-quatre heures, ordonna que les portes du palais fussent ouvertes, afin que chacun pût, comme s'il était vivant, lui baiser la main.

Enfin, on parvint à l'éloigner du corps, à embaumer le cadavre, à le mettre dans un cercueil de plomb; après quoi, Jeanne, croyant toujours suivre son époux endormi, accompagna le cercueil jusqu'à Tordesillas, dans le royaume de Léon, où il fut déposé dans le couvent de Sainte-Claire.

Et ainsi fut réalisée la prédiction d'une sorcière qui, voyant arriver de Flandre en Espagne le fils de Maximilien, avait dit en hochant la tête : « Roi Philippe le Beau, tu feras, c'est moi qui te le dis, plus de chemin en Castille mort que vivant ! »

Mais, ne renonçant point à l'espoir qu'il se soulèverait, un jour, de son lit funèbre, Jeanne ne voulut pas qu'il fût déposé dans un caveau : elle le fit placer au milieu du chœur, sur une estrade où quatre hallebardiers montaient la garde nuit et jour, et où quatre cordeliers, assis aux quatre coins du catafalque, disaient incessamment des prières.

C'est là qu'en abordant en Espagne, deux ans avant l'époque où nous sommes arrivés, le roi don Carlos, qui avait traversé la mer océane avec trente-six bâtiments, et qui, parti de Flessingue, venait de débarquer à Villa-Viciosa ; — c'est là, disons-nous, que le roi don Carlos avait retrouvé et sa mère folle et son père trépassé.

Alors, fils pieux, il avait fait ouvrir le cercueil fermé depuis onze ans, s'était incliné sur le cadavre vêtu d'une robe rouge, et parfaitement conservé, l'avait gravement et froidement embrassé au front, et, après avoir juré à sa mère qu'il ne se regarderait jamais comme roi d'Espagne tant qu'elle serait vivante, avait continué son chemin pour Valladolid, où il s'était fait couronner.

A propos de ce couronnement, il y avait eu des fêtes et des tournois magnifiques où le roi avait jouté en personne ; mais, dans la mêlée qui avait suivi les joutes, huit seigneurs ayant été blessés, dont deux mortellement, le roi avait fait serment de ne jamais plus autoriser aucun tournoi.

D'ailleurs, l'occasion se présentait d'un combat réel au lieu d'une joute factice : Saragosse avait déclaré qu'elle voulait pour roi un prince espagnol, et qu'elle n'ouvrirait pas ses portes à un archiduc flamand.

Don Carlos reçut la nouvelle sans laisser paraître la moindre émotion. Son œil bleu se voila un instant sous sa paupière tremblotante ; puis, de sa voix habituelle, il donna ordre de marcher sur Saragosse.

Le jeune roi en fit briser les portes à coups de canon, et entra dans la ville l'épée nue, traînant derrière lui, et mèche allumée, ces canons, qui, dès leur apparition, méritèrent leur titre de *dernière raison des rois*.

Ce fut de là qu'il lança contre le brigandage ces décrets terribles qui, pareils aux éclairs du Jupiter Olympien, sillonnèrent l'Espagne en tous sens.

Il est bien entendu que, par le mot brigandage, celui qui devait être un jour Charles-Quint entendait surtout rébellion.

Aussi, le sombre jeune homme, le Tibère de dix-neuf ans n'admettait-il aucune excuse sur la non-exécution de ses ordres.

Il en était là de cette lutte de tous les jours, qui durait depuis deux ans, moitié fêtes, moitié combats, quand, le 9 de février, un courrier arriva à Saragosse. Il avait mis, à cause des glaces et du dégel, vingt-huit jours à venir de Flandre, et annonçait la nouvelle que l'empereur Maximilien était mort le 12 janvier 1519.

L'empereur Maximilien, petit par lui-même, avait grandi par ses contemporains. François Ier et Alexandre VI le forcèrent d'être de leur taille.

Le pape Jules II disait de lui : « Les cardinaux et les électeurs se sont trompés ; les cardinaux m'ont fait pape, et les électeurs ont fait Maximilien empereur ; c'était moi qu'il fallait faire empereur, et Maximilien pape. »

Cette mort jetait le jeune roi dans la plus grande anxiété. S'il eût assisté l'empereur à son lit de mort ; si ces deux politiques, — et, des deux, c'était l'enfant qui était le maître, — si ces deux politiques eussent, le jeune homme soutenant le vieillard, fait quelques pas côte à côte sur ce pont qui conduit de la terre au ciel, et, dans une halte à moitié chemin de la mort, arrêté les plans à suivre par celui qui retournait vers la vie, certes, l'élection de Charles n'eût point été douteuse; mais il n'était rien de tout cela. Aucune précaution n'avait été prise, tant cette mort était arrivée subite et inattendue; et don Carlos, privé de l'appui du cardinal Ximenès, qui venait de mourir; entouré de ses Flamands, avides et pillards, qui avaient, depuis trois ans, trouvé moyen de faire suer à la pauvre Espagne onze cent mille ducats; don Carlos avait produit une trop mauvaise impression sur cette Espagne, qu'il devait enrichir dans l'avenir, mais qu'il ruinait dans le présent, pour abandonner sans crainte à lui-même le mécontentement qui naissait sous ses pas. En allant en Allemagne, il n'était pas sûr d'être nommé empereur; en quittant l'Espagne, il était sûr de n'être plus roi.

Et, cependant, plusieurs lui conseillaient de s'embarquer aussitôt, et de quitter l'Espagne. Mais ce ne fut point l'avis de son conseiller Adrien d'Utrecht.

Tout le débat était entre François Ier de France et lui.

Mais, si don Carlos ne partit pas, ses plus zélés partirent, chargés de ses pouvoirs royaux.

Un courrier fut envoyé secrètement au pape Léon X.

Quelles étaient les instructions de ce messager secret? Peut-être le saurons-nous plus tard.

En attendant, et pour que le courrier qui lui apporterait, à lui, les nouvelles de l'élection, n'eût pas besoin de mettre vingt-huit jours à le rejoindre, don Carlos annonça qu'il allait faire un voyage dans les provinces du Midi, visiter Séville, Cordoue et Grenade.

Le courrier n'aurait qu'à enjamber la Suisse, franchir l'Italie, s'embarquer à Gênes, et débarquer à Valence ou à Malaga.

Douze jours après l'élection, don Carlos en saurait le résultat.

Puis on lui avait dit que la sierra Morena et la sierra Nevada étaient infestées de bandits.

Il voulait savoir si c'étaient des bandits ou des rebelles.

De là l'ordre de nettoyer la sierra, ordre qui avait été exécuté à l'endroit du Salteador par ce moyen expéditif de mettre le feu à la montagne.

XIII

DON RUIZ DE TORRILLAS

Or, tandis que la montagne brûlait, on attendait le roi don Carlos à Grenade.

L'entrée devait avoir lieu, comme nous l'avons dit, à deux heures de l'après-midi; il s'en fallait de quelques minutes seulement que la tour de la Vela donnât le signal; et, en attendant que le petit-fils d'Isabelle et de Ferdinand parût dans l'encadrement de la porte moresque, pareil à une statue équestre, les seigneurs des premières familles de l'Andalousie se promenaient sur la place de las Algives.

Au milieu de tous ces nobles gentilshommes, allant ou venant, isolés, marchant deux à deux, causant tout haut et en groupes, ou tout bas et à l'écart, un surtout était remarquable par sa haute mine, mais en même temps par sa profonde tristesse.

Il était assis sur la margelle de marbre qui entourait le puits creusé au milieu de la cour.

Sa tête, appuyée sur la paume de sa main, et renversée de côté, de manière à ce que son regard mélancolique pût se noyer dans l'azur du ciel, était couverte d'un de ces feutres à grands bords auxquels les chapeaux modernes, tout en changeant de forme, ont emprunté le nom de sombreros; ses cheveux tombaient sur ses épaules en boucles blanches, sa barbe grisonnante était coupée carrément, et son col était orné de cette décoration, faite en forme de croix, qu'Isabelle et Ferdinand avaient, après la prise de Grenade, distribuée de leurs propres mains à ceux qui avaient vaillamment aidé à l'expulsion des Mores.

Quoique son air préoccupé éloignât du sombre rêveur l'indiscrète curiosité ou la bavarde insouciance, un homme du même âge, à peu près, que celui que nous venons d'essayer de peindre, le regardait avec attention depuis un instant, comme pour s'assurer qu'il ne se trompait pas sur son identité.

Un mouvement que fit le vieillard en levant son chapeau, et en secouant la tête comme pour en faire tomber cet excédant de tristesse qui fait, si forts qu'ils soient, plier les fronts mortels, ne laissa plus aucun doute à celui qui l'examinait.

En conséquence, il s'approcha, et, mettant le chapeau à la main :

— Comme, depuis ma première enfance, dit-il, je suis votre ami, il me semble que ce serait mal fait de ma part, si, en voyant votre tristesse, je ne vous tendais la main, et ne vous disais : Don Ruiz de Torrillas, à quoi puis-je vous être bon? en quoi puis-je vous servir? quel ordre avez-vous à me donner?

Aux premiers mots prononcés par son ami, don Ruiz de Torrillas releva la tête, et, reconnaissant celui qui lui parlait, lui tendit la main.

— Je vous suis obligé, don Lopez d'Avila, dit-il. Oui, en effet, nous sommes de vieux amis, et vous me prouvez, par l'offre que vous venez de me faire, que vous êtes un ami fidèle. Habitez-vous toujours Malaga?

— Toujours; et vous savez que, de loin comme de près, à Malaga comme à Grenade, vous pouvez disposer de moi.

Don Ruiz s'inclina.

— Y avait-il longtemps, quand vous quittâtes Malaga, que vous n'aviez vu mon vieil ami — et le vôtre, je crois, — don Inigo?

— Je le voyais tous les jours. J'ai entendu dire par mon fils, don Ramiro, que don Inigo et sa fille étaient arrivés hier ici, après avoir couru de grands dangers dans les montagnes, où ils avaient été arrêtés par le Salteador.

Don Ruiz pâlit et ferma les yeux.

— Mais, enfin, dit-il, au bout d'un instant pendant lequel, par une grande puissance de volonté, il avait rappelé sa force près de s'évanouir; mais, enfin, ils lui ont échappé?

— C'est-à-dire que ce bandit, qui a l'audace de se dire gentilhomme, a agi vis-à-vis d'eux en prince, à ce que m'a raconté mon fils : il les a renvoyés sans rançon, et même sans promesses; ce qui est d'autant plus beau que don Inigo est le gentilhomme le plus riche, et doña Flor la plus belle fille de l'Andalousie.

Don Ruiz respira.

— Il a fait cela? dit-il. Tant mieux.

— Mais je vous parle de mon fils don Ramiro, et j'oublie de vous demander des nouvelles de votre fils don Fernand; il est toujours en voyage?

— Oui, répondit don Ruiz d'une voix presque éteinte.

— Voici une belle occasion de le placer à la cour du nouveau roi, don Ruiz. Vous êtes un des plus nobles gentilshommes de l'Andalousie, et, si vous demandiez quelque grâce au roi don Carlos, quoiqu'il n'ait d'yeux que pour ses Flamands, je suis sûr que, par politique, il vous l'accorderait.

— J'ai, en effet, une grâce à demander au roi don Carlos, répondit don Ruiz; mais je doute qu'il me l'accorde.

En ce moment, deux heures sonnèrent à la tour de la Vela.

Ces deux heures, qui d'habitude, en vibrant dans l'air, annonçaient seulement que la distribution des eaux allait avoir lieu, avaient, ce jour-là, une autre signification. Non-seulement toutes les eaux s'élancèrent comme d'habitude dans leurs canaux, jaillirent de leurs fontaines, tournoyèrent dans leurs bassins; mais, comme en même temps toutes les trompettes sonnantes annonçaient que le roi don Carlos montait la rampe de l'Alhambra, chacun se précipita vers la porte de Yusef, pour

Don Carlos tressaillit à cette double vue. — Page 65.

se trouver là au moment où il descendrait de cheval.

Don Ruiz de Torrillas resta seul à la place où il se trouvait ; seulement, il se leva. Don Lopez, lui-même, avait suivi les autres seigneurs.

Les fanfares redoublaient, annonçant que le roi montait la rampe, et s'approchait de plus en plus.

Tout à coup il apparut, monté sur son grand cheval de bataille, tout bardé de fer comme pour le combat. Lui-même était couvert d'une armure entière damasquinée d'or.

La tête seule était nue, comme s'il eût voulu frapper les Espagnols par la vue de ce qu'il y avait de moins espagnol en lui.

En effet, ainsi que nous l'avons dit, le fils de Philippe le Beau et de Jeanne la Folle n'avait rien du type castillan dans son visage, fait tout entier, si l'on peut s'exprimer ainsi, des quartiers de la maison d'Autriche. Petit de taille, trapu de membres, la tête un peu enfoncée dans les épaules ; forcé, pour relever cette tête aux cheveux blonds coupés courts, à la barbe rousse, aux yeux bleus clignotants, au nez aquilin, aux lèvres vermeilles, au menton avancé, de la porter droite et roide comme si elle était maintenue dans cette position par un gorgerin d'acier, il avait, surtout lorsqu'il marchait à pied, quelque chose de guindé qui disparaissait lorsque, excellent cavalier, il maniait son cheval; car alors, plus le cheval était fougueux, plus le cavalier était beau.

On comprend donc qu'un pareil prince, qui n'avait rien, physiquement parlant, des don Pèdre, des Henri, des Ferdinand, — car, au moral, il était aussi justicier que le premier, aussi cauteleux que le second, aussi ambitieux que le troisième, — mais qui, au contraire, à la première vue, était tout Habsbourg, ne fût pas, de la part des Espagnols, et surtout des Andalous, l'objet d'un enthousiasme bien frénétique.

Aussi, à son arrivée, les trompettes redoublèrent-elles leurs clameurs de cuivre, moins encore, peut-être, pour faire honneur au petit-fils d'Isabelle et de Ferdinand que pour faire oublier, par leurs bruyantes fanfares, le silence de la voix humaine.

Le roi jeta un regard froid et terne sur les hommes et sur les localités, ne témoigna aucun sentiment de surprise, quoique les uns et les autres dussent être et fussent, en effet, complétement étrangers pour lui, et, arrêtant son cheval, mit pied à terre, non pas instantanément, non pas pour se trouver en contact plus rapproché avec son peuple, mais parce que le moment commandé par le cérémonial, arrêté d'avance, de mettre pied à terre, était venu.

Il ne leva pas même la tête pour regarder la belle porte moresque sous laquelle il passait; il ne détourna pas même les yeux pour lire, dans la petite chapelle latérale, l'inscription indiquant que, le 6 janvier 1492, son grand-père Ferdinand et sa grand'mère Isabelle avaient passé sous cette porte, lui traçant triomphalement, et au milieu de toute l'Espagne enivrée du triomphe de ses rois, le chemin que, vingt-sept ans après, il suivait grave et sombre, au milieu de ce respect taciturne qui accompagne la marche des rois dont on ignore encore les qualités, mais dont on connaît déjà les défauts.

C'est qu'une pensée incessante bouillait dans ce cerveau, comme bout une eau fiévreuse dans un vase d'airain, sans que rien de son agitation transpire au dehors; cette pensée, c'était l'ardent désir de l'Empire.

Que pouvait voir cet œil ambitieux, fixé, à travers l'espace, sur cette ville de Francfort, où, dans la salle des élections, se tenait cette grande assemblée des électeurs, sur laquelle le pape, les rois, tous les princes, tous les grands de ce monde, enfin, avaient, comme don Carlos, les yeux tendus et les oreilles ouvertes?

« Seras-tu empereur, c'est-à-dire aussi grand que le pape, plus grand que les rois? » murmurait éternellement la voix de l'ambition dans le cœur de don Carlos.

Que lui importaient les autres voix humaines, quand cette voix frémissait en lui?

Ce fut donc, comme nous l'avons dit, pour obéir à l'étiquette, et non par un élan spontané de son désir, ni pour se rapprocher de tous ces gentilshommes qui l'entouraient, que don Carlos mit pied à terre.

A l'instant, toute sa suite flamande en fit autant.

Cette suite se composait particulièrement du cardinal Adrien d'Utrecht, son précepteur; du comte de Chièvres, son premier ministre; du comte de Lachau, du comte de Porcian, du seigneur de Furnes, du seigneur de Beaurain et du Hollandais Amersdorff.

Mais, du haut de son cheval, don Carlos, de son regard qu'on eût dit vague et perdu, avait cependant remarqué un groupe de gentilshommes qui restaient la tête couverte, tandis que tous les autres avaient la tête nue.

Ce fut ce groupe seul qui parut attirer son attention.

— Ricos hombres! dit-il en faisant de la main signe à ceux auxquels il s'adressait de prendre rang à sa suite, mais après les gentilshommes flamands.

Les seigneurs andalous s'inclinèrent, prirent la place qui leur était désignée, mais en hommes qui obéissent purement et simplement à un ordre donné.

Puis le roi, marchant le premier, s'achemina vers le palais de l'Alhambra, qui, vu de la place de las Algives, n'offre au premier coup d'œil que l'aspect d'un grand bâtiment carré, avec une seule porte, mais sans fenêtres.

Don Carlos marchait nu-tête : un page portait son casque derrière lui.

La route était libre, chacun, selon son rang, ayant pris place à la suite du roi.

Un seul homme se tenait debout sur cette route, son chapeau sur la tête.

Le roi, tout en ayant l'air de ne point le remarquer, ne le perdait pas de vue, et peut-être eût-il passé près de lui sans se tourner de son côté, ni sans s'arrêter une seconde, si celui-ci, la tête toujours couverte, n'eût mis à l'approche du roi un genou en terre.

Le roi s'arrêta.

— Vous êtes rico hombre ? demanda-t-il.
— Oui, sire.
— D'Aragon ou de Castille ?
— D'Andalousie.
— Sans alliance avec les Mores ?
— De vieux et pur sang chrétien.
— Vous vous appelez ?
— Don Ruiz de Torrillas.
— Relevez-vous et parlez.
— Ce sont des oreilles royales seules qui peuvent entendre ce que j'ai à dire au roi.
— Écartez-vous, fit don Carlos avec un signe de la main.

Et chacun, s'écartant, forma hors de la portée de la voix un demi-cercle en avant duquel se tenaient le roi don Carlos et le rico hombre don Ruiz de Torrillas.

— J'écoute, dit le roi.

XIV

LE GRAND JUSTICIER

— Sire, commença don Ruiz en se relevant, excusez si ma voix tremble, mais je me sens à la fois confus et troublé d'avoir à vous demander une grâce pareille à celle qui m'amène devant vous...

— Parlez doucement, afin que je vous comprenne bien, monsieur.

— C'est vrai, répondit don Ruiz avec plus de fierté que de courtisanerie, j'oubliais que Votre Altesse parle encore difficilement l'espagnol.

— Je l'apprendrai, señor, répondit froidement don Carlos.

Puis, après un instant :

— J'écoute, répéta-t-il.

— Sire, continua don Ruiz, j'ai un fils de vingt-sept ans. Il aimait une dame ; mais, craignant ma colère, car j'ai à m'accuser d'abord d'avoir été tout à la fois trop indifférent et trop sévère pour ce malheureux jeune homme, — craignant ma colère, il s'est engagé avec elle sans ma permission, et, quoiqu'elle lui eût accordé les droits d'un mari, il remettait chaque jour à lui donner le titre de sa femme, qu'il lui avait promis. La señora se plaignit à son père ; le père était vieux, et, comme don Diègue se sentait le bras trop faible pour lutter contre un bras de vingt ans, il chargea son fils, don Alvar, de la vengeance. Don Alvar ne voulut pas écouter les excuses de mon fils, — qui, je dois le dire, se conduisit, en cette circonstance, avec plus de prudence que je n'en eusse attendu de son caractère ; — don Alvar ne voulut point entendre les excuses de mon fils ; les deux jeunes gens se battirent ; don Alvar fut tué !

— Un duel ! interrompit don Carlos. Je n'aime pas les duels.

— Il est telle circonstance, Altesse, où un homme d'honneur ne peut reculer, surtout lorsqu'il sait qu'à la mort de son père, il aura le droit de rendre compte de ses actions à son roi, et de lui demander sa grâce la tête couverte.

— Oui, je sais que c'est un privilége de vous autres ricos hombres. Je régulariserai tout cela... Continuez.

— Le duel avait eu lieu sans témoins. Le père de don Alvar accusa mon fils d'assassinat, et obtint un ordre de l'arrêter. Trois alguazils se présentèrent chez lui et voulurent l'emmener de force, et en plein jour, à la prison. Mon fils en tua deux, blessa le troisième et s'enfuit dans la montagne.

— Ah! dit don Carlos tutoyant pour la première fois don Ruiz, plutôt en marque de menace qu'en marque d'affection, c'est-à-dire que tu es rico hombre, mais que ton fils est bandit?

— Sire, le père est mort, et, avec lui, sa colère est morte; sire, la jeune dame est entrée dans un couvent, et j'y paie sa dot comme si elle était princesse royale; sire, je me suis arrangé avec la famille des deux alguazils morts, et avec l'alguazil blessé; mais, à cet arrangement, j'ai usé toute ma fortune; si bien que, de tout le patrimoine de mon père, il ne me reste que la maison que j'habite sur la place de la Viva-Rambla. Peu importe, car le prix du sang est payé, et, avec un mot de Votre Altesse, l'honneur du nom se relèvera, pur, des ruines de la fortune.

Don Ruiz fit une pause; mais, voyant que le roi restait muet, il reprit :

— Donc, Altesse, je vous supplie, prosterné à vos pieds; donc, sire, je vous conjure, et cela mille et mille fois, puisque la partie adverse se désiste, et qu'il n'a plus contre lui que votre royal pouvoir, sire, je vous supplie et conjure de pardonner à mon fils!

Le roi ne répondit point. Don Ruiz continua :

— Ce pardon, ô mon roi! — j'ose le dire, — il le mérite, non pas peut-être par lui-même, quoique, je le répète à Votre Altesse, il y ait beaucoup de ma faute dans ce qu'il est devenu, mais à cause de ses nobles aïeux, qui tous vous disent par ma voix : « Pardonnez, sire! pardonnez! »

Don Carlos se taisait toujours. On eût même dit qu'il avait cessé d'écouter; de sorte que, d'une voix plus pressante, et s'inclinant presque jusqu'à ses pieds, don Ruiz continua :

— Sire, sire, jetez les yeux sur notre histoire, et vous verrez une foule de héros de ma race à qui les rois d'Espagne doivent toute sorte d'honneur et de gloire! Sire! ayez pitié de mes cheveux blancs, de mes prières, de mes larmes! Si cela ne suffit pas pour toucher votre cœur, ayez pitié d'une dame noble, d'une mère malheureuse! Sire, sire, étant celui que vous êtes, par votre heureux avénement au trône des Espagnes, par votre mère Jeanne, par vos ancêtres Isabelle et Ferdinand, que j'ai bravement et loyalement servis, comme l'atteste cette croix que je porte au cou, sire, accordez-moi la grâce que je vous demande!

Le roi releva la tête; le nuage qui semblait voiler son regard s'éclaircit; mais, d'une voix froide et dénuée de toute émotion :

— Cela ne me regarde pas, dit-il. Adressez-vous au grand justicier d'Andalousie.

Et il passa.

Les seigneurs flamands et espagnols le suivirent et disparurent derrière lui dans le palais de l'Alhambra.

Don Ruiz, seul et atterré, resta sur la place de las Algives.

Nous nous trompons lorsque nous disons que don Ruiz resta seul sur la place de las Algives : un des seigneurs de la suite de don Carlos aperçut le vieillard tout courbé sous le poids du refus royal, demeura sans affectation le dernier, et, au lieu de suivre les autres dans l'intérieur du palais moresque, revint rapidement vers don Ruiz de Torrillas, et s'arrêtant, le chapeau à la main, devant le vieillard, tellement absorbé dans sa tristesse qu'il ne s'était pas aperçu de son approche :

— Si un gentilhomme tient à honneur de se rappeler ses anciennes amitiés, dit-il, veuillez recevoir, mon cher don Ruiz, le salut d'un des hommes qui vous sont le plus tendrement attachés.

Don Ruiz releva lentement sa tête assombrie; mais à peine son regard se fut-il fixé sur celui qui lui offrait le salut d'une façon si affectueuse, qu'un éclair de joie passa dans ses yeux.

— Ah! c'est vous, don Inigo! dit-il; je suis heureux de vous tendre la main, mais à une condition, cependant...

— Laquelle? Dites.

— C'est que, tout le temps que vous demeurerez à Grenade, — je n'admets pas d'excuses, je vous en préviens d'avance, — c'est que, tout le temps que vous demeurerez à Grenade, vous serez mon hôte.

Don Inigo sourit.

— Je n'ai point attendu votre invitation pour cela, don Ruiz; et, à cette heure, ma fille doña Flor est déjà installée chez doña Mercédès qui, malgré les instances que nous lui avons faites pour qu'elle ne se dérangeât point, a voulu absolument lui céder sa propre chambre.

— La femme a fait, en l'absence du mari, ce que le mari eût fait en l'absence de la femme. Tout va donc bien là-bas...

Puis, à voix basse, et en soupirant :

— Je voudrais pouvoir en dire autant d'ici! murmura-t-il.

Si bas qu'il eût parlé, don Inigo l'avait entendu.

D'ailleurs, comme tous les autres seigneurs, il avait vu don Ruiz s'agenouiller devant le roi don Carlos en homme qui demande une grâce, et cette grâce, il n'était pas difficile de comprendre qu'elle avait été refusée.

— En effet, dit-il, il me semble que vous n'avez pas été heureux près de notre jeune roi, mon cher don Ruiz.

— Que voulez-vous, señor! le roi don Carlos avoue lui-même qu'il ne sait pas encore l'espagnol, et, moi, de mon côté, j'avoue que je n'ai jamais su le flamand... Mais revenons à vous, et surtout parlons de votre charmante fille, don Inigo.

Puis, après un moment d'hésitation :

— J'espère, continua-t-il d'une voix presque tremblante, que la mauvaise rencontre qu'elle a faite hier dans la montagne n'a eu aucune influence fâcheuse sur sa santé.

— Vous savez déjà cela? demanda don Inigo.

— Oui, señor. Ce qui arrive a un homme de votre importance est un événement qui a des ailes d'aigle. Don Lopez m'a dit... (et ici la voix de don Ruiz devint plus tremblante), don Lopez m'a dit que vous aviez été arrêté par le Salteador.

— Vous a-t-il dit aussi que, se conduisant en gentilhomme, et non en bandit, le chef si redouté, lion et tigre pour les autres, s'est fait chien et agneau pour nous?

— Il m'a dit quelque chose de cela ; mais je suis heureux que la nouvelle me soit confirmée par vous.

— Je vous la confirme, et j'ajoute ceci, que je ne me croirai quitte avec ce brave jeune homme que lorsque j'aurai tenu la promesse que je lui ai faite.

— Et, demanda en hésitant don Ruiz, puis-je savoir quelle est cette promesse?

— Je lui ai juré par mon saint patron que, me sentant pris pour lui d'un intérêt véritable, je ne laisserais pas au roi don Carlos un instant de repos qu'il ne m'ait accordé sa grâce.

— Il vous la refusera, dit don Ruiz en secouant la tête.

— Et pourquoi?

— Vous me demandiez tout à l'heure ce que je faisais aux pieds du roi?

— Eh bien?

— Je lui demandais cette grâce.

— Vous?

— Oui.

— Et quel intérêt portez-vous à ce jeune homme? Dites-le-moi, seigneur don Ruiz; car j'agirai avec une double instance, sachant que j'agis à la fois pour un ami d'hier et pour un ami de trente ans.

— Donnez-moi la main, don Inigo.

— Voici ma main.

— L'homme dont vous parlez, c'est mon fils!

Don Ruiz sentit la main de don Inigo frissonner dans la sienne.

— Votre fils, demanda-t-il d'une voix

étranglée ; votre fils et celui de doña Mercédès ?

— Sans doute, répondit don Ruiz avec un sourire d'amère tristesse, puisque doña Mercédès est ma femme !

— Et que vous a répondu le roi ?

— Rien.

— Comment, rien ?

— Ou plutôt, il m'a répondu par un refus.

— Dites-moi les termes de ce refus.

— Il m'a renvoyé au grand justicier d'Andalousie.

— Eh bien ?

— Eh bien, le grand justicier d'Andalousie était don Rodrigue de Calmenare, et don Rodrigue de Calmenare est mort.

— Don Rodrigue de Calmenare est mort ; mais, depuis huit jours, le roi lui a nommé un successeur, et, depuis hier, ce successeur est arrivé à Grenade.

— A Grenade ?

— Oui ; et je vous réponds, moi, don Ruiz, entendez-vous bien ? je vous réponds que vous n'êtes pas plus sûr de vous-même que de celui que le roi a nommé !

Don Ruiz allait interroger son vieux compagnon de guerre, dont la confiance dans la Providence et dans le grand justicier d'Andalousie commençait à le rassurer un peu, quand un huissier parut à la porte du palais, dont on n'était séparé que par un intervalle d'une vingtaine de pas, et, d'une voix forte, cria :

— Don Inigo Velasco de Haro, grand justicier d'Andalousie, le roi vous demande.

— Vous, señor don Inigo, s'écria don Ruiz, au comble de l'étonnement, vous, grand justicier d'Andalousie ?

— Ne vous avais-je pas dit, reprit don Inigo tendant une dernière fois la main à don Ruiz, que vous pouviez compter sur le grand justicier d'Andalousie comme sur vous-même ? Et j'aurais dû dire plus que sur vous-même, puisque c'est moi qui suis le successeur de don Rodrigue de Calmenare.

Et, jugeant qu'il ne faut pas faire attendre un roi auquel on a une grâce à demander, don Inigo s'empressa de se rendre à l'ordre de don Carlos, d'un pas aussi rapide que le permettait la dignité d'un rico hombre espagnol.

XV

LA COUR DES LIONS

Qu'on nous permette de suivre le grand justicier dans l'intérieur du palais des rois mores, où don Carlos venait d'entrer, où lui allait entrer pour la première fois, et où nos lecteurs ne sont peut-être jamais entrés.

Tout en suivant l'huissier qui l'avait appelé de la part du roi, don Inigo commença par traverser une première cour nommée indifféremment cour des Myrtes, a cause de la quantité de myrtes qui y fleurissent, cour du Réservoir, à cause de l'immense bassin qui en forme le centre, et cour du Mezouar, ou du Bain des femmes, parce que c'est dans ce bassin que, du temps des califes mores, se baignaient les femmes du palais.

Si don Inigo n'eût point eu à la fois l'esprit et le cœur pris par une grande préoccupation, tout familier que sa vie errante l'avait rendu avec les monuments de l'ancien et du nouveau monde, il se fût certes, arrêté dès cette première cour, sur le seuil de laquelle, de nos jours encore, le voyageur s'arrête étonné, hésitant, car il devine qu'il entre dans le monde mystérieux et inconnu de l'Orient.

Mais à peine don Inigo leva-t-il la tête pour voir sur son piédestal le magnifique et gigantesque vase que l'incurie espagnole laisse aujourd'hui se dégrader dans le recoin d'un musée que personne ne visite, et qui, alors, formait le principal ornement de cette cour, que dominait, s'élevant au-dessus des poutres de cèdre et des tuiles dorées des toits, la tour de Comare, dont les créneaux se découpaient, vermeils et orangés, sur un ciel limpide et bleu.

De la cour du Réservoir, don Inigo passa dans l'antichambre de la *Barca*; de l'antichambre de la Barca, dans le salon des Ambassadeurs; mais ni l'originalité de forme qui a fait donner le nom de *barque* à l'antichambre, ni l'entrelacement des arabesques qui couvrent les murailles, ni le magnifique travail de la voûte, peinte de vert, d'azur et de rouge, travail creusé dans le stuc avec la merveilleuse délicatesse que met la patiente nature à faire, pendant mille ans, un travail de stalactites, ne purent un seul instant tirer don Inigo de la pensée qui le préoccupait.

Il passa ainsi, muet, silencieux, rapide, près du charmant pavillon appelé aujourd'hui le mirador de la Reine, des fenêtres duquel on aperçoit le Généralife, comme une immense touffe de lauriers-roses, au sommet de laquelle se perchent des paons pareils à des oiseaux de saphir et d'or; foulant aux pieds les dalles de marbre blanc, immenses cassolettes percées de petits trous, et qui servaient à parfumer les sultans au sortir du bain; puis il traversa, sans s'arrêter, le jardin de Lindacaja, aujourd'hui terrain inculte et couvert de broussailles, alors parterre tout ruisselant de fleurs, laissa à sa gauche le bain des sultanes, tout tiède encore de l'haleine de la belle Chaîne-des-Cœurs et de la fière Zobéide, et fut introduit dans la cour des Lions, où l'attendait le roi.

La cour des Lions a été si souvent décrite, que c'est presque une inutilité de la décrire à notre tour; aussi nous contenterons-nous d'en esquisser légèrement et la forme et les ornements principaux, sans en faire apparaître autre chose à nos lecteurs que la *maquette*, absolument nécessaire à notre mise en scène.

La cour des Lions est un carré de cent vingt pieds de long sur soixante et treize de large, entouré de cent vingt-huit colonnes de marbre blanc, aux chapiteaux d'or et d'azur.

Des galeries, qui s'élèvent à la hauteur de vingt-huit pieds, règnent tout autour de l'immense patio, au milieu duquel s'élève la fameuse fontaine des Lions.

Au moment où don Inigo fut introduit dans la cour des Lions, elle avait été transformée en tente, et était couverte de larges bandes d'étoffe, rouges, noires et jaunes, formant les couleurs d'Espagne et d'Autriche, et servant à briser à la fois la lumière trop ardente et la chaleur trop intense du soleil.

La fontaine des Lions, jetant l'eau par toutes ses ouvertures, servait, d'ailleurs, à rafraîchir l'immense salle à manger où l'on venait de dresser le dîner offert au jeune roi don Carlos par la ville de Grenade et les ricos hombres d'Andalousie.

Les convives se promenaient les uns dans la cour même, les autres dans le salon des Deux-Sœurs, qui est contigu à la cour, les autres, enfin, dans la galerie qui domine cette cour.

Appuyé à la tête d'un des lions d'or, don Carlos écoutait son premier ministre, le comte de Chièvres, en regardant vaguement ces taches rougeâtres imprégnées dans le granit, et que l'on prétend être les traces du sang qu'y laissèrent les têtes coupées des trente-six Abencérages attirés dans ce piége par les Zégris.

A quoi pensait don Carlos, et pourquoi son regard vague et perdu répondait-il si mal à la parole de son premier ministre? C'est qu'il oubliait qu'il était à Grenade, dans la cour des Lions, pour se transporter en pensée à Francfort, dans la salle des électeurs, et que les traditions des guerres civiles moresques, si poétiques qu'elles fussent, disparaissaient à ses yeux devant cette question qui bourdonnait dans chaque pulsation de son cœur: « Qui sera empereur d'Allemagne, de toi ou de François Ier? »

En ce moment, l'huissier s'avança vers le roi, annonçant que le grand justicier d'Andalousie le suivait.

Don Carlos releva la tête; une espèce d'éclair jaillit de ses yeux dans la direction de don Inigo, et, comme pour s'isoler du cercle de favoris flamands qui se faisait autour de lui, et se rapprocher des groupes formés à l'autre bout de la cour par les gentilshommes espagnols, il alla au-devant de celui qu'il avait fait appeler.

Don Inigo, voyant le roi venir à lui, comprit son intention, s'arrêta et attendit que le roi lui adressât la parole.

— Tu connais don Ruiz de Torrillas? demanda don Carlos au grand justicier.

— Oui, Altesse; c'est un des plus nobles gentilshommes de l'Andalousie, et il a fait avec moi la guerre contre les Mores sous vos illustres aïeux Ferdinand et Isabelle.

— Tu sais ce qu'il m'a demandé?

— Il a demandé à Votre Altesse la grâce de son fils don Fernand.

— Tu sais ce qu'a fait son fils?

— Il a tué en duel le frère d'une dame dont il était l'amant.

— Ensuite?

— Il a tué deux des alguazils qui venaient l'arrêter, et blessé le troisième.

— Ensuite?

— Il s'est réfugié dans la montagne.

— Ensuite?

En prononçant pour la troisième fois ce mot, les yeux de don Carlos, ordinairement voilés et sans rayons, se fixèrent, avec la ténacité de l'entêtement et la limpidité du génie, sur les yeux de don Inigo.

Celui-ci recula d'un pas; il n'avait pas idée qu'un regard mortel pût lancer un si éblouissant éclair.

— Ensuite? balbutia-t-il.

— Oui, je te demande, une fois dans la montagne, ce qu'il a fait?

— Sire, je dois l'avouer à Votre Altesse, entraîné par la fougue de son âge...

— Il s'est fait bandit! il pille et détrousse les voyageurs! si bien que celui qui veut aller de ma ville de Grenade à ma ville de Malaga, ou de ma ville de Malaga à ma ville de Grenade, doit faire, avant de se mettre en route, son testament de mort.

— Sire!

— C'est bien... Maintenant, toi, mon grand justicier, que penses-tu qu'il faille faire à l'endroit de ce bandit?

Don Inigo tressaillit, car il y avait dans la voix de ce jeune homme de dix-neuf ans un accent d'inflexibilité qui l'effrayait pour l'avenir de son protégé.

— Je pense, sire, qu'il faut pardonner beaucoup de choses à la jeunesse.

— Quel âge a donc Fernand de Torrillas? demanda le roi.

Don Inigo parut chercher dans sa mémoire une date douloureuse, et, avec un soupir:

— Il doit avoir vingt-sept ans, sire, répondit-il.

— Huit ans de plus que moi, dit don Carlos.

Et son accent signifiait: « Que parles-tu de jeunesse à propos d'un homme de vingt-sept ans? J'ai dix-neuf ans, moi, et je suis vieux ! »

— Sire, dit don Inigo, le génie a vieilli Votre Altesse avant l'âge, et le roi don Carlos ne doit pas mesurer les autres hommes à sa taille, peser les autres hommes à sa balance.

— Alors, ton avis comme grand justicier?

— Mon avis, sire, est que la circonstance est particulière; que don Fernand est coupable, mais a des motifs d'excuse; qu'il appartient à une des premières maisons de l'Andalousie; que son père, digne et honorable gentilhomme, a rempli toutes les conditions exigées ordinairement du meurtrier, par la famille de la victime, et qu'il serait bon au roi don Carlos de signaler son passage à travers l'Andalousie par un acte de clémence, et non par un acte de rigueur.

— C'est ton avis, don Inigo?

— Oui, sire, dit timidement le gentilhomme baissant les yeux devant le regard d'aigle du jeune roi.

— Alors, je regrette d'avoir renvoyé don Ruiz à toi... Je garde pour moi cette cause, et j'en déciderai avec ma conscience.

Puis, se tournant vers le groupe le plus proche de lui:

— A table, messieurs! dit le roi, et mangeons promptement! Voici mon grand justicier, don Inigo Velasco, qui trouve que je suis un juge trop sévère, et à qui je veux prouver le plus tôt possible que je suis, non pas *un juge*, mais la justice.

Et, revenant vers don Inigo, tout étourdi encore de cette volonté puissante dans un jeune homme à peine sorti de l'enfance :

— Assieds-toi à ma droite, don Inigo, dit-il. En sortant de table, nous visiterons ensemble les prisons de Grenade, et, là, nous trouverons bien l'occasion de faire quelque grâce mieux méritée que celle que tu me demandes.

Puis, s'approchant du fauteuil qui lui était destiné, et posant la main sur la couronne qui en surmontait le dossier :

— Roi! roi! murmura don Carlos; cela vaut-il la peine d'être roi? Oh! il n'y a que deux couronnes au monde qui méritent d'être enviées : celle du pape, et celle de l'empereur!

Et, le roi don Carlos s'étant mis à table avec don Inigo à sa droite, et le cardinal Adrien à sa gauche, chacun prit place ensuite selon son rang et sa dignité.

Un quart d'heure après, — ce qui prouvait la préoccupation du roi, lequel, mangeur infatigable, mettait ordinairement deux heures à son repas; — un quart d'heure après, don Carlos se levait de table, et, refusant même l'escorte de ses favoris les gentilshommes flamands, sortait, suivi du grand justicier seul, pour aller visiter les prisons de Grenade.

Mais, en arrivant au seuil du jardin de Lindacaja, il rencontra une jeune fille qui, n'ayant pu obtenir des huissiers la permission de pénétrer plus avant, avait demandé celle de demeurer là.

La jeune fille, qui, quoique bizarrement vêtue, était remarquable par sa beauté, mit un genou en terre en apercevant le roi, et lui présenta d'une main un anneau d'or, et de l'autre un parchemin.

Don Carlos tressaillit à cette double vue.

L'anneau d'or était celui des ducs de Bourgogne, et le parchemin, au-dessus de quelques lignes écrites en caractères allemands, présentait cette signature bien connue de tous, mais surtout du roi don Carlos, puisque c'était celle de son père :

DER KŒNIG PHILIPP.

Don Carlos regarda avec étonnement l'anneau d'abord, le parchemin ensuite, puis enfin la jeune fille au costume bizarre.

— Lisez, sire! dit-elle dans le saxon le plus pur.

C'était déjà faire acte d'adroite flatterie, que de parler à don Carlos la langue de cette Allemagne où il avait été élevé, et qui lui était si chère.

Aussi le roi commença-t-il de lire ces caractères familiers à ses yeux en reportant à chaque ligne et presque à chaque mot, son regard du parchemin sur la jeune fille, et de la jeune fille sur le parchemin.

Puis, la lecture achevée :

— Don Inigo, dit-il, un événement m'arrive qui me force à remettre à une autre heure notre visite aux prisons. Si vous avez quelque chose à faire, disposez de votre temps; sinon, attendez-moi ici.

— J'attendrai Votre Altesse, répondit don Inigo, qui avait reconnu, dans la jeune fille à l'anneau d'or et au parchemin, la petite bohémienne de la venta du *Roi more*, et qui se doutait bien qu'il devait y avoir quelque rapport entre cette visite de Ginesta et la grâce que don Ruiz et lui avaient si infructueusement sollicitée du roi don Carlos en faveur du Salteador.

Quant au roi don Carlos, il s'était contenté de répondre à la jeune fille, dans la même langue où celle-ci lui avait adressé la parole :

— Suivez-moi! en lui indiquant le chemin qui conduisait au mirador de la Reine, et qui devait ce titre à la préférence qu'Isabelle la Catholique, pendant son séjour à l'Alhambra, accordait à ce petit pavillon.

XVI

LA REYNA TOPACIA

On sait déjà le peu d'influence que la vue des objets extérieurs paraissait avoir sur don Carlos, quand l'âpre tension d'une pensée intérieure le préoccupait. Il monta donc les quelques marches qui conduisaient à l'ancien cabinet de toilette des sultanes, devenu, depuis la conquête de Grenade, l'oratoire des reines de Castille, sans remarquer le fantastique travail de sculpture qui tapisse la muraille, qui couvre le plafond, et que soutiennent des colonnettes moresques d'une finesse et d'une fantaisie qui méritaient, cependant, d'attirer les regards d'un roi.

Mais, nous l'avons dit, le jeune roi, suivant quelque fantôme de sa pensée, de son imagination ou de son désir, semblait fermer avec affectation ses yeux à toutes ces merveilles qui se dressaient à chaque pas sur sa route comme des évocations de l'Orient.

Arrivé au mirador, don Carlos s'arrêta, et, sans jeter un seul regard sur l'admirable panorama que l'art et la nature déroulaient autour de lui, se tournant vers Ginesta :

— Je reconnais la bague, je reconnais le parchemin, dit-il; comment se fait-il que l'un et l'autre soient entre vos mains?

— Ma mère est morte, et me les a laissés, dit la jeune fille; c'était mon seul héritage; mais, vous le voyez, Altesse, c'était un héritage royal.

— Comment votre mère a-t-elle connu le roi Philippe le Beau? comment la lettre de mon père est-elle écrite en allemand? comment parlez-vous allemand, vous-même?

— Ma mère avait connu le roi Philippe le Beau en Bohême, alors qu'il n'était qu'archiduc d'Autriche. Au milieu de ses nombreuses amours, celui qu'il eut pour ma mère fut peut-être le seul qui ne faiblit jamais; lorsqu'en 1506 le roi partit pour l'Espagne, afin de se faire proclamer roi, il donna ordre à ma mère de le suivre; mais ma mère n'y consentit que si le roi voulait reconnaître que l'enfant dont elle était accouchée, deux ans auparavant, était bien à lui. Ce fut alors qu'il lui donna ce parchemin que vous tenez, sire.

— Et cet enfant?... demanda don Carlos en jetant un regard oblique sur la jeune fille.

— Cet enfant, répondit la bohémienne sans baisser son fier regard, c'est moi, Altesse !

— Bien ! dit don Carlos, voilà pour le parchemin ; mais pour la bague ?

— Ma mère avait souvent demandé au roi, son amant, un anneau qui fût, sinon le symbole de leur union devant les hommes, du moins celui de leur union devant Dieu, et le roi lui avait toujours promis, non-seulement un anneau, mais encore cette bague, qui lui servait de sceau, afin, disait-il, qu'elle pût, un jour, faire reconnaître la fille de son amour, du fils de son mariage. Ma mère s'était reposée sur cette promesse, et ne pressait pas son royal amant. Pourquoi le presser? pourquoi en appeler au fils de ce que le père pouvait faire lui-même? Elle avait vingt ans, et son amant vingt-huit... Hélas! un jour, un homme passa sur la route de Burgos à Santivanez, emporté par le galop de son cheval; ma mère était sur le seuil de sa maison; moi je jouais parmi les fleurs du jardin avec les papillons et les abeilles.

» — Reine Topacia, cria cet homme, si tu veux voir ton amant avant qu'il meure, il faut te presser !

» Ma mère demeura un instant muette et immobile de stupeur; elle venait de reconnaître un prince zingaro qui l'aimait depuis cinq ans, qui, depuis cinq ans, voulait l'épouser, et qu'elle avait toujours repoussé avec dédain ! Alors, sans dire autre chose que ces deux mots : « Viens, mon enfant ! » elle me prit entre ses bras et m'emporta en courant vers Burgos. Lorsque nous arrivâmes au palais, le roi venait d'y rentrer, et, de loin, nous vîmes se fermer la porte derrière le dernier homme de sa suite. Ma mère voulut se faire ouvrir cette porte; une sentinelle y avait été placée, et avait la consigne de ne plus laisser entrer personne. Elle s'assit avec moi sur le bord du fossé, le palais et la forteresse ne faisant qu'un. Quelques minutes après, un homme passa en courant.

» — Où vas-tu? lui cria ma mère.

» C'était un des serviteurs du roi; il la reconnut.

» — Chercher le médecin, lui répondit-il.

» — Il faut que je parle au médecin, lui dit ma mère, entends-tu? il y va de la vie et de la mort du roi !

» Et nous restâmes debout à attendre le médecin.

» Un quart d'heure ne s'était pas écoulé, que le serviteur et le médecin reparurent.

» — Voilà celle qui veut vous parler, dit le serviteur.

» — Quelle est cette femme? demanda le médecin.

» Puis, jetant les yeux sur ma mère :

» — La reine Topaze ! dit-il tout haut.

» Alors, tout bas, mais point assez bas, cependant, pour que ses paroles ne vinssent jusqu'à nous :

» — Une des maîtresses du roi, ajouta-t-il, mais celle qu'il aime le mieux !

» Et s'adressant à ma mère :

» — Qu'as-tu à me dire, femme? demanda le médecin. Mais dis vite, le roi attend.

» — J'ai à te dire, répondit ma mère, que le roi est ou empoisonné ou assassiné, mais qu'il ne meurt pas de mort naturelle.

» — Le roi meurt donc? demanda le médecin.

» — Le roi meurt ! reprit ma mère avec un accent que je n'oublierai jamais.

» — Qui te l'a dit ?

» — Son meurtrier.

» — Qu'est-il devenu ?

» — Demande à l'ouragan ce que devient la feuille qu'il emporte ! son cheval l'emportait du côté des Asturies, et il est à dix lieues de nous, maintenant.

» — Je cours près du roi.

» — Va.

» Puis, se tournant vers le serviteur :

» — Qu'il sache que je suis là, dit-elle.

» — Il le saura, répondit le serviteur.

» Et tous deux entrèrent dans la forteresse. — Ma mère retourna s'asseoir sur le bord du fossé. — Nous y passâmes la soirée, la nuit, la matinée du lendemain. Cependant, le bruit s'était répandu de la maladie du roi, et la population, qui s'était amassée autour de nous la veille, qui ne nous avait abandonnées que bien avant dans la nuit, avait reparu avec le jour, plus nombreuse, plus inquiète, plus pressée. Toute sorte de bruits circulaient ; mais celui qui frappa le plus ma mère, attendu qu'il était le plus probable, c'est que le roi, s'étant échauffé en jouant à la paume, et ayant demandé un verre d'eau glacée, il avait reçu ce verre d'eau des mains d'un homme qui avait disparu. Le signalement de cet homme s'accordait si bien avec celui du zingaro que ma mère avait vu passer, et qui, en passant, lui avait jeté les paroles terribles qui nous avaient amenées là, que ma mère n'eut plus aucun doute, — le roi avait été empoisonné !

» Au reste, il n'y avait point de nouvelles précises. Le médecin était près du roi, et les personnes qui sortaient du château n'étaient pas assez bien renseignées sur l'état du malade pour qu'on pût s'en rapporter à ce qu'elles disaient. Tout le monde attendait donc avec anxiété, ma mère avec angoisses.

» A onze heures, à peu près, la porte s'ouvrit, et l'on annonça que, l'état du roi s'étant amélioré, il allait sortir pour rassurer la population. En effet, quelques secondes après cette promesse, le roi parut à cheval ; il n'avait près de lui que son médecin et deux ou trois officiers de sa maison.

» C'était, non pas la première fois que je voyais mon père, mais la première fois que je le voyais à un âge où je pusse me souvenir de l'avoir vu. Oh ! je me le rappelle bien : il était merveilleusement beau malgré sa pâleur ; et cependant, le cercle rouge de l'insomnie bordait ses yeux ; ses narines étaient crispées, et ses lèvres blêmies semblaient collées à ses dents. Son cheval marchait au pas, et encore le cavalier était-il si faible, qu'il se tenait à l'arçon de sa selle, et que, sans cet appui, il fût certainement tombé. Il regardait à droite et à gauche, comme s'il cherchait quelqu'un.

» Ma mère comprit que c'était elle qu'il cherchait ; elle se leva et m'éleva entre ses bras.

» Le médecin, qui nous avait reconnues, toucha le roi à l'épaule, et celui-ci dirigea son regard de notre côté. Sa vue était tellement affaiblie, qu'il ne nous eût peut-être pas reconnues. Il arrêta son cheval, et fit signe à ma mère de s'approcher. — A la vue de cette femme portant un enfant de trois ans entre ses bras, les quelques personnes qui formaient le cortége royal s'écartèrent. La foule, qui devinait ce qui allait se passer, et à qui, d'ailleurs, ma mère n'était pas inconnue, la foule en fit autant. Nous nous trouvâmes donc, le roi, ma mère et moi, le centre d'un grand cercle; mais le médecin seul était assez rapproché de nous pour entendre ce que disaient le roi et ma mère.

» Ma mère, sans une seule parole, mais la poitrine brisée par les sanglots qu'elle retenait, mais la joue inondée de larmes qui s'échappaient malgré elle; ma mère me tendit au roi, qui me prit, m'embrassa et m'assit sur l'arçon de sa selle. Puis laissant descendre sa main alanguie sur la tête de ma mère, qu'il renversa légèrement en arrière :

» — Oh! ma pauvre Topaze! dit-il en allemand; c'est donc toi!

» Ma mère ne put répondre. Elle appuya sa tête sur la cuisse du cavalier, et éclata en sanglots en baisant son genou.

» — C'est pour toi que je suis sorti, dit le roi, pour toi seule!

» — Oh! mon roi! mon beau et cher roi! s'écria ma mère.

» — Mon père, mon doux père [1]! dis-je en allemand.

» C'était la première fois que le roi entendait le son de ma voix, et cela, dans la langue qu'il aimait.

» — Ah! dit-il, je puis mourir : je me suis entendu appeler du plus doux nom qui puisse être prononcé par une bouche humaine, et cela, dans la langue de ma patrie!

» — Mourir! dit ma mère, mourir! Oh! mon cher roi, quel mot as-tu dit là!

» — Le mot que Dieu, qui permet que je fasse une mort chrétienne, murmure à mon oreille depuis hier; car, du moment où j'ai eu bu ce verre d'eau glacée, j'ai senti le frisson suprême courir jusqu'à mon cœur.

» — Oh! mon cher roi! mon cher roi! murmurait ma mère.

» — J'ai pensé à toi toute la nuit, ma pauvre Topaze! dit-il. Hélas! je ne pouvais pas grand'chose pour toi, vivant; mort, je ne pourrai plus rien, sinon te protéger de mon ombre, si Dieu permet que quelque chose de nous survive à nous-mêmes.

» — Mon doux père! mon doux père! répétai-je en pleurant toujours.

» — Oui, mon enfant, oui, répondit le roi, et à toi aussi j'ai pensé. Tiens, dit-il en me passant autour du cou une petite bourse de cuir pendue à un cordon de soie et d'or, tiens, on ne sait ce qui peut arriver, moi mort... Je laisse une veuve jalouse; ta mère peut être forcée de fuir. J'ai passé la nuit à démonter ces diamants, il y en a pour deux cent mille écus, à peu près. C'est ta dot, ma fille chérie! et si ton frère, devenu roi d'Aragon et de Castille, te méconnaissait un jour, malgré le papier que j'ai donné à ta mère, malgré cet anneau que je lui donne, eh bien, tu vivrais au moins riche comme une noble dame, si tu ne pouvais vivre riche comme une princesse royale!

» Ma mère voulait se contenter de l'anneau, et refuser la bourse; mais le roi repoussa doucement la main de ma mère, elle eut donc l'anneau, et, moi, j'eus la bourse. — D'ailleurs, la fatigue et l'émotion venaient de briser le pauvre mourant.

» Il pâlit encore, ce que l'on eût cru impossible, et se pencha, faible et près de s'évanouir, du côté de ma mère. Ma mère le retint entre ses bras, appuya ses lèvres au front glacé du roi, et appela du secours;

---

1. L'expression allemande est charmante et d'une douceur dont les trois mots suivants, dits par une Française, ne peuvent donner l'idée, quoique nous les écrivions selon leur prononciation, et non selon l'orthographe; ces trois mots sont : *Mein suezer fater !*

elle faiblissait sous le poids de ce corps inerte, qui n'avait plus la force de se soutenir lui-même. — Le médecin et les serviteurs accoururent.

» — Éloignez-vous!... dit le médecin, éloignez-vous!...

» Ma mère ne bougeait pas.

» — Voulez-vous qu'il meure là, à vos yeux? dit-il.

» — Vous croyez donc que ma présence lui est fatale?

» — Votre présence le tue!

» — Viens, enfant! dit-elle.

» — Mon père! mon doux père! disais-je toujours.

» Puis, comme je sentais que ma mère m'enlevait entre ses bras :

» — Non, non, disais-je, non, je ne veux pas m'en aller!

» En ce moment, on entendit un grand cri de douleur qui venait du côté de la ville. C'était la reine Jeanne, échevelée, le visage bouleversé, plus pâle que son mari mourant, qui accourait en se tordant les bras, et en criant :

» — Il est mort! il est mort! on m'a dit qu'il était mort!

» J'eus peur; je me jetai sur la poitrine de ma mère, et, en même temps que le cercle s'ouvrait sur un point pour nous laisser fuir, ma mère et moi, il s'ouvrait sur un autre point pour laisser entrer la reine Jeanne. Ma mère courut pendant cent pas, à peu près; puis, la force lui manquant, elle s'assit au pied d'un arbre, me cacha contre sa poitrine, et abaissa sur moi sa tête, dont les longs cheveux m'enveloppèrent comme un voile... Quand sa tête se releva, quand ses cheveux s'écartèrent, quand je cherchai des yeux le roi don Philippe, la porte de la forteresse venait de se refermer sur lui et sur la reine Jeanne...

Pendant tout ce récit, le jeune roi n'avait pas dit une seule parole, n'avait pas donné une seule marque d'émotion; mais, comme, étouffée par ses larmes, la jeune fille, chancelante, ne pouvait continuer, il lui tendit la main; et, lui montrant une chaise :

— Asseyez-vous, dit-il; vous avez droit de vous asseoir devant moi : je ne suis pas encore empereur.

Mais elle, secouant la tête :

— Non, non, reprit-elle, laissez-moi dire jusqu'à la fin.... Je viens ici trouver, non pas mon frère, mais mon roi; je viens, non pas réclamer mon rang, mais solliciter une grâce... Si la force me manque, je tomberai à vos genoux, sire; — mais je ne m'assoierai pas devant le fils de Philippe et de Jeanne... Ah! mon Dieu!...

La jeune fille s'arrêta, brisée par l'émotion du souvenir.

Et, baisant respectueusement la main que le roi lui avait tendue, elle fit un pas en arrière et continua :

XVII

LE LIT DE PARADE

— Ma mère resta où elle s'était assise, ou plutôt où elle était tombée.

» La journée s'écoula sans que l'on eût d'autres nouvelles du roi que celle-ci :

» Le roi s'était couché en rentrant.

» Le lendemain, la nouvelle du jour fut que le roi avait essayé, mais inutilement, de parler. Le surlendemain, le roi avait, à deux heures de l'après-midi, perdu la parole. Le jour suivant, à onze heures du matin, un grand cri sortit du château, qui sembla à la fois briser portes et fenêtres pour se répandre sur la ville et s'envoler de là sur l'Espagne :

» — Le roi est mort!

» Hélas! sire, à cette époque, je ne savais guère ce que c'était que la mort ou la vie. Cependant, à ce cri : « Le roi est mort! » sentant se gonfler la poitrine de ma mère, sentant ses larmes couler de son visage sur le mien, je compris qu'il y avait en ce monde une chose que l'on appelait le malheur.

» Pendant les quatre jours où nous restâmes à la porte du château, ma mère eut soin de moi et pourvut à tous mes besoins; mais je ne me souviens pas l'avoir vue ni boire ni manger.

» Nous restâmes encore là un jour et une nuit.

» Le lendemain, nous vîmes la porte du château s'ouvrir : un héraut à cheval parut précédé d'un clairon ; le clairon fit entendre une fanfare lugubre, puis le héraut parla. Je ne compris pas ce qu'il disait; mais à peine eut-il prononcé les paroles qu'il avait à dire, et eut-il continué son chemin pour aller crier la même proclamation sur les places et dans les carrefours de la ville, que la foule se précipita par la porte du château, et s'engouffra à grands flots dans la forteresse.

» Ma mère se leva, me prit dans ses bras, et, m'embrassant, dit à mon oreille :

» — Viens, ma fille, nous allons voir ton doux père une dernière fois !

» Et je ne comprenais pas comment elle me disait que nous allions voir mon père, et pleurait en me le disant.

» Nous suivîmes la foule qui se précipitait vers la porte du château, et nous entrâmes avec elle. La cour était déjà pleine; des sentinelles gardaient une porte par laquelle on entrait deux à deux. Nous attendîmes longtemps; ma mère me tenait toujours entre ses bras; sans quoi, j'eusse été étouffée. Enfin, notre tour vint; comme les autres, nous entrâmes; seulement, une fois que nous fûmes entrées, ma mère me mit à terre, et me conduisit par la main.

» Ceux qui marchaient devant nous pleuraient; ceux qui marchaient derrière nous pleuraient.

» Nous traversions lentement de riches salons; à chaque porte de chaque salon, il y avait deux gardes qui veillaient à ce qu'on entrât deux par deux.

» Nous approchâmes d'une chambre qui semblait le but du triste pèlerinage.

» Nous pénétrâmes enfin dans cette chambre.

» Oh! monseigneur, j'étais bien enfant, mais tous les meubles, les tentures, les tapisseries, les rideaux de cette chambre, je les décrirais dans leurs moindres détails, tant chaque objet est resté profondément empreint dans ma mémoire.

» Mais l'objet principal de cette chambre, celui qui absorba bientôt, par sa lugubre solennité, toute mon attention, était un lit tout couvert de velours noir. Sur ce lit, vêtu d'une robe de brocart, d'un sayon cramoisi doublé d'hermine, d'un pourpoint d'or, de chausses écarlates, un homme était couché dans la roideur et dans l'immobilité de la mort.

» C'était mon père.

» La mort avait rendu à ses traits la sérénité que lui ôtait la douleur au moment où je l'avais vu, quatre jours auparavant. Trépassé, il paraissait, s'il était possible, plus beau encore que vivant.

» Dans la ruelle du lit, debout, couverte du manteau de velours pourpre, doublé d'hermine, la couronne royale sur la tête, vêtue d'une grande robe blanche, les cheveux épars sur les épaules, se tenait une femme, les yeux démesurément ouverts et fixes, les traits du visage immobiles, les lèvres blêmies, plus pâle s'il était possible que le mort; elle avait un doigt posé sur ses lèvres, et, d'une voix presque inintelligible, tant elle était basse :

» — Prenez garde de l'éveiller, disait-elle, il dort !

» C'était la reine Jeanne, votre mère, sire.

» En l'apercevant, ma mère s'arrêta; mais elle comprit bientôt que la reine ne voyait rien, n'entendait rien, et ma mère murmura :

» — Elle est bien heureuse, elle est folle !

» Nous continuâmes donc de nous avancer vers le cadavre : la main pendait hors du lit; c'était cette main qu'il était permis à tout le monde de venir baiser; c'était cette main qu'en vertu de la permission nous venions baiser, ma mère et moi.

» Au moment où ma mère arriva près du lit, je la sentis chanceler. Elle me l'a dit bien souvent depuis, ce n'était pas la main qu'elle eût voulu baiser, c'était ce cadavre qu'elle eût voulu étreindre d'une dernière caresse, c'étaient ces yeux fermés qu'elle eût voulu rouvrir, c'étaient ces lèvres glacées qu'elle eût voulu réchauffer de ses lèvres... Elle eut le courage de se contenir. Je ne l'entendis même plus pleurer. Elle s'agenouilla sans frissonnements, sans cris, sans sanglots, prit la main du mort, et me la donna à baiser d'abord, en me disant :

» — O mon enfant, n'oublie jamais ce que tu vois à cette heure, car, celui que tu vois, tu ne le reverras plus !

» — C'est mon doux père qui dort, n'est-ce pas, maman? demandai-je tout bas.

» — C'est le père de tout un peuple, mon enfant ! me répondit ma mère en me faisant signe de me taire.

» Et elle baisa longuement et tendrement la main du mort.

» Nous sortîmes par la porte opposée à celle qui nous avait donné entrée ; mais, dans la chambre voisine de celle où était dressé le lit de parade, ma mère chancela ; puis, jetant un faible cri, tomba évanouie. Deux hommes, qui venaient de traverser aussi la salle mortuaire, s'approchèrent de nous.

» — Lève-toi donc ; mais relève-toi donc, maman ! criai-je, ou, sans cela, je croirais que tu dors comme mon doux père.

» — Tiens, dit l'un, c'est elle !

» — Qui, elle? demanda l'autre.

» — La bohémienne qui était la maîtresse du roi, celle qu'on appelle la reine Topaze.

» — Emportons-la hors d'ici, elle et son enfant, dit le second.

» Et l'un d'eux prit ma mère dans ses bras, tandis que l'autre me tirait par la main. Nous sortîmes des appartements, puis de la cour. L'homme qui portait ma mère la déposa au pied de l'arbre où nous étions restées assises trois jours et trois nuits; l'homme qui me tenait par la main me laissa près de ma mère. Tous d'eux s'éloignèrent. — Je serrais ma mère dans mes bras, et je couvrais son visage de baisers, en disant :

» — Oh ! maman, maman! ne t'endors pas comme mon doux père !

» Soit que l'impression de l'air fît son effet, soit que les larmes et les caresses d'une enfant aillent chercher la vie jusqu'au fond du cœur d'une mère, soit que le terme de l'évanouissement fût arrivé, ma mère rouvrit les yeux. Elle fut un instant à comprendre ce qui s'était passé ; puis, aidée de mes souvenirs, que ma bouche enfantine reproduisit dans toute leur cruelle naïveté, elle finit par tout se rappeler, comme on se rappelle un rêve terrible.

» — Viens, mon enfant, dit-elle alors ; nous n'avons plus rien à faire ici !

» Et nous reprîmes le chemin de la maison.

» Le même soir, ma mère détacha de la muraille une image de madone pour laquelle elle avait une dévotion toute particulière, son portrait, le portrait du roi Philippe, et, comme la nuit venait, nous partîmes.

» Nous marchâmes pendant beaucoup de jours ; maintenant que je sais nommer le temps, je dirai pendant un mois peut-être, ne nous arrêtant que les heures nécessaires au repos, et nous arrivâmes enfin dans la sierra Nevada. Là, ma mère rencontra une tribu de bohémiens, et se fit reconnaître. On lui céda la maison qui est devenue depuis la venta *del Rey moro*. La tribu campait à l'entour, et lui obéissait comme à une reine.

» Cela dura ainsi pendant plusieurs années; mais, peu à peu, je m'apercevais du changement qui se faisait chez ma mère : elle était toujours belle ; seulement, sa beauté changeait d'aspect, et je dirai presque de forme ; elle était devenue si pâle, que c'était la beauté d'une ombre, et non celle d'une créature vivante. Je crois que, depuis longtemps, elle eût quitté la terre, comme les vapeurs qui se détachent au matin de la montagne, et qui montent vers le ciel, si je ne l'y eusse pas, en quelque sorte, retenue par la main.

» Un jour, je m'aperçus que ni la madone, ni le portrait de ma mère, ni celui du roi n'étaient plus dans sa chambre; je lui demandai ce qu'ils étaient devenus.

» — Suis-moi, mon enfant ! me dit-elle.

» Elle s'enfonça dans la montagne, et, par un chemin connu d'elle seule, elle me conduisit à une grotte cachée à tous les yeux, perdue, introuvable. Au fond de la grotte, au-dessus d'une espèce de lit de fougère, était la madone; sur le côté, étaient les deux portraits.

» — Mon enfant, dit-elle, il se peut qu'un jour, tu aies à demander un refuge à la montagne : celui-ci est inaccessible; ne le révèle à qui que ce soit au monde! Qui sait les persécutions auxquelles tu peux être exposée? Cette grotte c'est la vie; c'est plus que la vie, c'est la liberté!

» Nous y passâmes la nuit; puis, le lendemain, nous revînmes à la venta; mais, en revenant, je m'aperçus que ma mère marchait d'un pas plus lent et moins assuré; deux ou trois fois sur le chemin, elle s'assit, m'attirant chaque fois à elle, me pressant chaque fois sur son cœur. A chaque baiser, à chaque étreinte, ma poitrine débordait en larmes; car, malgré moi, je me reportais à ce jour où, pâle et chancelant, mon père était sorti à cheval de Burgos, m'avait serré sur son cœur, et, pour la première fois, avec des paroles dont j'avais intelligence, m'avait appelée son enfant.

» Mon pressentiment ne me trompait pas.

» Le lendemain du jour où elle m'avait conduite à la grotte, ma mère s'alita. A partir de ce moment, je compris qu'elle était sur le chemin qui mène à l'éternité, et je ne la quittai plus.

» Puis elle, de son côté, sachant que l'heure de ce long voyage qui nous éloigne de tout ce qui nous est cher approchait, ne me parla plus d'autre chose que de mon père. Elle me rappela, de manière à ce qu'elles se gravassent si profondément dans mon âme, que je ne les oubliasse jamais, toutes ces circonstances de ma jeunesse que je viens de vous raconter, sire. Elle me donna la bague, elle me donna le papier; elle me dit que j'avais,— pardonnez, Altesse, — que j'avais un frère qui régnerait un jour; que c'était à moi de juger si je devais me faire reconnaître de mon frère ou vivre ignorée, mais riche, en quelque pays du monde qu'il me plût d'habiter, grâce aux diamants que mon père m'avait donnés.

» J'écoutais tout cela agenouillée et pleurant près de son lit; car elle ne se levait plus, et, chaque jour, son visage devenait plus pâle, sa voix plus faible, son œil plus brillant; et, quand j'interrogeais le médecin de notre tribu, qui avait appris la science de guérir avec les docteurs de l'Orient, et que je lui demandais :

» — Qu'a donc ma mère?

» — Rien, répondait-il. Elle va vers Dieu!

» Le jour où Dieu lui ouvrit les portes de son éternité arriva.

» J'étais à genoux devant son lit comme d'habitude : elle me parlait, non pas d'elle, mais de moi. On eût dit que son œil, au moment de se fermer, essayait, par un effort maternel, de percer l'avenir. Son esprit s'attachait de toutes les forces de son agonie à saisir une forme indécise. Une espèce de sourire erra sur ses lèvres. Sa main se souleva, indiquant quelque chose comme une ombre qui eût passé devant elle. Elle murmura deux mots, je les pris pour un commencement de délire, car ils ne se rattachaient à aucun de nos souvenirs communs. Je crus avoir mal entendu; je relevai la tête pour mieux écouter; mais, deux fois encore, d'une voix plus affaiblie, elle répéta :

» — Don Fernand! don Fernand!...

» Puis elle imposa ses deux mains sur ma tête. Ma tête plia sous la bénédiction suprême. J'attendais qu'elle les relevât; j'attendis vainement : en me bénissant, elle était morte!

» On eût dit qu'elle voulait, pour l'éternité, me couvrir du bouclier de sa tendresse!

» Si jamais vous allez, Altesse, de Grenade à Malaga, vous verrez le tombeau de ma mère, dans un petit vallon, à un mille au delà de la venta *del Rey moro*. Vous le reconnaîtrez au ruisseau qui passe près de la pierre surmontée d'une croix, — car ma mère, grâce au Seigneur Jésus, était

Au milieu d'une carriere, un beau jeune homme... — Page 75.

chrétienne, — et surtout à cette inscription, grossièrement gravée au couteau sur cette pierre :

LA REYNA TOPACIA LA HERMOSA

» Et vous saurez ceci, Altesse : c'est que celle qui repose sous cette pierre n'est pas tout à fait une étrangère pour vous, puisqu'elle aimait le roi Philippe, notre père, au point de n'avoir pas su lui survivre... Oh! ma mère! ma mère! continua la jeune fille en étouffant ses sanglots, et en appuyant les deux mains sur ses yeux pour cacher ses larmes.

— On transportera son corps dans quelque pieux monastère, dit de sa voix calme le jeune roi, et je fonderai un *obit*, afin que des moines chantent tous les jours une messe pour le repos de son âme... Continuez.

XVIII

LE FRÈRE ET LA SŒUR

— Quelque temps après la mort de ma mère, dit Ginesta, les bohémiens résolurent de changer de pays. Depuis le jour où elle avait fermé les yeux, c'était moi qu'ils regardaient comme leur reine. On vint donc me prévenir du projet arrêté par les anciens, et me demander mon assentiment. Je le donnai en déclarant que la tribu pouvait s'éloigner, aller où elle voudrait; qu'elle était libre comme les oiseaux du ciel; mais que, moi, je ne quitterais pas la pierre sous laquelle était couchée ma mère.

» Le conseil s'assembla, et je fus prévenue que l'on avait arrêté le projet de s'emparer de moi pendant la nuit qui précéderait le départ, et de m'emmener de force.

» Je fis des provisions de dattes que je transportai dans la grotte; puis, la surveille du départ, je disparus. Le soir où le projet de s'emparer de moi devait être mis à exécution, on me chercha inutilement.

» Ainsi, la précaution de ma mère portait son fruit : j'avais une retraite sûre, inaccessible, voilée à tous les yeux.

» Les bohémiens étaient résolus à ne pas sortir sans moi, et moi, j'étais résolue à rester cachée tant qu'ils ne seraient pas partis.

» Ils retardèrent leur départ d'un mois. Pendant ce mois, je ne sortis de ma retraite que la nuit, pour aller cueillir quelques fruits sauvages, et du haut des rochers, reconnaître, à la lueur des feux, si leur camp était toujours là.

Une nuit les feux cessèrent de brûler. Ce pouvait être une ruse pour m'attirer dans quelque endroit découvert et me surprendre; je restai donc cachée dans un massif de myrtes, du milieu duquel ma tête, en se relevant, dominait tout le chemin. Là, j'attendis le jour.

» Le jour me montra la maison déserte, la route solitaire. Cependant, je n'osai descendre encore et remis mon exploration à la nuit.

» Elle arriva sombre et sans lune, les étoiles seules tremblaient dans un ciel presque noir, à force d'être bleu. Mais, pour nous autres bohémiens, fils de l'obscurité, il n'y a pas de ténèbres si épaisses, que notre œil ne puisse les percer.

» Je descendis jusqu'au chemin; de l'autre côté de ce chemin était la tombe de ma mère; j'allai m'y agenouiller. Au milieu de ma prière, j'entendis le pas d'un cheval. Le cavalier ne pouvait être aucun de mes compagnons; j'attendis donc avec tranquillité; d'ailleurs, la nuit, dans la montagne, j'eusse défié les gitanos eux-mêmes.

» C'était un voyageur.

» Au moment où il passait sur la route, je me relevai, ma prière achevée; il me prit sans doute pour un spectre se dressant hors de sa tombe. Il jeta un cri, fit le signe de la croix, mit son cheval au galop, et disparut.

» J'entendais le bruit de ce galop, qui décroissait en s'éloignant; puis il s'éteignit tout à fait. La nuit redevint silencieuse, et ce silence ne fut plus troublé que par les bruits habituels de la montagne, c'est-à-dire par le craquement de quelque arbre, la chute de quelque rocher, le glapissement de quelque animal sauvage, le hou-houlement de quelque oiseau de nuit.

» J'en étais bien certaine, aucun être humain n'existait dans les environs.

» Donc, les bohémiens étaient partis.

» Les premières heures du jour me confirmèrent ce que m'avaient raconté les ténèbres de la nuit.

» Je me sentis soulagée d'un poids immense.

» J'étais libre; la montagne était à moi, la sierra tout entière devenait mon royaume.

» Je vécus ainsi plusieurs années, sans désirs, sans besoins, me nourrissant, comme les oiseaux du ciel, de nos fruits sauvages, de l'eau de nos sources, de l'air de la nuit, de rosée le matin, de soleil le jour.

» J'étais de la taille de ma mère. Ses vêtements me servaient, ses bijoux me suffisaient ; mais quelque chose me manquait : c'était une compagne.

» Un jour, j'allai jusqu'à Alhama. J'achetai une chèvre, et je revins.

» Pendant mon voyage, un aubergiste était venu s'installer dans la venta. Il m'interrogea. Je lui dis qui j'étais, sans lui dire où j'habitais. Il me demanda, sur le passage des voyageurs, des renseignements que je lui donnai.

» Peu à peu, à la suite de cette habitation de la venta, la montagne se peupla de nouveau. Ses hôtes étaient des hommes au visage dur, à l'aspect sauvage ; ils m'effrayaient. Je rentrai dans le maquis, et ce ne fut plus que de loin, et de quelque endroit inaccessible, que je regardai ou la venta ou le chemin.

» Des bruits inaccoutumés retentissaient dans la montagne ; c'étaient tantôt des coups de feu, tantôt des cris de colère, tantôt des appels de secours.

» Les bandits avaient succédé aux bohémiens.

» Pour moi, il n'y avait pas une grande différence ; ignorante des lois de la société, n'ayant aucune notion de ce qui était bien ou de ce qui était mal, voyant partout dans la nature l'abus de la force sur la faiblesse, je crus le monde des villes fait à l'instar du monde de la montagne.

» Cependant, ces hommes m'effrayaient ; je m'éloignais d'eux de plus en plus.

» Un jour, je me promenais, selon mon habitude, dans l'endroit le plus sauvage de la sierra ; ma chèvre bondissait de rocher en rocher, et je bondissais derrière elle, mais loin d'elle, m'arrêtant à chaque instant pour cueillir un fruit, une fleur, une baie sauvage. Tout à coup, j'entendis ma chère et fidèle compagne pousser un bramement de douleur, puis un second, mais plus lointain, puis un troisième, mais plus lointain encore ; on eût dit que quelque tourbillon l'emportait, et que, ne pouvant résister à cette force supérieure à la sienne, elle m'appelait à son secours.

» Je m'élançai du côté d'où venaient ces cris. Un coup de fusil se fit entendre à un demi-mille de moi. Je vis la fumée s'élever au-dessus du maquis ; je courus à la fumée et au bruit, sans penser même que je risquais un danger quelconque. En approchant de l'endroit où le coup d'arquebuse avait été tiré, et au-dessus duquel, dans la pure atmosphère de la sierra, la fumée tourbillonnait encore, je vis venir à moi ma chèvre : elle se traînait, sanglante, blessée à l'épaule et au cou ; mais, lorsqu'elle me vit, au lieu de venir à moi, elle retourna sur ses pas comme pour m'inviter à la suivre. L'instinct de la pauvre bête ne pouvait me vouloir de mal, je la suivis.

» Au milieu d'une clairière, un beau jeune homme de vingt-cinq à vingt-six ans regardait, appuyé sur son arquebuse, une louve énorme se débattant dans les convulsions de l'agonie. A cette vue tout me fut expliqué : une louve avait enlevé ma chèvre, et l'emportait sans doute à ses petits pour la dévorer avec eux : le jeune chasseur s'était trouvé sur la route de l'animal féroce, et lui avait brisé les deux cuisses avec sa balle. La louve blessée avait lâché la chèvre ; la chèvre était revenue à moi, puis, reconnaissante, m'avait conduite à celui qui lui avait sauvé la vie en tuant son ennemie.

» Au fur et à mesure que j'approchais du jeune homme, un trouble singulier s'emparait de moi : il me semblait d'une nature supérieure à tout ce que j'avais vu. Je le trouvais presque aussi beau que mon père. Lui, de son côté, me regardait avec étonnement ; il était évident qu'il doutait que je fusse une créature mortelle, et qu'il me prenait pour quelqu'un de ces génies des eaux, des fleurs ou des neiges qui, au dire des traditions, et surtout de nos traditions à nous, errent dans les montagnes.

» Il attendait donc que je lui parlasse la première, pour deviner à mes paroles, au son de ma voix, à mes gestes, qui je pouvais être, quand tout à coup, à sa vue, il se passa quelque chose d'étrange dans mon esprit; sans que rien attachât le présent au passé, sans qu'il y eût aucune analogie entre ce que j'avais à cette heure et ce que j'avais eu, cinq ans auparavant, sous les yeux, ma mémoire me représenta dans tout son ensemble ma mère mourante, au moment où, illuminée par les pressentiments de la mort, elle se souleva sur son lit, le bras étendu, me désignant du doigt un objet invisible; et le bruissement de sa voix, aussi vivant, aussi distinct que je l'avais entendu le jour de sa mort, murmura à mon oreille les mêmes paroles qu'elle avait murmurées ce jour-là : « Don Fernand ! »

» — Don Fernand ! répétai-je tout haut, cédant à une impulsion intérieure, et sans même songer à ce que je disais.

» — Comment me connaissez-vous ? demanda le jeune homme étonné; comment savez-vous mon nom quand je ne sais pas le vôtre?

» Et il me regarda presque avec colère, convaincu que j'étais un être surnaturel.

» — Vous appelez-vous don Fernand, en effet ? lui demandai-je.

» — Vous le savez bien, puisque vous me saluez de ce nom.

» — Je vous salue de ce nom, lui dis-je, parce que ce nom est venu sur mes lèvres au moment où je vous ai aperçu; mais à part ce nom, je ne sais rien de vous.

» Et je lui racontais comment ma mère mourante avait prononcé ce nom, et comment, depuis le jour où elle l'avait prononcé, il était resté endormi dans ma mémoire, où il venait de se réveiller tout à coup.

» Soit sympathie instantanée, soit qu'en effet un de ces liens secrets qui nouent longtemps à l'avance les fils des destinées existât entre nous, à partir de ce moment, j'aimai ce jeune homme, non pas comme on aime un inconnu qu'on rencontre par hasard, et qui s'empare tyranniquement de votre pensée, mais comme un être dont la vie, toute séparée qu'elle avait été de la vôtre, devait tôt ou tard venir, après un détour, s'y réunir, s'y confondre, s'y mêler, ainsi que se mêlent, se confondent, se réunissent les eaux d'un ruisseau séparées par leurs sources, et qui, après avoir arrosé deux vallées différentes, s'être perdues de vue, avoir oublié leurs murmures, se retrouvent tout à coup à l'extrémité de la montagne dont elles ont baigné chacune un versant, et se reconnaissent en se jetant dans les bras l'une de l'autre.

» Je ne sais s'il en fut de même de lui; mais je sais que, depuis ce jour, je vécus dans sa vie; et il me semble que, sans aucun effort, je dirai presque sans aucune douleur, son existence tranchée trancherait la mienne.

» Cela durait ainsi depuis deux ans, quand, par les poursuites les plus sévères dont Fernand fut l'objet, j'appris votre arrivée en Andalousie.

» Avant-hier, don Inigo et sa fille traversèrent la sierra. Votre Altesse sait ce qui leur est arrivé?...

Don Carlos, l'œil toujours voilé, fit de la tête un signe d'affirmation.

— Derrière don Inigo et sa fille, vinrent les soldats qui dispersèrent la troupe de Fernand, et, au lieu de perdre leur temps à les traquer de sierra en sierra, mirent le feu à la montagne, et nous enveloppèrent d'un cercle de flammes.

— Tu dis *nous*, jeune fille ?

— Je dis *nous*, oui, Altesse, car j'étais avec lui; ne vous ai-je pas dit que ma vie était liée à la sienne ?

— Eh bien, demanda le roi, qu'est-il arrivé ? Le chef des bandits s'est rendu, a été arrêté, est pris ?

— Don Fernand est en sûreté dans la grotte que m'a révélée ma mère.

— Mais il ne peut demeurer éternellement caché; la faim le forcera de sortir de sa retraite, et il tombera dans les mains de mes soldats

— C'est aussi ce que j'ai pensé, Altesse, dit Ginesta, voilà pourquoi j'ai pris cette bague et ce parchemin, et suis venue vous trouver.

— Et, en arrivant, tu as appris que j'avais refusé la grâce du Salteador à son père, don Ruiz de Torrillas d'abord, ensuite au grand justicier don Inigo ?

— Oui, j'ai appris cela, et c'est ce qui m'a de plus en plus confirmée dans le désir de pénétrer jusqu'au roi ; car je me suis dit : « Don Carlos peut refuser à un étranger ce qu'il lui demande au nom de l'humanité ou de la faveur ; mais don Carlos ne refusera pas à une sœur ce qu'elle lui demande au nom du tombeau paternel ! »

— Roi don Carlos, ta sœur te demande, au nom de Philippe notre père, la grâce de don Fernand de Torrillas.

Et, en prononçant ces paroles avec une suprême dignité, Ginesta mit un genou en terre devant le roi.

Le jeune homme la regarda un instant dans cette humble posture, silencieux, et sans qu'on pût lire sur son visage la moindre révélation de ce qui se passait dans sa pensée.

— Et si je te disais, reprit-il après un instant de silence, que la grâce que tu demandes, et que j'avais juré de n'accorder à personne, est à deux conditions ?

— Alors, tu m'accordes sa grâce ? s'écria la jeune fille en essayant de saisir la main du roi pour y imprimer ses lèvres.

— Attends, avant de me remercier, de connaître ces conditions, jeune fille.

— J'écoute, ô mon roi ! j'attends, ô mon frère ! dit Ginesta en relevant la tête, et en regardant don Carlos avec un ineffable sourire de joie et de dévouement.

— Si la première de ces conditions était de me rendre cette bague, d'anéantir ce parchemin, de t'engager, par le serment le plus terrible, de ne parler à personne de cette naissance royale dont cette bague et ce parchemin sont les seules preuves ?

— Sire, dit la jeune fille, la bague est à votre doigt, gardez-la ; le papier est entre vos mains, déchirez-le ; dictez-moi le serment, je le prononcerai. Quelle est la seconde condition ?

Un éclair brilla dans le regard du roi, mais s'éteignit aussitôt.

— Il est d'usage, parmi nous autres chefs de la religion, continua don Carlos, que, lorsque nous faisons grâce à quelque grand pécheur de la peine temporelle qu'il a encourue, c'est à la condition que quelque âme pure, et qui peut obtenir son pardon spirituel, priera pour lui au pied des autels du Seigneur de miséricorde. Connais-tu une créature humaine innocente et chaste, qui soit disposée à entrer en religion, à renoncer au monde, à prier jour et nuit enfin, pour le salut de l'âme de celui dont je vais sauver le corps ?

— Oui, dit Ginesta ; indiquez le monastère où je dois faire des vœux, et j'y entrerai.

— Il y a une dot à payer,... murmura don Carlos, comme s'il éprouvait quelque honte à imposer à Ginesta cette dernière condition.

Ginesta sourit avec tristesse, et, tirant de son sein le petit sac de cuir aux armes de Philippe le Beau, elle l'ouvrit, et répandant aux pieds du roi les diamants qu'il renfermait :

— Voici ma dot, dit-elle ; elle sera suffisante, je l'espère ; car plus d'une fois ma mère m'a assuré que ces diamants valaient un milion.

— Ainsi, vous abandonnez tout, demanda don Carlos : rang social, bonheur à venir, fortune mondaine, pour obtenir la grâce du bandit ?

— Tout ! répondit Ginesta, et je ne demande qu'une faveur, c'est de lui porter cette grâce moi-même.

— C'est bien, dit don Carlos, vous allez avoir ce que vous désirez.

Et, allant à une table, il écrivit quelques lignes qu'il signa de sa main, et scella de son sceau.

Puis, revenant à Ginesta de son même pas lent et solennel :

— Tenez, lui dit-il, voici la grâce de don Fernand de Torrillas ; remettez-la-lui vous-même ; il verra, en la lisant, que, sur votre demande, il a la vie et l'honneur saufs. A votre retour, nous arrêterons d'un commun accord le couvent où vous devez entrer.

— Oh ! sire, s'écria la jeune fille en saisissant la main du roi, oh ! que vous êtes bon, et combien je vous rends grâce !

Et, légère comme si l'aile d'un oiseau l'eût soutenue, elle descendit l'escalier, traversa le jardin, franchit les appartements, laissa derrière elle la porte du Réservoir, et se retrouva sur la place de las Algives, ayant non pas marché, non pas couru, mais plané, comme on fait dans un rêve.

Elle partie, don Carlos ramassa soigneusement les diamants, les mit dans la bourse de cuir, enferma diamants, bague et parchemin dans une espèce de secrétaire dont il prit la clef, puis descendit pensif, pas à pas, les degrés de l'escalier.

Au bas, il trouva don Inigo, et le regarda avec étonnement, et comme s'il ignorait qu'il dût le retrouver là.

— Sire, demanda le grand justicier, je suis ici par l'ordre de Votre Altesse, qui m'a commandé de l'attendre. Votre Altesse n'a-t-elle rien à me dire?

Don Carlos parut faire un effort pour rappeler ses souvenirs; puis, repoussant cette éternelle préoccupation de l'empire qui recouvrait toutes ses autres pensées, comme une marée incessante et obstinée recouvre la plage :

— Ah! oui, dit-il, vous avez raison... Annoncez à don Ruiz de Torrillas que je viens de signer la grâce de son fils.

Et, tandis que don Inigo se dirigeait vers la place des Algives pour annoncer cette bonne nouvelle à son ami, lui, don Carlos, reprit le chemin de la cour des Lions.

XIX

L'ASSAUT

Quant à Ginesta, elle était déjà sur la route de la montagne.

Devançons-la, et voyons ce qui s'était passé dans la grotte après qu'elle l'avait eu quittée.

Fernand avait suivi la jeune fille des yeux tant qu'il l'avait pu voir, et ce n'était que lorsqu'elle avait complètement disparu à ses regards qu'il s'était trouvé seul.

Alors, il avait reporté ses yeux sur l'incendie. La flamme couvrait la montagne tout entière de sa nappe ardente; les cris des animaux avaient été étouffés dans le feu et la fumée, et l'on n'entendait plus que le vaste pétillement de l'immense foyer, mêlé, pour don Fernand, au bruissement de la cataracte.

Le spectacle était splendide; mais, si splendide qu'il soit, tout spectacle finit par fatiguer. Néron, qui si longtemps avait désiré voir brûler Rome, finit par détourner sa vue éblouie de la ville incendiée, et rentra dans sa petite retraite du Palatin en rêvant sa maison dorée.

Don Fernand, lui, rentra dans sa grotte, et se coucha sur son lit de fougères en rêvant aussi.

A quoi rêvait-il ?

Il eût eu peine à le dire lui-même. Était-ce à cette belle doña Flor qu'il avait vue passer comme un météore lumineux, et que dans sa force il avait sauvée?

Était-ce à cette douce Ginesta qu'il avait suivie à travers les détours de la forêt, comme le matelot perdu au fond de sa barque suit une étoile, et qui le sauvait dans sa faiblesse?

A quelque chose qu'il rêvât, il finit par s'endormir aussi tranquillement que s'il n'eût pas eu autour de lui cinq ou six lieues de montagnes qui brûlaient à cause de lui.

Un peu avant la pointe du jour, il fut réveillé par un bruit étrange, et qui semblait venir du centre de la montagne. Il ouvrit les yeux, et écouta.

Un grattement énergique et continu se faisait entendre à quelques pieds d'intervalle de sa tête; on eût dit un mineur qui travaillait avec acharnement à quelque fouille souterraine.

Pour don Fernand, il n'y eut pas un instant de doute : ses ennemis avaient découvert sa retraite, et, dans l'impossibilité bien reconnue où ils étaient de l'attaquer de face, ils creusaient la montagne pour venir l'attaquer par une mine souterraine.

Fernand se leva, examina son arquebuse ; la mèche était en bon état, et, après la cartouche dont elle était chargée, il lui en restait encore vingt ou vingt-cinq autres ; enfin, ses munitions épuisées, il avait son couteau des Pyrénées, sur lequel il comptait presque autant et même plus que sur toutes les armes à feu du monde.

Il prit donc son arquebuse à tout hasard, et revint coller son oreille aux parois de la grotte.

Le mineur semblait faire des progrès, sinon rapides, du moins incessants ; il était évident qu'en quelques heures d'un travail poussé avec une pareille assiduité, il arriverait à se mettre en communication avec la grotte.

Au jour, le bruit cessa.

Sans doute, le mineur prenait quelque repos.

Mais, alors, comment quelqu'un de ses compagnons ne lui succédait-il point dans son travail ?

C'est ce que ne pouvait s'expliquer Fernand.

Comme tous les esprits logiques, il ne s'entêta point à chercher la solution d'un problème qu'il ne pouvait comprendre, se disant à lui-même qu'un moment viendrait où le mystère serait expliqué et qu'il lui fallait attendre patiemment ce moment-là.

Le jeune homme avait toute sorte de raisons d'attendre patiemment.

D'abord, il ne craignait pas, de cinq ou six jours au moins, d'être pris par la famine : Ginesta, on se le rappelle, avait mis des vivres à sa disposition ; ces vivres, il les attaqua bravement, une heure ou deux après le lever du soleil, et, à l'ardeur avec laquelle il se livrait à cet exercice, il était facile de voir que la situation toute précaire dans laquelle il se trouvait n'avait aucunement influé sur son appétit.

C'est qu'aussi maintenant il avait, de sortir de cette situation, deux espoirs au lieu d'un :

D'abord, l'offre de don Inigo ;

Ensuite la promesse de Ginesta.

Avouons franchement que le jeune homme comptait moins sur le crédit de la petite bohémienne, malgré tout ce qu'il avait entrevu de son histoire et de celle de sa mère, que sur celui du père de doña Flor.

Puis le cœur de l'homme est ingrat : peut-être celui de Fernand eût-il, dans la disposition d'esprit où il se trouvait, préféré recevoir un pareil bienfait de la main de don Inigo que de celle de Ginesta.

Il avait compris, par le sentiment que lui inspirait don Inigo, la force de celui qu'il inspirait lui-même au noble vieillard.

Il y avait quelque chose d'étrange et de pareil à la voix du sang entre ces deux hommes.

Don Fernand fut tiré de ces réflexions par le même bruit qu'il avait entendu.

Il rapprocha son oreille de la paroi de la grotte, et, avec la lucidité qu'apporte le jour dans la pensée humaine, toujours un peu obscurcie, comme la nature, par les ténèbres, il se confirma dans l'idée qu'un mineur habile et obstiné creusait une sape pour venir à lui.

Si le mineur arrivait à la fin de son travail, c'est-à-dire établissait une communication entre un boyau d'attaque, comme on dit en termes de stratégie, et la grotte, don Fernand aurait à soutenir un combat inégal, et dans lequel il ne lui resterait aucune chance de salut.

Ne vaudrait-il pas mieux, la nuit venue, tenter une sortie, et tâcher, à l'aide de l'obscurité et de la connaissance qu'il avait de la localité, de gagner quelque autre partie de la montagne ?

Seulement, l'incendie, qui avait léché l'immense muraille presque à pic, n'avait-il pas, en dévorant lentisques, myrtes et lianes rampant à la surface de la muraille, ou poussant dans ses interstices, ôté tout appui et tout soutien aux pieds et aux mains du fugitif ?

Don Fernand se pencha en dehors de la grotte pour examiner si la route qu'avait suivie Ginesta avant l'incendie était encore praticable après.

Comme il était tout entier à cette investigation, un coup de feu retentit, et une balle vint s'aplatir contre le granit, à un demi-pied de l'endroit où se cramponnait sa main.

Don Fernand releva la tête. Trois soldats, placés sur la pointe d'un rocher, se le montraient du doigt, et un petit nuage de blanche fumée montant dans l'éther, au-dessus de leur tête, indiquait que c'était de leur groupe que le coup d'arquebuse était parti.

Le Salteador était à découvert.

Mais il n'était pas homme à recevoir un pareil défi sans y répondre.

Il prit à son tour son arquebuse, ajusta celui des trois hommes qui était en train de recharger son arme, et qui, par conséquent, était celui qui avait tiré.

Le coup partit, l'homme étendit les bras, lâcha l'arquebuse qui venait de lui rendre un si mauvais service, et roula la tête en avant sur la pente de la montagne.

De grands cris retentirent. Il n'y avait plus aucun doute : celui que l'on cherchait était trouvé.

Fernand se retira en arrière pour recharger son arquebuse; puis, son arquebuse rechargée, il se rapprocha de nouveau de l'ouverture de la grotte.

Mais les deux compagnons de celui qu'il avait tué avaient disparu, et, dans toute l'étendue que son œil pût embrasser, c'est-à-dire dans l'immense demi-cercle que dominait la grotte, il ne vit plus rien.

Seulement, quelques pierres roulant du sommet de la montagne, et bondissant contre ses flancs, indiquaient que les soldats se réunissaient au-dessus de la tête du Salteador.

Le travail de la mine continuait toujours.

Il était évident que, découvert, le Salteador allait être attaqué par tous les moyens possibles.

Il prépara donc, de son côté, tous ses moyens de défense, s'assura que son poignard basque sortait facilement de la gaîne, que son arquebuse était bien amorcée, et s'assit sur le lit de fougères, d'où il pouvait à la fois écouter ce qui se préparait derrière lui, et voir ce qui se passait en face.

Au bout d'une demi-heure d'attente, pendant laquelle son esprit était tout naturellement allé de la vigilance à la rêverie, il crut s'apercevoir qu'une ombre passait entre lui et la lumière extérieure, qu'un corps opaque se balançait à l'entrée de la grotte, flottant au bout d'une corde.

Ne pouvant monter jusqu'à la grotte, les soldats avaient entrepris de descendre jusqu'au rocher : un homme couvert d'une armure complète, presque entièrement caché derrière un grand bouclier à l'épreuve de la balle, s'était fait attacher à une corde, et, tenté par les mille philippes d'or promis à celui qui s'emparerait du Salteador, mort ou vivant, avait essayé l'entreprise.

Mais, au moment où, traversant la cataracte, le soldat allait toucher du pied le rocher, un coup d'arquebuse emplit la grotte de bruit et de fumée.

La balle, impuissante à briser le bouclier, à trouer l'armure, s'était contentée de couper la corde au-dessus de la tête de celui qu'elle soutenait.

Le soldat, précipité, s'engloutit dans l'abîme.

Trois tentatives du même genre furent renouvelées ; toutes trois eurent un résultat semblable.

A chaque fois, un cri triple partait du précipice, et, pareil à un écho, un autre cri répondait du haut de la montagne.

Sans doute, après ce terrible essai, mortel à ceux qui l'avaient tenté, les assiégeants jugèrent-ils qu'il fallait recourir à un autre mode d'attaque, car, aux derniers cris, succéda le silence, et le Salteador ne vit plus reparaître personne.

Il est vrai que le mineur continuait sa besogne souterraine, et que la mine faisait de rapides progrès.

L'oreille collée à la muraille, don Fernand vit venir la nuit. La nuit le menaçait d'une double attaque.

Le soldat, précipité, s'engloutit dans l'abîme. — Page 80.

Grâce à l'obscurité, peut-être les soldats parviendraient-ils à escalader le rocher. A coup sûr, la sape était assez proche pour qu'avant une heure, il y eût communication entre la mine et la grotte.

Au reste, l'oreille exercée du Salteador lui disait qu'un homme seul travaillait à la besogne souterraine; cet homme était séparé de lui par une couche de terre si peu épaisse, que l'on entendait le travail successif de ses deux mains.

Ce qui étonnait le Salteador, c'est que le bruit qui venait jusqu'à lui n'était ni le choc d'un hoyau, ni la morsure d'une pioche : c'était quelque chose comme un grattement continu.

On eût dit que le mineur, pour creuser la terre, n'avait d'autre outil que ses mains.

Le bruit se rapprochait toujours.

Le Salteador colla pour la troisième fois son oreille à la paroi de la grotte. Le mineur était si proche, que l'on pouvait entendre sa respiration rauque et saccadée.

Fernand écouta avec plus d'attention que jamais ; son œil jeta une flamme qui éclaira son visage ; un sourire de joie passa sur ses lèvres.

Il quitta le fond de la grotte, s'avança jusqu'au bord glissant du rocher, et se pencha vers l'abîme pour s'assurer qu'aucun danger extérieur ne le menaçait.

Tout était tranquille ; la nuit s'étendait, sombre et muette. Il devenait évident que les soldats avaient suspendu toute attaque dans l'espérance de prendre le Salteador par la faim.

— Oh ! murmura Fernand, laissez-moi seulement une demi-heure, et je tiens le roi don Carlos quitte de la grâce qu'on lui demande en ce moment pour moi.

Alors, s'élançant vers le fond de la grotte, son poignard basque à la main, il commença de creuser la terre de son côté, allant au-devant de celui qui venait à lui.

Les deux travailleurs se rapprochaient rapidement. Enfin, au bout de vingt minutes, le faible rempart qui les séparait encore l'un de l'autre s'écroula, et Fernand, comme il s'y attendait sans doute, vit apparaître à l'ouverture, s'appuyant sur deux énormes pattes, la tête monstrueuse d'un ours.

L'animal respira.

Cette respiration ressemblait à un rugissement.

C'était ce bruit, familier à Fernand, qui avait dénoncé le terrible gibier à l'intrépide chasseur.

Sur cette respiration, qu'il avait reconnue, Fernand avait établi tout un plan de fuite.

Il s'était dit que, sans doute, la tanière de l'ours était contiguë à la grotte, et que cette tanière lui offrirait une sortie qui ne serait point gardée.

Aussi, voyant que tout avait réussi comme il l'avait prévu, il regarda le monstre avec un sourire.

— Ah ! murmura-t-il, je te reconnais, vieil ours du Mulahacen ! c'est toi dont je suivais la trace quand Ginesta m'a appelé ; c'est toi qui as rugi quand j'ai voulu monter sur l'arbre pour voir l'incendie ; c'est toi, enfin, qui, de gré ou de force, vas me livrer passage. — Allons, place !

Et, disant ces mots, il frappa le museau de l'ours de la pointe de son poignard.

Le sang jaillit ; l'animal poussa un rugissement de douleur, et, rentrant à reculons dans sa tanière, démasqua le trou.

Le Salteador se glissa par cette ouverture avec la rapidité d'un serpent, et se trouva à quatre pas de l'ours, dans sa propre tanière ; seulement, l'animal était placé de manière à lui barrer le passage.

— Oui, murmura Fernand, oui, je sais bien qu'un seul de nous deux sortira d'ici ; mais reste à savoir lequel !

Comme s'il eût compris ce que venait de lui dire le chasseur, l'ours répondit par un rugissement de menace.

Puis il y eut un instant de silence pendant lequel les deux adversaires se mesurèrent des yeux.

Ceux de l'animal semblaient deux charbons ardents.

Ni l'un ni l'autre ne bougeaient ; on eût dit que chacun attendait, pour en profiter, que l'autre fît un faux mouvement.

L'homme se lassa le premier.

Parmi les décombres de la muraille, Fernand chercha une pierre ; le hasard le servit : il trouva sous sa main un fragment de roche de la grosseur d'un pavé.

Ces deux yeux flamboyants lui servirent de point de mire, et le pavé, lancé comme par une machine de guerre, alla rebondir, avec un sourd retentissement, sur la tête de l'animal.

Un taureau eût eu le front brisé.

L'ours plia sur ses genoux, et Fernand vit un instant disparaître sous sa paupière fermée le double éclair de ses yeux.

Puis l'animal parut se décider enfin à l'attaque, et, avec un rugissement terrible, il se dressa sur ses pattes de derrière.

— Ah ! dit Fernand en faisant un pas vers lui, tu te décides enfin !

Puis, appuyant le manche de son poignard contre sa poitrine, tandis qu'il en tournait la pointe contre son ennemi :

— Allons, camarade, dit-il, embrassons-nous !

L'embrassement fut terrible ! le baiser

fut mortel! Fernand sentit entrer dans les chairs de son épaule les griffes de l'ours; mais l'ours, de son côté, sentit pénétrer jusqu'à son cœur la pointe du poignard de Fernand.

L'homme et l'animal roulèrent enlacés sur le sol de la caverne, que l'ours blessé inondait de sang.

XX

L'HOSPITALITÉ

A la nuit tombante, Ginesta entrait dans la montagne.

Mais, avant de la suivre, il est bon que nous fassions une visite à la maison de don Ruiz de Torrillas, et cela à la suite du grand justicier d'Andalousie.

Le lecteur se rappelle peut-être les quelques mots que le roi avait dits à don Inigo en descendant avec Ginesta du mirador de la Reine.

Don Inigo, sans s'inquiéter par quel ascendant étrange la bohémienne avait obtenu du roi une grâce que le roi avait refusée à don Ruiz et à lui-même; don Inigo avait à l'instant pris le chemin de la maison de don Ruiz, située place de la Viva-Rambla, près de la porte de Grenade.

On se rappelle encore que le grand justicier venant — pendant tout le temps que devait rester don Carlos dans la capitale des anciens rois mores — habiter lui-même Grenade, eût regardé comme une injure faite à son ami don Ruiz de ne pas aller tout droit lui demander l'hospitalité que son vieux compagnon d'armes avait été lui offrir un jour à Malaga.

En conséquence, comme il l'avait dit à don Ruiz, place de las Algives, il s'était présenté avec sa fille à la maison de son ami le lendemain de son arrivée, et était venu réclamer l'hospitalité offerte.

Doña Mercédès était seule; car don Ruiz, on le sait, attendait depuis le matin le roi place de las Algives.

Belle encore, malgré ses quarante ans passés, doña Mercédès avait la réputation d'une matrone antique; sa vie, aux yeux de tous, s'était écoulée pure et sans tache, et nul à Grenade n'eût eu l'idée de laisser tomber sur l'épouse de don Ruiz l'ombre même d'un soupçon.

En apercevant don Inigo, Mercédès poussa un cri étouffé et se leva; son visage, ordinairement pâle, se couvrit d'une flamme subite qui s'éteignit avec la rapidité du reflet d'un éclair, pour laisser après son apparition ce beau visage plus pâle encore; et, chose étrange! comme si cette même impression qui s'était emparée de doña Mercédès eût agi sur don Inigo, ce ne fut qu'après un silence d'un instant pendant lequel doña Flor regardait avec étonnement son père et Mercédès; ce ne fut, disons-nous, qu'après un silence d'un instant que don Inigo retrouvant la parole :

— Señora, dit-il, je viens passer quelques jours à Grenade, et cela pour la première fois depuis mon retour d'Amérique. Or, je regarderais comme un mauvais procédé envers un ancien ami, si, cet ami étant venu à Malaga pour me faire l'offre de sa maison, j'allais loger soit à l'hôtellerie, soit chez quelque autre gentilhomme de ma connaissance.

— Señor, répondit Mercédès, les yeux baissés vers la terre et d'une voix dont elle essayait inutilement de maîtriser l'émotion, mais dont le timbre vibrant fit tressaillir doña Flor, vous avez raison, et, si vous agissiez d'autre façon, don Ruiz dirait bien certainement que lui ou sa femme ont démérité à vos yeux, et, comme il serait certain que ce n'est pas lui, il me demanderait, comme fait un juge à un accusé, si ce n'est point moi.

— Voilà, señora, répondit don Inigo en baissant les yeux à son tour, voilà, outre le désir bien naturel de revoir un ami de trente ans, le véritable motif... (et il appuya sur ces deux derniers mots), le véritable motif qui m'a amené chez vous.

— C'est bien, señor, répondit Mercédès;

restez ici avec doña Flor, à qui je serais heureuse de vouer un amour de mère, si elle daignait un instant me laisser croire qu'elle est ma fille. Je vais veiller à ce que l'hospitalité vous soit donnée dans la maison de mon mari aussi digne de vous qu'il sera possible dans l'état de décadence où, par la générosité de don Ruiz, est tombée cette pauvre maison.

Et, saluant don Inigo et sa fille, Mercédès sortit.

En parlant de la générosité de son mari, doña Mercédès faisait allusion à ce que don Ruiz avait dit au roi touchant la misère où il était presque descendu, pour avoir acheté à leurs familles le sang de deux alguazils tués par son fils, et pour avoir payé dans un couvent la dot de la sœur de don Alvar.

Cette générosité était d'autant plus singulière, et surtout d'autant plus louable, que, nous l'avons dit, don Ruiz n'avait jamais eu pour son fils une bien grande affection paternelle.

Derrière doña Mercédès, un valet, vieux serviteur de la maison, était entré portant, sur un plateau de cuivre doré orné de dessins et de peintures arabes, des pâtisseries, des fruits et du vin.

Le grand justicier écarta de la main le plateau ; mais doña Flor, avec la naïve gourmandise des oiseaux et des enfants, toujours prêts à goûter ce qu'on leur offre, ouvrit une grenade rouge et saignante, et trempa ses lèvres, plus rouges et plus fraîches s'il était possible que le sang de la grenade, dans cet or liquide qu'on appelle le vin de Xérès.

Au bout d'un quart d'heure, doña Mercédès entrant, ou plutôt entr'ouvrant la porte, invita ses hôtes à la suivre.

Sa chambre était devenue celle de doña Flor; la chambre de son mari était devenue celle de don Inigo.

Ni don Inigo, ni doña Flor n'eurent même l'idée de s'excuser sur le dérangement qu'ils causaient dans la maison de don Ruiz ; l'hospitalité avait ses lois, qui étaient respectées de celui qui la recevait comme de celui qui l'offrait. Don Inigo et doña Flor en eussent fait autant, s'ils eussent reçu don Ruiz et Mercédès au lieu d'être reçus par eux.

Don Inigo, tandis que doña Flor s'installait dans la chambre de Mercédès, s'installa dans celle de don Ruiz, et, quittant ses vêtements de voyage, s'habilla pour aller au-devant du roi.

Nous l'avons vu passer à la suite de don Carlos sur la place de las Algives, puis revenir pour annoncer à don Ruiz son arrivée.

Maintenant, nous savons encore comment un huissier, en appelant de la part du roi le grand justicier d'Andalousie, avait révélé à don Ruiz le titre, inconnu de tous, de son nouvel ami.

Don Ruiz rentra chez lui si sombre, que sa femme, qui le vit revenir, n'osa point se trouver sur son chemin ; elle se retira dans sa nouvelle chambre qui était au-dessus de l'ancienne, laissant le vieux valet Vicente pour attendre son maître, l'instruire du changement qui avait été fait dans la maison, et le conduire de son côté à son nouvel appartement.

Le renvoi de don Ruiz, par le roi, au grand justicier d'Andalousie, avait été si sévère, que don Ruiz comptait peu sur l'influence même de don Inigo pour obtenir la grâce de son fils. Il n'était besoin que de jeter un regard sur ce visage froid et immobile du jeune roi, pour juger de la persévérante volonté enfermée dans son front de marbre ; aussi, le retard de don Inigo n'étonnait-il point son hôte, et ce qui causa son étonnement, au contraire, fut de voir tout à coup doña Flor ouvrant d'un visage joyeux la porte des deux chambres, et criant tour à tour à doña Mercédès et à don Ruiz :

— Oh ! venez, venez ! voici mon père qui annonce de la part du roi don Carlos que la grâce du seigneur don Fernand es' accordée.

On était descendu alors dans la salle commune.

— Bonne nouvelle !, bonne nouvelle ! avait crié don Inigo en apercevant les deux époux, et laissez la porte ouverte au bonheur, car le bonheur me suit !

— Il sera d'autant mieux venu dans la maison, répondit don Ruiz, que c'est un hôte qui lui est depuis longtemps étranger.

— La miséricorde du Seigneur est grande, répondit pieusement Mercédès, et, fussé-je à mon lit de mort sans voir l'hôte que vous m'annoncez, seigneur, que j'espérerais encore qu'il arriverait à temps pour recevoir mon dernier soupir.

Alors, don Inigo avait raconté l'étrange événement dans tous ses détails, comment le roi avait sévèrement repoussé sa demande, et comment il l'avait accordée sans doute à la petite bohémienne qui lui avait présenté à genoux la bague et le parchemin.

Doña Mercédès, pour laquelle, en sa qualité de mère, aucun des détails qui concernaient son fils n'était indifférent, doña Mercédès, qui ignorait ce que son mari avait appris de don Inigo, c'est-à-dire que lui et sa fille avaient été arrêtés la veille par le Salteador, Mercédès demanda ce que c'était que la bohémienne.

Doña Flor la prit alors par la main, et, donnant à la noble matrone le nom que celle-ci avait paru ambitionner :

— Venez, ma mère ! lui avait-elle dit.

Et elle avait conduit doña Mercédès dans sa chambre.

Là, pour adoucir autant que possible ce que le récit qu'elle allait entendre avait de douloureux, doña Flor s'était mise à genoux devant la mère de Fernand, et, les deux coudes sur les genoux de Mercédès, les yeux fixés sur ses yeux, les mains jointes, elle avait raconté, avec toute la délicatesse de son cœur, ce qui lui était arrivé, à elle et à son père, dans la venta du *Roi more*.

Et Mercédès avait écouté, la respiration suspendue, la bouche entr'ouverte, frémissant à chaque parole, passant de la terreur à la joie, de la joie à la terreur, remerciant Dieu avec une reconnaissance infinie, quand elle avait vu que ce terrible Salteador qu'on lui avait, sans qu'on sût qu'on parlait à sa mère, peint si souvent comme un meurtrier féroce, comme un meurtrier implacable, avait été doux et clément pour don Inigo et sa fille.

Et, à partir de ce moment, une grande tendresse pour doña Flor était née dans le cœur de Mercédès ; car c'est un trésor si prodigieusement inépuisable que l'amour d'une mère, que, tout en donnant cet amour tout entier à son fils, elle trouve encore le moyen d'aimer ceux qui l'aiment !

Et, de son côté, doña Flor, joyeuse et pleine de tendresse pour la mère de Fernand, avait passé la soirée la tête appuyée à l'épaule de doña Mercédès comme si celle-ci eût été sa propre mère, tandis que les deux vieillards se promenaient sous la double rangée d'arbres plantés devant la maison, en causant gravement de l'avenir que promettait à l'Espagne ce jeune roi aux cheveux blonds et à la barbe rousse, qui ressemblait si peu aux rois castillans et aragonais, ses prédécesseurs.

XXI

LE CHAMP DE BATAILLE

C'était pendant ce temps-là, c'est-à-dire pendant que les deux vieillards causaient, et que doña Mercédès et doña Flor se souriaient l'une à l'autre, dans un silence plus expressif que les plus éloquentes paroles, que Ginesta, ainsi que nous l'avons dit au commencement du chapitre précédent, entrait dans la montagne.

A un quart de lieue de la venta *del Rey moro*, elle tomba dans un cordon de soldats.

Au reste, cette fois, elle les cherchait plutôt qu'elle ne les fuyait.

— Eh ! crièrent-ils, c'est la belle fille à la chèvre !

La jeune fille alla droit au chef.

— Señor capitaine, dit-elle, lisez ce papier.

C'était l'ordre, signé et scellé par don Carlos de laisser passer le Salteador.

— Bon, murmura l'officier, c'était bien la peine de brûler sept ou huit lieues de forêt et de me faire tuer quatre hommes.

Puis, relisant une seconde fois, comme si la chose lui paraissait si étrange qu'il ne fût point convaincu par une première lecture :

— Sans doute, dit-il à la jeune fille, qu'il prenait pour un bohémienne ordinaire, tu te charges de lui porter ce papier où il est ?

— Je m'en charge, répondit Ginesta.

— Alors va !

Ginesta passa vivement.

— Seulement, un conseil, ajouta l'officier ; fais-lui bien savoir qui tu es, et de quel message tu es chargée, car il pourrait te recevoir comme il a reçu mes soldats.

— Oh ! je n'ai rien à craindre, répondit Ginesta ; il me connaît.

— Par saint Jacques, je ne sais pas si tu dois te vanter de la connaissance, la belle enfant !

Et l'officier lui fit signe de la main qu'elle pouvait continuer sa route.

Ginesta était déjà loin.

Son chemin était tout tracé : pour entrer dans le foyer fumant, comme elle était sortie du foyer en flammes, le torrent lui offrait son lit bouillonnant et semé de cailloux.

Elle le suivit jusqu'au pied de la cascade.

Arrivée là, sa chèvre, qui la précédait, s'effaroucha et revint en arrière.

Ginesta s'approcha.

Ses yeux, habitués à la nuit, et qui avaient la faculté de voir presque aussi bien dans les ténèbres qu'au milieu du jour, ses yeux distinguaient un cadavre.

C'était celui du premier soldat qui avait roulé dans le précipice.

Elle s'écarta à droite ; son pied heurta un second cadavre.

Elle s'élança en avant, et fut obligée d'enjamber un troisième cadavre.

Elle ne pouvait interroger la mort ; mais le silence même de la mort lui disait qu'il y avait eu lutte, et lutte terrible.

Qu'était devenu Fernand dans cette lutte ?

Un moment, un cri s'élança sur ses lèvres, tout prêt à monter jusqu'au Salteador ; mais Ginesta réfléchit que le bruit de la cataracte couvrirait sa voix, ou que son cri, s'il était entendu de Fernand, pourrait être entendu de ceux qui l'assiégeaient.

Elle s'élança donc, muette et légère, contre cette muraille qui lui restait à escalader, pour arriver à la grotte.

Une fée ou un ange pouvaient seuls entreprendre une pareille ascension.

Le temps qu'eût mis un oiseau à y arriver avec l'aile de ses ailes fut le temps que mit Ginesta.

Quand son pied toucha la saillie du rocher, elle posa sa main sur son cœur, car son cœur battait à briser sa poitrine.

Puis elle appela Fernand.

Ginesta sentit la sueur de l'angoisse perler à la racine de ses cheveux.

Une brise, comme celle qui vient d'une porte entr'ouverte, glaça cette sueur sur son front.

Elle appela une troisième fois.

L'écho même resta muet.

Au milieu de l'obscurité il lui semblait voir, au fond de la grotte, une ouverture inconnue.

Elle alluma la lampe.

L'ouverture était béante, et il en sortait ce bourdonnement effrayant en ce qu'il n'est ni le bruit de la vie, ni le silence de la mort, mais le bruissement de l'inconnu.

Elle présenta sa lampe à l'ouverture.

L'air l'éteignit.

Ginesta ralluma la lampe, et, protégeant la flamme avec sa main, elle pénétra de la première grotte dans la seconde.

La chèvre ne voulut pas la suivre et resta de l'autre côté de l'ouverture, tremblante et bramant avec inquiétude.

Un grand amas de terre, écroulé tout entier dans la seconde grotte, lui prouva que l'œuvre de communication avait été, sinon commencée, du moins achevée par Fernand.

Alors elle commença d'examiner les parois de la tanière.

Pendant cet examen, son pied glissa dans une boue humide.

Elle abaissa sa lampe vers le sol : le sol était tout imprégné de sang.

La lampe faillit échapper de sa main.

Cependant elle rappela ses forces, et leva la lampe vers le plafond, afin d'éclairer le mieux possible la totalité de la grotte.

Une masse noire et velue était couchée dans un coin.

En même temps, cet âcre fumet qu'exhale l'animal sauvage parvint jusqu'à elle.

C'était cette odeur qui épouvantait la chèvre.

Ginesta s'approcha de la masse; elle demeura inerte.

A mesure que la jeune fille approchait, elle reconnaissait le grand ours noir des montagnes.

Elle se pencha sur lui et le couvrit des rayons de sa lumière.

Il était mort.

Le sang coulait d'une plaie profonde qu'il avait au-dessous de la poitrine, juste à la place du cœur.

La bohémienne s'enhardit jusqu'à toucher l'animal; il était chaud encore.

Il n'y avait donc pas plus d'une heure que le combat avait eu lieu.

Alors, elle commença de comprendre.

L'animal avait gardé dans sa griffe crispée des fragments de laine arrachés à la mante de Fernand.

C'était donc contre Fernand qu'il avait lutté.

D'ailleurs, quel autre que Fernand eût vaincu un pareil adversaire?

Dès lors, tout lui était expliqué.

On avait attaqué Fernand, et Fernand avait tué les hommes dont elle avait rencontré les cadavres.

Puis, craignant d'être forcé dans sa retraite, il avait creusé cette ouverture.

L'ouverture l'avait conduit à la tanière de l'ours.

L'ours avait défendu le passage; il avait tué l'ours.

Puis lui-même avait fui par l'entrée opposée, qui, perdue dans les broussailles en flammes, n'avait point été découverte.

C'était d'autant plus certain qu'on suivait la trace sanglante des pieds de Fernand dans la direction de la seconde ouverture.

L'espèce de souterrain qui conduisait au jour avait cent ou cent vingt pas de longueur.

Entrée par l'ouverture de la cataracte, Ginesta sortit par l'ouverture opposée.

Un groupe de soldats stationnait au sommet de la montagne, ce qui était une preuve que l'on croyait toujours Fernand dans la grotte.

De place en place, quelque foyer jetait encore sa vive flamme. C'étaient les endroits où l'incendie avait rencontré des groupes d'arbres résineux.

Partout ailleurs, de blanches fumées, pareilles à de grands spectres enveloppés de leur suaire, et les pieds enracinés au sol, se balançaient, ondulant au souffle de la brise.

Vapeur elle-même, Ginesta se perdit au milieu de toutes ces vapeurs.

Le lendemain, au point du jour, une jeune fille couverte d'une mante qui cachait entièrement son visage à tous les regards se présentait place de la Viva-Rambla, et frappant à la maison de don Ruiz, demandait à être introduite près de doña Flor.

Doña Flor, joyeuse et souriante des bonnes nouvelles qu'avait données la veille don Inigo, accueillit la jeune fille comme on accueille même les inconnus lorsque le cœur est en fête.

Or, quand le cœur est en fête, le visage ressemble aux fenêtres d'une maison illuminée : si bien tirés que soient les rideaux, si bien fermés que soient les volets, quelques rayons de la lumière intérieure jaillissent toujours au dehors.

Et ceux qui passent s'arrêtent et disent, à ces rayons dénonciateurs : « Dans cette maison habitent des gens heureux! »

A la vue de cette joyeuse physionomie qui rendait doña Flor plus belle encore, la jeune fille poussa un léger soupir.

Si faible que fût ce soupir, doña Flor l'entendit.

Elle crut que celle qui venait à elle venait pour lui demander quelque grâce.

— Vous avez demandé à me parler? dit-elle.

— Oui, murmura Ginesta.

— Approchez et dites-moi quelle sorte de service je puis vous rendre.

Ginesta secoua la tête.

— Je viens, dit-elle, señora, vous rendre un service et non le réclamer de vous.

— A moi? reprit doña Flor étonnée.

— Oui, fit Ginesta; vous vous demandez quel service on peut rendre à la fille du riche et puissant don Inigo, quand elle est jeune, quand elle est belle, et quand elle est aimée de don Fernand?

Doña Flor rougit, mais ne dit pas non.

— Eh bien, continua Ginesta, à cette femme on peut faire un don inestimable et sans lequel les autres ne seraient rien : on peut lui donner la grâce de l'homme qui l'aime.

— Mais, demanda doña Flor, je croyais que cette grâce avait été portée à don Fernand, qui était caché dans la montagne?

— Don Fernand, dit tristement Ginesta, n'est plus où je l'avais laissé... Je ne sais pas où est don Fernand!

— Mon Dieu! s'écria doña Flor toute tremblante.

— Seulement, continua Ginesta, je sais qu'il est hors de danger.

— Ah! murmura joyeusement doña Flor, pendant que le sourire reparaissait sur ses lèvres et le carmin sur ses joues.

— Et c'est à vous que j'apporte cette grâce pour que vous la lui remettiez.

— Cette grâce? balbutia doña Flor. Mais j'ignore où est don Fernand, moi. A qui le demanderai-je? où l'irai-je trouver?

— Vous l'aimez et il vous aime! dit Ginesta.

— Je ne sais... je le crois, je l'espère, murmura doña Flor.

— Alors, vous le trouverez toujours, vous, puisqu'il vous cherchera!

Et Ginesta tendit à doña Flor le parchemin qui renfermait la grâce de don Fernand.

Mais, quelque soin qu'elle eût pris jusque-là de se cacher, dans le mouvement qu'elle fit, sa coiffe s'écarta et permit à doña Flor d'entrevoir son visage.

— Oh! s'écria-t-elle, la petite bohémienne de la venta *del Rey moro*.

— Non, répondit Ginesta d'une voix où Dieu seul pouvait lire ce qu'il y avait de douleur, non : sœur Felippa de l'Annonciade.

L'Annonciade était le couvent que venait de désigner don Carlos à la jeune bohémienne pour y faire son noviciat, et y prononcer ses vœux.

XXII

LA CLEF

Doña Flor quitta vers minuit le balcon du nouvel appartement qu'elle occupait dans la maison de don Ruiz.

C'était, on se le rappelle, la chambre de doña Mercédès; l'hospitalité avait offert ce qu'elle avait de mieux.

Pourquoi doña Flor quittait-elle si tard le balcon? pourquoi, si tard et d'une main si nonchalante, fermait-elle la jalousie?

Qui l'avait retenue jusqu'à minuit, les yeux fixés, l'oreille ouverte?

Ses yeux attendaient-ils la belle étoile Hesperus, qui se lève au couchant?

Son oreille écoutait-elle le rossignol qui chantait son hymne à la nuit, caché dans les lauriers-roses qui fleurissent aux rives du Darro?

Ou ses yeux ne voyaient-ils point, ses oreilles n'entendaient-elles point, et son âme était-elle perdue dans ce doux rêve de seize ans qu'on appelle l'amour?

Sans doute, Ginesta pleurait et priait dans son couvent de l'Annonciade.

Doña Flor, elle, respirait et souriait.

Doña Flor n'aimait peut-être pas encore; mais, de même qu'une émanation céleste annonçait à la Vierge Marie l'apparition de l'ange Gabriel, un parfum inconnu révélait à doña Flor l'approche de ce dieu qu'on appelle l'Amour.

Et ce qu'il y avait d'étrange chez la jeune fille, c'était le partage d'affection qui se faisait dans son cœur pour les deux jeunes gens.

Celui qu'elle craignait, celui qu'elle eût fui, s'il se fût présenté; celui près duquel elle eût instinctivement compris que sa pudeur courait un danger, c'était ce beau cavalier, cet élégant courrier d'amour, comme il s'était intitulé lui-même, qui l'avait précédée sur la route de Malaga à Grenade : c'était don Ramiro.

Celui au-devant duquel ses pas la portaient d'eux-mêmes, celui sur l'épaule duquel elle eût dormi sans crainte, celui qu'elle eût regardé une heure sans avoir la pensée de rougir, ou l'idée de baisser les yeux, c'était le Salteador du grand chemin, c'était le bandit de la venta *del Rey moro*, c'était don Fernand.

Ce fut dans cette disposition, où l'âme est exaltée, et le corps plein de langueur, que doña Flor s'approcha de son miroir, dernier courtisan du soir, premier flatteur du matin, et fit signe de la tête à sa femme de chambre de venir la déshabiller.

Celle-ci comprit si bien que, dans la préoccupation d'esprit où se trouvait sa maîtresse, toute demande resterait sans réponse, qu'elle commença la toilette de nuit de la belle jeune fille sans prononcer une parole.

Quant à doña Flor, jamais peut-être ses yeux aux longs cils de velours, ses narines dilatées, ses lèvres entr'ouvertes laissant apercevoir la ligne d'émail de ses blanches dents, n'avaient dit si clairement à la nuit : « J'ai seize ans, et j'ai besoin d'aimer et d'être aimée ! »

La camérière ne s'y trompa point. Les femmes ont un prodigieux instinct pour deviner la présence ou l'approche de l'Amour.

Elle parfuma sa maîtresse, non pas comme on fait d'une vierge qu'on livre au sommeil, mais comme on fait d'une jeune mariée qui attend son époux.

Puis, chancelante, alanguie, le cœur frissonnant, la démarche embarrassée, doña Flor gagna son lit; et, pareille à l'hermaphrodite Borghèse, le col un peu renversé en arrière, posa sa belle tête brune sur son beau bras blanc.

Elle avait été lente à en arriver là, et, cependant, elle avait hâte d'être seule. Elle s'était fait une espèce de solitude en s'enfermant dans le silence; mais cette solitude ne lui suffisait pas, il lui fallait encore l'isolement.

Elle se souleva pour suivre les derniers pas de sa camérière, qui allait et venait dans sa chambre, cherchant sans savoir ce qu'elle cherchait, restant pour ne pas s'en aller, et enfin se décidant à sortir, ne se doutant pas qu'en sortant elle accomplissait l'ardent désir de sa maîtresse, et prête à rentrer, au contraire, pour s'excuser de la laisser seule quand elle paraissait si abattue.

La camérière emportait la lampe, laissant la chambre noyée dans cette pâle et fantastique lumière que jette une veilleuse à travers son enveloppe d'albâtre.

Et, cependant, si douce qu'elle fût, cette lumière était sans doute trop vive pour les yeux de la jeune fille, car elle se souleva une seconde fois, et, avec un soupir de fatigue, elle tira le rideau du lit, comme une barrière entre elle et la lampe; de sorte que, tandis que les deux tiers inférieurs de sa couche se trouvaient baignés par un flot de lumière bleuâtre pareil au rayon de la lune, le tiers supérieur était dans l'obscurité.

Toute jeune fille a eu quinze ans, tout jeune homme dix-huit, tout homme ou toute femme a gardé, dans ce coin de la mémoire qui correspond avec le cœur, le souvenir de ce qu'il a vu par cette porte de la jeunesse ouverte sur le paradis. — Nous n'essaierons donc pas de matérialiser les rêves de doña Flor ; le rose se compose de blanc et de carmin ; le rêve d'une jeune fille se compose d'espérance et d'amour.

Puis, peu à peu, la belle et douce enfant passa du rêve de la veille au rêve du sommeil. Ses paupières à demi ouvertes se fermèrent, ses lèvres fermées s'entr'ouvrirent, quelque chose comme un nuage flotta entre le monde extérieur et sa pensée ; elle laissa échapper deux ou trois soupirs qui allaient s'alanguissant comme des plaintes d'amour ; puis sa respiration devint régulière, son souffle, égal et doux comme celui d'un oiseau, succéda à l'agitation de sa poitrine. L'ange qui veillait sur elle passa la tête entre les rideaux du lit, se pencha sur elle, écouta.

Elle dormait.

Dix minutes se passèrent sans qu'aucun bruit vînt interrompre ce silence religieux ; puis, tout à coup, le grincement d'une clef se fit entendre ; la porte s'ouvrit lentement, et se referma de même ; un cavalier enveloppé d'un grand manteau brun se dessina dans la demi-teinte, poussa les verrous pour ne pas être surpris sans doute, s'avança d'un pas léger, s'assit sur le lit et déposa un baiser sur le front de la dormeuse en murmurant : « Ma mère ! »

La dormeuse tressaillit, ouvrit les yeux, et jeta un cri ; le jeune homme étonné se leva, laissant tomber son manteau, et apparut à la lueur de la veilleuse dans un élégant costume de cavalier.

— Don Fernand ! s'écria la jeune fille en tirant jusqu'à ses lèvres les courtes-pointes de son lit.

— Doña Flor ! murmura le jeune homme stupéfait.

— Que venez-vous faire ici, à cette heure, señor ? que demandez-vous, que voulez-vous ?

Mais avant de répondre à la jeune fille, le Salteador tira les épais rideaux du lit jusqu'à ce qu'ils se joignissent, enfermant doña Flor dans une tente de brocart ; puis, reculant d'un pas, et mettant un genou en terre :

— Je venais, dit-il, señora, aussi vrai que vous êtes belle, aussi vrai que je vous aime, dire adieu une dernière fois à ma mère, et quitter l'Espagne pour toujours !

— Et pourquoi quittez-vous l'Espagne pour toujours, don Fernand ? demanda la jeune fille enfermée dans sa prison de soie et d'or.

— Parce que je suis proscrit, fugitif, poursuivi ; parce que je vis par miracle, parce que je ne veux pas donner à mes parents, à ma mère surtout, dont je ne sais comment vous habitez la chambre, cette honte de voir monter leur fils sur un échafaud !

Il se fit un silence pendant lequel on n'entendit que les battements précipités du cœur de la belle jeune fille ; puis les rideaux du lit s'agitèrent doucement ; une blanche main passa par leur ouverture tenant un papier.

— Lisez ! dit une voix émue.

Don Fernand prit le papier sans oser toucher la main qui le lui présentait, et le déplia, tandis que la main rentrait dans le lit, laissant entre les rideaux l'ouverture qu'elle y avait faite.

Le jeune homme, sans quitter sa place ni son attitude, se pencha vers la veilleuse, et lut :

« Charles, par la grâce de Dieu, roi d'Espagne, de Naples et de Jérusalem, faisons savoir à tous que nous donnons amnistie pleine et entière des crimes et fautes qu'il a pu commettre à don Fernand de Torrillas... »

— Oh ! s'écria don Fernand en saisissant cette fois à travers les rideaux du lit et baisant la main de doña Flor, oh ! merci ! don Inigo a tenu à sa promesse, et c'est vous qui, pareille à la colombe de l'arche, vous êtes chargée d'apporter au pauvre prisonnier le rameau d'olivier.

Doña Flor rougit, dégagea doucement sa main, et, avec un soupir :

— Hélas ! dit-elle, lisez.

Don Fernand étonné reporta ses yeux sur le parchemin, et continua de lire :

« ... La présente grâce, afin que celui qu'elle concerne sache à qui il doit en garder reconnaissance, est accordée aux prières de la bohémienne Ginesta, laquelle s'engage à entrer demain dans le couvent de l'Annonciade, et à y prononcer ses vœux dès que le temps de son noviciat sera accompli.

» Donné dans notre palais de l'Alhambra, le 9 juin de l'an de grâce 1519. »

— Oh! chère Ginesta, murmura le Salteador, elle me l'avait bien promis!

— Vous la plaignez? demanda doña Flor.

— Non-seulement je la plains, mais je n'accepte pas même son sacrifice.

— Et si ce sacrifice venait de moi, l'accepteriez-vous, don Fernand?

— Oh! bien moins encore; car si le sacrifice se mesure à ce que l'on perd, vous, riche, noble, honorée, vous perdriez bien plus qu'une pauvre petite bohémienne sans condition, sans parents, sans avenir.

— Voilà donc pourquoi elle paraissait centente d'entrer dans le couvent! hasarda doña Flor.

— Contente! demanda don Fernand en hochant la tête; le croyez-vous?

— Elle le disait, et pour une pauvre fille errante, sans naissance et demandant l'aumône sur les grands chemins, un couvent est un palais.

— Vous vous trompez, doña Flor, dit le jeune homme, attristé de cette ombre que la fille de don Inigo, si pure qu'elle fût elle-même, jetait sur le dévouement de celle qu'elle pouvait regarder comme sa rivale; — vous vous trompez : Ginesta non-seulement n'est pas mendiante, mais encore elle est peut-être, après vous, une des plus riches héritières d'Espagne. Ginesta n'est pas sans naissance, car elle est la fille, et la fille reconnue de Philippe le Beau. Enfin, pour cette fille de l'air et du soleil, pour cette fée de la montagne, pour cet ange de grand chemin, un palais lui-même serait une prison. Jugez donc de ce que doit être un couvent... Ah! doña Flor! doña Flor! vous n'en serez pas moins belle et moins aimée, pour lui laisser dans tout leur parfum son amour et son dévouement.

Doña Flor poussa un soupir.

— Alors, dit-elle, vous refusez votre grâce au prix de son dévouement?

— L'homme est bien lâche quand il désire ardemment, répondit don Fernand, et j'ai peur de commettre une lâcheté pour demeurer près de vous, doña Flor.

Le jeune homme entendit passer le doux frémissement d'une respiration joyeuse.

— Je puis donc annoncer votre retour à doña Mercédès, don Fernand?

— Je venais lui annoncer mon départ, doña Flor; dites-lui qu'elle me verra demain, ou plutôt aujourd'hui. Vous êtes l'ange des heureuses nouvelles!

— Donc, à aujourd'hui, répéta doña Flor en passant pour la seconde fois sa blanche main entre les rideaux.

— A aujourd'hui! répondit le Salteador en se relevant et en effleurant de ses lèvres la main qu'on lui présentait, avec autant de respect que si c'eût été la main d'une reine.

Ramassant alors son manteau, il se drapa dans ses longs plis, et, s'inclinant devant le lit aux rideaux fermés, comme il eût fait devant un trône, il tira la clef de sa poche, ouvrit la porte, s'arrêta encore pour jeter un nouveau regard sur doña Flor, qui le suivait des yeux à travers l'ouverture des rideaux, referma la porte, et s'enfonça silencieux comme une ombre dans les profondeurs du noir corridor.

XXIII

L'ENFANT PRODIGUE

Le lendemain, un air de fête, un parfum de bonheur était répandu dans la maison de don Ruiz de Torrillas.

Doña Mercédès avait annoncé aux vieux serviteurs de la maison — débris aussi solidement attachés aux ruines de la fortune de don Ruiz qu'ils l'avaient été aux jours de bonheur — doña Mercédès avait annoncé qu'elle avait reçu des nouvelles de don Fernand, et que le jeune maître disait qu'il arriverait dans la journée même de ce long voyage qui l'avait tenu éloigné de l'Espagne pendant près de trois ans.

Il va sans dire que doña Flor avait été la messagère de cette bonne nouvelle; aussi doña Mercédès traitait-elle, depuis le matin, la fille de don Inigo comme sa propre fille, et lui donnait-elle, par anticipation, tous les baisers qu'elle eût voulu donner à don Fernand.

Vers neuf heures du matin, don Ruiz, sa femme et Béatrix — la vieille camérière de Mercédès et la nourrice de Fernand — étaient réunis dans la salle basse de la maison, que s'étaient réservée les maîtres.

Doña For était descendue dès le matin pour annoncer, sans dire comment elle le savait, le retour de don Fernand, et, depuis lors, elle était restée comme faisant partie de la famille.

Doña Flor et doña Mercédès étaient assises à côté l'une de l'autre; doña Flor avait sa main dans la main de Mercédès, sa tête sur son épaule. Les deux femmes parlaient bas.

Et, cependant, il y avait quelque chose de contraint dans les manières de Mercédès, chaque fois que la jeune fille, avec une intonation de voix qui indiquait peut-être un peu plus que de l'amitié ou de l'intérêt, prononçait le nom de don Fernand.

Don Ruiz se promenait la tête inclinée sur sa poitrine; sa longue barbe blanche se découpait sur son pourpoint de velours noir aux broderies d'or; de temps en temps, lorsque retentissait sur le pavé aigu de la rue le fer d'un cheval, il relevait la tête, et, le front plissé, l'œil sombre, écoutait. Son visage faisait un contraste remarquable avec celui de doña Mercédès, sur lequel s'épanouissait l'amour maternel dans toute sa puissante expansion, et même avec celui de la vieille Béatrix, qui avait établi son quartier général dans un coin de la salle, alliant le désir qu'elle avait de voir don Fernand le plus tôt possible, avec le respect qui la faisait se tenir à distance des enfants et des maîtres. Rien ne trahissait sur ce visage la joie d'un père attendant un fils assez aimé pour que ce père lui eût sacrifié sa fortune.

A quoi tenait cette sévérité de la physionomie de don Ruiz? Était-ce aux reproches qu'il avait le droit de faire au jeune homme, reproches qui, au reste, s'accordaient peu avec l'insistance qu'il avait mise à obtenir la grâce de son fils? était-ce quelque autre cause enfermée au fond de son cœur, et dont il n'avait jamais dit le secret à personne?

Chaque fois que don Ruiz, à ce bruit de fer d'un cheval retentissant sur le pavé, relevait la tête, les deux femmes, le cœur haletant, interrompaient leur conversation, écoutaient, l'œil fixé sur la porte, tandis que Béatrix courait à la fenêtre, espérant être la première à crier à sa maîtresse : « Le voilà! »

Le cavalier passait; le bruit des pas du cheval, au lieu de s'arrêter, s'éloignait. Don Ruiz laissait retomber sa tête sur sa poitrine et reprenait sa marche. Béatrix descendait en soupirant de son balcon, secouant la tête d'un air qui disait clairement : « Ce n'est pas lui! » et les deux femmes continuaient leurs confidences à voix basse.

Cinq ou six cavaliers passèrent ainsi, cinq ou six fois les mêmes bruits se renouvelèrent pour s'éteindre, après avoir fait naître dans le cœur de ceux qui les écoutaient une vaine espérance, quand on entendit de nouveau le pas d'un cheval venant du côté du Zatican.

L'espèce de mise en scène qui avait jusque-là accompagné chacun de ces bruits se renouvela; seulement, cette fois, Béatrix jeta un grand cri de joie.

— Ah! dit-elle en battant des mains, c'est lui! c'est mon enfant, je le reconnais.

Mercédès se leva vivement, emportée par l'élan maternel.

Don Ruiz la regarda d'un air étrange,

et elle demeura sans se rasseoir, mais aussi sans faire un pas de plus.

Doña Flor rougit et pâlit; elle s'était levée comme doña Mercédès; mais, plus faible qu'elle, elle retomba sur son fauteuil.

Alors on vit passer un cavalier devant les fenêtres; et, cette fois, le bruit des fers du cheval ne dépassa point la porte, dont on entendit retentir le marteau de bronze.

Et cependant, pas une des personnes qui, avec des sentiments si divers, attendaient l'arrivée de celui dont la main venait de soulever le marteau de la porte, ne quitta l'attitude qu'elle avait prise; les physionomies seules trahissaient les pensées des trois femmes et de l'homme qui, avec la gravité espagnole et cette étiquette qu'au XVI° siècle on rencontrait, non-seulement à la cour, mais encore dans toutes les familles nobles, les contenait du regard.

On entendit la porte de la rue s'ouvrir, des pas s'approcher, et, comme s'il eût partagé la contrainte générale, don Fernand apparut, mais s'arrêta sur le seuil intérieur.

Il était vêtu d'un élégant habit de voyage, et avait toutes les apparences d'un homme qui vient d'accomplir une longue course.

Il jeta un coup d'œil rapide sur la salle basse et sur les personnes qui l'y attendaient : don Ruiz fut le premier qui frappa son regard; puis, à gauche de don Ruiz et sur le premier plan, les deux femmes, c'est-à-dire sa mère et doña Flor, appuyées l'une à l'autre; enfin au fond, aussi immobile en sa présence qu'elle avait été agitée dans l'attente de sa venue, la vieille Béatrix.

Dans ce coup d'œil, si rapide qu'il fût, chacun eut sa part.

Don Ruiz, le regard froid et respectueux; doña Mercédès, le regard tendre et éloquent; doña Flor, le regard passionné et plein de souvenirs; Béatrix, le regard affectueux.

Puis, s'inclinant vers son père, et comme s'il arrivait en effet d'un simple voyage :

— Señor, dit don Fernand, béni soit le jour où vous permettez à mon amour filial de venir se prosterner à vos pieds, car ce jour est le plus heureux de mes jours!

Et, en même temps, le jeune homme, avec une répugnance visible, mais comme s'il accomplissait un cérémonial obligé, mit un genou en terre.

Don Ruiz le regarda un instant dans cette humble posture, et, d'une voix mal d'accord avec les paroles, car les paroles étaient affectueuses, et la voix conservait un certain accent de rudesse :

— Relevez-vous, don Fernand, dit-il, et soyez le bienvenu dans cette maison, où vous attendent depuis longtemps, et avec anxiété, un père et une mère.

— Señor, répondit le jeune homme, quelque chose me dit que je dois rester à genoux devant mon père, tant qu'il ne m'aura pas donné sa main à baiser.

Le vieillard fit quatre pas en avant de son fils.

— Voici ma main, et Dieu vous rende aussi sage que mon instante prière l'en supplie du fond du cœur!

Don Fernand prit la main de son père, il l'effleura de ses lèvres.

— Maintenant, dit le vieillard, entrez dans la maison et baisez la main de votre mère.

Le jeune homme se releva, salua don Ruiz, et, s'avançant vers sa mère :

— C'est avec crainte, señora, et le cœur plein de honte, que je me présente devant vos yeux, auxquels, — Dieu me le pardonne! mais vous surtout, señora! — auxquels j'ai fait verser tant de larmes!

Et, cette fois, il s'agenouilla à deux genoux, et les deux bras étendus vers doña Mercédès, et attendit.

Celle-ci s'avança, et, avec cet accent maternel si doux, que, même dans les moments de reproches, il semble encore une caresse :

— Fernand, dit-elle en portant d'elle-même ses deux mains aux lèvres de son fils, outre ces larmes dont tu parles, je te dois celles que je verse en ce moment, et, crois-moi, mon enfant bien-aimé, si les unes étaient bien amères, les autres sont bien douces!

Puis, le regardant de son plus tendre sourire de femme et de mère :

— Sois le bienvenu, enfant de mon cœur! dit-elle.

Doña Flor se tenait debout derrière Mercédès.

— Señora, dit don Fernand, je sais ce que votre illustre père, don Inigo, a eu l'intention de faire pour moi; l'intention, à mes yeux, est le fait; recevez donc, en son nom, toute la part de reconnaissance que je vous ai vouée.

Et, au lieu de demander à baiser la main de la jeune fille, comme il avait fait de celle de don Ruiz et de sa mère, le jeune homme tira de sa poitrine une fleur fanée, et y appuya passionnément les lèvres.

La jeune fille rougit et recula d'un pas : elle venait de reconnaître l'anémone qu'elle avait donnée au Salteador dans la salle de la venta del *Rey moro*.

Mais, alors, la vieille nourrice impatiente s'avança, et, s'adressant à Mercédès :

— Oh! madame, dit-elle, est-ce que je ne suis pas aussi un peu la mère de ce cher enfant, moi?

— Señor, dit le jeune homme en se tournant vers don Ruiz, en même temps qu'il tendait, avec les sourires des jours d'enfance, ses deux bras vers la nourrice, est-ce que vous ne permettrez pas que, malgré votre présence respectée, j'embrasse cette brave femme?

Don Ruiz fit un signe de tête.

Béatrix se jeta dans les bras de celui qu'elle appelait son enfant, et le serra à plusieurs reprises sur sa poitrine, en faisant résonner chaque fois sur ses joues ces bons gros baisers auxquels les gens du peuple ont consacré cette tendre appellation de baisers de nourrice.

— Ah! murmura doña Mercédès en voyant dans les bras de sa nourrice l'enfant qui, en présence de don Ruiz, n'avait osé que lui baiser la main, voici bien certainement la plus heureuse de nous tous!

Et deux larmes envieuses roulèrent le long de ses joues maternelles. Don Ruiz n'avait pas un instant détourné son regard sombre du tableau que nous avons essayé d'esquisser.

A la vue des deux larmes coulant sur les joues de doña Mercédès, un frémissement passa sur son visage, et un instant ses yeux se fermèrent comme si quelque souvenir, venimeux serpent, venait de le mordre au cœur.

Il fit un violent effort sur lui-même, sa bouche s'ouvrit et se referma, ses lèvres frémirent, mais on n'entendit aucun son.

On eût dit un homme dont la poitrine faisait d'inutiles efforts pour rendre le poison qu'elle avait avalé.

Mais, de même qu'aucun détail de cette scène n'avait échappé aux regards de don Ruiz, les yeux de doña Mercédès avaient tout vu.

— Don Fernand, dit-elle, je crois que votre père veut vous parler.

Le jeune homme se tourna vers le vieillard, et, les yeux baissés, fit, par un mouvement de tête et d'épaule, signe qu'il écoutait.

Mais une impatience visible se cachait sous cette humilité apparente, et quelqu'un qui eût pu traduire la pensée que les mouvements de son cœur communiquaient à son esprit aurait pu dire que le sermon que l'enfant prodigue s'attendait à recevoir, tout inévitable qu'il lui avait paru, ne lui en était pas moins désagréable, surtout en présence de doña Flor.

Celle-ci s'en aperçut avec cette délicatesse d'appréciation qui n'appartient qu'aux femmes.

— Pardon, dit-elle, il m'a semblé que l'on refermait la porte; c'est, sans doute, mon père qui rentre; je vais lui annoncer la bonne nouvelle du retour de don Fernand.

Et, serrant la main de Mercédès, et saluant le vieillard, elle sortit sans regarder le jeune homme, qui, la tête inclinée, attendait le discours paternel avec plus de résignation que de respect.

Cependant, à cette sortie de doña Flor, la poitrine du Salteador se dilata, et il respira plus librement.

Le vieillard lui-même parut plus à son aise du moment où les auditeurs et les spectateurs furent réduits aux personnes de la famille.

— Don Fernand, dit-il, vous avez pu voir, en rentrant ici, le changement qui, pendant votre absence, s'était fait dans la maison; notre fortune est anéantie; nos biens — et c'est ce que je regrette le moins — sont ou vendus ou engagés; la sœur de don Alvar ayant consenti à entrer dans un couvent, je lui ai constitué une dot; les parents des alguazils morts ayant accepté un dédommagement, je leur ai payé comptant une certaine somme, et leur sers une rente; mais, pour arriver là, nous avons été forcés, votre mère et moi, de nous réduire presque à la misère.

Don Fernand fit un mouvement qui exprimait, sinon son repentir, du moins son regret; mais avec une noblesse parfaite, et en accompagnant ce geste d'un sourire de mélancolie :

— Ne parlons plus de tout cela, reprit don Ruiz; tout est oublié, puisque vous voilà gracié, mon fils! et, de cette grâce, je remercie bien humblement le roi don Carlos. De ce moment, je dis adieu aux chagrins passés, et ces chagrins sont pour moi comme s'ils n'avaient jamais existé; non, mais ce que je voulais vous demander les larmes aux yeux, don Fernand, ce que je voulais vous demander avec de tendres prières, ce que je vous demanderais agenouillé devant vous, si la nature ne répugnait pas à voir le père agenouillé devant le fils, le vieillard abaissé devant le jeune homme, les cheveux blancs suppliant les cheveux noirs; ce que je voulais vous demander, mon fils, c'est que vous changiez de mœurs et de vie, c'est que vous travailliez, et je vous aiderai de tout mon pouvoir à reconquérir l'estime publique; c'est que même vos ennemis reconnaissent que les âpres leçons du malheur ne sont jamais perdues pour un cœur noble et un esprit intelligent. Nous avons été jusqu'aujourd'hui, moi, votre père, vous, mon fils; ce n'est point assez, don Fernand : à partir d'aujourd'hui, soyons amis! Peut-être y a-t-il entre nous quelques fâcheux souvenirs; chassez-les de votre côté, je les chasserai du mien; vivons en paix, faisant l'un pour l'autre tout ce que nous pourrons. Je tâcherai de vous donner les trois sentiments que tout père doit à son fils : amour, tendresse, dévouement; je ne vous en demande qu'un seul en échange; à votre âge, âge de fougueuses passions, on n'a pas sur soi-même la même puissance qu'un vieillard; je ne vous demande que de l'obéissance, m'engageant à ne jamais rien exiger de vous que d'honorable et de juste. — Excusez-moi si j'ai été plus long que je ne voulais, don Fernand : la vieillesse est bavarde.

— Señor, répondit don Fernand en s'inclinant, je vous engage ma foi de gentilhomme qu'à compter d'aujourd'hui, vous n'aurez plus aucun reproche à me faire, et que je profiterai du malheur de telle façon, que vous en serez à vous réjouir que le malheur se soit attaqué à moi.

— C'est bien, Fernand, répondit don Ruiz; je vous permets, maintenant, d'embrasser votre mère.

Mercédès jeta un cri de joie, et tendit les bras à son fils.

XXIV

DON RAMIRO

Le spectacle d'une mère serrant son fils entre ses bras avec des pleurs d'amour, si doux qu'il soit aux yeux des autres hommes, avait, sans doute, quelque chose de douloureux aux sombres regards de don Ruiz, car il sortit en silence pendant cet embrassement, et la vieille Béatrix seule le vit sortir.

Une fois avec sa mère et sa nourrice, le jeune homme raconta à sa mère tout ce qui s'était passé la veille, et — sans rien lui dire encore du sentiment étrange qu'il éprouvait pour doña Flor — comment il était venu pour la visiter la nuit, ainsi que d'habitude, et comment il avait trouvé sa chambre occupée par sa belle hôtesse.

Alors, doña Mercédès emmena son fils dans sa nouvelle chambre. La chambre de sa mère était pour don Fernand, dans la maison, ce que le sanctuaire est pour un cœur religieux dans une église. C'était dans la chambre de sa mère qu'enfant, adolescent, jeune homme, il avait passé ses plus douces heures; c'était là seulement que son cœur si capricieux avait battu à son aise, que ses pensées si vagabondes avaient osé prendre leur essor, pareilles à ces oiseaux qui, nés dans un hémisphère, prennent, à une certaine époque de l'année, leur vol vers des contrées inconnues.

Là, couché à ses pieds comme aux jours d'innocence et de jeunesse, baisant les genoux maternels dans cette plénitude de bonheur qu'il n'avait pas ressentie depuis si longtemps, Fernand, avec plus d'orgueil que de honte, raconta à sa mère sa vie aventureuse, depuis le moment où il avait fui jusqu'à celui où il était rentré dans la maison.

Jusque-là, il avait constamment écarté ce récit de ses entrevues avec sa mère; — un homme ne raconte pas un rêve douloureux tant que dure ce rêve; — mais, une fois éveillé, plus le rêve a été terrible, plus il le raconte avec délices, et en riant de ce mirage nocturne qui faisait sa terreur.

Mercédès écoutait son fils, suspendue à ses lèvres; mais, quand don Fernand en fut à cette heure où il rencontra don Inigo et doña Flor, l'intérêt qu'apportait Mercédès à ce récit parut augmenter encore; elle pâlit et rougit plusieurs fois. Don Fernand sentit battre sous son front la poitrine de sa mère; et, lorsqu'il lui dit cette sympathie étrange qui s'était emparée de lui à la vue de don Inigo, cet entraînement qui l'avait poussé presque suppliant aux pieds de doña Flor, elle lui mit la main sur la bouche comme pour lui demander une trêve.

Il était évident qu'elle était au bout de sa force, et n'en pouvait supporter davantage.

Puis, lorsqu'elle eut rendu la parole à son fils, vint le récit du danger qu'il avait couru, la fuite dans la montagne, l'incendie, la retraite dans la grotte de la bohémienne, l'assaut donné au fugitif par les soldats, enfin le combat avec l'ours.

Les dernières paroles éteintes aux lèvres de don Fernand, Mercédès se leva, et, pâle, chancelante, alla s'agenouiller dans un angle de cette chambre, transformée en oratoire.

Don Fernand la regardait debout et plein de respect, quand il sentit une main qui se posait légèrement sur son épaule. Il se retourna.

C'était la main de sa vieille nourrice.

Elle venait lui annoncer qu'un de ses meilleurs amis, don Ramiro, ayant su son retour, était au salon, et demandait à lui parler.

Le jeune homme laissa Mercédès à sa prière : il savait bien que sa mère priait pour lui.

Don Ramiro, en effet, vêtu d'un ravissant costume du matin, attendait son ami, nonchalamment étendu dans un grand fauteuil.

Les deux jeunes gens, qui, en effet, avaient été très-amis autrefois, et qui ne s'étaient pas vus depuis trois ans, se jetèrent dans les bras l'un de l'autre.

Puis vinrent les questions.

Don Ramiro savait les amours de Fernand avec doña Estefania, son duel avec don Alvar, et la fuite du Salteador après la mort de son adversaire; — mais là s'arrêtaient tous les renseignements recueillis.

D'ailleurs, le bruit général était qu'après le duel, don Fernand avait passé en France et en Italie; il avait été vu, disait-on, à la cour de François Ier et à celle de Laurent II, dont la grande illustration philosophique fut d'avoir été père de Catherine de Médicis, et de laisser à sa mort un buste de lui sculpté par Michel-Ange.

Il était couché à ses pieds comme aux jours d'innocence. — Page 96.

Voilà ce que pensait don Ramiro.

Personne ne s'était approché de don Ruiz et du roi assez près pour entendre leur conversation ; par conséquent, ceux mêmes qui avaient vu le vieillard aux genoux de don Carlos pensaient qu'il ne lui avait demandé rien autre chose que le pardon du meurtre de don Alvar.

Fernand laissa don Ramiro dans son erreur.

Puis, autant par curiosité que pour changer la conversation, ce fut lui qui, à son tour, interrogea don Ramiro.

— Vous êtes le bienvenu, lui dit-il, et j'eusse voulu vous prévenir.

Mais don Ramiro secoua mélancoliquement la tête.

— Je ne puis guère être le bienvenu, lui dit-il, portant dans mon âme un sentiment qui m'a causé jusqu'à présent plus d'ennuis que de joies.

Fernand s'aperçut que, au contraire de lui, don Ramiro avait le cœur plein, et ne demandait qu'à lui faire confidence de ces sentiments qui encombraient son cœur.

Il sourit, et, lui tendant la main :

— Cher ami, dit-il, nous sommes de ceux dont le cœur et les passions ont besoin du grand air. On étouffe dans cette salle; vous plaît-il de me raconter vos aventures sous cette belle allée d'arbres qui s'étend devant notre maison?

— Oui, dit don Ramiro, d'autant plus que, tout en causant avec vous, je *la* verrai peut-être.

— Ah! répliqua en riant don Fernand, *elle* demeure sur cette place?

— Venez, dit Ramiro. Dans un instant, vous saurez non-seulement tout ce qui m'est arrivé, mais encore le service que j'attends de vous.

Les deux jeunes gens sortirent appuyés au bras l'un de l'autre, et commencèrent leur promenade, qui, comme si elle eût été réglée d'un commun accord, ne dépassa point la façade de la maison.

En outre, de temps en temps, chacun d'eux levait la tête vers les fenêtres du premier étage. Mais, comme ni l'un ni l'autre ne s'informèrent de la cause de ce mouvement, il n'amena aucune explication pendant le silence qui se fit d'abord entre les deux promeneurs.

Enfin, don Ramiro, n'y pouvant plus tenir :

— Ami Fernand, dit-il, il me semble que nous étions venus, vous, pour écouter ma confidence, et moi pour vous la faire.

— Aussi, cher Ramiro, dit Fernand, je vous écoute.

— Ah! mon ami, répliqua Ramiro, que l'amour est un cruel tyran, et comme il traite en esclaves les cœurs sur lesquels il règne!

Don Fernand sourit en homme dont c'est aussi l'opinion.

— Et, cependant, dit-il, lorsqu'on est aimé...

— Oui, dit Ramiro; mais, quoique j'aie tout lieu d'espérer que je le suis, je doute encore.

— Vous doutez, don Ramiro? Mais, pourtant, si je m'en souviens bien, au moment où nous nous séparâmes, la modestie, en fait d'amour, n'était pas mise par les femmes au nombre des défauts qu'elles vous reprochaient.

— C'est qu'avant de la voir, cher don Fernand, je n'avais jamais aimé!

— Eh bien, voyons, dit don Fernand, racontez-moi comment vous vîtes cette merveilleuse beauté qui a eu l'influence de faire de l'orgueilleux don Ramiro l'homme le plus modeste de l'Andalousie.

— Eh! mon ami, comme on voit une fleur perdue dans ses feuilles, l'étoile voilée par un nuage... Je passais dans les rues de Tolède, le soir, lorsque, par une jalousie entr'ouverte, je vis la plus merveilleuse beauté qui eût encore réjoui le regard des hommes. J'étais à cheval, je m'arrêtai tout émerveillé. Sans doute prit-elle pour de l'audace ce qui n'était que de l'admiration, car elle referma sa jalousie, quoique, muet de surprise et les mains jointes, je la priasse de n'en rien faire.

— Oh! la cruelle! dit en riant don Fernand.

— Je restai plus d'une heure devant cette fenêtre, espérant toujours qu'elle allait se rouvrir; mais mon attente fut inutile. Je cherchai alors la porte par laquelle on entrait dans cette maison; mais je m'aperçus que la façade devant laquelle je me trouvais n'était percée que de fenêtres.

— Était-ce donc une maison enchantée?

— Non, car je compris que, comme la rue que je traversais était déserte et écartée, la maison devait s'ouvrir sur une autre rue. C'était protégée par cet isolement que ma belle inconnue avait sans doute ouvert sa fenêtre. Au reste, de cette circonstance, je conclus qu'elle n'était ni sous la puissance d'un père bien sévère, ni sous celle d'un tuteur bien jaloux, puisqu'elle avait cette liberté d'ouvrir la jalousie d'une fenêtre qui n'était qu'à douze ou quinze pieds de terre. Quant à ce qu'elle pût être mariée, je n'y songeai même pas; à peine paraissait-elle avoir quatorze ans.

— Mais je vous connais, don Ramiro! dit Fernand : vous êtes, ou plutôt, car il me paraît que l'amour a fait de grands changements en vous, vous n'étiez pas homme à chercher longtemps avec vous-même la solution d'un pareil problème. Toute jeune fille, — c'est une grâce de la nature ou une faveur de la société, — toute jeune fille a une duègne, toute duègne a son défaut, ce défaut a une serrure, et cette serrure s'ouvre avec une clef d'or.

— Je le croyais aussi, cher don Fernand, dit le jeune homme; eh bien, cette fois, je me trompais.

— Pauvre don Ramiro, c'était jouer de malheur! si bien que vous ne pûtes même savoir qui elle était.

— Si fait, et je n'eus besoin, pour cela, de séduire ni valet ni duègne. Je fis le tour du quartier, et je me trouvai dans une grande et belle rue, et de l'autre côté de la maison. Cette maison était un véritable palais rue des Chevaliers. Je m'enquis auprès des voisins, et j'appris qu'elle appartenait...

— La jeune fille ou la maison?

— Ma foi! toutes deux!... qu'elles appartenaient à un étranger puissamment riche, arrivé des Indes depuis un an ou deux, et que, sur sa renommée de sagesse et de justice, le cardinal de Ximénès avait fait venir de Malaga, où il habitait, pour l'attacher au conseil de régence. Vous devinez de qui il est question, don Fernand?

— Ma foi! non, pas le moins du monde.

— Impossible!

— Vous oubliez, mon cher don Ramiro, que, depuis deux ans, je suis absent de l'Espagne, et que j'ignore, ou à peu près, ce qui s'y est passé pendant ces deux ans.

— C'est vrai, et cette ignorance où vous êtes m'aidera fort, je l'avoue, pour la fin de mon récit. Il y avait deux moyens d'arriver à ma belle inconnue : profiter de ma naissance et de ma position pour me faire présenter au père et pénétrer jusqu'à la fille, ou bien guetter l'ouverture de cette jalousie par laquelle passait le rayon de sa beauté, comme le prisonnier, à sa fenêtre grillée, guette le passage d'un rayon de soleil. J'employai le premier moyen. Mon père, dans sa jeunesse, avait connu l'illustre personnage auquel j'avais affaire. Je lui écrivis. Il m'envoya une lettre. Je fus reçu cordialement; mais c'était la fille, et non le père, que je désirais voir; et, soit ordre paternel, soit amour de la retraite, la fille se tenait obstinément enfermée chez elle. Je revins au second moyen, au moyen mystérieux, qui était de surprendre un regard d'elle, quand, la nuit, se croyant seule, elle respirait à sa fenêtre l'air frais et parfumé qui vient du Tage. D'ailleurs, ce moyen n'est-il pas toujours le meilleur, et toute jeune fille ne regarde-t-elle pas avec une attention plus curieuse le cavalier qui s'arrête sous son balcon, par une belle nuit étoilée ou par une sombre nuit d'orage, que celui qu'on lui présente dans un boudoir ou dans un salon?

— Vous avez toujours été, à l'endroit des femmes, un très-grand observateur, don Ramiro. Continuez, je vous écoute; car je ne doute point que vous n'ayez réussi.

Don Ramiro secoua la tête.

— Je n'ai ni réussi ni échoué tout à fait, dit-il. Deux ou trois fois, caché par quelque angle de muraille, je parvins à me dérober assez adroitement à son regard pour que je pusse la voir; mais à peine me montrais-je moi-même, que, sans empressement, sans colère, la jalousie ouverte se refermait.

— Et à travers cette jalousie, vous ne pouviez voir si l'on continuait de vous regarder?

— Voilà, je vous l'avoue, l'espoir qui me soutint pendant longtemps; mais, un jour, après une absence d'une semaine que j'avais été obligé de faire, je revins et trouvai la maison parfaitement close : portes et fenêtres étaient fermées. Ni jeune fille, ni vieillard, ni duègne n'apparaissaient le jour à l'extérieur; pas une lumière n'animait l'intérieur, la nuit; on eût dit un tombeau. Je m'informai. Le conseil de régence ayant été dissous par l'arrivée du roi don Carlos en Espagne, et par son approche de Tolède, le père de mon infante était retourné à Malaga. Je le suivis à Malaga; je l'eusse suivi au bout du monde. Là recommencèrent les mêmes tentatives, mais, je l'espère, avec un meilleur succès. Elle se retira d'abord moins vivement, et je pus lui adresser quelques paroles ; puis je jetai d'avance des bouquets sur son balcon ; elle les poussa d'abord du pied, puis parut ne point faire attention à eux, puis enfin elle les ramassa. Une ou deux fois même, elle répondit à mes questions ; mais, comme confuse de sa complaisance, comme effrayée du son de sa voix, elle se retirait presque aussitôt, et sa parole était plutôt pareille à l'éclair qui rend la nuit plus sombre, qu'à l'aurore qui précède le jour.

— Et les choses allèrent ainsi…? demanda don Fernand.

— Jusqu'au moment où son père reçut du roi l'ordre de venir à Grenade.

— Oh! pauvre don Ramiro! dit en riant Fernand ; de sorte qu'un beau matin, vous trouvâtes la maison de Malaga fermée comme celle de Tolède.

— Non pas! Cette fois, elle me fit la grâce de m'avertir et de l'heure du départ et de la route qu'elle devait prendre ; si bien qu'au lieu de la suivre, je pris la résolution de la précéder. Cela, d'ailleurs, m'offrait un avantage : chaque halte qu'elle ferait me rappellerait à son souvenir ; chaque chambre où elle s'arrêterait lui parlerait de moi. Je me fis courrier, — mais courrier d'amour.

— Ah! dit Fernand, sans que Ramiro, tant il était à son récit, s'aperçût du changement qui s'était fait dans la voix de son ami pendant les dernières paroles qu'il avait prononcées.

— Oui, on ne trouve rien dans nos misérables auberges ; eh bien, j'ordonnais le repas. Je savais le parfum qu'elle préférait ; — je porte ce parfum à mon cou, dans une cassolette d'or ; — j'en brûlais dans les corridors qu'elle devait traverser, dans la chambre où elle devait faire halte. Je connaissais ses fleurs de prédilection, et, de Malaga à Grenade, elle ne marcha que sur des fleurs!

— Et comment un aussi galant cavalier que don Ramiro, demanda don Fernand d'une voix de plus en plus altérée, peut-il avoir besoin du secours d'un ami, ayant en lui-même tant de ressources?

— Ah! mon cher don Fernand, le hasard, je me trompe, la Providence a combiné l'un avec l'autre deux événements qui doivent, si quelque catastrophe inconnue n'éclate pas sur mon chemin, me conduire droit au bonheur.

— Et quels sont ces événements? demanda don Fernand en passant sa main sur son front pour en essuyer la sueur qui le couvrait.

— Le père de celle que j'aime est l'ami de votre père, et, vous, mon cher Fernand, comme un ange sauveur, vous êtes arrivé ce matin.

— Eh bien, après?

— Eh bien, comme votre père a offert l'hospitalité…

— Ainsi, demanda don Fernand les dents serrées par la jalousie, celle que vous aimez…?

— Eh! ne devinez-vous donc pas, cher ami?

Don Fernand repoussa celui qui prenait si mal son temps pour l'appeler de ce nom.

— Je ne devine rien, reprit-il d'un air sombre, et il faut tout me dire. Comment s'appelle votre bien-aimée, don Ramiro?

— Est-il besoin de vous dire le nom du soleil quand vous sentez sa chaleur, et quand vous êtes ébloui par ses rayons? Levez les yeux, don Fernand! et soutenez, si vous le pouvez, la vue de l'astre qui brûle mon cœur.

Don Fernand leva les yeux, et vit doña Flor penchée à son balcon, et le regardant avec un doux sourire ; mais, comme si la jeune fille n'eût attendu que le moment d'être vue, à peine eut-elle échangé avec don Fernand un rapide regard, qu'elle se rejeta en arrière, et que l'on entendit le bruit de la fenêtre qui se refermait.

Mais la fenêtre ne se referma point si vite, cependant, que, de cette fenêtre, il ne tombât une fleur.

Cette fleur, c'était une anémone.

XXV

L'ANÉMONE

Les deux jeunes gens s'élancèrent du même mouvement pour ramasser la fleur tombée, par hasard ou à dessein, de la main de la jeune fille.

Ce fut don Fernand qui, se trouvant le plus rapproché de la fenêtre, ramassa l'anémone.

Mais, alors, étendant la main vers son ami :

— Merci, cher Fernand, dit Ramiro, rendez-moi cette fleur.

— Et pourquoi vous la rendrais-je ? demanda Fernand.

— Mais parce qu'il me semble que c'est à mon intention qu'on l'a laissée tomber.

— Qui vous dit cela ?

— Personne ; mais qui me dit le contraire ?

— Quelqu'un qui, peut-être, ne craindrait pas de vous le dire en face.

— Qui ?

— Moi !

Don Ramiro regarda don Fernand avec stupéfaction, et s'aperçut, seulement alors, et de sa pâleur et du frémissement convulsif de ses lèvres.

— Vous, dit-il en reculant d'un pas ; pourquoi vous ?

— Parce que — celle que vous aimez — je l'aime !

— Vous aimez doña Flor ! s'écria don Ramiro.

— Je l'aime ! répéta don Fernand.

— Où l'avez-vous vue, et depuis quand l'avez-vous vue ? demanda Ramiro en pâlissant à son tour.

— Que vous importe ?

— Mais il y a deux ans que je l'aime, moi !

— Peut-être l'aimé-je seulement depuis deux jours ; mais, si, depuis deux jours, j'ai fait plus que vous depuis deux ans !

— Prouvez-moi cela, don Fernand, ou je dirai tout haut que vous avez orgueilleusement taché la réputation d'une jeune fille.

— Vous m'avez dit que vous aviez couru devant elle, n'est-ce pas, de Malaga à Grenade ?

— Je viens de vous le dire.

— Vous avez passé à la venta *del Rey moro* ?

— Je m'y suis arrêté même.

— Vous y avez commandé un repas pour don Inigo et sa fille ; vous y avez brûlé des parfums, et laissé un bouquet ?

— Oui.

— Dans le bouquet il y avait une anémone.

— Eh bien ?

— Cette anémone, elle me l'a donnée.

— Donnée de sa main ?

— Donnée ! — et la voici sur mon cœur, où elle s'est fanée comme celle-ci s'y fanera.

— Cette anémone, vous l'avez prise, arrachée au bouquet sans qu'elle le sût, ramassée sur le chemin où elle l'avait laissée tomber par mégarde ; avouez cela, et je vous le pardonne.

— D'abord, il n'y a que de Dieu et du roi que j'accepterais un pardon, répondit fièrement le jeune homme ; et quant à la fleur, elle me l'a donnée.

— Vous mentez, don Fernand ! dit Ramiro ; et, de même que vous avez volé la première de ces fleurs, vous avez volé la seconde !

Don Fernand poussa un cri de colère, et, tirant son épée de la main droite, tandis qu'il jetait aux pieds de don Ramiro la fleur fraîche et la fleur fanée :

— Eh bien, soit, dit-il ; données ou volées, les voilà toutes deux à terre. Celui qui dans cinq minutes vivra encore les ramassera.

— A la bonne heure ! dit don Ramiro en faisant un pas en arrière, et en tirant son épée à son tour. Voilà un marché comme je les aime !

Puis, s'adressant aux gentilshommes qui se promenaient sur la place, et qui, voyant des épées nues, se retournaient du côté où elles brillaient :

— Holà! cavaliers, dit-il, venez çà, afin que nous ne nous battions pas sans témoins, et que, si don Fernand me tue, on ne dise pas du moins qu'il m'a assassiné, comme on a dit qu'il avait assassiné don Alvar.

— Soit! qu'ils viennent, dit don Fernand; car, j'en jure Dieu, don Ramiro, ce qu'ils vont voir mérite d'être vu!

Et les deux jeunes gens, à cinq pas de distance l'un de l'autre, abaissant chacun de son côté la pointe de son épée vers la terre, attendirent que le cercle fût fait autour d'eux.

Puis, quand le cercle fut fait :

— Commencez, señores, dit une voix.

L'eau ne se précipite pas plus vite lorsqu'elle rompt sa digue, que les deux jeunes gens se précipitèrent l'un sur l'autre. En ce moment un cri retentit derrière la jalousie; mais ce cri, tout en faisant lever la tête aux deux combattants, non-seulement n'arrêta point le combat, mais sembla même n'avoir eu pour résultat que d'augmenter sa violence.

Don Fernand et don Ramiro étaient deux des plus braves et des plus adroits gentilshommes qui existassent. Ni l'un ni l'autre n'eussent, bien certainement, rencontré sur ces deux points de rival en Andalousie, et, pour trouver une résistance sérieuse, il fallait qu'ils combattissent l'un contre l'autre.

Aussi, comme le leur avait dit don Fernand, ce que regardaient les gentilshommes méritait d'être vu.

En effet, les épées s'étaient croisées avec une rapidité et un acharnement qui eût pu faire croire un instant que le fer, d'où sortaient des étincelles, était animé des mêmes passions que les hommes qui le tenaient. Tout ce que l'art, l'adresse, la force ont de ressources, fut déployé pendant les quelques minutes que dura cette première passe, sans que ni l'un ni l'autre des deux adversaires, immobiles comme les arbres à l'ombre desquels ils combattaient, eût fait un seul pas en arrière; c'en était presque au point que le danger semblait avoir disparu, et que les spectateurs regardaient le combat, si acharné qu'il fût, comme s'ils eussent, dans une salle d'armes, regardé un assaut de fleuret moucheté. Puis il est vrai aussi que ces combats étaient dans les mœurs du temps, et que peu de jours se passaient sans que fût donné un spectacle pareil à celui que donnaient don Fernand et don Ramiro. L'attente fut courte. Chacun ne demandait que le loisir de respirer, et, malgré les cris « Prenez votre temps! prenez votre temps! » que répétaient les spectateurs, les deux adversaires se rejetèrent l'un sur l'autre avec une nouvelle furie. Mais cette fois, à peine les épées étaient-elles croisées, que l'on entendit une voix haletante prononcer ces mots :

— Arrêtez, don Fernand! Arrêtez, don Ramiro!

Toutes les têtes se tournèrent du côté d'où venait la voix.

— Don Ruiz de Torrillas! s'écrièrent les spectateurs en s'écartant.

Et, en même temps, don Ruiz se trouva au milieu du cercle, juste du côté où était son fils.

Prévenu, sans doute, par doña Flor, il accourait pour séparer les combattants.

— Arrêtez! répéta-t-il d'une voix impérieuse.

— Mon père!... murmura don Fernand avec impatience.

— Señor!... dit don Ramiro avec respect.

— Je n'ai point d'ordre à donner à don Ramiro, dit le vieillard; mais vous, don Fernand, vous êtes mon fils, et je vous dis : « Arrêtez! »

— Arrêtez, señores! répétèrent tous les assistants.

— Comment, malheureux! s'écria don Ruiz en joignant les mains devant lui, ne peux-tu donc vaincre tes funestes passions? Gracié d'hier pour un duel, vas-tu commettre aujourd'hui le pareil crime?

— Mon père! mon père! murmura don Fernand, laissez-moi faire, je vous en prie!

— Ici, dans la rue, à la face du soleil! s'écria don Ruiz en se tordant les mains.

— Pourquoi pas? c'est ici, dans la rue,

à la face du soleil, que l'offense a été faite.
— Ils ont été témoins de l'insulte, qu'ils soient témoins de la vengeance !
— Remettez votre épée au fourreau, don Fernand !
— En garde! en garde, don Ramiro!
— Ainsi, tu me désobéis ?
— Pensez-vous donc que je me laisserai ôter par vous l'honneur que vous m'avez transmis, comme votre père l'avait reçu de ses aïeux ?
— Oh! s'écria don Ruiz, plût au ciel que tu eusses gardé une étincelle de celui que je t'avais transmis !

Puis, s'adressant à don Ramiro :
— Señor don Ramiro, dit le vieillard, puisque mon fils n'a aucun respect pour les cheveux blancs et les mains tremblantes qui l'implorent, quoique les cheveux blancs soient ceux d'un père, écoutez-moi, vous, et donnez cet exemple à ceux qui nous entourent, qu'un étranger me montre plus d'égards que mon fils.
— Oui ! oui ! dirent les spectateurs, écoutez-le, don Ramiro !

Don Ramiro fit un pas en arrière, abaissa son épée, et salua.
— Vous avez bien fait d'en appeler à moi, señor don Ruiz de Torrillas, dit don Ramiro : vous avez bien fait de compter sur moi, señores. La terre est grande, la montagne est solitaire, je rencontrerai mon adversaire dans un autre lieu.
— Ah! s'écria don Fernand, c'est, en vérité, déguiser adroitement sa peur !

Don Ramiro, qui avait déjà remis son épée au fourreau, qui avait déjà fait deux pas en arrière, se retrouva d'un seul bond en garde et l'épée à la main.
— Moi ! dit-il, j'ai peur ?

Les cavaliers murmurèrent en donnant visiblement tort à Fernand, et deux des plus âgés ou des plus sages firent un mouvement pour intervenir entre les adversaires.

Mais don Ruiz de Torrillas, d'un geste de la main, les pria de s'écarter.

Les deux gentilshommes obéirent silencieux.

On entendit de nouveau le cliquetis des deux épées.

Don Ruiz se rapprocha d'un pas de son fils.

Don Fernand, les dents serrées, pâle de colère, l'œil en feu, attaquait son adversaire avec une violence qui eût livré un homme moins sûr de sa main qu'il ne l'était.

— Insensé, dit le vieillard; comment ! lorsque tu vois qu'un étranger me respecte et m'obéit, toi, tu me désobéis et tu me braves ?

Levant alors le bâton qu'il tenait à la main :
— Vive Dieu ! s'écria-t-il avec un emportement qui faisait étinceler son regard de la flamme de la jeunesse, je ne sais à quoi tient que je ne t'enseigne publiquement ton devoir.

Sans abandonner le fer de son adversaire du sien, don Fernand se retourna à demi.

Il vit son père le bâton levé; de pâle qu'il était, il devint pourpre, tant son sang se concentra vers son cœur, et, de son cœur, s'élança violemment aux extrémités.

Il y avait presque de la haine dans la physionomie du vieillard; celle de Fernand se mit à l'unisson, et prit à son tour presque une expression de haine.

C'était à croire qu'un imprudent qui eût passé entre le double éclair de leur regard eût été foudroyé.

— Prenez garde, mon père ! dit le jeune homme d'une voix tremblante, et en secouant la tête.
— L'épée au fourreau ! répéta don Ruiz.
— Abaissez d'abord votre canne, mon père !
— Obéis d'abord, malheureux ! quand je t'ordonne d'obéir.
— Mon père ! murmura don Fernand en redevenant pâle comme la mort, ne tenez pas plus longtemps votre bâton levé sur moi, — ou, vive Dieu ! je me porterai à quelque extrémité.

Puis, se retournant vers don Ramiro :
— Ah! ne vous éloignez pas, don Ra-

miro, dit-il ; je puis faire face à la fois au bâton d'un vieillard et à l'épée d'un fat.

— Vous voyez, señores ! s'écria don Ramiro ; que dois-je faire?

— Faites selon votre courage et selon l'offense que vous croyez avoir reçue, señor don Ramiro, dirent les cavaliers en s'éloignant, et en renonçant à s'opposer plus longtemps aux suites du combat.

— Ingrat et mauvais ! s'écria don Ruiz tenant toujours le bâton levé sur la tête de son fils, ton adversaire ne peut donc t'apprendre comment un fils doit se conduire devant son père ?

— Non, reprit don Fernand, car mon adversaire a cédé par lâcheté, et je ne mets point la lâcheté au rang des vertus.

— Celui qui dit ou pense que je suis un lâche !...

— En a menti, don Ramiro, interrompit le vieillard ; c'est à moi à le dire, et non pas à vous.

— Oh ! mais en finissons-nous ? s'écria don Fernand avec un de ces rugissements de rage dont il répondait aux bêtes féroces quand il combattait contre elles.

— Une dernière fois, misérable ! m'obéiras-tu ? remettras-tu l'épée au fourreau ? insista don Ruiz plus menaçant que jamais.

Et l'on comprit que, si don Fernand n'obéissait pas à l'instant, à la minute, à la seconde, le bâton infamant allait tomber sur lui.

Mais rapide comme la pensée, don Fernand, d'un revers de sa main gauche, écarta don Ruiz, tandis que, de la main droite, d'une feinte habile, il perçait de part en part le bras de don Ramiro, arrivé trop tard à la parade.

Don Ramiro resta debout; mais le vieillard tomba, tant le coup avait été violent.

Il l'avait reçu en plein visage.

Les spectateurs jetèrent un cri d'épouvante ; le fils avait donné un soufflet à son père.

— Place ! place ! hurla don Fernand en se précipitant sur les deux fleurs qu'il ramassa et cacha dans sa poitrine.

— Oh ! que le ciel t'écrase, infâme ! s'écria don Ruiz en se relevant; oui, le ciel, à défaut des hommes, car la cause d'un père outragé est la cause du ciel !

— Qu'il meure ! qu'il meure ! s'écrièrent les cavaliers d'une seule voix, le fils sacrilége qui a frappé son père !

Et tous, tirant leur épée, enveloppèrent don Fernand.

On entendit un instant le cliquetis de dix lames contre une seule ; puis, comme on voit passer à travers la meute impuissante le sanglier écumant, on vit, l'œil enflammé et l'écume à la bouche, apparaître le Salteador.

Il passa près de don Ruiz renversé, jeta sur le vieillard un regard où il y avait plus de haine que de repentir, et disparut par une des ruelles qui conduisent au Zacatin.

XXVI

LA MALÉDICTION

Les spectateurs de cette scène, — où tout spectateur avait fini par devenir acteur, — les spectateurs de cette scène, disons-nous, étaient restés anéantis.

Seul, don Ramiro, enveloppant de son manteau son bras droit ensanglanté, s'avança vers le vieillard, et, lui présentant la main gauche :

— Señor, lui dit-il, me ferez-vous l'honneur d'accepter cette main pour vous relever ?

Don Ruiz prit la main de don Ramiro, et, se relevant avec peine :

— Oh ! fils ingrat ! fils dénaturé ! s'écria-t-il, étendant la main du côté où avait disparu don Fernand, que la vengeance de Dieu te poursuive partout où tu fuiras ! Contre ces épées étrangères qui se sont levées pour me défendre, que ta main, qui a profané mes cheveux blancs, et ensanglanté mon visage, soit impuissante à te défendre et à te venger ! et que Dieu, voyant ton sacrilége, te retire et l'air que

Venez! venez! lâches! — Page 114.

tu respires, et la terre qui te porte, et la lumière qui t'éclaire!

— Seigneur, dit respectueusement un des cavaliers en s'approchant de don Ruiz, voici votre chapeau.

— Seigneur, dit un second s'approchant à son tour avec le même respect, vous plaît-il que je vous agrafe votre manteau?

— Seigneur, dit un troisième, voici votre bâton.

A ce mot seul, don Ruiz sembla sortir de sa torpeur :

— Un bâton! répéta-t-il; à quoi me servirait un bâton? C'est une épée qu'il me faudrait. — Oh! Cid! oh! Cid Campeador! vois combien nous sommes changés, depuis que tu as rendu ta grande âme à Dieu! De ton temps, c'étaient les fils qui vengeaient les injures qu'un étranger faisait à leurs pères; aujourd'hui, ce sont les étrangers qui vengent les injures que les pères reçoivent de leurs fils.

Puis, se retournant vers le cavalier qui lui présentait sa canne :

— Oui! oui! donnez, dit-il; un outrage fait avec la main doit se venger avec le bâton. Ce sera donc avec ce bâton que je me vengerai de toi, don Fernand... Mais je m'abuse moi-même ; comment ce bâton pourrait-il me venger, puisque, dès que je l'ai à la main, c'est, non pas à attaquer qu'il me sert, mais à m'appuyer sur lui ? Comment donc pourrais-je me venger, si l'instrument même de ma vengeance, impuissant à atteindre ce que je poursuis, ne me sert qu'à frapper la terre ! Comme pour lui dire : « Terre ! terre ! ouvre au vieillard, mon maître, la porte de son tombeau ! »

— Señor ! señor, calmez-vous ! dit un des spectateurs ; voici doña Mercédès, votre femme, qui accourt, suivie d'une jeune fille belle comme les anges.

Don Ruiz se retourna et jeta un tel regard sur doña Mercédès, que celle-ci s'arrêta et s'appuya en chancelant au bras de doña Flor, belle comme les anges, ainsi qu'avait dit le cavalier, mais pâle comme une statue.

— Qu'y a-t-il donc, monseigneur ? demanda-t-elle à don Ruiz ; que s'est-il donc passé ?

— Il y a, madame, s'écria don Ruiz, qui semblait puiser dans la présence de sa femme une nouvelle colère, il y a que votre fils m'a frappé au visage ; il s'est passé que le sang a jailli sous la main de celui qui m'appelle son père, et que, tombé sous le coup que j'avais reçu, c'est, non pas lui, mais don Ramiro, qui m'a tendu la main pour me relever !... Remerciez don Ramiro, madame, qui a tendu la main à votre époux renversé par la main de votre fils.

— Oh ! calmez-vous... calmez-vous, seigneur ! implora doña Mercédès, et voyez tout ce peuple qui nous entoure.

— Qu'il vienne ! qu'il s'approche ! car il s'approche, car il vient pour me défendre ! Venez tous ! s'écria don Ruiz, et que chacun sache de ma voix même, apprenne de ma propre bouche que je suis un homme infâme, une face souffletée ! — Oui, hommes ! regardez-moi, et tremblez d'avoir des fils ! — Oui, femmes ! regardez-moi, et tremblez de mettre au jour des enfants qui, pour les récompenser de vingt-cinq ans de sacrifices, de soins, de douleurs, soufflettent vos maris ! J'ai demandé justice au Maître suprême, et je vous demande justice, à vous ; et, si vous ne me dites pas à l'instant même que vous vous chargez de la justice paternelle... eh bien, cette justice, je la demande au roi !

Et, comme la foule épouvantée restait muette devant ce grand désespoir :

— Ah ! vous aussi ! vous aussi ! s'écria don Ruiz ; vous aussi, vous me refusez justice !... Eh bien, donc, au roi don Carlos. — Roi don Carlos ! roi don Carlos !... justice ! justice !...

— Qui appelle le roi don Carlos ? dit une voix ; qui lui demande justice ? Le voici.

La foule s'écarta à l'instant même, et, par le chemin qu'elle venait d'ouvrir, on vit s'avancer, vêtu d'un simple costume de cavalier, un jeune homme dont l'œil clignotant, le visage blanc et pâle, étaient cachés sous un feutre à larges bords, tandis qu'un manteau de couleur sombre enveloppait et cachait sa taille.

Derrière lui, vêtu d'un costume aussi simple que le sien, marchait le grand justicier.

— Le roi ! s'écria la foule.

— Le roi ! balbutia Mercédès en pâlissant.

— Le roi ! répéta don Ruiz avec un accent de triomphe.

Un grand cercle se forma à l'instant même, au centre duquel restèrent seuls le roi et don Inigo, don Ruiz et dona Mercédès, appuyée sur dona Flor.

— Qui demandait justice ? interrogea le roi.

— Moi, sire, répondit don Ruiz.

Le roi le regarda.

— Ah ! ah ! toi encore ? Hier, tu demandais grâce ; aujourd'hui, tu demandes justice ! Tu demandes donc toujours ?

— Oui, sire... ; et, cette fois, je ne quitterai Votre Majesté que lorsqu'elle m'aura accordé ce que je lui demande.

— Si ce que tu demandes est juste, répondit le roi, tu n'auras pas de peine à l'obtenir.

— Votre Majesté va en juger, dit don Ruiz.

Don Inigo fit un signe pour que la foule s'écartât, afin que les paroles du plaignant tombassent dans la seule oreille du roi.

— Non, non, dit don Ruiz, il faut que tout le monde entende ce que je vais dire, afin que, quand j'aurai fini, chacun atteste que c'est la vérité.

— Restez, écoutez tous, dit le roi.

— Sire, demanda don Ruiz, est-il vrai que vous ayez défendu le duel dans vos États?

— C'est vrai, et, ce matin encore, j'ai ordonné à don Inigo de poursuivre les duellistes sans relâche ni pitié.

— Eh bien, sire, là, sur cette place, tout à l'heure, sous les fenêtres de ma maison, entourés d'un cercle de cavaliers, deux jeunes gens se battaient.

— Oh! dit le roi, jusqu'à présent, il me semblait que, pour désobéir aux édits d'un roi, on cherchait quelque endroit écarté où la solitude laissât au moins au crime de la chance de rester ignoré.

— Eh bien, ces jeunes gens, sire, avaient, pour vider leur querelle, choisi l'éclat de la lumière du soleil et la place la plus fréquentée de Grenade.

— Vous entendez, don Inigo? fit le roi, se retournant à demi.

— Mon Dieu! mon Dieu! murmura Mercédès.

— Madame, demanda doña Flor, va-t-il donc dénoncer son fils?

— Le sujet de leur querelle, peu m'importe! continua don Ruiz en lançant au grand justicier un regard qui indiquait que c'était pour l'honneur de sa famille qu'il gardait le secret, je ne le sais pas et ne veux pas le savoir; ce que je sais, c'est que, devant ma porte, deux cavaliers, l'épée à la main, se chargeaient rudement.

Don Carlos fronça le sourcil.

— Et vous n'êtes pas sorti? dit-il; vous n'avez pas jeté entre les épées de ces jeunes insensés le poids de votre nom et l'autorité de votre âge? En ce cas, vous êtes aussi coupable qu'eux; car quiconque aide à un duel, ou ne s'y oppose pas, est complice d'un duel.

— Je suis sorti, sire, et me suis avancé, disant aux deux jeunes gens de remettre leur épée au fourreau; l'un d'eux a obéi.

— C'est bien, dit le roi; il sera fait une plus douce peine à celui-là; mais l'autre?

— L'autre a refusé de m'obéir, sire; l'autre a continué de provoquer son adversaire; l'autre, par ses injures, a forcé son adversaire, qui avait déjà remis l'épée au fourreau, de la remettre à la main, et le combat a continué.

— Vous entendez, don Inigo? malgré les observations de don Ruiz, le combat a continué.

Puis, se tournant vers le vieillard :

— Qu'avez-vous fait alors, don Ruiz? demanda le roi.

— Sire, après avoir prié, j'ai menacé; après avoir menacé, j'ai levé le bâton.

— Et alors?

— Celui qui s'était déjà retiré une première fois s'est retiré une seconde fois.

— Et l'autre?

— L'autre, sire... l'autre m'a donné un soufflet en plein visage!

— Un jeune homme a donné un soufflet à un vieillard, à un rico hombre, à don Ruiz?

Et les yeux de don Carlos interrogèrent la foule, comme s'il se fût attendu à ce qu'un des spectateurs donnerait un démenti à don Ruiz.

Mais toutes les bouches restèrent fermées, et l'on n'entendit, au milieu du silence, que les soupirs étouffés de doña Flor et les sanglots contenus de Mercédès.

— Continuez, dit le roi à don Ruiz.

— Sire, quelle peine mérite un jeune homme qui a donné un soufflet à un vieillard?

— Si c'est un roturier, le fouet en place publique et un numéro sur mes galères, entre un Turc d'Alger et un More de Tunis; s'il est noble, il mérite la prison perpétuelle et la dégradation publique.

— Et, demanda d'un air sombre don Ruiz au roi; et si celui qui l'a donné était le fils, et si celui qui l'a reçu était le père?

— Comment dis-tu, vieillard ? Je ne comprends pas bien l'espagnol ; et je dois avoir mal entendu.

Don Ruiz répéta lentement, et d'une voix dont chaque parole eut son écho douloureux dans le cœur des deux femmes :

— Et si celui qui a donné le soufflet était le fils, et si celui qui l'a reçu était le père ?

Un murmure passa dans la foule.

Le roi recula d'un pas, et, regardant le vieillard d'un air de doute :

— Impossible ! dit-il.

— Sire, dit don Ruiz en mettant un genou en terre, je vous ai demandé la grâce de mon fils, meurtrier et voleur ! sire, je vous demande justice contre l'enfant qui a levé la main sur son père !

— Oh ! don Ruiz ! don Ruiz ! s'écria don Carlos sortant pour un moment de cette calme et froide sérénité dans laquelle il s'enfermait, savez-vous que c'est la mort de votre fils que vous demandez là ?

— Je ne sais, sire, de quelle peine on punit en Espagne un pareil crime ; car, n'ayant pas d'antécédent, ce crime n'aura probablement pas d'imitateurs ; mais voici ce que je dis, ô mon roi : Manquant à ce commandement sacré qui est le premier après ceux de l'Église, mon fils, don Fernand, a osé porter la main sur mon visage ! et, comme je ne puis moi-même me venger du crime, je viens vous porter plainte contre le criminel ; et, si vous me refusez justice, eh bien, sire, — écoutez cette menace que fait à son roi un père outragé, — si vous me refusez justice, j'en appellerai de don Carlos à Dieu !

Et, se relevant :

— Sire, dit-il, vous m'avez entendu, c'est vous, et non plus moi, que l'affaire regarde.

Et il se retira, suivant le chemin que lui ouvrait la foule muette, chacun se découvrant et s'inclinant devant ce père outragé.

Mercédès, voyant que don Ruiz passait devant elle sans la regarder, ni lui adresser la parole, s'évanouit entre les bras de doña Flor.

Don Carlos jeta sur le groupe des affligés un de ces regards obliques qui lui étaient particuliers ; puis, se retournant vers don Inigo, plus pâle et plus tremblant que s'il eût été celui qu'on accusait :

— Don Inigo, dit-il.

— Sire ? répondit le grand justicier.

— Cette femme n'est-elle pas la mère ?

Et, par-dessus son épaule, il indiquait Mercédès.

— Oui, sire, balbutia don Inigo.

— Bien.

Puis, après une pause :

— Puisque vous êtes mon grand justicier, continua don Carlos, ceci vous regarde. Disposez de tous les moyens qui sont à votre disposition, et ne vous présentez devant moi que lorsque le coupable sera arrêté.

— Sire, répondit don Inigo, soyez persuadé que je ferai toutes les diligences possibles.

— Faites-les, et sans retard, car cette affaire m'importe plus que vous ne pensez.

— Pourquoi cela, sire ? demanda le grand justicier d'une voix tremblante.

— Parce que, réfléchissant sur ce qui vient d'arriver, je ne sache point qu'il y ait eu dans l'histoire un autre roi devant qui on ait porté semblable plainte.

Et il s'éloigna grave et pensif en murmurant :

— Que veut-dire ceci, Seigneur ? Un fils a donné un soufflet à son père !

Le roi demandait à Dieu l'explication d'un mystère dont les hommes ne pouvaient lui donner le mot.

Quant à don Inigo, il était resté à sa place, debout, immobile et comme pétrifié.

XXVII

RIVIÈRE ET TORRENT

Il y a des existences prédestinées : les unes coulent avec la lenteur et la majesté de ces vastes fleuves qui, pareils au Mississipi et à l'Amazone, parcourent mille lieues de plaines entre leur source et la mer, portent des bâtiments vastes comme des villes, chargés d'une quantité de passagers pouvant suffire à fonder une colonie.

Les autres, qui ont leur source sur les plus hauts sommets, se précipitent en cascades, rejaillissent en cataractes, bondissent en torrents, et, après un parcours de dix à quinze lieues seulement, vont se jeter dans quelque rivière, quelque fleuve, quelque lac qui les absorbe, et où tout ce qu'elles peuvent faire, c'est encore, pendant un certain temps, d'agiter et de troubler les eaux auxquelles elles viennent se mêler.

Pour que le voyageur suive les unes dans tous leurs détails, décrive leurs rivages, reconnaisse leurs alentours, il faut des semaines, des mois, des années ; pour que le piéton suive les accidents des autres, il lui faut quelques jours à peine ; la source devenue cascade, la cascade devenue cataracte, la cataracte devenue torrent, naît et meurt sur un espace de dix lieues, et dans la durée d'une semaine.

Seulement, pendant cette semaine, le piéton qui a suivi les rives du torrent a absorbé plus d'émotions peut-être que le voyageur qui, pendant une année, a suivi les bords de la rivière.

L'histoire que nous mettons sous les yeux de nos lecteurs appartient à la catégorie des cascades, des cataractes et des torrents ; dès la première page, les événements s'y précipitent, rejaillissent en écume, et roulent en grondant jusqu'à la dernière.

Pour ceux-là, qui sont emportés par la main de Dieu, toutes les règles du mouvement sont interverties, et, quand ils sont arrivés au but, il leur semble avoir fait la route parcourue, non pas à pied, non pas à cheval, non pas en voiture, mais dans quelque machine fantastique, roulant à travers les plaines, les villages, les cités, comme une locomotive jetant du bruit et du feu, ou dans quelque ballon voguant si rapidement dans l'air, que plaines, villages, cités disparaissent comme des points perdus dans l'immensité ; si bien que le vertige prend aux plus fermes, et que toute poitrine est oppressée.

C'est là que nous en sommes, c'est-à-dire aux deux tiers du voyage terrible ; et, — à part ce froid pilote qu'on appelle don Carlos, et qui, sous le nom de Charles-Quint, est destiné à se pencher sur les cataclysmes publics, comme il se penche aujourd'hui sur les catastrophes privées — chacun avait quitté ou allait quitter la place où s'étaient passés les derniers événements que nous venons de raconter, le trouble dans le cœur, le vertige dans les yeux.

Nous avons vu don Fernand s'éloigner le premier ; puis, maudissant son fils, menaçant son roi, adjurant son Dieu, don Ruiz disparaître le second ; puis, enfin, le roi, toujours calme, mais plus sombre que d'habitude, à cette idée terrible que, sous son règne, un fils avait commis un crime inconnu jusque-là, de donner un soufflet à son père, remonter d'un pas calme et lent la rampe de l'Alhambra, vers lequel il revenait après avoir visité les prisons avec le grand justicier.

Les seuls acteurs intéressés à la scène qui venait de s'accomplir, et qui restassent encore debout et comme pétrifiés au milieu de la foule, dont les regards se fixaient sur eux avec étonnement et douleur, étaient Mercédès, presque évanouie sur l'épaule de doña Flor, et don Inigo, immobile et comme foudroyé par cette parole du roi : « Ne vous présentez devant moi que lorsque le coupable sera arrêté. »

Il lui fallait donc arrêter cet homme pour lequel il avait une si grande sympathie ; cet homme dont il avait une première fois, sans l'obtenir, sollicité la grâce avec tant d'instances, lorsqu'il n'était coupable que de ces crimes qui offensent les hommes, et dont la punition était bien autrement certaine quand il venait de commettre un de ces sacriléges qui offensent Dieu ; ou bien, sujet rebelle lui-même, complice d'un des plus grands crimes qui aient jamais effarouché la pudeur humaine, ne plus reparaître devant son roi.

Et, peut-être dans son cœur, pencha-t-il pour ce dernier moyen; car, remettant à plus tard de donner des ordres nécessaires pour l'arrestation de don Fernand, il commença par courir vers la maison pour qu'on portât à doña Mercédès les secours que réclamait son état.

Il s'agissait de la reconduire chez elle; mais, chose étrange! lorsque don Inigo, fort et vigoureux comme un jeune homme, s'était approché de la mère de don Fernand avec l'intention de la transporter entre ses bras jusqu'à sa maison, doña Mercédès, au bruit de ses pas, avait tressailli et ouvert les yeux avec un sentiment qui ressemblait presque à de l'épouvante.

— Non, non, avait-elle dit, non, pas vous! pas vous!

Et don Inigo s'était courbé sous cette répulsion étrange, était allé chercher la nourrice de don Fernand, et un vieux serviteur qui avait été écuyer de don Ruiz pendant la guerre des Mores, tandis que doña Flor, au comble de la surprise, murmurait tout bas:

— Pourquoi pas mon père, madame?

Mais Mercédès, refermant les yeux, et r prenant sa force, quoique son évanouissement parût durer toujours, commença, guidée par doña Flor, à faire quelques pas vers la maison; de sorte qu'elle en touchait presque le seuil, lorsque les deux serviteurs en sortirent venant à son secours.

Doña Flor voulait entrer avec Mercédès; mais, à la porte, son père l'arrêta:

— Nous entrons pour la dernière fois dans cette maison, dit don Inigo à sa fille; faites vos adieux à doña Mercédès, et venez me rejoindre ici.

— Mes adieux! pour la dernière fois dans cette maison! Et pourquoi donc cela, mon père?

— Puis-je habiter chez la mère dont je vais livrer le fils à la mort?

— A la mort! don Fernand, s'écria la jeune fille en pâlissant; vous croyez que le roi condamnera don Fernand à la mort?

— S'il y avait une punition pire que la mort, c'est à celle-là que don Fernand serait condamné.

— Mon père, ne pourriez-vous pas aller trouver don Ruiz, votre ami, et le fléchir?

— Je ne puis.

— Doña Mercédès ne peut-elle aller trouver son époux, et obtenir de lui qu'il retire sa plainte?

Don Inigo secoua la tête.

— Elle ne le peut.

— Oh! mon Dieu! s'écria la jeune fille en s'élançant dans la maison, oh! je vais m'adresser à un cœur de mère, et, ce cœur-là, je l'espère, trouvera un moyen de sauver son fils.

Et elle s'élança dans la maison.

Doña Mercédès était assise dans cette même salle basse où, une heure auparavant, elle était debout, en face de son fils, comprimant avec la main son cœur qui battait de joie; sa main le comprimait, cette fois, pour qu'il ne se brisât point de douleur.

— Ma mère, ma mère, dit doña Flor, n'y a-t-il donc aucun moyen de sauver don Fernand?

— Ton père t'a-t-il donné quelque espoir, mon enfant? demanda-t-elle.

— Non.

— Alors, pauvre fille, crois ton père.

Et elle éclata en sanglots.

— Mais enfin, madame, insista doña Flor, il me semble que, si, après vingt ans de mariage, vous demandiez cette grâce à don Ruiz?...

— Il me la refuserait.

— Cependant, madame, un père est toujours père.

— Oui, un père! répondit Mercédès.

Et elle laissa tomber sa tête entre ses mains.

— N'importe, madame, essayez, je vous en supplie!

Mercédès resta un instant pensive.

— En effet, dit-elle, ce n'est pas mon droit, mais c'est mon devoir.

Puis, s'adressant à l'écuyer:

— Vicente, dit-elle, où est votre maître?

— Il est rentré dans sa chambre, madame, et s'y est enfermé.

— Vous voyez, dit Mercédès acceptant l'excuse qui s'offrait à elle.

— Priez-le d'ouvrir avec votre douce voix, madame, et il ouvrira.

Mercédès essaya de se relever, et retomba sur son fauteuil.

— Je n'en ai pas la force, dit-elle, vous voyez.

— Je vous y aiderai, madame, dit la jeune fille en entourant Mercédès de ses bras, et en la soulevant avec une force qu'on ne se fût point attendu à trouver dans ce faible corps.

Mercédès poussa un soupir et se laissa guider.

Cinq minutes après, la mère et l'amante éplorées frappaient à la porte de don Ruiz.

— Qui est là? demanda don Ruiz d'une voix sombre.

— Moi, répondit doña Mercédès d'une voix à peine intelligible.

— Qui, vous?

— Sa mère.

On entendit dans la chambre quelque chose comme un gémissement; puis des pas s'approchèrent, lents et lourds; puis la porte s'ouvrit.

Don Ruiz parut alors, l'œil hagard, les cheveux et la barbe hérissés.

Il semblait avoir vieilli de dix ans depuis une demi-heure.

— Vous? dit-il.

Alors, apercevant doña Flor:

— Mais vous n'êtes pas seule, continua-t-il; cela m'étonnait aussi que vous osassiez venir seule.

— Pour sauver mon enfant, j'oserai tout! dit Mercédès.

— Entrez donc, alors, mais seule.

— Don Ruiz, murmura doña Flor, ne permettez-vous pas à la fille de votre ami de joindre sa prière à celle d'une mère?

— Si doña Mercédès consent à me dire devant vous ce qu'elle a à me dire, entrez.

— Oh! non, non, s'écria Mercédès; seule, ou je n'entre pas!

— Seule, alors, madame, dit doña Flor en s'inclinant sous la volonté de cette malheureuse mère, et en reculant devant le geste de don Ruiz, qui la repoussait.

Et la porte se referma sur Mercédès.

Doña Flor resta debout à la place où elle était, stupéfaite en voyant se dévoiler ce drame intérieur, dont l'action passait devant elle sans qu'elle la comprît.

Elle avait l'air d'écouter, mais elle n'écoutait pas.

Le battement de son propre cœur couvrait le silence de sa bouche.

Et, cependant, il lui sembla qu'à la voix plaintive et pleine d'hésitation de Mercédès, succédait la voix sombre et pleine de menaces de don Ruiz.

Puis elle entendit comme le bruit d'une chute qui fit gémir le plancher.

L'idée lui vint que le bruit de cette chute était causé par le corps de doña Mercédès, qui tombait de toute sa hauteur.

Elle s'élança sur la porte, et l'ouvrit; en effet, Mercédès était, dans toute sa longueur, étendue sur le parquet.

Elle courut à elle, et essaya de la soulever; mais don Ruiz lui fit un signe.

Si Mercédès était tombée, il était évident que c'était sous le poids d'une émotion qu'elle n'avait pu supporter.

Don Ruiz était à dix pas d'elle, et, si la chute de Mercédès eût été causée par un mauvais traitement de son mari, celui-ci n'eût pas eu le temps de s'éloigner de cette distance.

D'ailleurs, avec un sentiment qui n'était pas tout à fait exempt d'affection, il la prit dans ses bras, et, la portant dans l'antichambre, où il la coucha sur une espèce de divan:

— Pauvre femme! pauvre mère! murmura-t-il.

Puis il rentra dans sa chambre, et s'enferma de nouveau sans dire un seul mot à la jeune fille, et aussi indifférent que s'il ne l'eût pas vue.

Au bout de cinq minutes, Mercédès ouvrit les yeux, rassembla ses pensées, essaya de les fixer à l'aide des objets extérieurs, reconnut où elle était, se souvint de la cause qui l'y avait amenée, et, se levant en secouant la tête:

— Oh ! je le savais bien ! je le savais bien ! murmura-t-elle.

Et, reconduite par la jeune fille, elle rentra dans sa chambre, et tomba sur un fauteuil.

Dans ce moment, on entendit, de la porte qu'il n'osait dépasser, don Inigo qui disait :

— Ma fille, ma fille, nous ne pouvons rester plus longtemps ici.

— Oui, oui, dit vivement Mercédès, partez !

La jeune fille se laissa aller sur ses deux genoux.

— Madame, dit-elle, bénissez-moi, afin que ce que je vais tenter ait plus de succès que ce que vous venez de tenter vous-même.

Mercédès étendit les deux mains vers la jeune fille, toucha son front, et, d'une voix mourante :

— Dieu te bénisse, dit-elle, comme je te bénis !

Après quoi, la jeune fille se releva, s'en alla toute chancelante s'appuyer au bras de son père, et sortit avec lui de la maison.

Mais à peine eut-elle fait quelques pas dans la rue, qu'elle s'arrêta.

— Où allez-vous, mon père ? demanda-t-elle.

— Occuper le logement que le roi avait fait préparer pour nous à l'Alhambra, et auquel j'ai préféré celui que m'offrait don Ruiz.

— Bien, mon père ; je ne changerai rien à la route que vous voulez prendre ; mais laissez-moi entrer, en passant, au couvent de l'Annonciade.

— Oui, dit don Inigo, en effet, c'est un dernier espoir.

Et, cinq minutes après, la tourière donnait entrée à doña Flor, tandis que son père, debout et appuyé contre le mur, attendait sa sortie.

XXVIII

LE SANGLIER TIENT AUX CHIENS

Don Inigo était là depuis quelques instants à peine, quand il lui sembla que la population se portait, rapide et curieuse, du côté de la porte de Grenade.

Il la suivit des yeux, d'abord avec ce regard vague de l'homme préoccupé de plus graves intérêts que ceux qui remuent la foule ; puis enfin, forcé, par le bruit et le mouvement qui se faisait autour de lui, de prêter une attention plus sérieuse à toute cette agitation, il s'informa des causes qui la produisaient.

Alors, il apprit qu'un gentilhomme contre lequel un ordre d'arrestation avait été lancé, refusait de se rendre, et, réfugié dans la tour de la Vela, se défendait avec acharnement contre ceux qui l'y attaquaient.

La première idée qui devait se présenter à l'esprit de don Inigo, et celle qui s'y présenta effectivement, fut que ce gentilhomme était don Fernand. Sans perdre un seul instant, don Inigo s'élança dans la direction suivie par la foule. Au fur et à mesure qu'il montait la rampe conduisant à l'Alhambra, la foule devenait plus épaisse et la rumeur plus grande ; enfin, à grand'peine, don Inigo déboucha sur la place de las Algives.

C'est là que se passait la principale action ; comme une mer furieuse et grondante, la foule assiégeait la tour de la Vela.

De temps en temps, cette foule s'écartait et laissait passer un blessé qui se retirait la main appuyée sur sa blessure, ou un mort que l'on emportait.

Le grand justicier s'informa et apprit ce que nous allons raconter.

Un jeune gentilhomme, poursuivi par les clameurs de cinq ou six cavaliers, s'était lassé de fuir, et, se réfugiant dans

Le roi! balbutia-t-elle. — Page 11v.

la tour, avait attendu là ceux qui le poursuivaient.

Le combat s'était alors engagé avec un acharnement mortel. Peut-être, s'il n'eût eu affaire qu'aux cinq ou six cavaliers qui le poursuivaient, le fugitif eût-il eu raison d'eux; mais, aux cris des assaillants, au cliquetis du fer, aux provocations repoussées par des menaces, les soldats de garde au palais étaient accourus, et, ayant appris que le gentilhomme était sous le coup d'un ordre d'arrestation donné par le roi lui-même, ils s'étaient joints aux assaillants.

Alors avait commencé une lutte désespérée.

Don Fernand — car c'était lui — s'était réfugié dans l'escalier étroit et tournant qui, à travers deux étages, conduisait au haut de la plate-forme; là, la défense lui avait été facile; il avait combattu marche à marche, et, sur chaque marche, un homme était tombé.

Il y avait une heure que le combat durait, lorsque don Inigo arriva. Il s'approcha tout frissonnant, conservant cependant encore quelque espoir que le fugitif n'était pas don Fernand; mais cet espoir fut de courte durée.

A peine eut-il mis le pied dans la tour, qu'il entendit la voix du jeune homme dominant le bruit.

Don Fernand criait

— Venez! venez, lâches! je suis seul contre vous tous! y laisserai ma vie, je le sais bien; mais, pour le prix que je veux la vendre, vous n'êtes pas encore assez nombreux!

C'était bien lui!

En laissant les choses suivre leur cours, comme venait de le dire don Fernand lui-même, il était impossible qu'il échappât à la mort.

Seulement, la mort était prompte et inévitable.

Au contraire, si don Inigo parvenait à l'arrêter, restaient ces chances suprêmes de salut que gardent toujours au condamné l'amour d'une mère et la clémence d'un roi.

Aussi, don Inigo résolut-il de faire cesser le combat.

— Arrêtez! cria-t-il aux assaillants; je suis don Inigo, grand justicier d'Andalousie, et je viens de la part du roi don Carlos.

Mais il n'était point facile de calmer ainsi la colère d'une vingtaine d'hommes tenus en échec par un seul.

— A mort! à mort! répondirent cinq ou six voix, tandis qu'un cri de douleur, et le bruit d'un corps roulant par les degrés indiquaient que l'épée de don Fernand venait de faire une nouvelle victime.

— Ne m'entendez-vous point? s'écria don Inigo d'une voix forte; je vous dis que je suis le grand justicier, et que je viens de la part du roi.

— Non! dit un des assaillants, que le roi nous laisse faire justice nous-mêmes, et la justice sera bien faite.

— Mes maîtres, mes maîtres, prenez garde! fit don Inigo, qui ne demandait pas mieux que de faire dévier sa colère du fugitif à ceux qui le poursuivaient.

— Mais enfin, demandèrent plusieurs voix, que voulez-vous?

— Que vous me laissiez passer.

— Pour quoi faire?

— Pour aller demander son épée au rebelle.

— Au fait, dirent quelques-uns, ce sera un spectacle curieux; laissons-le passer.

— Eh bien, cria don Fernand, vous hésitez? vous reculez? Ah! misérables! ah! lâches!

Et un nouveau cri de douleur indiqua que l'épée du jeune homme venait de mordre dans de la chair vive.

Il en résulta un nouveau tumulte, et l'on entendit de nouveau le froissement du fer contre le fer.

— Ne le tuez pas! ne le tuez pas! criait don Inigo au désespoir. Il importe que je le prenne vivant.

— Vivant! cria don Fernand; l'un de vous ne vient-il pas de dire qu'il me prendrait vivant?

— Oui, moi! cria le grand justicier du bas de l'escalier.

— Vous!... Qui, vous? demanda don Fernand.

— Moi, don Inigo.

Don Fernand sentit un frisson lui passer par tout le corps.

— Oh! murmura-t-il, j'avais reconnu ta voix avant que tu eusses dit ton nom.

Puis, tout haut:

— Eh bien, que me voulez-vous? Montez, mais seul.

— Cavaliers, dit don Inigo, laissez-moi passer.

Il y avait dans la voix du grand justicier un tel accent de commandement, que chacun se rangea, se pressant contre la muraille dans l'escalier étroit.

Don Inigo commença de monter marche à marche; mais, sur chaque marche, gisait un blessé ou un mort.

Ce fut en enjambant par-dessus dix cadavres qu'il parvint jusqu'au palier du premier étage, où l'attendait don Fernand.

Le jeune homme avait le bras gauche enveloppé de son manteau, dont il s'était fait un bouclier; ses habits étaient déchirés, et son sang coulait de deux ou trois blessures.

— Eh bien, demanda-t-il à don Inigo, que me voulez-vous, vous qui m'avez inspiré plus de crainte avec une seule de vos paroles que ceux-là avec leurs armes?

— Ce que je veux, dit le grand justicier, c'est que vous me rendiez votre épée.

— Mon épée? répondit don Fernand en éclatant de rire.

— Ce que je veux! continua don Inigo, c'est que vous renonciez à vous défendre, et vous reconnaissiez mon prisonnier.

— Et à qui avez-vous promis d'accomplir ce miracle?

— Au roi.

— Eh bien, retournez vers le roi, et dites-lui que vous avez été chargé d'une mission impossible.

— Mais qu'espères-tu donc? que veux-tu donc, pauvre insensé?

— Mourir en tuant!

— Alors, tue! dit le grand justicier en s'avançant vers le jeune homme.

Don Fernand fit un geste de menace; puis, abaissant son épée:

— Tenez, dit-il, ne vous mêlez point de cette affaire ; laissez-la se terminer entre moi et les gens qui l'ont entreprise; vous n'y gagnerez rien de bon, je vous le jure! et cependant, sur ma foi de gentilhomme, je serais désespéré qu'il vous arrivât malheur.

Don Inigo fit un pas en avant.

— Votre épée! dit-il.

— Je vous ai dit qu'il était inutile de la demander, et vous avez pu voir qu'il est dangereux de vouloir la prendre.

— Votre épée! répéta don Inigo en faisant encore un pas vers don Fernand.

— Au moins, tirez la vôtre! s'écria le jeune homme.

— Dieu me garde de vous menacer en aucune façon, don Fernand; non, je veux tout devoir à la persuasion. Votre épée, je vous en prie.

— Jamais!

— Je vous en supplie, don Fernand.

— Étrange puissance exercée par vous sur moi! s'écria le jeune homme. Mais non, non, je ne vous rendrai pas mon épée.

Don Inigo tendit la main.

— Votre épée!

Il y eut un moment de silence pendant lequel le grand justicier appliqua à séduire don Fernand cet étrange privilège de fascination qu'il avait exercé sur lui dès le premier jour qu'il l'avait vu.

— Oh! murmurait celui-ci, quand je pense que mon propre père n'a pu me faire remettre cette épée au fourreau ; quand je pense que vingt hommes n'ont pu l'arracher de mes mains ; quand je pense que je me sens de force, comme un taureau blessé, à mettre en pièces tout un régiment, et que vous, vous, désarmé, vous n'avez qu'à dire un mot!

— Donnez! dit don Inigo.

— Oh! mais dites-vous bien ceci, que c'est à vous seul que je me rends; que c'est vous seul qui m'inspirez à la fois de la crainte et du respect, et que ce n'est qu'à vos pieds, et non pas même à ceux du roi, que je mets cette épée, rouge de sang depuis la poignée jusqu'à la pointe.

Et il déposa humblement son épée aux pieds de don Inigo.

Le grand justicier la ramassa.

— C'est bien, dit-il, et le ciel m'est témoin qu'en cette occasion, don Fernand, toi étant l'accusé, et moi étant le juge, il me serait doux de changer avec toi, et que je souffrirais moins du danger que tu cours, que de la douleur que je ressens!

— Que comptez-vous donc faire de moi? demanda don Fernand en fronçant le sourcil.

— Tu vas me donner ta parole de ne pas chercher à fuir, de te rendre à la prison, et d'y attendre le bon plaisir du roi.

— C'est bien, vous l'avez.

— Suivez-moi.

Alors, don Inigo s'approchant de l'escalier:

— Place! dit-il, et que pas une voix ne

s'élève pour insulter le prisonnier; il est désormais sous la garde de mon honneur.

Chacun se retira. Le grand justicier, suivi de don Fernand, descendit l'escalier tout humide de sang.

Arrivé à la porte, le jeune homme jeta un regard dédaigneux tout autour de lui; alors, malgré la recommandation de don Inigo, des clameurs s'élevèrent, et des menaces se firent entendre. Don Fernand devint pâle comme la mort, et s'élança vers une épée échappée à la main d'un mort.

Mais don Inigo n'eut qu'un geste à faire.

— J'ai votre parole, dit-il.

— Et vous pouvez compter dessus, dit le prisonnier en s'inclinant.

Et l'un redescendit vers la ville pour se rendre à la prison, tandis que l'autre traversait la place des Algives pour aller retrouver don Carlos au palais de l'Alhambra.

Le roi attendait, sombre et muet, se promenant dans la salle des Deux-Sœurs, lorsqu'on lui annonça le grand justicier.

Il s'arrêta, releva la tête, et fixa ses yeux sur la porte.

Don Inigo parut.

— Que Votre Majesté, dit le grand justicier, me permette de lui baiser la main.

— Puisque vous reparaissez devant moi, dit don Carlos, c'est que le coupable est arrêté.

— Oui, sire.

— Où est-il?

— Il doit être à la prison à cette heure.

— Vous l'y avez envoyé sous bonne escorte?

— Sous la plus sûre que j'aie pu trouver, celle de son honneur, sire.

— Vous vous êtes fié à sa parole?

— Votre Altesse oublie que la parole d'un gentilhomme est la chaîne la plus solide dont on puisse le lier.

— C'est bien, dit don Carlos, vous m'accompagnerez ce soir à la prison; j'ai entendu la plainte du père : il me reste à entendre la défense du fils.

Don Inigo s'inclina.

— Et cependant, murmura le roi, que pourra dire pour sa défense un fils qui a frappé son père?

XXIX

LA VEILLE DU DÉNOUMENT

La journée, déjà grosse des événements qu'elle s'était engagée à enfanter pour le lendemain, devait encore promettre de nouveaux détails à la curiosité publique avant que le soleil, levé derrière les cimes étincelantes de la sierra Nevada, se couchât derrière les sombres sommets de la sierra Morena.

Comme nous l'avons dit, tandis que don Inigo se rendait au palais, don Fernand, captif sur parole, se rendait à la prison, la tête haute et fière, non pas comme un vaincu, mais comme un triomphateur; car, à ses propres yeux, il n'avait pas succombé; il avait obéi à un sentiment qui, tout en lui commandant le sacrifice de sa colère, et probablement l'abandon de sa vie, n'était pas pour lui sans un certain charme.

Il redescendit donc vers la ville, suivi d'une partie de ceux qui avaient assisté au combat terrible qu'il venait de livrer; mais, comme don Inigo avait défendu que personne insultât le prisonnier; comme, bien plus haut encore que la recommandation du grand justicier, parlait, dans le noble cœur espagnol, l'admiration qu'inspire toujours le courage à un peuple courageux, ceux qui l'accompagnaient,— tout en s'entretenant des grands coups qu'ils lui avaient vu donner et recevoir, — ceux qui l'accompagnaient semblaient lui faire plutôt un honorable cortége qu'une ignominieuse escorte.

Au détour de la rampe de l'Alhambra, don Fernand rencontra deux femmes voilées; toutes deux s'arrêtèrent en jetant un double cri de surprise et de joie. Lui-même s'arrêta, saisi moitié par ce cri, moitié par ce sentiment magnétique qui frémit en nous, non-seulement quand nous rencontrons une personne aimée, mais encore quand nous allons la voir.

Mais, avant qu'il se fût demandé quelles étaient ces deux femmes vers qui volait instinctivement son cœur, l'une d'elles pressait ses mains contre ses lèvres, et l'autre, les bras tendus, balbutiait son nom.

— Ginesta! doña Flor! murmura à son tour don Fernand, tandis qu'avec ce respect de la foule pour les grandes infortunes, ceux qui accompagnaient le jeune homme depuis la place de las Algives, et qui comptaient le suivre jusqu'à la prison, s'arrêtaient à une certaine distance afin de laisser la liberté de la parole au prisonnier et aux deux jeunes femmes.

La halte fut courte; quelques mots seulement s'échangèrent entre don Fernand et Ginesta, quelques regards entre don Fernand et doña Flor.

Puis les deux jeunes filles continuèrent leur chemin vers l'Alhambra, et don Fernand son chemin vers la prison.

On comprend ce qu'allait faire Ginesta au palais : prévenue par doña Flor du danger que courait don Fernand, elle venait une seconde fois essayer de sa puissance sur don Carlos.

Seulement, cette fois, elle n'avait plus le parchemin qui constatait sa naissance, ni le million qu'elle avait payé pour sa dot.

En supposant la mémoire du roi d'Espagne aussi fugitive que l'est ordinairement la mémoire des rois, elle n'était donc plus, pour son frère comme pour tout le monde, que la pauvre petite bohémienne Ginesta.

Mais ce qui lui restait, c'était son cœur, son cœur où elle espérait puiser assez de prières et de larmes pour émouvoir le cœur de don Carlos, si froid et si inaccessible qu'il fût.

Elle ne craignait qu'une chose : c'était de ne pouvoir parvenir jusqu'au roi.

Sa joie fut donc grande quand, son nom prononcé, la porte s'ouvrit devant elle.

Doña Flor, tremblante, et qui mettait en elle sa seule espérance, attendit à la porte.

Ginesta suivit son introducteur. Celui-ci ouvrit doucement la porte de la chambre, transformée en cabinet de travail, s'effaça pour laisser passer la jeune fille, et, sans l'annoncer, referma la porte derrière elle.

Don Carlos se promenait à grands pas, la tête appuyée sur sa poitrine, les yeux fixés à terre. On eût dit que le poids de la moitié du monde pesait déjà sur cet Atlas de dix-neuf ans.

Ginesta mit un genou en terre, et demeura dans cette posture pendant quelques instants, sans que le roi parût même s'apercevoir qu'elle était là. Enfin, il leva les yeux, fixa sur elle un regard qui, de distrait, devint peu à peu interrogateur, et demanda :

— Qui êtes-vous?

— Ne me reconnaissez-vous pas, sire? répondit la bohémienne. En ce cas, je suis bien malheureuse.

Alors, don Carlos, avec effort, parut rappeler ses souvenirs; son regard, dans certains moments, semblait éprouver moins de peine à voir dans l'avenir que de fatigue à lire dans le passé.

— Ginesta! dit-il.

— Oui, oui, Ginesta, murmura la jeune fille déjà heureuse d'être reconnue.

— Sais-tu que c'est aujourd'hui ou demain, si rien ne le retarde, dit le roi en s'arrêtant devant la bohémienne, que je recevrai le messager de Francfort?

— Quel messager? demanda Ginesta.

— Celui qui viendra m'annoncer à qui, de François Ier ou de moi, appartient à cette heure l'empire.

— Dieu fasse que ce soit vous, sire! dit Ginesta.

— Oh! si je suis empereur! s'écria don Carlos, comme je commencerai par reprendre Naples, que j'ai promise au pape; l'Italie, que j'ai cédée à la France; la Sardaigne, que j'ai...

Il vit qu'il continuait tout haut les pensées qu'il agitait tout bas, et qu'il n'était pas seul.

Il passa la main sur son front.

Ginesta profita de ce moment de silence.

— Si vous êtes empereur, lui ferez-vous grâce, sire? dit-elle.

— Grâce, à qui?

— A lui, à Fernand, à celui que j'aime, à celui pour qui je prierai jusqu'à la fin de mes jours!

— Au fils qui a donné un soufflet à son père? dit don Carlos d'une voix rude, et comme si les paroles s'arrêtaient dans son gosier.

Ginesta courba la tête.

Qu'avait-elle à faire devant une pareille accusation, et surtout devant un pareil accusateur, pauvre enfant, si ce n'est de s'incliner et de pleurer.

Elle s'inclina et pleura.

Don Carlos la regarda pendant quelques instants, et peut-être fut-ce un malheur qu'elle n'osât point, de son côté, lever les yeux sur lui; car elle eût surpris, bien certainement, dans son regard un éclair de compassion, si rapide qu'il fût.

— Demain, dit-il, tu sauras, avec Grenade, mon jugement sur ce sujet. En attendant, reste au palais; il est inutile qu'en cas de vie ou de mort du coupable, tu retournes à ton couvent.

Ginesta sentit que toute prière de sa part était inutile, et elle se releva en murmurant :

— O roi! n'oublie pas qu'étrangère à toi aux yeux des hommes, je suis ta sœur aux yeux du Seigneur!

Don Carlos fit un geste de la main.

Ginesta sortit.

Doña Flor attendait toujours à la porte.

Ginesta lui raconta la scène qui venait d'avoir lieu entre elle et le roi.

En ce moment, un huissier passa, demandant le grand justicier de la part du roi.

Les deux jeunes filles suivirent l'huissier, espérant qu'elles apprendraient quelque chose par don Inigo.

Pendant ce temps, Mercédès, agenouillée et priant dans sa chambre, attendait avec non moins d'anxiété que Ginesta et doña Flor.

Elle avait repris son ancien appartement; n'était-ce pas dans cette chambre que don Fernand, du temps qu'il était proscrit, mais libre, venait la visiter.

Heureux temps!

Pauvre mère! qui en était arrivée à appeler ce temps de crainte, d'angoisses et de frissonnements, un temps heureux!

Oh! du moins, il lui restait le doute, alors.

Maintenant, le doute était détruit, l'espérance presque éteinte.

Béatrix et Vicente avaient été envoyés par elle aux nouvelles.

Les nouvelles, d'instant en instant, se succédaient plus terribles.

D'abord, elle avait espéré que don Fernand regagnerait la montagne.

« Une fois dans la montagne, se disait-elle, il descendra dans quelque port et s'y embarquera, soit pour l'Afrique, soit pour l'Italie. »

Elle ne verrait plus son fils, mais il vivrait!

Vers une heure, elle sut que, refusant de fuir plus longtemps devant les cris qui le poursuivaient, il s'était arrêté dans la cour de las Algives.

A deux heures, elle sut qu'il combattait dans la tour de la Vela, et avait déjà tué et blessé huit ou dix hommes.

A trois heures, elle sut qu'il s'était rendu à don Inigo, et s'était, sans gardes, et d'après sa parole, constitué prisonnier.

A quatre heures, elle sut que le roi avait promis au grand justicier de ne point prononcer son jugement sans avoir lui-même interrogé l'accusé.

A cinq heures, elle sut que le roi avait répondu à Ginesta que, le lendemain, avec tout Grenade, elle connaîtrait le jugement.

C'était donc le lendemain que le jugement serait prononcé!

Ce jugement quel serait-il?

Pendant la soirée, un bruit vague mais terrible arriva jusqu'à elle.

On disait dans la ville, — à la vérité on se contentait de le dire, rien ne prouvait que la chose fût réelle, — on disait dans la ville que le roi avait mandé le grand justicier, et lui avait ordonné de faire dresser, la nuit venue, l'échafaud sur la place de las Algives.

Pour qui cet échafaud?

Le roi avait visité les prisons avec don Inigo, et il n'avait fait que des grâces.

Pour qui donc cet échafaud, si ce n'était pour don Fernand?

Seulement, était-il vrai que cet ordre eût été donné?

Vicente se chargea d'avoir sur ce point une réponse positive : il veillerait toute la nuit, et il ne se passerait rien sur la place de las Algives, qu'il ne le sût, et dont il ne rendît compte à sa maîtresse.

Vers neuf heures du soir, il sortit de la maison; mais, une heure après, il rentra, disant qu'il lui avait été impossible d'arriver jusqu'à la place de las Algives, dont toutes les issues étaient fermées par des sentinelles.

Il n'y avait plus qu'à attendre, et à prier Dieu.

Doña Mercédès résolut de passer la nuit en prières.

Elle s'agenouilla et entendit les serenos crier les heures les unes après les autres.

La voix lugubre qui venait de crier minuit, en invitant les habitants de Grenade à dormir tranquilles, se perdait à peine dans l'espace, qu'il sembla à doña Mercédès entendre grincer une clef dans la serrure de la porte par laquelle avait l'habitude d'entrer don Fernand.

Elle se tourna, pivotant sur ses genoux, du côté de cette porte, et la vit s'ouvrir pour donner passage à un homme, le visage couvert d'un large feutre, et la taille enveloppée d'un grand manteau.

Son fils seul avait cette clef.

— Fernand! Fernand! s'écria-t-elle en s'élançant au-devant du visiteur nocturne.

Mais, tout à coup, elle s'arrêta en s'apercevant que l'homme qui venait d'entrer, et qui avait refermé la porte derrière lui, avait la tête de moins que Fernand.

En même temps, l'inconnu levait son chapeau, et laissait tomber son manteau.

— Je ne suis pas Fernand, dit-il.

Mercédès recula d'un pas.

— Le roi! balbutia-t-elle.

L'inconnu secoua la tête.

— Madame, je ne suis pas le roi... ici, du moins, dit-il.

— Qu'êtes-vous donc, sire? demanda Mercédès.

— Un confesseur... A genoux, femme! et avouez que vous avez trompé votre mari. Il est impossible qu'un fils ait donné un soufflet à son père.

Mercédès tomba à genoux, et, tendant ses deux mains tremblantes vers le roi :

— Oh! sire, sire, s'écria-t-elle, c'est Dieu qui vous envoie! Écoutez, je vais tout vous dire.

XXX

LA CONFESSION

A ce premier aveu, le roi respira déjà plus librement.

— J'écoute, dit-il, de sa voix brève et impérative.

— Sire, murmura Mercédès, je vais vous raconter de ces choses qui ont peine à passer par la bouche d'une femme, quoique je sois bien loin d'être aussi coupable que je puis le paraître au premier abord; mais, du moins en paroles, soyez indulgent pour moi, je vous en supplie, ou je sens que je ne pourrais continuer.

— Parlez avec assurance, doña Mercédès, répondit don Carlos d'un ton légèrement adouci, et jamais secret versé dans l'oreille d'un prêtre n'aura été gardé plus religieusement que celui que vous allez confier à votre roi.

— Grâces vous soient rendues, sire! dit Mercédès.

Et, ayant passé la main sur son front, non pas pour y réunir ou y concentrer tous ses souvenirs, — il était facile de voir que tous ses souvenirs étaient présents, — mais pour essuyer la sueur d'angoisse qui le couvrait encore:

— Sire, dit-elle, j'avais été élevée avec le fils d'un ami de mon père, comme on élève un frère avec une sœur, sans me douter un seul instant qu'il existât au monde d'autre sentiment que la tendresse fraternelle, quand une discussion d'intérêts vint brouiller ces deux amis qu'on eût crus inséparables.

» Ce ne fut pas tout, une réclamation d'argent suivit cette brouille. Qui avait tort? qui avait raison? Je l'ignore; mais ce que je sais, c'est que mon père paya la somme réclamée, et quitta Séville, qu'il habitait, pour aller demeurer à Cordoue, afin de ne plus se trouver dans la même ville que cet homme qui avait été son ami, et qui était devenu son ennemi mortel.

» Cette rupture entre les pères sépara les enfants.

» J'avais treize ans à peine, à cette époque; celui que j'appelais mon frère en avait dix-sept; jamais nous ne nous étions dit que nous nous aimions, jamais peut-être nous ne l'avions pensé, lorsque cette séparation inattendue, décidée et opérée tout à coup, nous fit voir clair dans notre propre cœur.

» Quelque chose pleura et saigna profondément en nous; c'était cette amitié devenue de l'amour, et qui se trouvait subitement brisée sous la main de nos parents.

» S'étaient-ils inquiétés de cela? savaient-ils le mal qu'ils nous faisaient? Je crois qu'ils ne s'en doutaient même pas; mais s'en fussent-ils doutés, je crois que leur haine était devenue trop violente pour qu'ils s'inquiétassent le moins du monde de l'influence qu'elle pouvait avoir sur notre amour.

» Nos deux familles se trouvèrent donc séparées, et par la haine et par la distance. Mais nous nous jurâmes, dans une dernière entrevue, que rien ne nous séparerait.

» Et, en effet, qu'avions-nous à voir, nous pauvres enfants nés l'un près de l'autre, qui avions grandi l'un près de l'autre, qu'avions-nous à voir aux haines de nos parents? et, quand, pendant dix ans, on nous avait répété chaque jour : « Aimez-vous! » n'étions-nous pas bien excusables de ne pas obéir quand on nous disait tout à coup : « Haïssez-vous!... »

» Mercédès parut attendre, pour continuer, une parole d'encouragement du roi; mais celui-ci répondit :

— Je ne sais point ce que c'est que l'amour, n'ayant jamais aimé, madame.

— Alors, sire, dit Mercédès abattue, je suis bien malheureuse, et vous n'allez rien comprendre à ce qu'il me reste à vous dire.

— Excusez-moi, señora, car je suis juge, ayant été roi depuis mon enfance, et je sais ce que c'est que la justice.

Mercédès continua :

— Nous nous tînmes parole; l'absence même favorisait notre amour, ignoré, du reste, de nos parents. La maison de mon père, à Cordoue, était située près du Guadalquivir; ma chambre, la plus reculée de la maison, donnait, par une fenêtre grillée, sur le fleuve; celui que j'aimais acheta une barque, et, déguisé en pêcheur, s'absentant trois fois par mois de Séville, sous prétexte de chasser dans la sierra, il venait me répéter qu'il m'aimait encore, et entendre de ma bouche que je l'aimais toujours.

» Notre espoir avait été d'abord que cette haine se calmerait entre nos familles; elle ne fit qu'augmenter.

» Toutes les tentatives furent essayées par celui que j'aimais pour me décider à fuir avec lui.

» Je résistai.

» Alors, un morne désespoir le prit; ces entrevues nocturnes, qui d'abord faisaient son bonheur, ne lui suffirent plus.

» La guerre était plus ardente que jamais entre les chrétiens et les Mores.

» Un soir, il m'annonça que, las de la vie, il allait se faire tuer.

» Je pleurai, mais je ne cédai point. Il partit.

» Pendant un an, je cessai de le voir; mais, pendant cette année, le bruit de ses

Fernand, penché sur le précipice, la suivit des yeux... — Page 50.

exploits vint à moi si retentissant, que, si j'eusse pu l'aimer davantage, mon amour se fût augmenté encore de son courage et de sa gloire.

» Ces nouvelles nous étaient apportées, la plupart du temps, par un jeune homme qui avait assisté avec lui aux combats qu'il racontait, et partagé ses dangers. Ce jeune homme, son compagnon d'armes, était le fils d'un ami de mon père, et se nommait don Ruiz de Torrillas... »

Le roi écoutait, l'œil sombre, muet et immobile comme un marbre. Doña Mercédès se hasarda à lever les yeux sur lui pour essayer de deviner dans son regard si elle devait hâter ou ralentir sa narration.

— Don Carlos comprit cette muette interrogation.

— Continuez, dit-il.

— L'attention que je prêtais aux récits de don Ruiz, l'empressement avec lequel j'accourais lorsqu'on annonçait sa présence, lui firent croire, sans doute, que cette sympathie était pour lui-même, tandis qu'elle se reportait tout entière de celui qui était présent à celui qui était absent; aussi ses visites devinrent-elles plus fréquentes, et, à défaut de sa voix, ses yeux commencèrent-ils à me confier les secrets de son cœur.

» Dès lors, quoi qu'il m'en coûtât de ne plus entendre parler de celui qui possédait toutes mes pensées, et qui avait emporté toutes mes joies, je cessai de descendre lorsque venait don Ruiz.

» D'ailleurs, lui-même cessa bientôt de venir; l'armée dont il faisait partie était occupée au siége de Grenade.

» Un jour, nous apprîmes que Grenade était prise.

» C'était une grande joie pour nous, comme chrétiens, que de savoir la capitale des Mores aux mains des rois catholiques; mais, chez moi, une ancienne tristesse voilait toute joie, et, pour mon père, cette nouvelle lui arrivait au milieu de nouveaux chagrins.

» Ce qui nous restait de notre fortune venait de la première femme de mon père; cette fortune appartenait à un fils, espèce d'aventurier que l'on croyait mort, et que je connaissais à peine, quoique je fusse sa sœur.

» Il reparut et réclama sa fortune.

» Mon père ne demanda que le temps nécessaire à lui rendre ses comptes; seulement, il me prévint que, ces comptes rendus, nous étions complétement ruinés.

» Je crus le moment favorable. Je hasardai quelques mots de cet ancien ami avec lequel il avait rompu; mais, à ma première parole, son œil étincela.

» Je me tus.

» La haine se ravivait chez lui de toute sa nouvelle douleur.

» Il ne fallut pas même songer à revenir sur ce sujet.

» La nuit qui suivit ce jour, ne pouvant dormir, j'étais sur ce balcon qui dominait le fleuve; la grille de ma fenêtre était ouverte, car il me semblait que je respirais mal à travers ces barreaux de fer.

» La fonte des neiges avait grossi le Guadalquivir, qui roulait presque sous mes pieds. Je suivais, les yeux au ciel, ces nuages errants qu'un vent capricieux faisait changer, vingt fois en un quart d'heure, de formes et d'aspect, quand je vis, au milieu des ténèbres amassées sur le fleuve, venir une barque conduite par un seul pêcheur. Je me retirai pour ne point être aperçue, et dans l'intention de reprendre ma place quand le pêcheur serait passé; mais, tout à coup, une ombre apparut, me voilant les étoiles du ciel, un homme enjamba le balcon; je jetai un cri de terreur; mais, à ce cri, une voix bien connue répondit :

» — C'est moi, Mercédès... Silence !

» C'était lui, en effet. J'aurais dû fuir; je n'en eus pas l'idée; je tombai à moitié évanouie entre ses bras. Quand je revins à moi... hélas ! je ne m'appartenais plus, sire !

» Le malheureux n'était point venu pour commettre ce crime; il était venu pour me voir une dernière fois, et me dire adieu; il partait avec le Génois Colomb pour un voyage de découvertes. De loin, il m'avait aperçue à mon balcon; ma retraite lui avait laissé l'entrée libre. Jamais il n'avait trouvé la grille ouverte; c'était la première fois qu'il pénétrait dans ma chambre.

» Alors, il renouvela ses instances pour me déterminer à le suivre; si je voulais l'accompagner dans l'aventureuse entreprise qu'il allait tenter, il obtiendrait de Colomb que je le suivisse déguisée en homme; si je préférais tout autre lieu du monde, tous les coins de la terre étaient bons, pourvu qu'il les habitât avec moi. Il était riche, indépendant; nous nous aimions : nous serions heureux partout.

» Je refusai.

» Avant le jour, il partit. Nous nous dîmes adieu pour toujours, — nous le croyions, du moins; il allait rejoindre Colomb à Palos de Mogues; Colomb devait partir le mois suivant.

» Bientôt, je m'aperçus que nous n'étions pas malheureux à demi : j'étais mère !

» Je lui écrivis la fatale nouvelle, désirant et redoutant qu'il fût déjà parti, et j'attendis, dans la solitude et dans les larmes, ce que Dieu allait décider de moi.

» Une nuit que, n'ayant reçu aucune réponse, je le croyais voguant déjà vers ce monde inconnu qui immortalisa Colomb, j'entendis sous ma fenêtre le signal qui m'annonçait sa présence.

» Je crus m'être trompée, et, toute tremblante, j'attendis.

» Le signal se renouvela.

» Oh! je l'avoue, ce fut avec une joie immense que je me précipitai vers la fenêtre et l'ouvris.

» Il était là, dans la barque, me tendant les bras; le départ de Colomb était retardé, et il avait traversé une partie de l'Espagne pour me revoir une dernière fois, ou pour m'emporter avec lui.

» Hélas! notre malheur même lui donnait cet espoir, que je consentirais à le suivre.

» Je résistai. — J'étais la dernière consolation, la seule compagne de mon père, devenu pauvre : j'étais résolue à lui tout confier, à m'exposer à sa colère, mais à ne pas le quitter.

» Oh! ce fut une terrible nuit que celle-là, sire! et qui, du moins, ne pouvait pas se renouveler.

» Le départ de Colomb était fixé au 3 août. C'était par un autre miracle de vitesse qu'il devait retourner et arriver à temps.

» Oh! sire, sire, tout ce qu'il épuisa d'instances, de prières, de supplications pendant cette nuit, je ne puis vous le dire. Vingt fois il descendit dans sa barque, et remonta au balcon; la dernière fois, il me prit dans ses bras, et voulut m'emporter de force. Je criai, j'appelai. On entendit le bruit d'une personne qui se levait et qui venait à moi; il fallait fuir ou être découvert.

» Il s'élança pour la dernière fois dans la barque; et, moi, moi, en sentant son cœur se détacher du mien, je tombai sur le plancher! Ce fut là que Béatrix me trouva... »

Et presque aussi émue, presque aussi mourante qu'elle l'avait été dans cette fatale nuit, se tordant les bras et éclatant en sanglots, Mercédès, quoique toujours à genoux, se renversa sur son fauteuil.

— Reprenez haleine, madame, dit gravement et froidement don Carlos, j'ai toute la nuit à vous donner.

Il se fit un silence d'un instant pendant lequel on n'entendit plus que les gémissements de doña Mercédès. Quant à don Carlos, il était si immobile qu'on l'eût pris pour une statue; si maître de lui qu'on n'entendait pas même sa respiration.

— Il partit! balbutia Mercédès.

Et, avec ce mot, son âme semblait s'envoler.

— Trois jours après, l'ami de mon père, don Francisco de Torrilas vint le trouver. Il lui demanda un entretien secret, ayant, disait-il, une chose de la plus haute importance à délibérer avec lui.

» Les deux vieillards s'enfermèrent.

» Don Francisco venait, en son nom et au nom de son fils, demander ma main à mon père. Son fils m'aimait ardemment, et lui avait déclaré qu'il ne saurait vivre sans moi.

» Rien ne pouvait rendre mon père plus heureux que cette ouverture : seulement, un scrupule le retenait.

» — Sais-tu, demanda-t-il à son ami, l'état de ma fortune?

» — Non; mais peu m'importe.

» — Je suis ruiné, dit mon père.

» — Eh bien?

» — Ruiné complétement.

» — Tant mieux! répondit son ami.

» — Comment, tant mieux?

» — Je suis riche pour toi et pour moi, et, si haut que tu estimes le trésor que tu nous donnes, je puis le payer.

» Mon père tendit la main à don Francisco.

» — J'autorise don Ruiz à se présenter chez ma fille, dit-il; qu'il revienne avec le consentement de Mercédès, et Mercédès est à lui.

» J'avais passé trois jours terribles. Mon père, qui ne se doutait pas de la cause de ma maladie, était venu chaque jour prendre de mes nouvelles.

» Dix minutes après le départ de don Francisco, il était chez moi, et me racontait ce qui venait de se passer. — Un quart d'heure auparavant, je n'eusse pas cru que mon malheur pouvait s'augmenter : je vis que je me trompais.

» Mon père sortit en m'annonçant pour le lendemain la visite de don Ruiz.

» Je n'avais pas eu la force de lui répondre en sa présence, lui absent, je demeurai anéantie. Peu à peu, cependant, je sortis de ma stupeur, et me trouvai en face de ma situation, qui m'apparut non pas comme le spectre du passé, mais comme celui de l'avenir. Ce qu'il y avait de terrible surtout, c'était d'être forcée d'enfermer en moi le secret fatal. Oh ! si j'avais pu le confier à quelqu'un, il me semble que j'eusse moins souffert !

» La nuit vint. Malgré les instances que fit Béatrix pour rester près de moi, je l'éloignai. Dans la solitude j'avais au moins les larmes. Oh ! elles coulèrent abondamment, sire, ces larmes qui devraient être taries depuis longtemps, si la bonté du Seigneur n'avait point permis que la source des larmes fût intarissable.

» Aussitôt la nuit descendue sur la terre, aussitôt le silence répandu dans l'espace, je me mis à ce balcon où j'avais été à la fois si heureuse et si malheureuse.

» Il me semblait qu'il allait venir.

» Oh ! jamais, du plus profond de mon cœur, je ne l'appelai plus ardemment !

» S'il était venu, cette fois, pardonnez-moi, mon père ! mais, cette fois, je n'eusse pas résisté ; quelque part où il eût voulu me conduire, j'eusse été avec lui ; partout où il eût voulu me mener, je l'eusse suivi.

» Une barque parut ; un homme remontait le Guadalquivir en chantant.

« Ce n'était point sa voix : il eût été silencieux, lui ; n'importe, je me fis illusion, et, les bras tendus vers mon erreur, je criai à ce fantôme que je m'étais créé :

» — Viens ! viens ! viens !...

» La barque passa. Sans doute, le pêcheur ne comprit rien à cette voix qu'il entendait dans l'obscurité, à cette femme qui se penchait vers lui dans les ténèbres.

» Et, cependant, il comprit que c'était une douleur quelconque qui s'agitait dans la nuit ; car, avant d'arriver à ma fenêtre, il cessa son chant, et ne le reprit que lorsqu'il l'eut dépassée.

» La barque disparut ; je demeurai seule : autour de moi s'étendait ce silence animé au milieu duquel il vous semble entendre la respiration de la nature.

» Le ciel étoilé se reflétait dans l'eau ; on eût dit que j'étais suspendue au milieu des airs ; ce vide m'attirait et me donnait une espèce de vertige. J'étais si malheureuse, que je pensai à mourir. De la pensée à l'exécution, il n'y a qu'un pas... c'était facile : à trois pieds au-dessous de moi la mort m'ouvrait ses bras.

» Et je sentais ma tête qui s'inclinait en avant, mon corps qui se penchait par-dessus le balcon, mes pieds qui, d'eux-mêmes, quittaient la terre.

» Tout à coup, je pensai à mon enfant.

» En me tuant, non-seulement j'accomplissais un suicide, mais encore je commettais un meurtre.

» Je me cramponnai au balcon, je me retirai en arrière, je refermai la grille, j'en jetai la clef dans le fleuve pour ne pas céder à quelque tentation désespérée, et je revins à reculons tomber sur mon lit.

» Si lentes et si douloureuses qu'elles fussent, les heures s'écoulèrent. Je vis venir l'aube ; j'entendis successivement s'éveiller tous les bruits du jour : Béatrix ouvrit ma porte, et parut.

» La vie quotidienne recommençait.

» A onze heures du matin, Béatrix m'annonça don Ruiz. Il venait de la part de mon père.

» Ma résolution était prise, je le fis entrer.

» Il était à la fois timide et radieux.

» Mon père lui avait dit qu'il ne doutait

aucunement que la demande ne fût favorablement accueillie.

» Mais, en jetant les yeux sur moi, en me voyant si pâle et si glacée, il se mit à trembler et à pâlir à son tour.

» Je levai les yeux sur lui, et j'attendis.

» La voix lui manquait; il se reprit à dix fois pour me dire ce qui l'amenait.

» Au fur et à mesure qu'il parlait, i sentait que ses paroles venaient se briser contre le mur de diamant qui enveloppait mon cœur.

» Enfin, il finit par me dire que, depuis longtemps, il m'aimait; que notre mariage était arrêté entre mon père et le sien, et qu'il ne manquait que mon consentement pour qu'il fût l'homme le plus heureux de la terre.

» — Señor, lui répondis-je d'une voix ferme, — car, depuis longtemps, ma réponse était préparée, — l'honneur que vous me proposez ne peut être accepté de ma part. »

De pâle qu'il était, il devint livide.

» — Et pourquoi cela, mon Dieu? demanda-t-il.

» — J'aime un autre homme que vous, et, dans sept mois, je serai mère!

» Il chancela et fut tout près de tomber.

» Il y avait quelque chose de si désespéré dans cet aveu fait à un homme que j'avais vu cinq ou six fois à peine, à qui je ne demandais pas même le secret, comme si, confiante que j'étais en son honneur, c'était une chose inutile à demander, qu'il n'y avait aucune insistance à faire.

» Il s'inclina devant moi, prit le bas de ma robe, le baisa et sortit sans dire d'autres paroles que ces trois mots:

» — Dieu vous garde!

» Je me retrouvai seule.

» A chaque instant, je m'attendais à voir paraître mon père, et je tremblais à l'idée d'être forcée de lui donner une explication; mais, à mon grand étonnement, je n'en entendis point parler.

» A l'heure du dîner, je lui fis dire qu'étant un peu indisposée, je lui demandais la permission de manger chez moi.

» Cette permission me fut accordée sans contestation et sans commentaires.

» Trois jours s'écoulèrent.

» Le troisième jour, comme elle l'avait déjà fait une fois, Béatrix m'annonça don Ruiz.

» Comme la première fois, je donnai l'ordre de le faire entrer. La façon dont il m'avait quittée à notre dernière entrevue m'avait profondément touchée; il y avait quelque chose de sublime dans ce respect qu'il avait montré à une pauvre fille perdue.

» Il entra et demeura près de la porte.

» — Approchez, señor don Ruiz, lui dis-je.

» — Ma présence vous étonne et vous gêne, n'est-ce pas? me demanda-t-il.

» — Elle m'étonne, mais ne me gêne pas, répondis-je; car je sens que j'ai en vous un ami.

» — Vous ne vous trompez pas, dit-il, et, cependant, je vous eusse épargné ma vue, si ma vue n'eût pas été nécessaire à votre tranquillité.

» — Expliquez-moi cela, señor don Ruiz.

» — Je n'ai pu dire à votre père que vous m'aviez refusé pour époux, car il fût venu vous demander une explication, et l'explication que vous m'avez donnée, à moi, vous ne la lui eussiez pas donnée, à lui, n'est-ce pas?

» — Plutôt mourir!

» — Vous voyez qu'il fallait agir comme j'ai fait.

» — Et comment avez-vous agi?

» — J'ai dit que vous aviez demandé quelques jours pour vous décider, et que vous désiriez qu'on vous laissât passer ces quelques jours dans la solitude.

» — Alors, c'est à vous que je dois ma tranquillité?

» Il s'inclina.

» — Maintenant, il importe, dit-il, que vous me croyiez bien sincèrement votre ami.

» Je lui tendis la main.

» — Oh! oui, mon ami, et bien sincère, je le crois! lui dis-je.

» — Alors, répondez-moi sans plus d'hésitation que vous avez fait la première fois.

» — Interrogez.

» — Avez-vous l'espoir d'épouser un jour celui que vous aimez?

» — Impossible!

» — Est-il donc mort? demanda don Ruiz.

» — Il est vivant. »

» Un éclair de joie qui avait brillé dans son regard s'éteignit.

» — Ah! dit-il, c'est tout ce que je voulais savoir.

» Et, me saluant de nouveau, il sortit avec un soupir.

» Trois autres jours s'écoulèrent.

» Pendant ces trois jours, je ne sortis point de ma chambre, et, Béatrix exceptée, personne n'y entra, pas même mon père.

» Le quatrième jour, don Ruiz se fit annoncer de nouveau.

» Je l'attendais presque; j'avais cessé de craindre sa vue; c'était mon seul confident, et je comprenais qu'il avait dit la vérité quand il m'avait affirmé qu'il était sincèrement mon ami.

» Il entra respectueusement, comme d'habitude, et, seulement sur un signe que je lui fis, il s'approcha de moi.

» Je lui tendis la main; il la prit et la toucha légèrement de ses lèvres.

» Puis, après un instant de silence pendant lequel son œil s'était arrêté sur moi avec un intérêt profond :

» — Je n'ai pas cessé un instant de songer à votre position, dit-il; elle est terrible!

» Je poussai un soupir.

» — Nous ne pouvons, quelque aide que je vous prête, retarder éternellement votre réponse.

» — Hélas! fis-je.

» — Je dirais bien que c'est moi qui retire ma demande; volontiers, j'encourrais la honte de laisser croire que la ruine de votre père a refroidi mes sentiments pour vous; mais où ce refus vous conduirait-il? A un sursis de deux ou trois mois.

» Je fondis en larmes, car tout ce qu'il disait était l'exacte vérité.

» — Un jour ou l'autre, continua-t-il, il faudra que votre père connaisse votre état, que le monde le connaisse, et, alors... (il baissa la voix) alors, vous serez déshonorée!

» — Mais que faut-il donc faire? m'écriai-je.

» — Épouser un homme qui vous soit assez dévoué pour être votre époux aux yeux du monde, et un frère seulement vis-à-vis de vous.

» Je secouai la tête.

» — Mais où trouver cet homme? murmurai-je.

» — Je venais vous l'offrir, Mercédès; ne vous ai-je pas dit que je vous aimais?

» — Vous m'aimez... mais...

» — Lorsque j'aime, Mercédès, c'est avec toutes les grandes passions non-seulement du cœur, mais encore de l'âme, et le dévouement est au nombre de ces passions.

» Je relevai la tête, et me reculai presque effrayée.

» Je n'avais pas deviné que le dévouement pût aller jusque-là.

» — Je serai votre frère, répéta-t-il; seulement, votre enfant sera mon enfant, et jamais un mot, je vous en donne ma foi de gentilhomme, ne sera sur ce point échangé entre nous.

» Je le regardai pleine de doute et d'hésitation.

» — Voyons, dit-il, cela ne vaut-il pas mieux que de vous jeter par cette fenêtre, dans le fleuve qui roule au pied de votre maison?

» Je demeurai un instant muette; puis, tombant à ses genoux :

» — Mon frère, lui dis-je, ayez pitié de votre femme, et sauvez l'honneur de mon père!

» Il me releva, me baisa la main et sortit.

» Quinze jours après, j'étais l'épouse de don Ruiz.

» Don Ruiz a tenu sa parole en loyal gentilhomme : mais la nature s'est refusée à cette tromperie, et, quoique don Ruiz ait toujours eu pour don Fernand les soins d'un père, jamais don Fernand n'a eu pour don Ruiz les sentiments d'un fils.

» Maintenant, sire, vous savez tout !...

— Excepté le nom du véritable père, dit le roi ; mais vous allez me le dire.

— Don Inigo Velasco ! balbutia Mercédès en baissant les yeux.

— C'est bien, dit le roi, je sais tout ce que je voulais savoir.

Alors, grave et sombre, il sortit, laissant la femme à genoux, et murmurant :

— Je savais bien qu'il était impossible qu'un fils donnât un soufflet à son père.

XXXI

CONCLUSION

Le lendemain, dès la pointe du jour, une grande foule encombrait la place de las Algives, se pressant autour d'un échafaud dressé au milieu de cette place. Le bourreau, les bras croisés, se tenait au pied de l'échafaud. Un grand mystère planait sur la ville, et l'on disait que la première justice du roi don Carlos allait être faite.

Au milieu de cette affluence de monde, on reconnaissait les Mores, plus encore à leurs yeux ardents qu'à leur costume oriental. Ces yeux brillaient de joie à l'idée qu'ils allaient voir le supplice d'un gentilhomme, rico hombre et chrétien.

Au moment où la tour de la Vela annonçait neuf heures du matin, les portes de l'Alhambra s'ouvrirent ; des gardes firent la haie, écartèrent la foule, et la forcèrent de former un grand cercle autour de l'échafaud.

Puis le roi don Carlos parut, jetant, à travers sa paupière clignotante, un regard inquiet autour de lui. On eût dit qu'il cherchait des yeux, et par habitude, quelque messager attendu depuis longtemps.

Le messager n'arrivant pas, le regard royal reprit sa taciturnité habituelle.

Près du roi marchait une jeune fille voilée ; on ne pouvait reconnaître son visage à cause du voile qui le couvrait ; mais, à son costume riche et sévère à la fois, on pouvait deviner qu'elle appartenait à la caste noble.

Don Carlos s'avança à travers la foule, et ne s'arrêta qu'à quelques pas de l'échafaud.

Derrière lui apparurent le grand justicier et doña Flor. Doña Flor était appuyée au bras de son père. En apercevant l'échafaud, tous deux s'arrêtèrent, et l'on n'aurait pu dire lequel, du père ou de la fille, devint le plus pâle.

Le roi se retourna pour voir s'il était suivi de son grand justicier, et, s'apercevant que celui-ci était arrêté, soutenant sa fille défaillante, et près de défaillir luimême, il lui fit dire par un officier de venir le rejoindre.

En même temps, du côté opposé, deux personnes perçaient la foule : c'était don Ruiz et doña Mercédès.

Chacun d'eux, avec une expression bien différente, jeta les yeux sur l'échafaud.

Cinq minutes n'étaient point écoulées, que parurent, conduits par des gardes, don Fernand et don Ramiro, les deux rivaux. Don Fernand avait été arrêté la veille, comme nous l'avons raconté ; don Ramiro s'était de lui-même, et sur l'ordre qu'il en avait reçu, constitué prisonnier.

Tous les acteurs du drame, dont les quatre premiers actes étaient joués, se trouvaient réunis pour la dernière scène. On fit silence, et l'on attendit le dénoûment inconnu, auquel la présence du bourreau donnait une mystérieuse mais terrible signification.

Le roi don Carlos releva la tête, jeta les yeux une dernière fois du côté de la porte moresque, et, voyant que rien ne venait, il arrêta son regard sur don Inigo, qui, sous ce coup d'œil glacé, se sentit frissonner de tout son corps.

— Don Inigo Velasco de Haro, dit-il

d'une voix si vibrante, que, quoiqu'elle ne s'élevât point au-dessus du diapason ordinaire, elle fut entendue de tous, vous m'avez deux fois, sans appuyer la demande sur aucune raison, vous m'avez deux fois demandé la vie d'un homme qui avait deux fois mérité la mort. Vous n'êtes plus grand justicier d'Andalousie.

Un murmure passa des acteurs de cette scène dans la foule, et don Inigo fit un mouvement pour s'avancer vers le roi, et se justifier sans doute.

— Vous n'êtes plus grand justicier d'Andalousie, continua le roi don Carlos, mais vous êtes connétable du royaume; l'homme qui tient mal la balance de la justice peut courageusement tenir l'épée de la guerre.

— Sire ! murmura don Inigo.

— Silence, connétable, interrompit don Carlos, je n'ai point fini.

— Don Ruiz, continua le roi, depuis longtemps je vous connaissais comme un des plus nobles gentilshommes de mes États d'Espagne; depuis hier, je vous sais un des plus nobles cœurs du monde.

Don Ruiz s'inclina.

— C'est vous qui êtes grand justicier d'Andalousie à la place de don Inigo ; vous êtes venu hier me demander justice de l'insulte qui vous avait été faite : faites-vous justice vous-même.

Don Ruiz tressaillit.

Doña Mercédès devint pâle comme la mort.

— Don Fernand, continua le roi, vous êtes deux fois coupable : une fois vous vous êtes révolté contre les lois de la société, et, cette fois-là, j'ai pardonné; une autre fois, vous vous êtes révolté contre les lois de la nature, et, cette fois, me regardant impuissant à punir un si grand crime, je laisse à celui qui a été offensé le soin du pardon et du châtiment. Mais, en tout cas, à partir de ce moment, je vous raye du nombre des gentilshommes, je vous retire votre titre de rico hombre, et je vous fais, non pas aussi pur, malheureusement, mais aussi pauvre, aussi seul, aussi nu que le jour où vous êtes entré dans le monde! — Ginesta, continua le roi, vous n'êtes ni la bohémienne de la venta du *Roi more*, ni la religieuse du couvent de l'Annonciade; vous êtes duchesse de Carmona, marquise de Montefrio, comtesse de Pulgar; vous avez la grandesse de première classe, et, cette grandesse, vous pourrez, avec votre nom, la donner à votre mari, prissiez-vous ce mari dans les rangs du peuple, dans une tribu more, ou au pied de l'échafaud.

Enfin, se tournant du côté de don Ramiro :

— Don Ramiro, dit-il, vous êtes libre; vous avez été provoqué, et n'avez pu faire autrement que de répondre à la provocation; mais, tout en combattant, vous avez honoré la vieillesse, qui est, après le Seigneur Dieu, ce qu'il y a de plus respectable sur la terre. Je ne saurais vous faire plus riche que vous êtes; mais, en souvenir de moi, à vos noms vous ajouterez celui de Carlos, et vous mettrez au chef le lion de Bourgogne dans vos armes. — Et, maintenant, que justice ou récompense soit faite à tous ! Commencez don Ruiz, grand justicier du royaume.

Alors, il se fit un grand silence. Tous les yeux se tournèrent vers don Ruiz, toutes les oreilles s'ouvrirent et voici ce que l'on entendit :

Doña Mercédès, immobile jusque-là comme une statue, sembla détacher avec effort ses pieds de la terre, et, traversant, lente et solennelle, l'espace qui la séparait de son mari, lequel se tenait debout et les bras croisés :

— Seigneur, dit-elle, au nom de ce qu'il y a de plus sacré au ciel et sur la terre, la mère vous demande grâce pour son fils !

Il se fit un instant de lutte silencieuse dans le cœur et sur le visage de don Ruiz.

Puis il baissa une de ses mains, la posa sur la tête de Mercédès, et, avec une voix et un regard d'une ineffable douceur :

— Je pardonne ! dit-il.

Un grand murmure passa à travers la foule. Don Fernand pâlit affreusement. Il chercha à son côté une arme, et, s'il eût trouvé son poignard basque, peut-être se fût-il poignardé lui-même plutôt que de recevoir cette grâce du vieillard.

Mais don Fernand était désarmé et aux mains de ses gardes.

— A vous, duchesse de Carmona! dit don Carlos.

Ginesta traversa l'espace à son tour, et, allant s'agenouiller devant don Fernand en relevant son voile :

— Don Fernand, je t'aime! dit-elle.

Le jeune homme poussa un cri, resta un instant comme étourdi, jeta un long regard sur doña Flor, et tendit les bras à Ginesta, qui, joyeuse d'une joie qu'elle n'avait pas encore ressentie, se précipita sur sa poitrine.

— Duchesse de Carmona, marquise de Montefrio, comtesse de Pulgar, prenez-vous pour mari le condamné Fernand, qui n'a ni nom, ni rang, ni fortune? demanda don Carlos.

— Je l'aime, sire! je l'aime! répéta Ginesta.

Et, forçant don Fernand à s'incliner, elle tomba à genoux avec lui devant le roi.

— C'est bien, dit don Carlos, un roi n'a que sa parole. Relevez-vous, duc de Carmona, marquis de Montefrio, comte de Pulgar, grand d'Espagne de première classe par votre femme, — sœur de roi et fille de roi!

Puis, sans laisser le temps aux acteurs et aux spectateurs de revenir de leur étonnement :

— A votre tour, don Ramiro! dit-il.

Don Ramiro, d'un pas chancelant, traversa à son tour la distance qui le séparait de doña Flor. Quelque chose comme un nuage d'or et de pourpre faisait un voile à ses yeux, tandis que la voix de tous les anges du ciel semblait chanter à son oreille.

Il mit un genou en terre devant doña Flor.

— Il y a deux ans que je vous aime, madame, dit-il. Don Ramiro d'Avila n'osait vous le dire ; mais, en présence du roi, son parrain, don Carlos d'Avila vous demande humblement votre main.

— Señor, balbutia doña Flor, demandez à mon père.

— C'est moi qui suis votre père pour aujourd'hui, doña Flor, dit don Carlos, et je donne votre main à votre courrier d'amour.

Les trois groupes étaient encore dans la position que nous avons indiquée, quand on entendit, tout à coup, une grande rumeur vers la porte du Jugement ; puis un cavalier couvert de poussière, et qu'à son costume don Carlos reconnut pour un gentilhomme allemand, apparut, agitant un parchemin, et criant :

— Le roi? où est le roi?

Don Carlos, à son tour, devint pâle comme la mort ; on eût dit que lui qui venait de juger allait être jugé.

— Le roi? où est le roi? criait toujours le cavalier.

Et l'on s'écartait devant lui.

Don Carlos fit dix pas en avant, et, d'une voix ferme, quoique son visage presque livide trahît l'angoisse de son cœur :

— Le voici! dit-il.

Le cheval s'arrêta court, frissonnant par tout le corps, et pliant sur ses jarrets d'acier.

Tout le monde attendait haletant.

Le cavalier se dressa sur ses étriers.

— Écoutez tous, dit-il, vous ici présents! écoute, Grenade! écoute, Burgos! écoute, Valladolid! écoute, Espagne! écoute, Europe! monde, écoute! Salut à Charles-Quint, empereur élu! honneur à son règne! gloire à son fils et aux fils de ses fils!

Et, sautant à bas de son cheval, et tombant à genoux, il présenta le parchemin qui affirmait l'élection du roi don Carlos au trône impérial d'Allemagne.

Don Carlos le prit d'une main tremblante ; mais, avec une voix dans laquelle il était impossible de reconnaître la moindre trace d'émotion :

— Merci, monsieur le duc de Bavière, dit-il ; je n'oublierai pas que c'est à vous que je dois l'annonce de cette grande nouvelle.

Puis, comme tous les spectateurs répétaient à grands cris les paroles du messager : « Gloire à Charles-Quint! gloire à son fils! gloire aux fils de ses fils! »

— Messieurs, dit l'empereur en levant la main, gloire à Dieu seul, car Dieu seul est grand!

FIN

TABLE

LES COMPAGNONS DE JÉHU

DEUXIÈME VOLUME

Pages.

- XLIII. — La Réponse de lord Grenville. 1
- XLIV. — Déménagement. 7
- XLV. — Le Chercheur de piste. 14
- XLVI. — Une Inspiration. 19
- XLVII. — Une Reconnaissance. 20
- XLVIII. — Où les pressentiments de Morgan se réalisent. 28
- XLIX. — La Revanche de Roland. 32
- L. — Cadoudal aux Tuileries. 36
- LI. — L'Armée de réserve. 40
- LII. — Le Jugement. 48
- LIII. — Où Amélie tient sa parole. 55
- LIV. — La Confession. 64
- LV. — L'Invulnérable. 68
- LVI. — Conclusion. 73
- LVII. — Un mot au lecteur. 82

LE GENTILHOMME DE LA MONTAGNE

- I. — La Sierra Nevada. 1
- II. — El Correo d'amor. 6
- III. — Don Inigo Velasco de Haro. 10
- IV. — Isabelle et Ferdinand. 13
- V. — Doña Flor. 17
- VI. — L'Intérieur de la venta du *roi More*. 23
- VII. — Le Salteador. 28
- VIII. — Le Récit. 32
- IX. — Le Chêne de doña Mercédès. 38
- X. — Le Feu dans la montagne. 42
- XI. — Le Nid de la colombe. 45
- XII. — Le Roi don Carlos. 50
- XIII. — Don Ruiz de Torrillas. 55
- XIV. — Le Grand justicier. 59
- XV. — La Cour des Lions. 62

		Pages
XVI.	— La Reyna Topacia.	65
XVII.	— Le Lit de parade.	69
XVIII.	— Le Frère et la sœur.	74
XIX.	— L'Assaut.	78
XX.	— L'Hospitalité	83
XXI.	— Le Champ de bataille.	85
XXII.	— La Clef.	88
XXIII.	— L'Enfant prodigue.	91
XXIV.	— Don Ramiro.	95
XXV.	— L'Anémone	101
XXVI.	— La Malédiction.	104
XXVII.	— Rivière et torrent.	108
XXVIII.	— Le Sanglier tient aux chiens.	112
XXIX.	— La Veille du dénoûment.	116
XXX.	— La Confession.	119
XXXI.	— Conclusion.	127

www.ingramcontent.com/pod-product-compliance
Lightning Source LLC
Chambersburg PA
CBHW071947160426
43198CB00011B/1584